HEUTE

W0012623

verdächtiges Schiff
versuchter Anschlag
Schiff beschossen
Entführung
Schiff geentert

Alain Felkel

Operation Piratenjagd

Alain Felkel

OPERATION PIRATENJAGD

VON DER ANTIKE BIS ZUR GEGENWART

OSBURG
MURMANN PUBLISHERS

Meinen Eltern und Susann

Erste Auflage 2014
© Osburg Verlag – Murmann Publishers, Hamburg
www.osburg-verlag.de

Lektorat: Bernd Henninger, Heidelberg; Bernd-Dietrich Westphal, Halle
Umschlaggestaltung: Rothfos & Gabler, Hamburg
Layout und Satz: Osburg Verlag
Druck und Bindung: freiburger graphische betriebe GmbH, Freiburg
Printed in Germany
ISBN: 978-3-95510-059-9

INHALT

PROLOG

»Dies verfluchte Gewerbe besteht schon so lange und ist so umfänglich, dass sie wie Unkraut oder Hydraköpfe ebenso rasch wieder emporschießen, wie wir sie niederhauen können.«

Dieses Zitat aus dem Jahr 1672 stammt aus der Feder von Sir Thomas Lynch. Es beschreibt ein Phänomen, das überall und zu jeder Zeit auf hoher See und in Küstennähe herrschte, wenn ein Seekrieg, der vor allem mit Freibeutern geführt worden war, beendet wurde: das sprunghafte Anwachsen von Piraterie nach Beendigung der Kampfhandlungen. Es zeigt deutlich die Resignation des damaligen Gouverneurs von Jamaika, der seit seinem Amtsantritt hart gegen die Seeräuber vorging, aber nur begrenzten Erfolg mit seinen Maßnahmen hatte. Offensichtlich hatte Lynch die Anhänglichkeit seiner Landsleute an das einträgliche Gewerbe der Piraterie unterschätzt. Die Raubzüge Henry Morgans und der Seekrieg gegen Spanien hatten viele Freibeuter reich gemacht. Nach dem 1670 geschlossenen Frieden mit Spanien hatten sie nicht von ihrem alten Metier lassen können und waren Seeräuber geworden. Zu dem Zeitpunkt, als der Gouverneur jene oben zitierten Zeilen schrieb, hatten sie keine Kaperbriefe mehr, die sie als Parteigänger Englands auswiesen und vor dem Henker schützten. Doch die Gefahr, geschnappt zu werden, war in ihren Augen nicht besonders groß. Die wenigen Schiffe des Gouverneurs konnten nicht überall sein. Wo ein Pirat aufgeknüpft wurde, fanden sich sofort mehrere, die ihn ersetzten. Kein Wunder, dass sich der zermürbte Repräsentant Englands einem Herkules gleich im Kampf mit der schlangenköpfigen Hydra wähnte. Schlug man dieser einen Kopf ab, wuchsen zwei neue Häupter nach. Herkules fand jedoch im Gegensatz zu Sir Thomas Lynch einen Weg, sich seines Problems zu entledigen. Jedes Mal, wenn er dem Untier einen Kopf zerschmetterte, brannte sein Neffe Iolaos sofort die Wunde mit einer Fackel aus, sodass der Bestie bald keine Köpfe mehr nachwuchsen und sie unter seinen Hieben verendete. Der Gouverneur Jamaikas versetzte den Seeräubern der Karibik viele harte Schläge, erlebte jedoch den Sieg der britischen Krone über die Bukanier nicht mehr.

Heute stehen die führenden Handelsnationen der Welt wieder vor einer ähnlichen Herkulesaufgabe wie Sir Thomas Lynch. Weltweit bleckt ein vielköpfiges Untier die Zähne, das ungleich schwerer zu bezwingen ist als damals die Bukanier: die moderne Piraterie. Im Gegensatz zur Hydra des Herkules-Mythos reißt sie keine Viehherden, sondern Containerschiffe, Massengutfrachter und Supertanker – und zwar in solchen Mengen, dass der Welthandel schweren Schaden nimmt.

Wie die antike Schlangengestalt hat auch die moderne Piraterie viele Köpfe. Einer der gefährlichsten war der Somalier »Big Mouth«, der mit bürgerlichem Namen Mohammed Abdi Hassan heißt.

Zwischen 2006 und 2011 entführte er Dutzende Schiffe, unter denen sich so prominente Opfer wie der Supertanker »Sirius Star«, die »Faina« und der belgische Bulk Carrier »Pompei« befanden. Big Mouth wurde am 12. Oktober 2013 zusammen mit einem Vertrauten am Flughafen von Brüssel verhaftet. Belgische Undercoveragenten hatten ihn, als Filmemacher getarnt, nach Brüssel gelockt, um ihn als Experten für eine TV-Dokumentation über die somalische Piraterie zu interviewen. Die Verhaftung Big Mouths wurde zu einem Meilenstein der Piratenbekämpfung. Mit ihm war den Piratenjägern erstmals kein Handlanger, sondern einer der ganz großen Bosse ins Netz gegangen. Die Verhaftung des somalischen Piratenbosses ist der vorläufige Höhepunkt einer Entwicklung, die in den letzten drei Jahren eingesetzt hat. Anfang 2014 verzeichnete der Jahresbericht des International Maritime Bureau für 2013 weltweit einen drastischen Rückgang piratischer Angriffe. Im Jahr 2013 wurden 12 Schiffe entführt und 202 überfallen.

22 Schiffe gerieten unter Feuer, 28 Angriffe scheiterten. Dies ergibt in der Summe 264 Vorfälle und bedeutet einen Rückgang um 41 Prozent zu den Vergleichszahlen aus dem Jahr 2011, in dem 445 Schiffsüberfälle stattfanden und Piraten der Weltwirtschaft einen Gesamtschaden von 7 Milliarden US-Dollar zufügten.

Der Grund für die Abnahme der Piraterie liegt hauptsächlich in der erfolgreichen Bekämpfung des somalischen Seeraubs, der seit Beginn des 21. Jahrhunderts fast industrielle Form angenommen hatte. Als eine der wichtigsten Antipiateriemaßnahmen erwies sich die Errichtung eines 480 Kilometer langen Transportkorridors im Golf von Aden, der durch die vor Ort eingesetzten Seestreitkräfte geschützt wird. Hinzu kam die perfektionierte Eigensicherung der Schiffe. Am effektivsten war jedoch das Anheuern privater, bewaffneter Sicherheitsdienste und die seit 2008 intensivierten Seepatrouillen und Militärkonvois der multinationalen Streitkräfte von NATO, EU, UN sowie verschiedener Nationalstaaten wie USA, Russland, Indien, China und Japan. Die frühzeitige Aufklärung und Radarüberwachung des Seeraums verhinderte Piratenattacken, bevor Seeräuberboote sich überhaupt den Beuteschiffen annähern konnten. Die verbesserte strafrechtliche Ahndung von Piratendelikten durch neu gegründete Gerichtshöfe auf den Seychellen und in Kenia half, juristische Zuständigkeiten zu klären und die Seeräuber schneller und effektiver zu verurteilen, als dies bisher geschehen war. All diese Maßnahmen haben dazu beigetragen, die Seefahrt am Horn von Afrika sicherer zu machen. Trotz dieser unbestreitbaren Erfolge gibt es allerdings keinen Grund, sich auf den Weltmeeren in Sicherheit zu wiegen. Piratenbekämpfung ist teuer. 2012 kostete der weltweite Einsatz der Seestreitkräfte die Entsendestaaten nach Angaben des deutschen Bundesministeriums für Verteidigung eine Milliarde Euro. Nach wie vor macht den internationalen Seestreitkräften zu schaffen, dass 80 Prozent der Delikte in den Hoheitsgewässern und Häfen der von Seeraub betroffenen Nationen und nur 20 Prozent auf hoher See begangen werden. Dies erschwert die Bekämpfung von Piraterie durch Seestreitkräfte enorm. Nach Artikel 100 des Seerechtsübereinkommens der UNO von 1982 dürfen Kriegsschiffe Piratenschiffe nur auf hoher See bekämpfen und aufbringen, jedoch nicht in fremden Hoheitsgewässern. Die Bekämpfung von Piraten in den Hoheitsgewässern obliegt der örtlichen Polizei und der Marine des Staates, wo die Delikte begangen werden.

Dies zeigt das Dilemma der Piratenbekämpfung durch Seestreitkräfte. Der Jahresbericht des International Maritime Bureau kann nicht darüber hinwegtäuschen, dass der Welthandel heute noch weit von den Verhältnissen von 1994 entfernt ist. Damals wurden nur 90 Attacken zur See offiziell gemeldet, was wohl auch daran lag, dass die Reeder nicht jeden Überfall ihrer Versicherung meldeten. Diese Unsitte herrscht auch heute noch vor. Meldungen von Piratenüberfällen sind nicht förderlich fürs Geschäft. Sie verursachen erhöhte Hafenliegegebühren und verteuern Versicherungspolicen. Bedenkt man, dass der Leiter des International Maritime Bureau, P. K. Mukundan, 1999 den damaligen Stand von 285 Seeräuberangriffen für besorgniserregend hielt, relativieren sich die jüngsten Erfolge schnell.

Eine Analyse der aktuellsten Überfälle zeigt ebenfalls deutlich, dass die Seeräuberei noch längst nicht auf dem Rückzug ist, sondern sich zu verlagern beginnt. Aus Angst vor Seeräuberüberfällen sind im letzten Jahr immer mehr Reedereien dazu übergegangen, die Passage durch den Golf von Aden und den Suezkanal zu vermeiden. Stattdessen schicken sie ihre Megatransportschiffe direkt auf die Reise um Afrika herum in die Häfen Europas. Doch die Schifffahrt auf der 5600 Kilometer längeren und 500 000 Euro teureren Route ist seit dem letzten Jahr ebenfalls risikoreich geworden. Denn um die Häfen der westlichen Hemisphäre zu erreichen, müssen die Frachtschiffe um das Kap der Guten Hoffnung entlang die Westküste Afrikas hochfahren und den piratenverseuchten Golf von Guinea passieren. Dies sorgte in der letzten Zeit für weitere Verluste. Im Jahr 2013 fanden allein im Golf von Guinea 48 Seeräuberattacken statt, darunter zwei Schiffsentführungen, 13 Feuerüberfälle und 13 Enterungen, wobei 36 Seeleute gekidnappt wurden und ein Seemann den Tod fand. Damit wird offensichtlich: So leicht lässt sich eine der ältesten Geißeln der Seefahrt nicht bezwingen. Zu krass ist das Missverhältnis zwischen der bitteren Armut der durch Kriege erschütterten Staaten, der sogenannten »Failed States«, und dem Reichtum der vorbeifahrenden Containerschiffe. Zu groß ist die Verlockung, Pirat zu werden. Zu leicht war es in den letzten beiden Jahrzehnten, mit Piraterie schnelles Geld zu verdienen. Viele Seeräuber in den typischen Piratenregionen wie Indonesien und dem somalischen Puntland sind meist einfache Fischer. Sie können kaum von ihrem Gewerbe leben und verdienen sich mit Seeraub ein Zubrot. Auf ihr Kerbholz gehen oft Delikte wie Diebstahl und bewaffneter Raub im Hafen und in der Hoheitszone ihres Heimatlandes. 2013 kam es allein in der Malakkastraße zu 149 Vorfällen, von denen 77 Prozent Diebstähle oder geringfügige Delikte waren. Sie alle wurden im Schutze der Dunkelheit begangen, blitzschnell ausgeführt und endeten damit, dass die Piraten im dichten Inselgewirr Indonesiens untertauchten, was eine Verfolgung meist unmöglich machte.

Dieser Art von Subsistenzpiraterie steht die gewerbliche Seeräuberei organisierter Verbrecherbanden gegenüber. Ihr Portfolio reicht vom Diebstahl ganzer Schiffe, Schiffsentführungen bis zur Erpressung von Lösegeld für Mannschaft und Schiff. Diese Banden sind hervorragend organisiert, ihre taktischen Manöver gleichen Militäroperationen. Im Habitus und Auftreten erinnern sie eher an Milizen als an Piraten, was an ihrer hervorragenden Bewaffnung liegt. Ihre Operationsbasen oder Schlupfwinkel sind entweder gesichert wie Festungen oder befinden sich in völlig unübersichtlichen Inselgruppen. Manchmal ist es die militärische Stärke der Piraten oder, wie im Fall von Somalia, die Gefahr einer politischen Eskalation, welche die Seeräuber vor Verfolgung schützt. Oft vereiteln auch korrupte Staatsorgane und Militärs die Strafverfolgung der Seeräuber, da sie selbst an deren Raubzügen prozentual beteiligt sind. Wer glaubt, dass dies jedoch nur eine Spielart moderner Piraterie ist, irrt sich. Die Geschichte zeigt, dass die sozialen, wirtschaftlichen und politischen Bedingungen, unter denen sich Piraterie entwickelte, stets gleich waren. Zu jeder Zeit fielen Seeräuber über blühende Küstenstriche her, lauerten Piraten an den wichtigsten Handelsstraßen Kauffahrern auf. Stets waren es dieselben Faktoren, unter denen Seeraub stattfand.

Bittere Not, Kriegswirren und völlige Rechtsfreiheit bewirkten zu allen Zeiten einen Boom von Piraterie. Seeräuber wie Wikinger und Vandalen plünderten das Meer und entvölkerten mit ihren Überfällen ganze Landstriche. Meist leiteten ihre über Jahrzehnte währenden Überfälle sogar vorläufige Landnahmen ein, die zu dauerhaften Eroberungen wurden. Den gleichen Weg gingen Sarazenen und Barbaresken. Jahrhundertelang bedrohten sie die christliche Seefahrt, wobei sie sich an den Küsten des Mittelmeeres festsetzten und Staaten bildeten.

Seeräuberbünde wie Vitalier, Likedeeler und Bukanier schufen gefährliche politische Freiräume, in denen sie nach Lust und Laune walteten. Protestantische Seeräuber meist englischer und niederländischer Nation jagten unter dem Deckmantel, den katholischen Antichristen zu bekämpfen, dem spanischen Gold nach. Indische, chinesische und indonesische Seeräuber wurden zur Nemesis westeuropäischer

Handelskompanien und Kolonialreiche, bis diese ihre Herausforderer strafrechtlich zu verfolgen begannen und letztendlich besiegten. Die Männer, die im Auftrag der geschädigten Mächte den Kampf mit den Seeräubern aufnahmen, waren oft aus demselben Holz geschnitzt wie ihre Todfeinde. Unter ihnen befanden sich ehemalige Freibeuter, einstige Kapitäne der Handelsmarine und hohe Seeoffiziere. Doch auch ehrgeizige Politiker, Händler und Herrscher kämpften gegen Piraten. Mit äußerster Zähigkeit jagten sie ihre Gegner, die ihnen im Falle der Niederlage genauso wenig Pardon gewährten, wie sie selbst den Seeräubern. Dramatische Zweikämpfe und erbitterte Seegefechte waren ihr tägliches Brot. Trotzdem sind die meisten von ihnen vergessen. Im Gegensatz zu Seeräubern wie Klaus Störtebeker, Henry Morgan und Edward Teach fand kaum ein berühmter Piratenjäger den Weg in die Welt von Volkssage, Lied, Roman und Kino. Versuche, dies zu ändern, scheiterten. Daran konnte selbst staatliche Erinnerungskultur nichts ändern. Obwohl in Hamburg die Kolossalstatuen der Piratenjäger Simon von Utrecht und Ditmar Koel für jedermann sichtbar die Brückenpfeiler der Kersten-Miles-Brücke zieren, kennt sie kaum jemand aus der Bevölkerung. Dies liegt daran, dass die Feinde der Seeräuber weder Mythen noch romantisch verklärte Gloriolen umranken. Noch weniger eignen sie sich zur Projektion sozialutopischer Gegenentwürfe. Das Handwerk des Piratenjägers bestand aus nüchterner Polizeiarbeit, gepaart mit seemännischem Können und militärischem Mut.

Piratenjäger waren stets Repräsentanten der vorherrschenden Gesellschaftsordnung und als solche keine Streiter für soziale Gerechtigkeit. Vielmehr lagen ihrem Handeln machtpolitische und wirtschaftliche Erwägungen zugrunde. Ihre Aufgabe war die Wiederherstellung der Sicherheit auf See, sodass Menschen und Waren wieder sicher ihre Bestimmungsorte erreichen konnten. Viele von ihnen siegten, doch einigen wurde der Kampf gegen die Piraten zum Verhängnis, denn nicht immer verlief die Seeräuberjagd erfolgreich. Aber dies ist genau das stoffliche Spektrum, aus dem das Buch »Operation Piratenjagd« mit Hilfe von Quellen und Sekundärliteratur die Dramatik zieht.

Vorweg vielleicht noch einige klärende Worte zur Stoffauswahl. Wie der Titel des Buches schon sagt, ist dies hauptsächlich ein Werk über

Seeräuberbekämpfung und Piratenjagden, kein Generalabriss der Piraterie. Mancher Leser wird berühmte Seeräuber und Freibeuter wie Francis Drake vermissen.

Dies hat den Grund, dass Drake trotz seiner Taten nicht Objekt gezielter Gegenmaßnahmen war. Sein letzter Raubzug gegen die Spanier 1596 war ein von der Englischen Krone und von Privatleuten, unter denen sich auch Drake und Hawkins befanden, finanzierter, regulärer Kriegszug. Auch wenn Lope de Vega später diesem Kampf und damit den spanischen Siegern in seiner Dichtung »La Dragontea« ein Denkmal setzte, fällt dieser Sieg nicht unter den Aspekt Piratenjagd. Die Thematik Drakes führt zu einer anderen Problematik, deren sich der Verfasser durchaus bewusst ist und die in einer Frage kulminiert: Was ist Piraterie? Was ist Korsarentum? Sind beide Phänomene überhaupt trennbar? Im 19. Jahrhundert orientierte sich das Völkerrecht am Piratenbegriff des portugiesischen Strafgesetzbuches von 1886, dessen § 162 die Piraterie folgendermaßen definierte:

»Pirat ist, wer als Führer eines bewaffneten Fahrzeugs auf dem Meer umherfährt ohne Auftrag eines Herrschers oder selbstständigen Staates, um Raub oder irgendwelche Gewaltakte zu begehen.

Diese an sich klare und praktische Definition verlor sich im letzten Jahrhundert. Heute wird im Völkerrecht unter Piraterie etwas anderes verstanden. Am 10. Dezember 1982 trat Artikel 101 der Seerechtskonvention der Vereinten Nationen in Kraft, der Seeraub folgendermaßen definiert:

»Seeräuberei ist jede der folgenden Handlungen:

a) jede rechtswidrige Gewalttat oder Freiheitsberaubung oder jede Plünderung, welche die Besatzung oder die Fahrgäste eines privaten Schiffes oder Luftfahrzeugs zu privaten Zwecken begehen und die gerichtet ist
   i) auf hoher See gegen ein anderes Schiff oder Luftfahrzeug oder gegen Personen oder Vermögenswerte an Bord dieses Schiffes oder Luftfahrzeugs;
   ii) an einem Ort, der keiner staatlichen Hoheitsgewalt untersteht, gegen ein Schiff, ein Luftfahrzeug, Personen oder Vermögenswerte;

b) jede freiwillige Beteiligung am Einsatz eines Schiffes oder Luftfahrzeugs in Kenntnis von Tatsachen, aus denen sich ergibt, dass es ein Seeräuberschiff oder -luftfahrzeug ist;

c) jede Anstiftung zu einer unter Buchstabe a oder b bezeichneten Handlung oder jede absichtliche Erleichterung einer solchen Handlung.«

Diese auf den ersten Blick saubere Definition bietet nicht nur Lösungen, sondern schafft auch Probleme. Die meisten Seeräubereien fanden oder finden nicht auf hoher See, sondern in Territorialgewässern statt – also innerhalb der staatlichen Hoheitszone von 12 Seemeilen (22 Kilometer) –, wo der Begriff der Piraterie seit 1982 keine Anwendung mehr findet. Schiffsüberfälle, die innerhalb der Territorialgewässer begangen werden, werden juristisch als bewaffneter Raub zur See gewertet und unterliegen der strafrechtlichen Ahndung und Rechtsprechung des betroffenen Nationalstaats. Des Weiteren finden sich zusätzliche Einschränkungen, die jenseits des Begriffs der Territorialgewässer den Aspekt der hohen See noch mehr eingrenzen. Auf diese juristischen Spitzfindigkeiten wie die gesonderten Bestimmungen zu Archipelgewässern, Anschlusszonen oder Festlandssockeln soll an dieser Stelle nicht eingegangen werden. Elementar für das Konzept des Buches ist der in Artikel 101 des Seerechtsübereinkommens der UNO enthaltene Passus, dass unter Piraterie grundsätzlich ein Delikt verstanden wird, das durch eine private Person mithilfe eines privaten Schiffes zu privaten Zwecken – gemeint ist die persönliche Bereicherung – begangen wird.

Das führt zur Frage, warum in diesem Buch neben somalischen und indonesischen Piraten scheinbar ausgewiesene Freibeuter und Kaperer wie die Barbaresken oder Bukanier auftauchen. Hierzu ist es notwendig, auf die verschiedenen Formen von Seeraub einzugehen. Das Mittelalter und die frühe Neuzeit kannten ein Nebeneinander von staatlich legitimiertem und privatem Seekrieg. Infolge des Mangels von staatlichen Marinen wurde die Seekriegsführung oft an privatwirtschaftlich organisierte Kriegsleute übertragen, die mit der Erlaubnis eines Souveräns als Parteigänger agierten. Im Englischen hießen sie »Privateers«, im Französischen »Corsaires«. Jene Privateers oder Corsaires rüsteten entweder ihre Schiffe selbst zur Kriegsfahrt aus oder wurden von professionellen Ausrüstern, den Armateuren, ausgerüstet, bevor sie auf Beutefahrt gingen. Dieses Phänomen war auch in Deutschland bekannt. Auf Deutsch nannte man Kaperfahrer erst »Utligger« (Auslieger), dann Freibeuter.

Im Gegensatz zu dieser Art maritimer Fehdehilfe beziehungsweise staatlich legitimierten Seeraubs standen die Seefahrer, die auf den Wogen des Meeres auf eigenes Risiko raubten. Sie waren Seeräuber, rechtlos, und lebten in ständiger Gefahr, bei Ergreifung hingerichtet zu werden. In den Augen der Strafjustiz waren Piraten ebenso Abschaum wie Mörder und Straßenräuber. Was sie begingen, waren ehrlose und todeswürdige Verbrechen, da ihnen dem Gesetz nach die Legitimation zum Raub in Form eines Kaperbriefs fehlte.

Der Kaperbrief – auch »Letter of Marque«, »Kommission«, »Bestallungs-« oder »Markebrief« genannt – wurde eigens im Konfliktfall ausgestellt und galt nur zu Kriegszeiten. Er gab dem Parteigänger des Ausstellers im Konfliktfall die Vollmacht, feindliche Schiffe gegen eine vorher vereinbarte Abgabe an den Aussteller zur Kriegsbeute zu nehmen. Außerdem verlieh er dem Kaperfahrer Schutz vor strafrechtlicher Verfolgung durch die feindliche Macht. Im Normalfall bewahrte er ihn davor, bei Gefangennahme wie ein Pirat behandelt und hingerichtet zu werden.

Doch was auf dem Papier wie eine saubere Trennung der Begrifflichkeiten aussieht, entpuppt sich bei näherer Betrachtung als unrealistisches Konstrukt. Viele Kaperfahrer erlitten den Piratentod, weil die feindliche Macht sie aus kriegstaktischen Gründen als Piraten ächtete, um sie effizienter bekämpfen zu können. Hinzu kam, dass die meisten Freibeuter oder Korsaren sich nach Kriegsbeginn nicht mehr an ihre Kaperbriefe hielten. Ohne Skrupel raubten sie die Schiffe neutraler Mächte aus. Darüber hinaus plünderten sie auch nach Kriegsende wahllos auf dem Meer weiter. Der Gegenschlag ließ nicht lang auf sich warten. Die unrechtmäßig geschädigten Untertanen wandten sich an ihren Souverän um Hilfe, der ihnen Repressalienbriefe ausstellte, mit denen sie sich wiederum an den Untertanen des Kaperbriefausstellers schadlos hielten.

Die daraus entstehende Kette von Piraterien und Repressalien ließ sich auch durch die seit 1373 in Europa auftauchenden Prisengerichte nicht mehr in den Griff bekommen. Immer wenn langwierige Seekriege ausbrachen, verwischten sich die Konturen zwischen Piraten und Kaperern. Das betraf zeitlich vor allem das Spätmittelalter und die Frühe Neuzeit, räumlich besonders das Mittelmeer, die Nord- und Ostsee sowie die Karibik. Aus diesen Gründen ist es undenkbar, ein Buch über Piratenjagd zu schreiben, ohne auch auf Korsaren, Kaperfahrer und Freibeuter einzugehen.

I

PIRATENABWEHR IN GRAUER VORZEIT

Wie Vögel im Netz gefangen · Dionysos und die Räuber ·
Roms Sieg über die Kilikier

Wie Vögel im Netz gefangen

Am 21. Januar 1192 v. Chr. war die Bevölkerung Ugarits[1] in Todesangst. Wie aus dem Nichts zog ein riesiger Schatten am helllichten Tag
über die Levantemetropole und tauchte sie ins Dunkel der Nacht.
Eiseskälte legte sich auf die Dächer der Stadt, die eben noch vor Hitze
geflimmert hatten. Die lärmenden Gassen und Straßen wurden still, das
Leben erstarrte. Fassungslos gafften die Menschen zum Himmel, wo
der Kernschatten des Mondes sich langsam zwischen Erde und Sonne
schob, bis er sie fast vollständig abdeckte. Gespenstische Ruhe trat ein,
für einen Moment schien es, als ob die Welt stillstünde. Was die Ugariter erblickten, verschlug ihnen den Atem. Über ihnen schwebte, von
einem feurigen Sonnenkranz umstrahlt, der Mond als nachtdunkle
Scheibe. Panik brach aus. War das der Weltuntergang, die Strafe für die
Sünden der mächtigen Stadt?

Viele wähnten sich verloren, liefen in der Dunkelheit davon. Doch
der Bann des Naturspektakels dauerte nicht lang. Nach zwei Stunden
Finsternis gab der Neumond wieder die Sonne frei. Der eisige Schatten
verflog und wurde kürzer. Die Kälte wich der Helligkeit und Hitze des
Tages. Fast schien es so, als hätte das kosmische Spektakel nie stattgefunden. Trotzdem war nichts mehr wie zuvor.

Die Herzen der Ugariter hatten sich verfinstert. Zürnten die Götter
ihnen? Drohte Ugarit der Untergang? Hastig opferten die Priester des

Unterwelt- und Seuchengottes Reschef zwei Schafe. Dann lasen sie aus den Lebern der geschlachteten Tiere die Zukunft. Das Ergebnis war fatal. Die Seher deuteten die plötzliche Sonnenfinsternis als böses Omen und sahen die Stadt in großer Gefahr. Die düstere Prophezeiung sollte sich erfüllen. Zwei Jahre später überfielen räuberische Seekrieger die Stadt und machten sie dem Erdboden gleich.

Die Geschichtsforschung weiß bis heute nicht, wer diese Invasoren waren und welche Motive sie für ihre Kriegszüge hatten. Der französische Archäologe Gaston Maspero taufte sie jedoch im 19. Jahrhundert mit dem Namen »Seevölker«, der sich in der Folgezeit in Wissenschaft und Öffentlichkeit durchsetzte. Bis heute rätselt die Wissenschaft, woher diese Seevölker kamen, wer sie waren und welche Motive sie für ihre Kriegszüge hatten.

Was ihre ethnischen Wurzeln anbetrifft, so zeigt sich die mangelnde Präzision von Masperos Bezeichnung. Ein Teil der Seevölker wie die Peleset und Danuna kämpften sowohl zu Wasser wie zu Lande und zogen in Ochsenkarren durch die eroberten Gebiete. Der andere Teil der Seevölker bestand aus den seeräuberischen Stämmen der Šerden, Šekeleš, Tjeker und Ekweš.

Griff diese eigenartige Koalition Ugarit an? Wurde die Stadt Opfer eines Zangenangriffs vom Lande und vom Wasser aus? Die Art und Weise, wie Ugarit erstürmt wurde, lässt eher eine Seeräuberattacke als einen Eroberungszug von Land aus vermuten. Dafür spricht schon die geringe Anzahl der eingesetzten Schiffe. Doch lassen wir König Ammurapi von Ugarit selbst zu Wort kommen, der seinem »Vater«, dem König von Alashya (Zypern) seine verzweifelte Lage kurz vor dem Überfall der Zerstörer Ugarits schilderte.

»Mein Vater, jetzt kommen die Schiffe des Feindes. Meine Städte hat er schon verbrannt und Unheil inmitten des Landes angerichtet. Weiß mein Vater nicht, dass alle Soldaten des Herrn, meines Vaters, im Lande Hattu sich aufhalten, und all meine Schiffe im Lande Lukku sich aufhalten? Bislang sind sie nicht eingetroffen, und das Land liegt so da. Mein Vater möge dies wissen! Nun mehr, sieben Schiffe des Feindes (sind es), die herankommen, aber Übles hat er uns angerichtet. Nunmehr, wenn Schiffe des Feindes wiederum auftauchen, so schicke mir, wenn irgend möglich, Bescheid, damit ich informiert bin.«[2]

Der Brief, der auf einer Tontafel geschrieben wurde, die in einem Ofen der Schreibstelle des Königspalastes gebrannt werden sollte, erreichte nicht mehr seinen Adressaten. Er wurde erst im 20. Jahrhundert bei Grabungen im Ruinenhügel Ras-eš-Šamra zutage gefördert und bezeugt die dramatische Situation des Königreichs. Da die Schreibtafel im Brennofen gefunden wurde, lässt dies nur den Schluss zu, dass der Königstempel von Ugarit von den Schreibern entweder am selben Tag oder kurz darauf fluchtartig verlassen wurde, was nur mit einem Angriff der Seevölker auf Ugarit und dessen Zerstörung in Zusammenhang stehen kann.

Die Tatsache, dass sieben Schiffe ausgerechnet Ugarit angriffen, als die ugaritische Flotte gegen das Piratenvolk der Lukkaner kämpfte, kann kein Zufall sein. Vielmehr erhärtet sie den Verdacht, dass die Angreifer von der Wehrlosigkeit der Levantestadt wussten, die ihrem Ansturm später erlag.

Doch was war der Grund für diese plötzlichen Raubzüge? Was hatte das Gefüge der Alten Welt dermaßen erschüttert, dass sie aus den Fugen geriet? Die Antwort beruht auf einem Zusammenspiel mehrerer Faktoren.

Ende des 13. Jahrhunderts v. Chr. kam es im östlichen Mittelmeergebiet zu einer langen Dürre. Diese führte zu einer Hungersnot, die zahlreiche Volksgruppen aus der Ägäis und Thrakien zum Aufbruch aus ihrer Heimat nötigte. Ihr Weg führte sie in das Hethiterreich (in Kleinasien), das ebenfalls unter der Hungersnot litt und zu dieser Zeit von einem Aufstand mehrerer Provinzfürsten gegen den König zerrüttet wurde.

In dieser Situation wurde Ägypten zum Zünglein an der Waage. Das Pharaonenreich trotzte dank der Fruchtbarkeit des Niltals der Hungersnot und exportierte sogar Getreide in die von Hunger bedrohten Gebiete. Die Transporte des Pharaos gingen über Mukiš in Nordsyrien nach Uru in Kleinasien und von dort mit Hilfe von Karawanen nach Hattuša. Aber mit Getreidelieferungen allein war dem Hethiterreich, das Ägypten seit Jahrzehnten im Austausch gegen Gold und Getreide mit Silber und Erzen beliefert hatte, nicht mehr zu helfen. Von allen

Seiten angegriffen, brach es nach mehrjährigen Kämpfen zusammen. Mit der Zerstörung des Hethiterreichs spitzte sich die Lage zu. Siegesgewiss überrannten die Seevölker den Alten Orient und besiegten die hethitischen Vasallen Kizzuwatna, den syrischen Stadtstaat Karkemiš sowie das Königreich Alashya. Unter dem Druck ihrer Angriffswellen wechselte das südlich von Ugarit gelegene Königreich von Amurru die Seite und schloss sich ihnen an.

Nun konnte der Angriff auf Ägypten beginnen, das in der Vorstellung der Seevölker das gepriesene Land war, in dem es reiche Städte und Tempel sowie ausreichend Nahrung gab. Doch das Nilreich hatte große Erfahrung in der Abwehr von Piratenüberfällen und Invasionen.

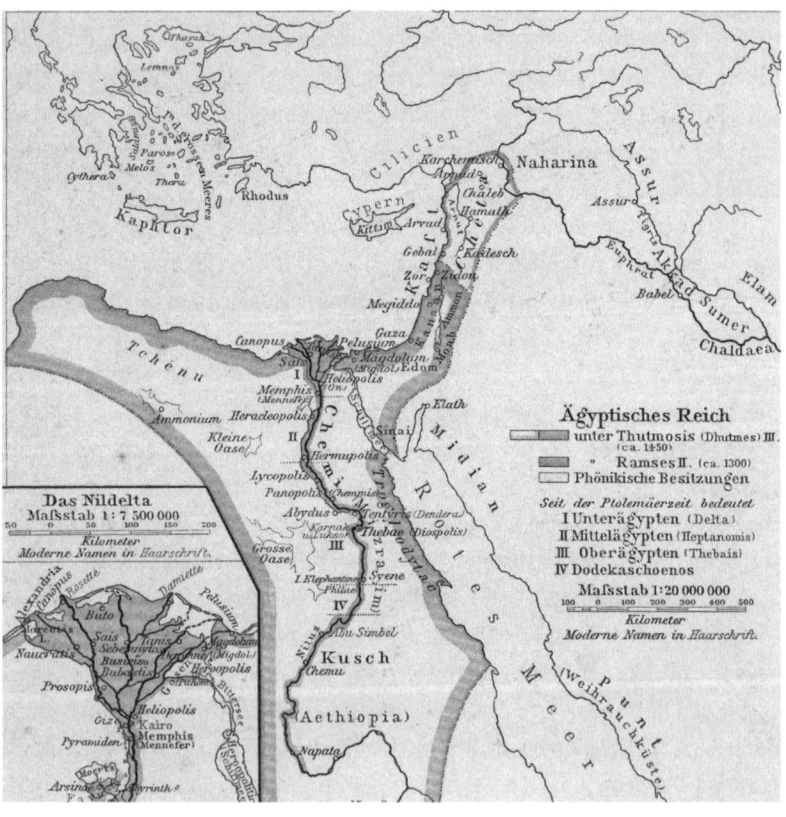

Ägypten und das Nildelta

Schon 1385 v. Chr. war das damals unter ägyptischer Oberhoheit stehende Zypern mehrmals Opfer von Angriffen seeräuberischer Lukkaner geworden. Auch Pharao Ramses II. hatte sich genötigt gesehen, zu Beginn seiner Regierungszeit das Piratenvolk der Šerden zu züchtigen, das sich nicht davor gescheut hatte, Unterägypten mehrmals zu überfallen. Aber Ramses II. war nicht nur ein hervorragender General, sondern auch ein guter Admiral, wie die Inschrift einer Stele in Assuan belegt:

»Ramses II. überquerte mit seiner Macht den Ozean und die Inseln inmitten waren voller Furcht vor ihm. Sie kamen zu ihm mit den Tributen ihrer Fürsten und sein machtvolles Ansehen hatte ihre Herzen ergriffen. Aber Šerden mit rebellischen Herzen konnte man seit jeher nicht bekämpfen, wenn sie machtvoll mit Kriegsschiffen auf dem Meer segelten. Dann konnte man nicht vor ihnen bestehen. Er aber nahm sie gefangen als Siegesbeute durch seinen starken Arm und überbrachte sie Ägypten.«[3]

Mit der Ansiedlung der Šerden in Ägypten bewies Ramses II. politische Weitsicht, auch wenn damit die Piratengefahr für das Pharaonenreich noch nicht vorbei war. 1220 v. Chr. sah sich sein Sohn und Nachfolger Merneptah genötigt, eine schwere Schlacht gegen eine Koalition von libyschen Stämmen und Seevölkern zu schlagen, die diese mehrere Tausend Mann kostete.

Aber dies alles stand in keinem Verhältnis zur Gefahr, der sich Ramses III. im achten Jahr seiner Regierung gegenübersah.[4] Diesmal hatten die Seevölker wieder einen Raubbund auf den »Inseln inmitten des Meeres« gebildet. Dort hatten sie eine große Flotte zusammengezogen, während ein Landheer von mehreren Tausend Seevölkerkriegern sich im Land Amurru südlich des Reiches von Ugarit sammelte. Unter einem schwachen Herrscher wäre die Lage des Pharaonenreichs aussichtslos gewesen. Ramses III. war jedoch ein guter General. Drei Jahre zuvor hatte er im westlichen Nildelta ein libysches Heer aufgerieben. Dies gab ihm die nötige Zuversicht, einem feindlichen Angriff zu Lande wie zu Wasser siegreich begegnen zu können.

»... Ich habe veranlasst, die Nilmündung zuzurüsten wie eine gewaltige Mauer aus Kampfschiffen, Lastschiffen und gewappneten Transportschiffen, wobei sie vollständig ausgerüstet waren von Bug bis Heck mit starken Kampfeinheiten unter Waffen. Die Mannschaften waren all die Auserlesenen Ägyptens und sie waren wie die Löwen, wenn sie auf ihren Bergen gebrüllt haben; die Streitwagentruppen wurden gestellt von Kampfläufern, von Waffenträgern und von ausgezeichneten Streitwagenrittern, die ihre Hand zu führen wussten – ihre Pferde vibrierten in allen Gliedern, gewappnet, die Barbarenländer niederzutreten unter ihre Hufe.« [5]

Begreift man das Steinrelief, das an der Ostseite von Ramses' III. Totentempel Medinet Habu die entscheidenden Phasen der Schlacht veranschaulicht, als chronologische Abfolge, so vernichtete der Pharao zuerst das Landheer der Eindringlinge im Lande Djahi, bevor er die Flotte der Seevölker auf dem Nildelta überraschte.

Wer heute die Ausschnitte des Steinreliefs von Medinet Habu betrachtet, der bekommt ungefähr eine Ahnung davon, was sich damals vor der ägyptischen Küste abspielte. An jenem Tag der Seeschlacht sah Ramses III. die einmastigen Barken der Piraten in die Nilmündung einfahren. Vogelköpfe zierten ihre hochgezogenen Vorder- und Hintersteven, zwischen denen sich Scharen verwegener Krieger unter Rahsegeln zusammendrängten. Zu ihnen zählten Šekeleš mit Hörnerhelmkappen, Peleset mit Federhauben und Riemenpanzern sowie räuberische Šerden[6], Tjeker, Danuna und Wešeš. Gerüstet waren die Angreifer mit bronzenen Langschwertern, Dolchen, Lanzen und Wurfspießen. Auf erhobenen Plattformen an Bug und Heck standen die Anführer. In Erwartung sicherer Beute gaben die Piratenhäuptlinge ihren Steuermännern den Befehl, ihre Schiffe dem Ufer zuzusteuern. Dort erwarteten das ägyptische Fußvolk und ein Teil der Flotte des Pharaos ihre Landung.

Waren diese Einheiten der Köder, den Ramses III. bewusst ausgelegt hatte? Jenes »Netz, in dem sich die Gegner verfingen«, wie später die Siegesinschrift von Medinet Habu den Nachkommen des Siegers stolz verkünden sollte? Oder hielten sich die Einheiten der ägyptischen Flotte in einem der Nilarme versteckt, um den Feind in die Falle zu locken? Aus den Abbildungen und erläuternden Texten geht dies nicht klar hervor. Nur eines steht fest: Der Angriff der ägyptischen Flotte erfolgte von zwei Seiten und überraschte die Invasoren.

Wie viele Schiffe an jenem Tag an der Seeschlacht auf dem Nil beteiligt waren, lässt sich nicht mehr in Erfahrung bringen. Auf dem Relief von Medinet Habu sind fünf Seeräuberschiffe zu sehen, die von vier ägyptischen Kampfschiffen angegriffen werden. Vermutlich handelt es sich nicht um die Gesamtzahl aller beteiligten Schiffe, sondern um eine symbolische Verdichtung der Schlacht.

Größere Gewissheit herrscht darüber, wie sich der Kampf zur See abspielte. Nachdem sich die Ägypter mit kräftigen Ruderschlägen den Seevölkerschiffen angenähert hatten, eröffneten die Bogenschützen des Pharaos den Fernkampf. Mit tödlicher Präzision jagten sie Pfeil auf Pfeil in die dicht gedrängten Massen der Feinde. Zusätzlich zum Pfeilregen deckte ein Hagel von Steinen, Wurfpfeilen und Lanzen das feindliche Raubgeschwader ein. Die Seevölker erlitten schwere Verluste. Dies nutzten die Ägypter sofort aus. Wuchtig rammten die löwenkopfverzierten Vordersteven ihrer Schiffe die flachkieligen Vogelbarken, von denen eine sofort kenterte. Dann wirbelten Enterhaken durch die Luft, und der Enterkampf begann. In einem erbarmungslosen Gemetzel gewannen die Ägypter die Oberhand. Unter dem schwankenden Mastenwald der kämpfenden Flotten färbte sich das Wasser rot vom Blut der Erschlagenen, die bald zu Dutzenden in den Fluten des Nils trieben.

Denjenigen der Seevölkerkrieger, die über Bord sprangen, um sich zum Land durchzukämpfen, erging es nicht besser. Die meisten fielen am Ufersaum des Nildeltas oder wurden gefangen genommen. Von den Oberbefehlshabern, welche die Seevölker in die Schlacht geführt hatten, überlebte keiner. Ramses III. tötete nach eigenen Angaben »denjenigen, der sich den Sieg so sehr gewünscht hatte« mit einem gezielten Pfeilschuss, während der zweite Piratenhäuptling ins Wasser fiel und ertrank.

Als die Sonne unterging, gab es keinen Zweifel mehr, wer den Sieg errungen hatte. Erbarmungslos hackten ägyptische Soldaten jedem getöteten Feind eine Hand und den Penis ab, um sie wenig später gegen Kopfgeld einem der Quartiermeister zu geben, dessen Gehilfen die schaurigen Trophäen aufschichteten. Während sich dieses grausame Ritual vollzog, marschierten endlose Reihen gefesselter Seevölkerkrieger in die Gefangenschaft.

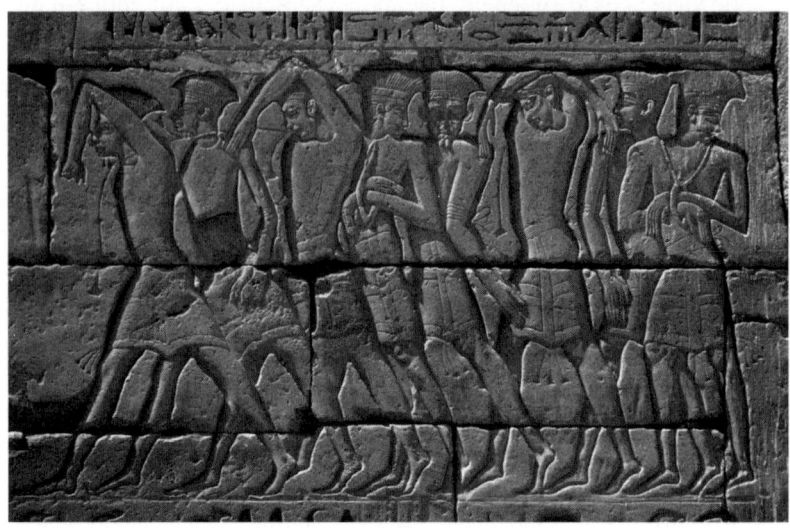

Gefangene Seevölkerkrieger nach der Schlacht

Einigen war es bestimmt, im Tempel Amuns geopfert zu werden. Andere erlitten das Los der Sklaverei oder wurden wie die Peleset und Šerden ins heutige Palästina[7] umgesiedelt. Ramses III. hatte einen großen Sieg erfochten und die Seevölker zu Lande wie zu Wasser entscheidend geschlagen.

> »Diejenigen nun, die meine Grenze zu Lande erreichten – ihr Same existiert nicht mehr … diejenigen aber, die zusammengeschart herankamen vom Meer – die Glut erfüllt sich an ihnen vor den Deltamündungen. … Diejenigen, die in die Nilmündungen eingedrungen waren, waren gefangen wie Vögel im Netz. So wurden sie vernichtet.«[8]

Durch seinen Sieg auf dem Nil hatte Ramses III. den Zusammenbruch des Ägypterreiches verzögert und die Sturmwelle des Seevölkerangriffs gebrochen. In den folgenden drei Jahrzehnten bis zu Ramses' III. Ermordung während einer Palastrevolution verzeichnen die Quellen keinen Angriff der Seevölker mehr.

Als sicher kann angenommen werden, dass der Angriff der Seevölker ein Invasionsversuch von Landstreitkräften war, der mithilfe von Piraten durchgeführt wurde, wie die Teilnahme der Tjeker, Šerden und Šekeleš an der Expedition beweist.

Abgesehen von diesen ersten schweren Abwehrschlachten gegen Seeräuber sind uns kaum gezielte Piratenjagden oder Abwehrkämpfe aus der Zeitenwende von der Bronze- zur Eisenzeit bekannt. Zwar behauptet der griechische Historiker Thukydides, dass schon der mythische König Minos von Kreta die Meere von Seeräubern säuberte, doch herrscht hier große Unsicherheit, wann dies war und zu welcher Zeit der angebliche Piratenbezwinger überhaupt gelebt hat.

Dionysos und die Räuber

Einzig die griechischen Epen und Mythen erhellen jene dunkle Zeit der Raubzüge der Hellenen, die einst die Insel- und Küstenwelt der Ägäis in erschreckendem Maße verheert haben müssen.

In den Abenteuern von Jason und den Argonauten, der Ilias und der Odyssee lassen sich mannigfach Hinweise auf die Seeräubereien der griechischen Helden und ihrer treuen Gefolgsmänner finden. So erhielt Jason mit seinen Gefährten den Auftrag, das Goldene Vlies zu stehlen, bot die Entführung Helenas durch Paris den Anlass für die Zerstörung Trojas und wurde der Ursprung aller Irrfahrten des Odysseus der unglückselige Gedanke, die in Troja gemachte Beute noch durch weitere Raubzüge an Thrakiens Küste anzureichern.

In Homers Odyssee erzählt der nach Ithaka heimkehrende Odysseus dem Schweinehirten Eumaios von einer schweren Niederlage, die er als Führer hellenischer Piraten im Nildelta erlitten hat. War dies ein Nachruf auf die große Abwehrschlacht von Ramses III. auf dem Nil? Oder eine Hommage Homers an zeitgenössische, historisch verbürgte Piratenangriffe auf Ägypten?

Die Erzählung hält dies offen. Sie ist als eine der Lügenschichten getarnt, die der als Bettler verkleidete Odysseus seinem einfachen Wirt, dem er sich zunächst nicht zu erkennen gibt, als erdichtete Biografie auftischt.

Nun sind Epen und Mythen keine Tatsachenerzählung historischer Ereignisse, doch in einem zeigen sie sich hilfreich. Sie gewähren einen Blick auf die Gedankenwelten und Erfahrungshorizonte der jeweiligen Epoche, die von der Allgegenwart des Seeraubs stark geprägt war. In den griechischen Mythen spielen vor allem die Tyrrhener eine Rolle, die in grauer Vorzeit die Ägäis besiedelten. Ein Teil von ihnen – die pelasgischen Tyrrhener – wurde von den Hellenen an die unwirtlichen Küstenstreifen Nordwestkleinasiens, die Inseln der Nordägäis verdrängt, andere tyrrhenische Stämme ins westliche Mittelmeer nach Sardinien. Dies sollte den Hellenen bald zum Nachteil gereichen. Die Tyrrhener rächten sich durch zahllose Seeräubereien für die Vertreibung aus ihrer ursprünglichen Heimat und wurden so sehr zum Schrecken der Ägäis, dass bald jeder Grieche das Wort »Tyrrhener« mit »Pirat« gleichsetzte.

Ist auch wenig über ihre Raubzüge bis zum 8. Jahrhundert v. Chr. bekannt, so bewahrten doch Mythen die Erinnerung an jene grausamen Küstenräuber, die ihren Gegnern derartig überlegen waren, dass nur noch die griechische Götterwelt in der Lage war, ihren Übermut zu bändigen.

So ergeht es den Tyrrhenern sehr schlecht, als sie das Standbild der Hera aus ihrem unverschlossenen Tempel auf Samos rauben und damit fliehen wollen. Göttlicher Frevel hält das Schiff im Hafen fest, so sehr sich die Piraten auch in die Riemen legen, um den Hafen zu verlassen. Die Tyrrhener verzweifeln. Erst als sie begreifen, dass sie zu weit gegangen sind, tragen sie das Götterbild ans Ufer, opfern Hera eifrig und können so den Hafen wieder verlassen. Aber ein Götzenbild zu rauben ist eine Sache, einen Gott zu stehlen eine andere, womit wir beim zweiten blasphemischen Schurkenstreich der Tyrrhener wären, den Homer in seinen Hymnen ins Gewand des Mythos gekleidet hat. Unbelehrbare Plünderer, die sie sind, scheuen die Tyrrhener nicht davor zurück, während einer Razzia den Fruchtbarkeitsgott Dionysos am Strand zu rauben. Trotz seiner Beteuerung, ein Gott zu sein, verschleppen sie Dionysos und werfen ihn in Banden geschlagen in ihr Schiff. Doch kaum ist die frevelhafte Tat begangen, folgt die Strafe auf dem Fuß. Der Geraubte wirft die Fesselung ab und beschwört mit Götterkraft einen Sturm herauf, der das Schiff der Seeräuber in Seenot bringt. Als die Tyrrhener ihren Irrtum bemerken, bieten sie Dionysos vergeblich die Freiheit an. In Gestalt eines Löwen verwandelt er erzürnt die Piraten in Delfine und verdammt sie dazu, bis ans Ende ihrer Tage im Meer zu schwimmen.

Woanders brauchte es keine Götter, um Piraten zu bestrafen. Im 8. Jahrhundert v. Chr. suchte die Flotte des Assyrerherrschers Sargon II.

die Meereswogen des Mittelmeeres und des Persischen Golfes nach Piraten ab und sorgte so für die Sicherheit zur See. Die Schiffe Sargons II. waren für die Verhältnisse der damaligen Zeit bestens gerüstet zur Piratenjagd. Eine Steinplatte des verfallenen Königspalasts von Nimrud hat die Erinnerung an die Flotte der Assyrer bewahrt, deren Mannschaften hauptsächlich aus Phöniziern bestanden.

Die Phönizier waren eine Seefahrer- und Handelsnation, die seit 1000 v. Chr. das Mittelmeer besiedelte. Sie waren die erste Seefahrernation, die sich nicht mehr davor scheute, über das offene Meer zu navigieren. Grund genug für Sargon II., ihnen die Leitung seiner Marine anzuvertrauen.

Die Schiffe, welche die Phönizier im Dienst des assyrischen Königs steuerten, hießen »Biremen«. Sie hatten zwei Ruderreihen und wurden aus Zedernholz gebaut. Sie waren hochbordig, besaßen einen senkrechten Steven und ein bauchiges Heck. Aus ihrem stumpfen Bug ragte der zu einer kegelförmigen Ramme verlängerte Kiel. Am Heck befand sich ein erhöhtes Verdeck und in der Bordmitte ein Mast mit einem rahgetakelten Segel, das schnell gerefft werden konnte. Back- wie steuerbords schützte ein Schanzkleid zwei Ruderreihen mit mindestens neun bis zehn Ruderern vor feindlichen Geschossen. Über der höchsten Ruderreihe befand sich das Kampfdeck, von dem aus Schwerbewaffnete durch an der Reling befestigte Schilderreihen die Feinde mit Fernwaffen unter Beschuss nehmen konnten. Gesteuert wurde das antike Kampffahrzeug vom Heck aus mithilfe von zwei Steuerrudern, die sich ebenfalls jeweils back- und steuerbords befanden. Die Länge der Bireme betrug nach Schätzungen 30 Meter, der Tiefgang zwei, die Breite höchstwahrscheinlich fünf bis sechs Meter.

Zur damaligen Zeit war die Bireme ein furchtbarer Gegner für jedes Piratenschiff, zumal die phönizischen Seeleute für ihre Geschicklichkeit und die assyrischen Soldaten wegen ihrer Tapferkeit gefürchtet waren.

Mithilfe einer derartig starken Flotte gelang es den Assyrern, das Rote Meer von Piraten zu säubern. Indes, Sargon II. wie auch sein Sohn Sanherib waren zu kriegerisch, als dass ihnen ein langes Leben beschieden gewesen wäre. Beide fanden ein gewaltsames Ende, Sargon fiel im Jahr 705 v. Chr. gegen die Kimmerer, Sanherib 25 Jahre später durch den Mordstahl seiner Söhne. Wieder entstand ein Machtvakuum, erneut wurde der Seehandel vermutlich zum Freiwild raubgieriger Piratenvölker.

Für ein weiteres Jahrhundert erfahren wir kaum etwas über Raubzüge zur See sowie deren Ahndung. Wahrscheinlich liegt dies am Umstand, dass der organisierte Kampf gegen Seeräuber auf der Rechtsauffassung beruht, dass Piraterie überhaupt ein Verbrechen ist. Diese Ansicht setzte sich in der Antike erst spät durch, genauso wie der Begriff »Peirates«, den heute jeder in seiner latinisierten Form »Pirat« kennt. Die Bezeichnung fand erst ab dem dritten vorchristlichen Jahrhundert Verwendung und leitet sich vom griechischen Wort πειραν (peiran), »versuchen, unternehmen, auskundschaften«, und πεῖρα (peira), »Wagnis, Unternehmen, Überfall«, über πειρατής (peiratēs) ab.

Doch so schnell setzte sich der Piratenbegriff nicht durch. Noch bis zum 5. Jahrhundert v. Chr. bezeichnete man im griechischen Kosmos die Seeräuber als »Leistes«, als »Plünderer« beziehungsweise »bewaffnete Räuber«. Dies weist eindeutig darauf hin, dass damalige Piraterie wie schon all die Jahrhunderte zuvor dem Küstenraub huldigte.

»Die alten Hellenen … hatten kaum damit begonnen, mit Schiffen häufiger zueinander hinüberzufahren, als sie sich auch schon auf den Seeraub verlegten, wobei gerade die tüchtigsten Männer sie anführten, zu eignem Gewinn und um Nahrung für die Schwachen; sie überfielen unbeteiligte Städte und offene Siedlungen und lebten so fast ganz vom Raub. Dies Werk brachte noch keine Schande, eher sogar Ruhm.«[9]

Angesichts solcher Rechtsauffassung wundert es nicht, wenig von Piratenjägern und Strafexpeditionen zu hören. Erst ab dem 6. vorchristlichen Jahrhundert blitzen Glanzlichter der Piratenjagd auf. Als die griechische Kolonisation im 6. und 5. Jahrhundert v. Chr. ihre maximale Ausdehnung erreichte, veränderte sich langsam die Auffassung der Griechen von Piraterie. Gezwungen, ihren Seehandel zu verteidigen, ging insbesondere das aufblühende Athen ab dem 6. Jahrhundert gegen Piratenstützpunkte auf Limnos, Kythnos, Mykonos und den Sporaden vor.

Etwa zur selben Zeit vollzog sich ebenfalls im westlichen Mittelmeer ein Wandel. Hier waren es Karthager und Etrusker, die sich von den Phokäern bedroht fühlten. Diese waren vor den Persern unter Kyros ins westliche Mittelmeer geflohen und hatten sich auf Korsika niedergelassen. Von dort aus schädigten sie den karthagisch-etruskischen Seehandel, wo sie nur konnten. Dies blieb nicht ungestraft. Um 540 v. Chr. schlugen die vereinigten Seeflotten der Karthager und Etrusker die Flotte der Phokäer vor Korsika, was eine der ersten großen Piratenplagen der Antike beendete.

Eine weitere bekannte Strafaktion ist die des athenischen Flottenführers Kimon, der in der Glanzzeit des von Athen beherrschten 1. Attisch-Delischen Seebundes um 475 v. Chr. die alte Pirateninsel Skyros eroberte und mit Athenern besiedelte.

Enterkampf in der Antike: Griechische Seeräuber greifen ein Handelsschiff an.

Athen war es nicht lang vorbestimmt, als Hegemonialmacht das östliche Mittelmeer zu beherrschen. Im fast dreißigjährigen Peloponnesischen Krieg gegen Sparta und dessen Verbündete erlitt es eine entscheidende Niederlage im Kampf um die Vormacht in der Ägäis.

Um 400 v. Chr. war der 1. Attisch-Delische Seebund nur noch Geschichte. Nach der katastrophalen Niederlage der Athener auf Sizilien reckte die Piraterie erneut ihr Haupt im östlichen wie westlichen Mittelmeer.

349 v. Chr. durchzog eine griechische Seeräuberflotte sengend und mordend das westliche Mittelmeer, sodass sich die zwei rivalisierenden Großmächte Karthago und Rom dazu genötigt sahen, im darauffolgenden Jahr einen Vertrag abzuschließen. Diese vertragliche Vereinbarung regelte einerseits die karthagisch-römischen Zwistigkeiten zur

See und versuchte andererseits, eine gemeinsame Richtlinie im Kampf gegen Piraten festzulegen. Dass sich mithilfe derartiger Verträge der zunehmende karthagisch-römische Gegensatz nicht aus der Welt schaffen ließ, ist bekannt. Was die Piratenbekämpfung anbetrifft, zeigt der Vertrag eindrucksvoll die Verflechtung von Seeraub, Seekrieg und Seehandel und die ambivalente Haltung der antiken Seemächte gegenüber der Piraterie.

Noch im vierten vorchristlichen Jahrhundert ist Seeraub selbstverständlich und nur ein Verbrechen, wenn Angehörige eines anderen Staates ihn betreiben. Wenn es für sie nützlich war, griffen die antiken Staaten selbst zum Mittel der Piraterie oder bedienten sich der Seeräuber.

Für Staaten ohne große Kriegsmarine hatte dies den Vorteil, sofort über eine schlagkräftige Armada zu verfügen. Für die Seeräuber rechneten sich Militärbündnisse, weil sie unter dem Deckmantel kriegerischer Operationen umso ungehinderter die feindlichen Küsten und Seefahrtswege plündern konnten. So nimmt es aus heutiger Sicht nicht wunder, dass es bei derartigen politischen Verhältnissen unmöglich war, die Seewege dauerhaft vor Piratengeschwadern zu schützen.

Überall herrschte ein Zustand kriegerischer Anarchie. Durch die zerrütteten politischen Verhältnisse traten Piraten immer selbstbewusster auf. Sie kannten keine moralischen Skrupel und zeigten das Machtbewusstsein von Kleinkönigen, wie das folgende moralische Traktat belegt, das von einer legendären Begegnung Alexanders des Großen mit einem unbekannten Seeräuberhäuptling handelt:

»Was anderes sind also Reiche, wenn ihnen Gerechtigkeit fehlt, als große Räuberbanden? Sind doch auch Räuberbanden nichts anderes als kleine Reiche. Auch da ist eine Schar von Menschen, die unter Befehl eines Anführers steht, sich durch Verabredung zu einer Gemeinschaft zusammenschließt und nach fester Übereinkunft die Beute teilt. Wenn dies üble Gebilde durch Zuzug verkommener Menschen so ins Große wächst, dass Ortschaften besetzt, Niederlassungen gegründet, Städte erobert, Völker unterworfen werden, nimmt es ohne Weiteres den Namen Reich an, den ihm offenkundig nicht etwa hingeschwundene Habgier, sondern erlangte Straflosigkeit erwirbt. Treffend und wahrheitsgemäß war darum die Antwort, die einst ein aufgegriffener Seeräuber Alexander dem Großen gab. Denn als der König den Mann fragte, was ihm einfalle, dass er das Meer unsicher mache, erwiderte er mit freimütigem Trotz: Und was fällt dir ein, dass du den Erdkreis unsicher machst? Freilich, weil ich's mit einem kleinen Fahrzeug tue, heiße ich Räuber. Du tust's mit einer großen Flotte und heißt Imperator.«[10]

Die moralische Anekdote ist bezeichnend für das Wechselspiel zwischen Großmachtpolitik und Piraterie zur Zeit Alexander des Großen.

Die bekanntesten Piratenjäger dieser Ära waren die makedonischen Admiräle Hegelochos und Amphoteros. Ihnen gelang es 332 v. Chr., den mit den Persern verbündeten Erzpiraten Aristonikos – der von den Persern eingesetzte Tyrann von Methymna – mitsamt seinen Gefährten im Hafen von Chios gefangen zu nehmen. Kurz darauf wurden die Piraten hingerichtet.

Für kurze Zeit gelang es den Admirälen Alexanders des Großen, im östlichen Mittelmeer für Recht und Ordnung zu sorgen. Mit dem Tod Alexanders des Großen endete jedoch der Versuch der Makedonen, mithilfe einer straff geführten Seepolizei die Seeräuberei des Mittelmeers in den Griff zu bekommen.

Durch die Kriege um Alexanders Thronfolge versanken die östliche Mittelmeerwelt und das Schwarze Meer in Chaos und Elend, auch der Seeraub nahm wieder zu. Einzig dem bosporanischen König Eumelos gelang es 304 v. Chr., die Piraten des Schwarzen Meeres niederzuringen. Dies brachte ihm nach Diodors Schilderungen »in fast allen Ländern der Erde den herrlichsten Ruhm ein, da die Kaufleute seine Hochherzigkeit verkündeten«.[11]

Heldentaten wie diese fanden kaum Nachahmer. In den folgenden Jahren wurden Piratengeschwader erneut zum Schrecken der Küste. Angesichts einer derartigen Bedrohungslage blieb den Bewohnern reicher Inseln und Küstenregionen nur die Defensive übrig.

Ein wirksames Mittel gegen Piratenüberfälle war, einige Kilometer landeinwärts von der Küste zu siedeln. Dies hatte den Vorteil, dass den Bewohnern im Falle eines rechtzeitig bemerkten Angriffs noch genug Zeit zur Verteidigung oder Flucht blieb. Eine andere Defensivmaßnahme war, eine Siedlung so anzulegen, dass sie vom Meer aus nicht bemerkt werden konnte. Dies schützte zwar nicht vor einem zielgerichteten Angriff, aber vor streunenden Piratenbanden, die keine Ortskenntnis besaßen. Die meisten Küstenbewohner befestigten jedoch ihre Städte. Zusätzlich legten sie ihre Siedlungen auf schwer zu erstürmenden Höhen an, sodass die Piraten kein leichtes Spiel hatten.

Was die Seeräuber anbetraf, so gingen sie meist nach folgendem Schema vor. Nachdem Späher die Lage an den Küsten sondiert hatten, landeten sie meist nachts an unbewachten Stellen der Küste und griffen die Stadt völlig überraschend im Morgengrauen an. Dabei erfolgte der Angriff entweder mit Stoßtrupps von der Landseite oder mit der gesamten Flotte von der Seeseite, je nachdem, was den Piraten opportun schien.

Eine besondere Angriffstaktik entwickelten die Heniochen, die wie Taurier, Zygen und Achäer Seeräuber waren und an der nordöstlichen Schwarzmeerküste lebten, was Strabo, der antike Historiker und Geograf, in seinen »Geographika« berichtet.[12]

Dies lag an dem von ihnen verwendeten langen und schmalen Bootstyp (»kamarai«) der in der Lage war, 30 Mann zu fassen. Das brachte folgende Vorteile mit sich: Dank der leichten Bauweise konnte die Mannschaft ihre Schiffe nach der Landung an der Küste auf den Schultern in die Wälder tragen und sie so vor den Augen Neugieriger verbergen. Während nur ein kleiner Teil der Mannschaft zur Bewachung zurückblieb, griff der andere den Ort an und überrumpelte die Bewohner. Beim Überfall rafften die Piraten alles an Menschen, Vieh und beweglicher Habe zusammen, bevor sie den Ort verwüsteten und sich wieder mit ihrer Beute zurückzogen.

Erwiesen sich ihre Gefangenen als reich, so setzten sich die Seeräuber direkt mit ihren Verwandten in Verbindung, um Lösegeld zu erpressen. Waren die erbeuteten Gefangenen arm, so wurden sie unbarmherzig zu den Sklavenmärkten der Ägäis und des Schwarzen Meeres verschleppt und dort verkauft.

Dies zeigt an, dass ab dem 4. vorchristlichen Jahrhundert aufgrund der unablässigen Kriege und des erhöhten Arbeitskräftebedarfs eine Professionalisierung des piratischen Gewerbes eingesetzt hatte. Aus Küstenraub war Menschenjagd geworden, aus gelegentlichen Überfällen zur See ein regelrechter Raubkrieg. Durch den Kriegszustand und den allgemeinen Mangel an regulären Kriegsflotten bedingt, waren Piratenführer zu regelrechten Söldnerhauptleuten geworden, die entscheidenden Einfluss auf das Kriegsgeschehen nahmen.

Dies zeigte sich besonders während der Belagerung von Rhodos durch den Diadochenherrscher Demetrios Poliorketes, der 370 Schiffe vor Rhodos zusammenzog, wovon ein Großteil durch Piraten gestellt wurde. Aber Rhodos trotzte allen Versuchen Demetrios', der letztendlich geschlagen wurde. Drei Jahre später hatten sich Demetrios' Heer 8000 Seeräuber angeschlossen, um Beute in Thessalien zu machen.

Mit dem Sieg der Seleukiden 281 v. Chr. über die Makedonen in der Schlacht von Kurupedion[13] endeten die Kämpfe um die Nachfolge im Alexanderreich, was zum allmählichen Rückgang der Piraterie führte. In Ägypten bildete sich das Ptolemäerreich, während in Makedonien Antigonos II. Gonatas König wurde.

Obwohl jedes dieser drei Reiche ans Mittelmeer grenzte, und über beachtliche Seestreitkräfte verfügte, stieg in der Folgezeit Rhodos zur ersten Seemacht der Levante auf. Durch ein ausgeklügeltes Flottenbauprogramm und dank der hohen Disziplin seiner hervorragenden Marine gelang es dem Inselreich, mit seinen Wachtschiffen die Piraten trotz aufflackernder lokaler Konflikte niederzuhalten. Der Grund für die eindeutige Frontstellung des Inselstaates gegenüber den Seeräubern war, dass Rhodos in erster Linie keine politische, sondern eine wirtschaftliche Macht darstellte. Der Inselstaat strebte nicht wie die lokalen Großmächte der Levante nach Hegemonie oder territorialen Eroberungen, sondern nach Handelsgewinn. Dies erforderte sichere Seefahrtswege auf dem Meer und die Bekämpfung derjenigen, die Rhodos' Handel gefährdeten. Im Gegensatz zu den unzähligen Kleintyrannen der Ägäis und den hellenistischen Herrschern bediente sich Rhodos nicht der Piraten, weder als Söldner noch als Bündnispartner.

Durch Anlehnung an Makedonien, das Seleukidenreich sowie das Ptolemäerreich gelang es dem Inselstaat, seine Unabhängigkeit erfolgreich zu behaupten. Erst Rom verdrängte Rhodos, das künftig aber zum ersten Bundesgenossen der Tiberrepublik wurde.

Die römische Republik hatte sich seit dem Abschluss des Kooperationsvertrags mit Karthago im westlichen Mittelmeer zur ersten Großmacht entwickelt. In nur drei Jahrhunderten hatte Rom die italische Halbinsel befriedet, das einst blühende Karthagerreich geschlagen sowie Korsika, Sardinien, Sizilien, Spanien und die Nordküste Afrikas erobert.

Dann war Rom über Istrien an der Adria entlang auf Makedonien vorgestoßen. Nachdem die Tiberstadt im Jahre 228 v. Chr. die illyrischen Piraten unter ihrer Königin Teuta durch einen blutigen Feldzug gebändigt hatte, waren Roms Legionen unaufhaltsam gen Osten marschiert. In mehreren Kriegen zerschlug Rom das Königreich Makedonien, während es gleichzeitig den Einflussbereich des ägyptischen Ptolemäerreiches und des syrischen Seleukidenreiches in der Levante zurückdrängte.

Der endgültige Sieg über Makedonien und das Seleukidenreich lieferte den Römern ab Mitte des zweiten vorchristlichen Jahrhunderts den Schlüssel zur Ägäis. Nun war ein weiteres Ausgreifen nach Asien möglich, vorausgesetzt, Rom beherrschte die Meere.

Doch genau hier stellte sich Rom eine Macht entgegen, die weder Königreich, Polis noch Republik war: die Kilikier, ein verwegenes Seeräubervolk aus Kleinasien.

Roms Sieg über die Kilikier

»Wir, deren Vorfahren den König Antiochos und Perseus mit der Flotte besiegt und in allen Seeschlachten die Karthager, die im Seewesen geübtesten und tüchtigsten Leute, überwunden hatten, wir konnten uns nirgends mehr mit den Seeräubern messen. Wir, die wir vormals nicht allein Italien in Sicherheit hielten (…), wir waren da nicht allein nicht mehr im Besitz unserer Provinzen und der Seeküsten Italiens und unserer Häfen, sondern selbst nicht einmal der appischen Straße …«[14]

Die kurze Skizze Ciceros umreißt klar die Machtlosigkeit Roms gegenüber der Gefahr, die von der größten und gefährlichsten Seeräuberorganisation der Antike ausging.

Im 1. Jahrhundert v. Chr. hatte sich aus den ursprünglich in Kilikien, im Südosten Kleinasiens, hausenden Seeräubern ein gut organisierter Piratenbund gebildet, vor dessen Geschwadern das Mittelmeer von den Säulen des Herkules bis zum Hellespont erzitterte. Grund für diesen Aufstieg war, dass Rom binnen Jahrzehnten eine Staatenwelt zerschlagen hatte, deren politisches System seit dem Ende der Diadochenkriege austariert gewesen war. Die Auseinandersetzungen Roms mit den hellenistischen Großreichen hatten Völker entwurzelt und einst blühende Landschaften verwüstet, das römische Verwaltungs- und Steuersystem die Überlebenden endgültig ruiniert und in die Armut getrieben.

Waren dies schon immer klassische Faktoren gewesen, Piraterie entstehen zu lassen, so besorgte die fortschreitende politische Destabilisierung des Seleukidenreiches ab 140 v. Chr. den Rest. Glaubt man den Ausführungen des griechischen Historikers Strabo, so wurde der seleukidische Rebell Diodotus Tryphon ab 140 v. Chr. der erste Piratenkönig Kilikiens.

Diodotus Tryphon zog sich nämlich nach dem gescheiterten Versuch, sich zum Herrscher des Seleukidenreiches emporzuschwingen, ins raue Kilikien zurück. Das unwirtliche Land lag gegenüber Zypern und erstreckte sich von Korakesion (das heutige Alanya) bis zur Nordgrenze des heutigen Syrien.

Es war aufgrund seiner schroffen Steilküste, den vielen kleinen versteckten Buchten, Grotten und einsamen Inseln geradezu prädestiniert zur Piratenküste. Hier baute Tryphon die spätere Hauptstadt Korakesion auf einer 250 Meter hohen Felsenhalbinsel zu seiner neuen Operationsbasis aus. Er stieß immer wieder zu Kaperfahrten gegen den Feind vor, bis ein syrisches Heer ihn einschloss und zur Übergabe zwang. Tryphon überlebte die Niederlage nicht. Er beging Selbstmord. Paradoxerweise wurde sein Tod die Geburtsstunde des größten Piratenbundes der Antike.

In den vier Jahrzehnten nach Tryphons Tod errichteten die Kilikier ein System von Ankerplätzen, stark befestigten Häfen und Stützpunkten, die gleich Adlerhorsten auf kaum zugänglichen Felsen thronten. Auf diese Weise waren sie fast unangreifbar. Und das mussten sie auch sein, wollten sie ihre Beute sichern. Denn die Seeräuberei gedieh prächtig. Nach Strabo hatte das vor allem folgende Gründe:

»Besonders aber reizte zu solchem Frevel die so gewinnvolle Ausfuhr der Sklaven; denn der Fang war leicht, und ein großer und geldreicher Markt war gar nicht fern, die Insel Delos, welche Myriaden von Sklaven an einem Tage aufnehmen und absetzen konnte, sodass daher auch das Sprichwort entstand: Kaufmann, fahr heran und lade aus: Alles ist verkauft. Die Ursache war, dass die nach den Kriegen mit Korinth und Karthago reich gewordenen Römer viele Sklaven brauchten.«[15]

Mit diesen Worten lieferte Strabo den entscheidenden Hinweis auf den wirtschaftlichen Hintergrund des Aufstiegs der kilikischen Piraterie. Delos war die Hauptinsel der Kykladen und hatte 167 v. Chr. den Status eines Freihafens bekommen, was der Kykladeninsel unermesslichen Reichtum bescherte.

Dass Menschen als Ware in Rom so begehrt waren, lag an einem fundamentalen gesellschaftlichen Wandel der römischen Landwirtschaft:

der Umstellung von der bäuerlichen Kleinwirtschaft auf die Latifundien, einer fast industriellen Bewirtschaftung riesiger Agrarflächen durch Sklaven und saisonale Hilfsarbeiter. Da es zu jener Zeit keine landwirtschaftlichen Maschinen gab, bedurfte es eines steten Nachschubs an Menschen, der diesen Mangel wettmachte. Die meisten der Versklavten hielten jedoch die harte Landarbeit nicht länger als zehn Jahre durch. Auf den Galeeren und in den Bergwerken war die Lebensdauer eines Sklaven noch kürzer. Drei Jahre, so rechnete einst Cato der Ältere, hielt es ein Rudersklave auf den Schiffen der römischen Republik aus. Dann starb er entweder oder er konnte seine Tätigkeit nicht mehr ausüben. Sechs bis maximal acht Jahre schuftete ein Sklave in den unzähligen Bergwerken, bevor er zu leichteren Arbeiten verwendet wurde. Im Handwerk beschäftigte Sklaven traf es etwas besser: Sie schafften mitunter 12 bis 15 Jahre. Es war eine zynische Rechnung. Sie zeigte klar die Abhängigkeit Roms von der Sklaverei und den menschenverachtenden Charakter seiner Herrschaftsform.

Nicht nur Rom zog Nutzen aus dem Treiben der Kilikier. Das ägyptische Ptolemäerreich, Zypern sowie die Häfen Pamphyliens und Lykiens profitierten von der Menschen- und Beutejagd, die alles und jeden treffen konnte.

Da Rom vorerst gegen die Piraten nicht einschritt oder auch infolge schwacher Seestreitkräfte nicht einschreiten wollte, wurden die Kilikier immer stärker.

Solange die Seeräuber das politische Gleichgewicht nicht gefährdeten und Rom wirtschaftlich nicht schadeten, scheint die römische Republik die Raubzüge der Kilikier geduldet zu haben. Dies änderte sich, als die Piraten Ende des 2. vorchristlichen Jahrhunderts immer zahlreicher wurden.

Jetzt sah sich Rom genötigt, militärisch einzugreifen. Mit einer großen Flotte stießen die Römer 102 v. Chr. über Athen nach Kilikien vor, wo sie eine Provinz errichteten. Dann fügten sie im kombinierten Angriff von See- und Landstreitkräften den Piraten zum ersten Mal eine Niederlage zu. Damit ging für kurze Zeit der Seeraub zurück. Mit dem zwei Jahre später verabschiedeten Seeräubergesetz[16] aus dem Jahr 100 v. Chr. verpflichtete Rom seine Bundesgenossen dazu, ihre Territorien den Piraten nicht mehr zur Verfügung zu stellen. Außerdem schärfte Rom ihnen ein, die Bekämpfung der Seeräuber selbst in die Hand zu nehmen.

Die Gesetzesinitiative erwies sich jedoch als illusorisch. Die Bundesgenossen Roms scheuten die Kosten eines jahrelangen Kleinkriegs mit den Piraten. Ein weiterer Grund für das Scheitern des römischen Antipiratengesetzes war, dass die Tiberrepublik in Konflikt mit König Mithridates VI. von Pontos geriet. Dies kam den Piraten gerade recht, die sofort die Möglichkeit sahen, im Fahrwasser beider Großmächte auf Raubfang zu gehen. Die Jagd dauerte lang. Anders als das Makedonen- und Seleukidenreich erwies sich der König von Pontos Rom lange Zeit gewachsen.

Es war nicht das erste Mal, dass Rom mit Mithridates aneinandergeriet. Nach ersten Annexionen Kappadokiens und Bithyniens im Jahr 90 v. Chr. hatte der Pontiker nur durch massiven Druck Roms dazu bewegt werden können, die besetzten Kleinkönigreiche wieder herausgegeben. Als der König Bithyniens, Nikomedes IV., auf Anstiftung des römischen Gesandten Manius Aquilius zwei Jahre später Mithridates angriff, wurde er unter dem Jubel der unterdrückten Völker Asiens geschlagen.

Kleinasien zur Zeit römischer Hegemonie

Der König von Pontos fasste jetzt ins Auge, den günstigen Moment auszunutzen und die römische Provinz Asia zu erobern. Vorher musste

Mithridates jedoch ein Hindernis beseitigen: die zahlenmäßig sehr starke italische und römische Bevölkerung von Asia. Der Pontiker wusste ein probates Mittel. Er beschloss, mithilfe der einheimischen Bevölkerung Asias einen Aufstand zu entfachen, der die römisch-italische Oberschicht innerhalb weniger Tage vernichten sollte.

Während er im Verborgenen seine Flotte aufrüstete, ritten die Sendboten Mithridates' mit geheimen Briefen durch Asia. In diesen Kassibern wurden die nichtrömischen Satrapen und Amtsvorsteher dazu aufgefordert, sich 30 Tage nach Erhalt der Botschaft gegen die Herrschaft Roms zu erheben und alle Römer und Italiker der Provinz niederzumachen.

Um sicherzugehen, dass sein Appell befolgt werden würde, machte Mithridates der Bevölkerung Asias große Zugeständnisse. Er inszenierte sich als Befreier aller von Rom unterdrückten Völker und versprach den Sklaven, die ihre italischen Herren töteten, großzügig die Freiheit. Der König von Pontos war jedoch alles andere als ein altruistischer Freiheitsbringer. Diejenigen, welche Römer und Italiker töteten, sollten die Hälfte von deren Vermögen für sich behalten, die andere jedoch dem König abgeben.

Mithridates VI. musste in Asia nicht lange um Mitkämpfer werben. Die Missstände der römischen Verwaltung, die Korruption seiner Statthalter und besonders das System der römischen Steuerpacht hatten Rom verhasst gemacht. Die Steuern der römischen Provinzen wurden nicht vom römischen Staat selbst, sondern von Pächtern eingetrieben. Diese kauften vom römischen Staat für eine Dauer von 5 Jahren das Recht, Steuern zu erheben. Da die Pächter sich meist verschuldet hatten, um die Pachtsumme überhaupt vorlegen zu können, trieben sie oft rücksichtslos die Steuern ein. Mithridates hatte es somit leicht, gegen Rom zu agitieren. Zudem kam ihm zustatten, dass auf der apenninischen Halbinsel seit drei Jahren der Bundesgenossenkrieg tobte, der viele römische Legionen band. Außerdem bahnte sich ein Bürgerkrieg zwischen den Anhängern der Volkspartei, den Popularen, und der herrschenden Senatspartei, den Optimaten, an. Dies waren gute Voraussetzungen für die Pläne des Königs von Pontos.

30 Tage, nachdem er es befohlen hatte, brach der Aufstand in Asia aus. Er ging als »Vesper von Ephesos« (88 v. Chr.) in die Geschichte ein.

In einem Blutrausch sondergleichen fielen die Aufständischen überall zur selben Zeit über die nichts ahnende römisch-italische Bevölkerung her. Grausam entlud sich der seit Jahrzehnten aufgestaute Hass. Die Massaker ereigneten sich nicht nur auf Straßen und Plätzen sowie in Häusern und Villen, sondern auch in Tempeln, wo die Verfolgten Schutz suchten.

Im Artemistempel von Ephesos wurden Verzweifelte, die in ihrer Todesangst schutzflehend heilige Bildsäulen umklammerten, unbarmherzig getötet. Im Aeskulaptempel von Pergamon spickten die Rebellen ihre Opfer mit Pfeilen, während diese ihre Heiligen umfassten. Die Adramyttener[17] gingen noch weiter. In ihrer Grausamkeit ließen sie selbst dann nicht von ihren Opfern ab, als diese sich schon ins Meer geflüchtet hatten. Die Bewohner von Kaunos[18] ertränkten erst die Kinder vor den Augen der Mütter, dann die Mütter vor den Augen der Männer und letztendlich die Männer selbst. Es war ein fürchterliches Blutbad.

Binnen weniger Tage fielen nach Angaben des römischen Historikers Appian 80 000 Italiker und Römer den wütenden Pogromen zum Opfer. Die hasserfüllte Propaganda Mithridates' war auf fruchtbaren Boden gefallen. Nach dem Massaker besetzte die pontische Armee die einst römische Provinz. Dann setzte sie nach Griechenland über, wo sich viele Städte gleichfalls gegen Rom erhoben hatten.

Mithridates bekämpfte die Römer jedoch nicht nur zu Lande, sondern auch zur See. Hierbei kam ihm sein Bündnis mit den Kilikiern zugute, welche die Frachtschiffe Roms und seiner Bundesgenossen nach Belieben plünderten.

Der nächste Angriff Mithridates' galt Rhodos, das aufgrund seiner strategischen Lage als Operationsbasis äußerst wichtig war. Aber Rhodos zeigte dem Pontiker die Zähne. In harten Kämpfen zur See und zu Lande behauptete sich der wehrhafte Inselstaat auch ohne römische Hilfe gegen den sieggewohnten König. Nach einigen Monaten der Belagerung ließ Mithridates frustriert von der Insel ab und wandte sich wieder dem Landkrieg in Griechenland zu. Hier war eine dramatische Veränderung der Lage eingetreten. Nach zäher Belagerung hatte ein römisches Heer unter Lucius Cornelius Sulla erst Athen, dann den Piräus erobert. Jetzt schickte sich Sulla an, das geschlagene pontische Heer in Thessalien zu vernichten.

Wieder zeigte sich das Organisationsgeschick von Mithridates. In wenigen Wochen stampfte er eine gigantische Armee aus dem Boden, mit der sich sein Feldherr Archelaos siegessicher den Römern entgegenstellte. Doch Sulla war ein hervorragender Stratege. Er schlug das Heer des Königs von Pontos 84 v. Chr. erst bei Chaironaia, dann bei Orchomenos so vernichtend, dass Mithridates bald um Waffenstillstand bat.

Dies kam Sulla ganz recht. Aus Rom kamen schlechte Nachrichten. Die Volkspartei der Popularen hatte gegen die Optimaten geputscht und in Rom erneut die Macht an sich gerissen.

Aus diesem Grund bequemte sich der siegreiche Feldherr zu einem vorzeitigen Friedensschluss und zwang Mithridates zu einer Kriegskostenentschädigung von 2000 Talenten.[19] Dies mutet auf den ersten Blick viel an, war aber ein geringer Betrag im Vergleich zu den 20 000 Talenten, die Sulla der aufständischen Provinz Asia zur Strafe für ihre Unbotmäßigkeit auferlegte.

Die härteste Strafmaßnahme Sullas betraf allerdings die Flotte von Mithridates. In diesem Punkt zeigte sich der Römer unnachgiebig. Er zwang den Pontiker zur Übergabe seiner Flotte, die aus 70 Schiffen bestand. Doch damit war nach den Schilderungen Appians der Seekrieg noch lange nicht beendet:

»Denn außer diesen (den Römern) kreuzten an seinen Küsten ganz öffentlich zahlreiche Räuberbanden, mehr wie feindliche Flotten als wie Seeräuber. Sie schrieben sich ursprünglich von Mithridates her, der sie aufs Meer ausgesandt hatte, wie er alles, was er nicht lange zu besitzen hoffte, verwüstete. Indessen hatten sie sich außerordentlich vermehrt und griffen nun nicht mehr die zur See Fahrenden allein, sondern auch Seehäfen und feste Plätze und Städte mit offenbarer Gewalt an. So waren Jassos, Samos, Kiazomene und Samothrake noch während Sullas Anwesenheit von ihnen genommen worden. Aus dem Tempel von Samos hatten sie einen Schmuck geraubt, dessen Wert auf tausend Talente veranschlagt wurde.«[20]

Damit nicht genug. Wie Appian berichtet, plünderten die Kilikier weitere heilige Stätten, die bisher als unverletzlich gegolten hatten. Ihre Erfolgsbilanz konnte sich sehen lassen. Ihnen fielen zum Opfer: die Heiligtümer von Klaros, Chtonia und das Didymaion. Des Weiteren plünderten sie die Tempel des Asklepios in Epidauros und die des Poseidon auf dem Isthmos, bei Tainaron und auf Kalauria. Ebenso wenig verschonten die Piraten in der Folgezeit die Kultstätten des Apollon in Aktion und auf Leukas sowie die Heiligtümer der Hera in Argos und auf dem Lakinion.

Angesichts einer derartigen Erfolgsserie und der erbeuteten Reichtümer verwundert es nicht, dass die Kilikier immer übermütiger wurden und ihren Reichtum öffentlich zur Schau stellten.

Hatte ihre Flotte bis 100 v. Chr. noch meist aus schnellen Ruderschiffen mit einer Riemenreihe und einem Mann pro Ruder je Bordseite bestanden, fanden sich von nun an Fahrzeuge mit zwei bis drei Ruderreihen in ihren Geschwadern.[21]

Mit dem Erfolg veränderte sich nicht nur die Zusammensetzung der Flotte und die Anzahl der Schiffe, sondern auch ihre äußere Erscheinung. Eitel und stolz wie sie waren, verzierten die Seeräuber ihre Schiffe mit goldenen Flaggenstangen, purpurnen Segeln, goldenen Rahen und silberbeschlagenen Rudern. Die Zurschaustellung des Reichtums zeugte von ihren erfolgreichen Raubzügen und unterstrich das soziale Prestige.

Auch was die Zahl ihrer Schiffe anbetraf, war ein für Rom besorgniserregender Zuwachs feststellbar. Nach Schätzungen römischer Historiker verfügten die Kilikier über tausend Schiffe im gesamten Mittelmeer. Mit dem Ausbau der Piratenflotte erweiterte sich auch ihr Organisationsgrad. Die Seeräuber bezeichneten sich selbst als Söldner und wurden nun von Strategen kommandiert.

Von diesem Zeitpunkt an begnügten sie sich nicht mehr mit plötzlichen Überfällen auf meist unbefestigte Orte. Je stärker sie wurden, desto mehr gingen sie dazu über, stark befestigte Städte regelrecht zu belagern. Auch zur See wandelte sich ihre Taktik. Statt wie früher einzelnen Handelsfahrern aufzulauern, griffen sie ganze Flotten an.

Auch hinsichtlich ihrer geografischen Ausbreitung expandierten sie. Ab dem 1. Mithridatischen Krieg beschränkten sie sich nicht mehr nur auf das Phönizische Meer und die Ägäis.

Nun errichteten sie auch rund um das Ionische und Libysche Meer ein Netz von Ankerplätzen und befestigten Orten. Kreta wurde zur

Piratenbasis, die Cyrenaika im heutigen Libyen zur Seeräuberküste, von wo aus der römische Handel im Ionischen Meer empfindlich gestört wurde. Mit dem Ausgreifen nach Westen veränderte sich auch ihre ethnische Zusammensetzung.

Waren die Kilikier seit Beginn ihrer Existenz schon immer ein Vielvölkergemisch gewesen, so stießen im Laufe der Jahrzehnte bis zum 1. Mithridatischen Krieg Lykier, Pamphylier, Syrer, Kreter und Zyprer zu ihnen, später sogar einige Römer. Die Quellen wollen die Sucht nach Gewinn, Ruhm und Ehre als Hauptmotiv jener Römer ausmachen. Wahrscheinlicher ist, dass es sich bei den meisten von Ihnen um politische Flüchtlinge handelte, die vor dem Terror Sullas geflohen waren.

Kurzum, auch wenn das Kernland der Piraten immer noch Kilikien selbst war, so wurde der Begriff »Kilikier« gleichbedeutend mit dem Wort »Pirat«.

Waren die Kilikier auch noch so mächtig, so schien ihnen stets die Gefahr bewusst, in der sie lebten. Um ihre Basen zu sichern, legten die Seeräuber eine Art optisches Telegrafensystem an. Es bestand aus einer manchmal mehrere Kilometer langen Kette befestigter Beobachtungstürme, deren Besatzungen mit verschiedenfarbigen Signalflaggen die Ankunft von Beute oder feindlichen Schiffen signalisierten. Kamen übermächtige Feinde, flüchteten die Seeräuber landeinwärts ins Gebirge, wo sie, meist an schwer zugänglichen Stellen, Fluchtburgen errichtet hatten. Auf diese Weise waren die Kilikier schwer zu greifen und ihren Feinden immer einen Schritt voraus.

Hinsichtlich ihres Gewerbes blieben sie ihrem alten Geschäftsmodell treu: der Brandschatzung und Plünderung von Städten und Küstenstrichen – und der Entführung von Menschen. Wer wie die sizilianischen Grundbesitzer nicht bis aufs Hemd geplündert werden wollte, kaufte sich durch Tributzahlung frei. Wer kämpfte, dem blühten Versklavung oder Tod.

Gegen Ende der 80er-Jahre des ersten vorchristlichen Jahrhunderts war die Lage hoffnungslos geworden, die Küstenstriche wurden Opfer unablässiger Raubzüge.

Dies änderte sich auch nicht, als der 2. Mithridatische Krieg ausbrach. Er wurde von Rom selbst eröffnet und endete mit einer Schlappe des römischen Statthalters Lucius Licinius Murena gegen die Pontiker und einem erfolglosen Feldzug gegen die Piraten.

Mittlerweile schien es fast so, als ob Mithridates selbst kaum noch Einfluss auf die Seeräuber nehmen könnte und sich die Kilikier völlig verselbstständigt hätten. Leider geben die Quellen keinen Hinweis darauf, wie viele Schiffe die Kilikier kaperten oder versenkten. Sicher ist jedoch, dass sie allein im östlichen Mittelmeer an die 400 Städte, Dörfer und Siedlungen überfielen.

Dies konnte und durfte sich Rom nicht bieten lassen, zumal seit Beendigung des römischen Bürgerkriegs endlich wieder genug Streitkräfte für die Piratenbekämpfung zur Verfügung standen.

Als die Piratenplage überhandnahm, erhielt Prokonsul Publius Servilius Vatia im Jahr 78 v. Chr. den Auftrag, eine Flotte für den Piratenkampf auszurüsten. Wie notwendig dieser Schritt war, zeigte eine der berühmtesten Episoden des Kampfes gegen die kilikischen Piraten: die Gefangennahme Julius Cäsars.

Als Julius Cäsar in jungen Jahren nach Rhodos segelte, um sich bei dem Rhetoriker und Grammatiker Molon weiter ausbilden zu lassen, tauchten auf der Höhe der Insel Pharmakussa plötzlich mehrere kilikische Einruderer auf. Noch bevor die römische Besatzung an Flucht denken konnte, enterten die Piraten das schwerfällige Frachtschiff und nahmen Cäsar mitsamt den anderen Passagieren gefangen.

Bei der folgenden Debatte um das festzusetzende Lösegeld einigten sich die Piraten darauf, ihren vornehmen Gefangenen mit zehn Talenten zu veranschlagen. Cäsar war empört. Beleidigt machte er den Piraten klar, das Fünffache wert zu sein. Dies nahmen die Kilikier erfreut zur Kenntnis. Schließlich erlebten sie nicht alle Tage, dass ein Gefangener 50 Talente einbrachte.

Von da an ging es Cäsar bei den Kilikiern hervorragend, wie Plutarch berichtet:

»Während der achtunddreißig Tage, da er sich in der Gewalt der Piraten befand, spielte und turnte er ohne alle Furcht mit ihnen, als ob nicht er der Gefangene, sondern sie seine Trabanten wären. Er verfasste Gedichte und Reden und las sie ihnen vor, und wenn sie ihm keine Bewunderung zollten, schalt er sie unverblümt Barbaren ohne Bildung und Kultur. Oft stieß er lachend die Drohung aus, er werde sie aufknüpfen lassen – und die Kerle hatten ihre Freude dran, hielten sie ihn doch für einen harmlosen, lustigen Patron, der die losen Reden nicht lassen könne.«[22]

Zum Unglück der Kilikier sollten die losen Reden des scheinbar Verrückten bald wahr werden. Als Cäsar nach langwierigen Verhandlungen gegen 50 Talente ausgelöst wurde, nahm er sofort Rache für die erlittene Schmach. Folgt man Velleius Paterculus, segelte er unmittelbar nach seiner Freilassung zum Stützpunkt der Seeräuber zurück. Nach kurzem Gefecht nahm er 350 von ihnen gefangen, während er den Rest in die Flucht schlug. Dann holte er sich seine Lösegeldsumme in Höhe von 50 Talenten zurück und ließ die Seeräuber in den nächsten Tagen hinrichten.

Cäsar hatte großes Glück. Normalerweise gingen Begegnungen mit Kilikiern für Römer anders aus. Plutarch berichtet, dass die Kilikier, wo sie konnten, ihre römischen Gefangenen erniedrigten und durch und durch antirömisch gesinnt waren. Fingen sie vornehme Römer, taten sie so, als ob dies ein Versehen gewesen sei und sie den Fehlgriff heftig bedauerten. Glaubten ihre Opfer an ein Missgeschick, baten sie die Unglücklichen mit gespielter Unterwürfigkeit höflich um Verzeihung und versprachen ihnen, sie sofort freizulassen. Es war ein grausames Mätzchen. Der Weg in die Freiheit führte nämlich über das Fallreep ins Wasser und endete mit dem Ertrinken des unglücklichen Opfers.

An Missständen dieser Art änderte auch die erste größere Strafexpedition unter Prokonsul Publius Servilius Vatia in den Jahren 78 bis 75 v. Chr. nichts. Sie endete nach einer siegreichen Seeschlacht mit der Zerschlagung mehrerer Piratenstützpunkte in Pamphylien und Lykien. Hierbei kam es zu schweren Kämpfen um das Hauptquartier des Seeräuberhäuptlings Zeniketes auf dem Berg Olympos. Umstellt von allen Seiten, gewährte Zeniketes den Römern nicht den Triumph, ihn gefangen zu nehmen und zu kreuzigen. Stattdessen legte er Feuer an seine Burg und stürzte sich mit seiner Familie in die Flammen. Bei einem anschließenden Feldzug im Hinterland gegen den räuberischen Stamm der Isaurier siegte Publius Servilius Vatia ebenfalls, was ihm den Beinamen »Isauricus« eintrug. All diese Siege waren beeindruckend. Sie offenbarten Roms militärische Überlegenheit, packten aber das Piratenproblem nicht bei der Wurzel. Trotz der taktischen Erfolge blieb die Macht am Tiber strategisch gesehen weiterhin in der Defensive. Daran änderte sich auch nichts, als der Senat im Jahr 74 v. Chr. Marcus Antonius, den Vater des gleichnamigen Triumvirs, mit einem Imperium Infinitum ausstattete. Diese besondere Verfügung gab dem Flottenführer nicht nur das Kommando über alle Schiffe des Mittelmeers, sondern auch die Erlaubnis, bis zu einer Tiefe von 30 Kilometern landeinwärts gegen die Seeräuber vorzugehen. Es war ein entscheidender Schritt in der Piratenbekämpfung. Zum ersten Mal in der Geschichte Roms bekam ein einzelner Feldherr derartige Vollmachten. Aber Marcus Antonius scheiterte, weil der Senat ihn nicht mit der Befugnis ausstattete, auf den Staatsschatz zurückgreifen zu können. Nachdem der Feldherr seine Finanzen aufgebraucht hatte, sah er sich gezwungen, den Provinzen für den Unterhalt seiner Flotte Geld und Getreide abzupressen, was ihm wenig Unterstützung einbrachte. Dies war der Anfang vom Ende. Trotz seiner besonderen Befehlsgewalt gelang es Marcus Antonius nicht, die Seeräuber zu schlagen. Im Jahr 72 v. Chr. erlitt er vor der Küste Kretas im Kampf gegen Kreter und Kilikier eine schwere Niederlage, die damit endete, dass die Sieger die gefangenen Römer an den Rahen aufknüpften. Marcus Antonius blieb dies erspart. Wahrscheinlich starb er kurz nach der Seeschlacht in Gefangenschaft auf Kreta.

Die Niederlage vor Kreta war nicht der einzige Rückschlag, den Rom zu dieser Zeit erlitt. Zum Zeitpunkt von Marcus Antonius' Tod befand sich die Republik in einer schweren Krise. In Asien hatte Mithridates Rom erneut den Krieg erklärt. In Spanien war ein Aufstand ausgebrochen, den ein Quästor namens Sertorius anführte. Die größte Gefahr drohte Rom jedoch von einem Sklavenaufstand unter der Führung des thrakischen Gladiators Spartacus, der bereits mehrere römische Legionen vernichtend geschlagen hatte.

Hinzu kam erneut das Seeräuberunwesen. Angesichts der kriegerischen Wirren hörten die Piratenüberfälle nicht mehr auf. Ein Bündnis von Piraten und Sklaven scheiterte zum Glück Roms daran, dass die Kilikier Spartacus betrogen und ein Übersetzen des Sklavenheeres nach Sizilien verhinderten. Doch dies machte die Kilikier noch längst nicht zu Verbündeten Roms. Vielmehr trachteten sie danach, die Insel nach allen Regeln der Kunst selbst auszurauben, wobei ihnen Gaius Verres, der äußerst korrupte Statthalter Siziliens, fleißig half.

Dieser Beamte gestattete den Kilikiern nämlich nicht nur, die ihm anvertraute Insel nach Herzenslust auszurauben. Er verhinderte durch seine Passivität ebenfalls die erfolgreiche Bekämpfung der Kilikier durch die römische Flotte und stahl selbst wie ein Rabe. Bei seinen Raubzügen schreckte er nicht vor Vergewaltigungen und Tempelschändungen zurück. Dies ging so lange gut, bis man endlich in Rom auf die Schandtaten Verres' aufmerksam wurde und ihn wegen Amtsmissbrauchs anklagte. Es wurde der Durchbruch des jungen Rechtsanwalts Cicero, der auch den Rechtsgrundsatz formulierte, dass die Piraten die Feinde der Menschen sind. Er verfasste die Anklageschrift (Orationes In Verrem), die Verres buchstäblich vernichtete.

»Da wurden große geschützte Seestädte mit stark befestigten Hafenanlagen den Piratenhorden zugänglich gemacht, die Matrosen und Soldaten der sicilianischen, uns also verbündeten Flotte dem Hungertode preisgegeben, stattliche und wertvolle Geschwader zur tiefsten Schmach des römischen Volkes durch einen erbärmlichen Feind vernichtet. Zugleich fiel dieser Landvogt über die antiken Denkmäler her, die teils von reichen und freigebigen Monarchen zur Zierde der Städte errichtet, teils von unseren siegreichen Heerführern in die Gemeinden Siciliens gestiftet oder zurückgebracht worden waren: er raubte oder plünderte sie alle.«[23]

Die Anklageschrift Ciceros war rhetorisch so brillant, dass Verres' Verteidiger seinem Mandanten dazu riet, gar nicht erst das Prozessende abzuwarten und einen Teil seiner Schuld zu gestehen. Verres hörte auf seine Rechtsberater und bekannte sich zu seiner Schuld. Kurz darauf wurde er nach Massilia verbannt und lebte dort bis zu seinem Tod.

Aber die Amtsenthebung von Verres löste nicht das Piratenproblem. Durch die römischen Niederlagen vor Kreta und Sizilien kühn geworden, wagten die Kilikier es sogar, zwei Prätoren von einer italischen Küstenstraße wegzufangen und samt ihren Liktoren zu entführen. Auch wurde eine nahe Verwandte von Marcus Antonius gekidnappt und erst gegen hohes Lösegeld wieder freigelassen. Wie es schien, war Rom aufgrund der politischen Situation nicht mehr in der Lage, seine Küsten zu schützen.

In Kleinasien waren die Heere von Pontos und Rom noch immer ineinander verbissen, während die Sklaven Spartacus' Süditalien verheerten. Einzig in Spanien trat für Rom eine Wende zum Guten ein, weil Sertorius von einem politischen Rivalen ermordet wurde. Zum Glück Roms befand sich mit Gnaeus Pompeius ein talentierter Feldherr auf dem iberischen Kriegsschauplatz, der diesen Umstand bald zu nutzen wusste.

Der erst 35-jährige Gnaeus Pompeius war der Sohn eines Feldherrn der Optimaten, Pompeius Strabo. Er hatte während des Bürgerkriegs im Kampf auf eigene Kosten drei Legionen ausgerüstet und sich im Kampf gegen die Popularen erst in Italien, dann in Afrika und schließlich in Spanien als Feldherr bewährt. Pompeius war im Feld ein kluger und umsichtiger Stratege, in der Politik ein ehrgeiziger und gewiefter Taktiker mit dem Gespür für effektvolle Auftritte. Obwohl er aus dem Senatorenstand stammte, war er leutselig und beim Volk beliebt.

Jetzt, im Jahre 71 v. Chr., wurde Pompeius zusammen mit Marcus Licinius Crassus zum Retter Roms. Während Crassus zum Kampf gegen die Sklaven rüstete, gelang Pompeius nach der Ermordung Sertorius' durch seinen Rivalen Perpenna der entscheidende Sieg über die Rebellen. Dies hatte zur Folge, dass der spanische Aufstand zusammenbrach und die unbotmäßige Provinz wieder unter römische Kontrolle geriet.

Endlich konnte sich Pompeius auf den Weg nach Italien machen, um zusammen mit Marcus Licinius Crassus das Sklavenheer zu vernichten. Doch der Weg von Spanien nach Rom war weit. Als Pompeius den italischen Kriegsschauplatz erreichte, hatte Crassus das Sklavenheer bereits vernichtend geschlagen. Spartacus war tot und dennoch nicht alle Sklaven gefallen.

Einem Teil von ihnen, etwa 5000 Mann, war es gelungen, dem Gemetzel zu entkommen. Sie flohen nach Norden und liefen blindlings in die Marschkolonnen der Legionen des Gnaeus Pompeius, die von Norden her dem Kriegsschauplatz zueilten. In einem letzten verzweifelten Gefecht versuchten sie den Durchbruch, scheiterten jedoch an

Pompeius, der kurzen Prozess mit ihnen machte. Damit endete der letzte Akt des größten Sklavenaufstands in der Geschichte Roms.

Was folgte, war ein eitles Ringen um die Lorbeeren eines schmachvollen Sieges. Beide Feldherren, sowohl Crassus als auch Pompeius, beanspruchten die zweifelhafte Ehre für sich, den Sklavenaufstand beendet zu haben. Crassus, weil er Spartacus geschlagen, und Pompeius, weil er den Rest des Sklavenheers vernichtet hatte. Dies war schamlos von Pompeius. Die Niederschlagung des Aufstands war einzig und allein Crassus' Verdienst gewesen, der die Hauptlast der Kämpfe mit Spartacus getragen hatte. Doch Crassus hatte nur Sklaven besiegt – und für diese gab es in Rom keinen Triumphzug.

Pompeius dagegen war der Bezwinger römischer Rebellen und hatte damit Anspruch auf einen Triumph. Crassus empfand dies als ungerecht, was zu einem schweren Zwist zwischen ihm und Pompeius führte. Um Ausgleich bemüht, ernannte der Senat beide Feldherren im Jahr 70 v. Chr. zu Konsuln. Die Maßnahme verkehrte sich in ihr Gegenteil. Das Amt verschärfte ihre Rivalität, die erst gegen Ende ihrer Amtszeit durch den theatralischen Auftritt eines römischen Ritters namens Gaius Aurelius beendigt wurde.

Dieser erhob sich im Senat und erzählte plötzlich von einem seltsamen Traum, bei dem ihm Jupiter erschienen sei und aufgetragen habe, dass sich beide Erzrivalen zum Wohle Roms miteinander versöhnen sollten. Was heute undenkbar wäre, geschah. Derartig in die Sackgasse manövriert, konnten beide Politiker nicht anders, als sich öffentlich zu versöhnen. Welcher Römer konnte damals schon wagen, den Willen Jupiters zu missachten?

Abgesehen von diesem Theatercoup verlief die Amtszeit beider Konsuln recht unspektakulär. Während Crassus sich jedoch mit seinen Lorbeeren vorerst zufrieden gab, dürstete es Pompeius nach weiterem Ruhm. Nachdem er sich als Konsul einigen Rechtsreformen gewidmet hatte, setzte sich Pompeius nach seiner konsularischen Amtszeit wieder mit militärischen Fragen auseinander, deren dringlichste das Piratenproblem wurde.

Ungeachtet der Niederlage der Sklaven, hatten die Landungskommandos der Kilikier nach wie vor Razzien in Süditalien und vor den Toren Roms durchgeführt. Der Gipfel der Dreistigkeit war jedoch die

Zerstörung des Freihafens von Delos und die Vernichtung der römischen Flotte im Militärhafen von Ostia, die gerade ausgerechnet zur Bekämpfung der Kilikier gerüstet wurde. Es war ein tolldreistes Piratenstück, das die römischen Gemüter erhitzte.

Als die Kilikier auch noch eine Getreideflotte kaperten und damit die Nahrungsmittelversorgung ernsthaft gefährdeten, führte dies in Rom zu rapiden Teuerungen. Von einem Tag auf den anderen schnellten die Brotpreise in die Höhe, was zu Volksaufläufen und erregten Tumulten führte.

Dies konnte der Senat nicht mehr länger ignorieren. Ein zuverlässiger und siegesgewohnter Feldherr musste her. Um nicht denselben Fehler wie im letzten Piratenkrieg zu begehen, schlug der Tribun Gabinius für den Oberbefehlshaber des Piratenkriegs ein Imperium Infinitum mit noch größeren Vollmachten vor, als sie zuvor Marcus Antonius »Creticus« besessen hatte. Im Gegensatz zu diesem, dessen Imperium nur eine Tiefe von 30 Kilometern umfasst hatte, sollte der neue Feldherr innerhalb seines Imperiums bis 70 Kilometer landeinwärts vorstoßen. Diesmal sollte sich die Kommandogewalt des Feldherrn nicht nur über alle Schiffe des Mittelmeers erstrecken. Nein, diesmal sollte der Feldherr das Recht haben, über den römischen Staatsschatz zu verfügen und neue Truppenaushebungen sowie militärische Zurüstungen veranlassen zu können.

Dieser Vorschlag von Gabinius entfesselte im Senat einen Sturm der Empörung. Eine derartige Ausstattung mit außerordentlichen Machtbefugnissen konnte leicht in die Diktatur zurückführen, die Rom erst vor wenigen Jahren beseitigt hatte.

Zwar war das prokonsularische Imperium nicht gleichbedeutend mit einer Alleinherrschaft, wie sie später Augustus ausübte. Im Kern jedoch enthielt es die staatsrechtliche Basis, auf der seit 27 v. Chr. das Prinzipat und somit das Kaiserreich beruhen sollte. Außerdem wusste jeder im Senat, dass Gabinius diese Gesetzesvorlage auf Pompeius gemünzt hatte, obwohl dessen Name im Gesetzesantrag nicht vorkam. Gabinius' Vorschlag war derartig auf Pompeius zugeschnitten, dass von Anfang an der Verdacht einer Absprache zwischen beiden Politikern bestand.

Dabei tat Pompeius alles, um dieser Annahme entgegenzuwirken. Nach außen hin mimte er den scheinbar Unbeteiligten und Ruhebedürftigen, der den Krieg leid war und am liebsten mit Freunden philosophierend in seinem Garten lustwandelte. Die Wirklichkeit sah anders aus. Pompeius verzehrte sich danach, erst die Piraten zu bezwingen, um dann endlich Mithridates zu schlagen.

Er sollte die Gelegenheit bekommen. Nachdem im Senat im ersten Anlauf nur Julius Cäsar für die Annahme des Gesetzes gestimmt hatte, setzte Gabinius mithilfe der Volksversammlung durch, dass Pompeius zum Oberbefehlshaber der römischen Flotte ernannt wurde.

Notgedrungen verabschiedete der Senat das Gesetz, das nach seinem energischsten Fürsprecher den Namen »Lex Gabinia« erhielt. Einzig in einem Punkt setzte sich der Senat durch. Er bestand darauf, dass die Legaten Pompeius' aus dem Senatorenstand kamen. Dies wurde akzeptiert. Die Verkündung der Lex Gabinia hatte sofort positive Folgen. Die Getreidepreise stürzten, das Warenangebot vergrößerte sich. Hoffnungsvoll blickten die Römer in die Zukunft.

Im Winter 68/67 v. Chr. rüstete Pompeius zum Piratenkrieg. Umsichtig traf er seine Vorbereitungen. Seine Armee bestand aus 120 000 Mann Fußvolk und 5000 Reitern, die Flotte aus 500 Schiffen.[24] Bemannt wurden die Fahrzeuge nur mit auserlesenen Seeleuten, Seesoldaten und Ruderern.

Das Meer selbst unterteilte Pompeius in 13 verschiedene Operationsabschnitte mit eigenem Oberbefehl, die, je nach Größe des Gebiets, einem oder zwei Befehlshabern unterstellt waren.[25] In jedes dieser Operationsgebiete entsandte er ein Geschwader seiner Flotte, während er sich eine Einsatzreserve der 60 kampfstärksten Schiffe vorbehielt.

Im folgenden Frühjahr begann eine der größten Piratenjagden aller Zeiten. Um die römische Getreideflotte zu schützen und die Sicherheit der Seewege zwischen Sizilien, Sardinien, Korsika und Afrika wiederherzustellen, griff Pompeius zuerst die Seeräuberstützpunkte im westlichen Mittelmeer an.

Hatten die Römer harte Kämpfe erwartet, sahen sie sich getäuscht. Der Ruf von Pompeius und das Gerücht von seiner gewaltigen Flotte waren ihm vorausgeeilt.

Ohne ihm ein bedeutendes Gefecht zu liefern, gaben die Kilikier einen Stützpunkt nach dem anderen auf. Hastig flüchteten sie ins östliche Mittelmeer. Der gleichzeitige Angriff auf Piratenbasen, das Aufbringen der Piratengeschwader vollzog sich in einem derartigen Tempo, dass die Seeräuber keine Zeit zu geschlossenem Widerstand fanden. Unermüdlich segelte Pompeius von Kommandobezirk zu Kommandobezirk, pausenlos koordinierte er die Angriffe seiner Streitmacht. Sein Erfolg beruhte nicht nur auf seiner militärischen Übermacht. Wesentlichen Einfluss auf die Leichtigkeit seiner Siege hatte sein politisches Programm. Im Gegensatz zu früheren Piratenkampagnen begnadigte Pompeius die meisten der gefangenen Piraten, wenn sie sich ihm ergaben. Er gab ihnen Land zum Siedeln, auf dass sie den Weg in eine friedliche Existenz zurückfänden.

Dies sprach sich unter den Kilikiern herum. Kaum hatte die Flottenaktion begonnen, war sie auch schon wieder zu Ende. In nur 40 Tagen hatte die römische Flotte zahlreiche Seeräuberschiffe erbeutet, Tausende Seeräuber gefangen genommen und das westliche Mittelmeer von Piraten befreit.

Nach einer kurzen Unterbrechung setzte Pompeius den Feldzug im östlichen Mittelmeer fort. Anfangs verlief die Operation ähnlich wie im Westen. Durch den konzentrierten Angriff der römischen Flotte verängstigt, ergaben sich viele der Kilikier Pompeius in der Hoffnung, ihr Leben zu retten.

Doch der zweite Teil des Feldzugs verlief für Rom nicht ganz so einfach. Nachdem die Kilikier sich von den Küsten Afrikas, Griechenlands und Kretas in ihr Kernherrschaftsgebiet nach Korakesion zurückgezogen hatten, stellten sie sich der römischen Flotte zur Schlacht.

Hier jedoch zeigte sich die ganze Überlegenheit der römischen Kriegsflotte. Kaum in Schlachtformation, schlug sie mühelos die Piratengeschwader nach kurzem Gefecht. Als die Seeräuber sahen, dass sie chancenlos waren, strichen sie die Segel und ergaben sich.

Pompeius nahm ihre Kapitulation sofort entgegen. Sein Sieg gab Rom endgültig die Seehoheit wieder. Jetzt galt es, das piratische Hinterland zu zernieren. Auch hier stieß Pompeius auf keine großen Schwierigkeiten. Mit Leichtigkeit eroberten die römischen Legionen die Piratenfestungen Korakesion, Kragos und Antikragos. Dann befriedeten sie das kilikische Hinterland. Nach weiteren 49 Tagen hatte Pompeius einen großen Sieg errungen.

Dank seines Organisations- und Feldherrngenies hatte er eine der gefürchtetsten Seeräuberorganisationen nicht nur besiegt, sondern nahezu vernichtet. Die Ausmaße des römischen Sieges waren ungeheuerlich. Der Überlieferung nach wurden 10 000 Seeräuber getötet, 20 000 gefangen. 72 Schiffe wurden gekapert, 306 übergeben, wovon 90 sogar gegen Rammstöße ehern gepanzert waren. An Land fielen den Römern 120 Burgen in die Hände. Um die Kilikier dauerhaft zu unterwerfen, wurden sie völlig entwaffnet. Sie wurden dazu gezwungen, alle Schiffe, einschließlich der im Bau befindlichen sowie alle Baumaterialien den Römern zu übergeben. Betrachtet man das Ausmaß der Beute, die Pompeius machte, so verblüfft der hohe Organisationsgrad und die Kriegsmaschinerie der kilikischen Piraten. Wie es scheint, hatte der kilikische Seeraub fast schon »industrielle« Formen angenommen, bevor Pompeius ihn zerschlug.

Ein anderer Feldherr als Pompeius hätte sich jetzt mit seinem Sieg zufriedengegeben, wäre nach Rom gesegelt und hätte einen Triumph gefeiert. Nicht so Pompeius. Er wusste nur zu gut, dass die physische Vernichtung der kilikischen Seemacht das Piratenproblem nicht beseitigt hätte und entschied sich deshalb für einen anderen Weg.

Statt wahllose Hinrichtungen anzuordnen, verschonte der Piratenjäger die Masse der gefangenen Seeräuber und schenkte ihnen die Freiheit und Land zur Besiedlung. Dahinter steckte die Absicht, die Piraten mitsamt ihren Sippen und Familien sesshaft zu machen. Auf diese Weise sollte verhindert werden, dass sie aus Not wieder rückfällig wurden und zu ihrem alten Gewerbe zurückkehrten.

Dies hieß nichts anderes, als dass Pompeius die Seeräuber zwangsumsiedelte. Der Piratenjäger wies ihnen Ackerland und neuen Lebensraum in den von den mithridatischen Kriegen verheerten Städten zu. In Kilikien waren dies Städte wie Adana, Mellus, Epiphania und Soloi, das nach Pompeius den Namen »Pompeiopolis« erhielt, im Nordwesten der Peloponnes Dyme.

Mit der Umsiedlung der Seeräuber bewies Pompeius Weitsicht. Statt sich das Leben leicht zu machen und nur die Symptome der Piraterie zu kurieren, bekämpfte er ihre Ursachen. Dies war neu und für einen Römer höchst ungewöhnlich. Pompeius hatte klar erkannt, dass nicht nur antirömische Ressentiments, sondern auch Armut und Entwurzelung zur epidemischen Ausbreitung des Seeraubs beigetragen hatten.

Dabei war Pompeius alles andere als ein Sozialreformer. Es ist oft behauptet worden, dass Pompeius nur so mild zu den Piraten war, um sich eine loyale Gefolgschaft, eine Klientel, aufzubauen. Mit Sicherheit trifft dies zu, da dies den Gepflogenheiten römischer Staatsmänner entsprach. Trotzdem war seine Politik mutig.

Eine der wenigen erhaltenen Büsten
des Gnaeus Pompeius

Seine Verfahrensweise verschaffte Pompeius nicht nur Vorteile, sondern trug ihm auch erhebliche Kritik ein. In Rom hießen der Senat und die Ritterschaft die ungewöhnlichen Gnadenakte Pompeius' nicht gut. Viele Römer forderten eine grausame Bestrafung der Seeräuber und bevorzugten die Methode des Feldherrn Metellus, der seit 68 v. Chr. einen blutigen Krieg gegen Kreter und Kilikier führte.

Metellus hatte schon vor Beginn von Pompeius' Piratenkrieg ein Imperium erhalten, um die Seeräuber auf Kreta zu bekämpfen. Da die kretischen und kilikischen Piraten von Pompeius' Milde gegenüber den Seeräubern gehört hatten, beschlossen sie, sich ihm zu unterwerfen. Dies ließ Metellus jedoch nicht zu. Ungeachtet der Intervention Pompeius zugunsten der Kreter setzte sich Metellus durch und unterwarf Kilikier und Kreter durch Schwert und Kreuzigung. Der Rückschlag auf Kreta tat der Beliebtheit Pompeius' in Rom allerdings keinen Abbruch.

Als Pompeius im nächsten Jahr weitere Vollmachten forderte, um endlich Mithridates zu vernichten, verabschiedete die Volksversammlung nach feuriger Fürsprache Ciceros das nötige Gesetz. Dies hatte zur Folge, dass Lucullus, der bisherige Feldherr im Kampf gegen Mithridates, durch Pompeius ersetzt wurde.

Damit war der ehrgeizige Feldherr endlich am Ziel seiner Wünsche. Wie schon in Spanien, Italien und im Mittelmeer gelang Pompeius auch in Asien, was so vielen vor ihm verwehrt geblieben war. Nach einem mehrwöchigen Feldzug schlug er Mithridates so entscheidend, dass der Todfeind Roms sich nur durch Flucht nach Pontos retten konnte. Diesmal, nach 40 Jahren Krieg gegen Rom, verließ Mithridates das Glück. Verlassen von allen Getreuen, verraten vom eigenen Sohn, der ihn an Rom ausliefern wollte, ließ er sich von einem Untergebenen mit dem Schwert durchbohren.

Endlich hatte Pompeius erreicht, was er wollte. Als er im Jahr 61 v.Chr. nach Rom zurückkehrte, befand er sich auf der Höhe seiner Laufbahn. Ganz Rom jubelte ihm und seinen zurückkehrenden Legionen zu. Stolz marschierten sie durch die Straßen.

»Für den ganzen Umfang des Triumphes, obwohl er auf zwei Tage verteilt wurde, reichte die Zeit nicht aus, sondern es musste vieles von dem für die Schau Vorbereiteten wegfallen, was als Schmuck und Zierde für noch einen Triumph genügt hätte. Auf vorangetragenen Tafeln waren die Länder und Völker verzeichnet, über die er triumphierte. Es waren die folgenden: Pontos, Armenien, Paphlagonien, Kappadokien, Medien, Kolchis, die Iberer[26], die Albaner[27], Syrien, Kilikien, Mesopotamien, Phoinikien und Palästina, Judäa, Arabien und die Gesamtheit der Seeräuber, die er zu Wasser und zu Lande niedergekämpft hatte. In diesen Ländern waren nicht weniger als tausend feste Burgen und nicht viel weniger als neunhundert

Städte erobert worden, die Zahl der genommenen Seeräuberschiffe betrug achthundert, die der neu angelegten Städte neununddreißig.«[28]

Das Ausmaß von Pompeius' Eroberungen war beträchtlich. Seine größte Leistung und sein brillantester Feldzug blieb jedoch der Krieg gegen die kilikischen Piraten.

Die Behauptung, Pompeius habe das Mittelmeer von Piraten gereinigt, trifft nicht zu. Natürlich war die Piraterie mit einem Feldzug allein nicht zu bezwingen. Noch in den 50er-Jahren v. Chr. kam es mehrfach zu Raubzügen von Piraten.

Trotzdem ist die Leistung Pompeius' unbestritten. Nur ihm war es zu verdanken, dass eine derartige Bedrohungslage wie zur Zeit der Kilikier für die Dauer von 400 Jahren vom Mittelmeer abgewendet wurde und sie nur noch lokal und begrenzt Fuß fassen konnten.

Siege sind vergänglich. 13 Jahre nach Pompeius' Triumphzug schlug Julius Cäsar bei Pharsalos die Republikaner unter Pompeius derart vernichtend, dass der einstige Bezwinger der Kilikier panikartig die Flucht ergriff. In seiner Verzweiflung wandte sich Pompeius mit seiner Familie nach Ägypten, um mithilfe prorepublikanischer Einheiten eine neue Armee aufzubauen. Doch das Glück hatte den Feldherren verlassen. Noch bevor Pompeius überhaupt ägyptischen Boden betreten konnte, wurde er hinterrücks erstochen.

Einer der Augenzeugen des Mordes war sein dreizehnjähriger Sohn Sextus. Paradoxerweise war es ihm in den folgenden Wirren des Bürgerkriegs beschieden, der kilikischen Piraterie ein letztes Mal neuen Aufwind zu geben.

In den Jahren 42–36 v. Chr. wiederholte sich noch einmal das Szenario eines Seekriegs. Wieder wurden die Küsten der Römischen Republik verheert und Getreidetransporter gekapert. Trotzdem war der Kaper- und Blockadekrieg von Sextus Pompeius gegen Octavian und Marcus Antonius nicht mit den Kilikierraubzügen zu vergleichen, auch wenn Octavians Propaganda Pompeius' Sohn zum Piraten stempelte.

Der Krieg zwischen Sextus Pompeius und Octavian war die letzte Phase des römischen Bürgerkriegs und Sextus Pompeius der letzte vom römischen Senat ernannte Flottenpräfekt. Daran ändert auch nichts, dass in seinen Reihen einstige kilikische Piraten wie Menas und Menekratos kämpften, die sogar Admiralsposten bekleideten.

Aber Geschichte wird von den Siegern geschrieben und der Gewinner dieser Auseinandersetzung hieß Octavian. 36 v.Chr. schlug sein Vertrauter Marcus Agrippa die Flotte von Sextus Pompeius derartig vernichtend in der Seeschlacht von Naulochos, dass der Sohn des Piratenbezwingers die Flucht nach Kleinasien ergriff. Dort wurde der letzte Flottenpräfekt der Römischen Republik ergriffen und ohne Prozess im folgenden Jahr hingerichtet. Als Octavian, der sich später Augustus nannte, seine Taten in den berühmten »Res Gestae« verherrlichte, brüstete er sich damit, die Meere von den Seeräubern befreit zu haben. Auch wenn dies im Fall des Sextus Pompeius nicht zutrifft, so macht es doch klar, was für einen Stellenwert die Piratenbekämpfung und damit die Seeherrschaft in Rom erlangt hatte.

Im Gegensatz zum Ärmelkanal, wo die Sachsen im 3. und 4. Jahrhundert so heftige Überfälle verübten, dass die Römer sogar eine Kette von Verteidigungsanlagen – den Litus Saxonicum – zu beiden Seiten des Ärmelkanals in Britannien und Gallien errichteten, blieb das Mittelmeer ein römisches Meer: das »Mare Nostrum«. Es war der Bereich, in dem zur See für weitere 450 Jahre fast ununterbrochener Frieden herrschte.

Einzig im 3. Jahrhundert trübten vereinzelte Raubfahrten von Franken, Skythen und vor allem Goten den ewig anmutenden Frieden des Mittelmeers, wobei ein gotischer Raubzug von 267 n.Chr. besonders hervorstach. Angeblich sollen in diesem Jahr 100 000 Goten in Tausenden von Schiffen die Küsten der Adria verheert haben. Diese Zahl gehört mit Sicherheit ins Reich der Legende, beweist jedoch den Schrecken, den dieser Barbareneinfall zur See unter den römischen Chronisten auslöste.

Nichtsdestoweniger gelang es den Römern im Großen und Ganzen, das Mare Nostrum vor Piratenhorden zu beschützen. Dies änderte sich erst, als das Weströmische Reich im 5. Jahrhundert zusammenbrach und die Vandalen nach langer Wanderung durch Europa erst die Provinz Afrika besetzten und dann Rom angriffen.

II

EUROPA IM WÜRGEGRIFF DER PIRATENVÖLKER

Die Vandalen – Terror durch Seeraub · Der bleiche
Tod der Sarazenen · Alfred der Große – Nemesis der
Wikinger · Der Kreuzzug gegen den viergesichtigen
Piratengott

Die Vandalen – Terror durch Seeraub

Der 31. Mai 455 war kein Tag wie jeder andere für Rom. An diesem
Tag erschütterten Tumulte die Ewige Stadt und es brach eine Massenpanik aus. Auslöser der Hysterie war die Meldung, dass in Karthago
eine Flotte von Vandalen unter ihrem König Geiserich die Segel gesetzt hatte, um Rom anzugreifen.

Die Vandalen, das waren in römischen Augen grausame Barbaren
wie die Hunnen, wilde Seeräuber, die von Karthago aus immer wieder
die Küsten Spaniens und Italiens verheerten. Ende des vierten nach-
christlichen Jahrhunderts waren sie wie die Sueben von der Völkerwanderung erfasst worden. Mit Sack und Pack hatten sie ihre Heimat östlich
der Oder verlassen, um sich für mehrere Jahrzehnte in Pannonien (in
Ungarn) anzusiedeln. Im Jahr 406 n.Chr. waren sie von den Goten aus
Pannonien vertrieben worden. Zusammen mit dem iraniden Reitervolk
der Alanen und suebischen Stämmen hatten sie erst Germanien, dann
Gallien durchquert und schließlich Spanien erreicht.

Dort hatten sie sich nach Auseinandersetzungen mit den Westgoten im heutigen Andalusien angesiedelt, bis Geiserich 429 mit den Alanen nach Nordafrika übersetzte und Teile des römischen Nordafrika eroberte.

Europa am Ende der Völkerwanderung

Nach harten Kämpfen mit den Römern errichtete Geiserich in Nordafrika ein Reich, dessen Hauptstadt 439 Karthago wurde und das sich bis zum Abschluss des ewigen Friedens im Jahr 476 mit Rom vom äußersten Westen (ungefähr Oran) bis zu Leptis Magna (heutiges Westlybien)

II Europa im Würgegriff der Piratenvölker

ausdehnte. Trotz des Friedensschlusses kam es zwischen Vandalen und Römern immer wieder zu kriegerischen Konflikten.

Auf ihren Raubzügen an die Küsten des Weströmischen Kaiserreichs hatten die Vandalen viele Orte geplündert, Kirchen ausgeraubt und Menschen verschleppt. Auf diese Weise waren sie wie die Hunnen zum Schrecken Roms geworden. Doch während Rom dank seinem Feldherrn Aëtius und dem Beistand der Westgoten die Hunnen 451 entscheidend schlagen konnte, war diesmal kein Retter in Sicht, den vandalischen Piraten erfolgreich die Stirn zu bieten. Denn Aëtius war erst zwei Jahre zuvor eigenhändig von Kaiser Valentinian III. getötet worden. Bei diesem Mord hatte ein angesehener Patrizier namens Petronius Maximus die Fäden gezogen, indem er dem Kaiser einflüsterte, dass Aëtius selbst nach dem Kaiserthron strebte.

Valentinian sollte der Mord an Aëtius bald teuer zu stehen kommen. Da er Petronius Maximus nicht die Stelle Aëtius' übertrug, begann dieser jetzt gegen Valentinian zu intrigieren und ließ ihn ebenfalls umbringen. Jetzt war der Weg frei für Maximus, der am 17. März 455 Kaiser wurde. Um dem Machtwechsel einen legitimen Anschein zu geben, heiratete er Eudoxia, die Witwe des gemordeten Valentinian und zwang deren Tochter Eudocia, seinen Sohn Palladius zu ehelichen. Damit beging Maximus einen tödlichen Fehler.

Die Vermählung Eudocias mit Palladius lieferte Geiserich einen legitimen Vorwand, den Frieden zu brechen und Rom direkt anzugreifen. Eudocia war die Verlobte seines Sohnes Hunerich, was ihre Zwangsvermählung mit Palladius zum politischen Affront des Vandalenkönigs machte. Diese Gelegenheit, einen Piratenzug auch noch diplomatisch zu untermauern, ließ sich der Vandalenkönig nicht entgehen.

Nach allem, was wir von ihm wissen, war Geiserich ein gewiefter Diplomat, gerissener Feldherr und raffinierter Seeräuber. Er wäre, so der französische Historiker Gautier, kein echter Vandale gewesen und die Vandalen keine Vandalen, hätten sie nicht eine derartige Gelegenheit genutzt, Rom zu überfallen. Die Tatsache, dass Geiserich das Gerücht verbreitete, von der Witwe des Kaisers um Hilfe gebeten worden zu sein, unterstreicht die Charakterzeichnung Gautiers.

Wo andere noch überlegten, handelte er, wie einst der Byzantiner Malchus räsonierte. Meist waren seine Handlungen von Erfolg gekrönt.

Dies lag daran, dass Geiserich nicht nur ein begabter Feldherr war, sondern auch Weitsicht, Sicherheit im Urteil und Besonnenheit in sich vereinte. Als Politiker wusste er, wann Lüge, List und Bestechung ihren Dienst taten. Als Feldherr besaß er den sicheren Instinkt dafür, wann der richtige Zeitpunkt zum Losschlagen gekommen war. Geiserich besaß große Qualitäten darin, seine Feinde zu entzweien und die sich dadurch bietenden Vorteile sofort zu nutzen.

Seinem Charakter entsprechend setzte er nie alles auf eine Karte. Dies zeigte sich auch in seiner Seekriegsführung, die eindeutig seeräuberisch ausgerichtet war. Wann immer es möglich war, vermied Geiserich Seeschlachten. Sie waren selbst im Falle des Sieges nur mit Verlusten verbunden. Razzien an feindlichen Küsten versprachen mehr Gewinn. Und auf Beute waren die Vandalen und Alanen angewiesen, da ihre Lebenshaltung viel Geld kostete und sie den Prunk und das Gelage liebten.

Eine Lebensführung wie diese kostete Geld, das nur durch Razzien wieder eingetrieben werden konnte. Ein Raubzug dieser Art war der Angriff auf Rom. Obwohl politisch verbrämt, sollte er einer der größten Piratencoups der Geschichte werden. An ihm nahmen Vandalen, das Volk der Alanen sowie Mauren und Karthager teil.

Als das Vandalenheer am 2. Juni 455 nördlich des Tibers in Portus Augusti landete und auf Rom zumarschierte, war Rom wie vor Angst gelähmt und an Verteidigung war nicht mehr zu denken.

Die allgemeine Panik war so groß, dass selbst Kaiser Maximus den Kopf verlor und die Flucht ergriff. Dabei wäre es seine Pflicht gewesen, jetzt die entscheidenden Befehle zur Verteidigung der Hauptstadt zu geben. Aber Maximus war nur noch ein Abglanz jener Kaiser wie Trajan oder Mark Aurel, die einst mit dem Schwert in der Hand Roms Größe erkämpft hatten. Seine Waffen waren stets Hinterlist und Verrat gewesen.

Jetzt, wo das Imperium seiner Führung bedurfte, versuchte er nur noch, seine Haut zu retten. Seine Feigheit kostete Maximus das Leben. Als Maximus auf einem schnellen Pferd die Stadt verlassen wollte, wurde er von der römischen Bevölkerung erkannt und durch einen Steinwurf getötet.

Der Kaiser war kaum tot, da stürzte sich der Mob auf seine Leiche. Es war ein entwürdigendes Schauspiel. In seiner Wut schleifte der entfesselte Pöbel den Toten durch die Straßen. Anschließend verging er sich an dem Leichnam, der erst zerfetzt und dann in den Tiber geworfen wurde.

Mit der Ermordung Maximus' war die Gefahr nicht beseitigt. Denn jetzt näherte sich das Heer Geiserichs unaufhaltsam den Mauern Roms. In den Augen der katholischen Römer waren die Vandalen nicht nur Barbaren, sondern Piraten, die auf ihren Raubzügen keinen Pardon kannten und systematisch die Küsten des Reiches verwüsteten. Hinzu kam, dass die Vandalen arianische Ketzer waren. Für die Arianer galt der Glaubensgrundsatz, dass Gott nicht seinesgleichen haben kann, woraus folgte, dass kein anderes Geschöpf wesensgleich ist, weder der Heilige Geist noch Jesus Christus. Dies war in den Augen der römischen Staatskirche pure Blasphemie.

Mit Recht fürchteten besonders die Kirchenmänner den Zorn des Vandalenkönigs, der dafür bekannt war, die Gläubigen der Alten Kirche grausam zu verfolgen. Umso mehr erstaunt in dieser Hinsicht, dass Papst Leo I. den Mut fand, dem Vandalenkönig entgegenzuziehen und um Schonung für die Stadt zu bitten. Er hatte nur bedingt Erfolg. Schenken wir den römischen Quellen Glauben, so bot der Papst Geiserich die kampflose Übergabe der Stadt an, falls er sie nicht in Brand steckte und die Bevölkerung Roms schonte.

Geiserich akzeptierte, wahrscheinlich, weil er Rom ohnehin nicht zerstören wollte. Schließlich war der Vandalenkönig nach Rom gekommen, um es auszuplündern. Dies tat er – und zwar gründlich. 14 Tage lang raubten seine Männer die Tiberstadt bis auf den letzten Winkel aus. Zum Opfer fiel ihnen der Kaiserpalast, die weströmischen Reichsinsignien, das vergoldete Dach des Kapitols sowie kostbare Götterstatuen. Darüber hinaus verschleppte Geiserich die Kaiserwitwe Eudoxia, ihre beiden Töchter sowie Dutzende reicher Senatoren und kirchlicher Würdenträger nach Karthago.

Leer waren seine Schiffe gekommen, prall gefüllt verließen sie Portus Augusti. Geiserich hatte den Coup seines Lebens gemacht.

Noch Jahrhunderte später hält der deutsche Dichter Hermann von Lingg jenen legendären Raubzug mit klagender Stimme fest:

Als nun mit ungeheuern Beutelasten
Die Flott' ins Meer ging durch den Tiberstrom,
Daß alle Schiffe kaum den Reichtum faßten
Und wie verwaist schien und erstorben Rom,
Da standen Marmorgötter an die Masten
Gebunden, Zierden sonst im Tempeldom,
Erzbilder, weggeführt aus heil'gen Nischen,
Sah'n unter sich den Schaum der Woge zischen.[29]

Einzig ein Umstand trübte bald die gute Laune des Seeräuberkönigs. Im Jahr 456 schlug ein junger Suebe gotischer Abstammung namens Ricimer ein 60 Schiffe starkes vandalisches Raubgeschwader bei der Landung auf Sizilien in die Flucht. Fern davon, sich mit seinem Sieg zu begnügen, setzte Ricimer den Krieg gegen die Vandalen fort und schlug sie in einer weiteren Seeschlacht vor Korsika.

Die Siege über die gefürchteten Vandalen machten Ricimer über Nacht populär bei der römischen Bevölkerung und beim Heer. Aber entgegen allen soldatischen Gepflogenheiten beging Ricimer nicht den Fehler so vieler kurzlebiger Usurpatoren und rief sich selbst zum Kaiser aus. Als Arianer hätte er kaum Chancen gehabt, dieses Amt lang auszuüben. Außerdem war die Zeit noch nicht reif. Neben Ricimer gab es einen hochrangigen Militär, der nicht nur fähig war, sondern auch den Ehrgeiz hatte, Kaiser zu werden: Majorian, der Heermeister des Westens. Als ein Jahr später eine Hungersnot in Rom ausbrach, stürzte Majorian zusammen mit Ricimer den weströmischen Kaiser Avitus, der nach Maximus' Tod den Thron bestiegen hatte.

Majorian bestieg am 1. April 457 den Thron. Majorian war Illyrer und ein tatkräftiger Herrscher. Sein dringlichstes Ziel war es, die Reichsherrschaft im Westen zu stabilisieren. Nachdem ihn der oströmische Kaiser Leo I. nach zähen Verhandlungen endlich als Kaiser des Westens anerkannt hatte, zog er an der Spitze eines Heeres nach Gallien. Dort schlug er eine gegen seine Herrschaft gerichtete Rebellion nieder und besiegte die Westgoten bei Arles. Noch einmal erstrahlte das Westreich in altem Glanz. Jetzt, wo die Westgoten Frieden geschlossen hatten, versuchte Majorian die Rückeroberung der von den Vandalen besetzten römischen Provinz Afrika. Zu diesem Zweck zog er an der spani-

Geiserichs Vandalen berauben Rom seiner Kunstschätze.

schen Ostküste bei Cartagena an die 300 Schiffe zusammen, mit denen sein Heer nach Afrika übersetzen wollte, um dem Vandalenstaat, der aus römischer Sicht nichts weiter als ein Piratenreich war, ein Ende zu machen.

Aber wie so oft, war Geiserich einen Schritt schneller. Die Umstände, unter denen er agierte, sind unklar. Da von den Vandalen keine schriftlichen Zeugnisse über die Kriege Geiserichs bekannt sind, sind wir auf die römische Geschichtsschreibung angewiesen. Diese überliefert, dass Geiserich nach gescheiterten Friedensverhandlungen einen Teil der römischen Flotte vor Cartagena schlug oder einen Flottenführer zum Verrat bewegte. Doch Aussagen wie diese sind stets mit Vorsicht zu genießen. Wahrscheinlich führte Geiserich gegen Majorian einen erfolgreichen Präventivschlag aus, der einen Teil der römischen Flotte in Grund und Boden bohrte.

Für Majorian bedeutete die Niederlage gegen Geiserich den Anfang vom Ende. Der römische Kaiser schloss mit dem Vandalenherrscher einen Frieden, der nicht lange hielt. Auf dem Rückweg nach Italien wurde Majorian auf Befehl seines einstigen Kampfgefährten Ricimer überfallen und umgebracht und durch den Senator Libius Severus ersetzt, der dem allmächtigen Patrizius nicht gefährlich werden konnte.[30] Später folgte der durch Ostrom eingesetzte Anthemius, der noch einmal energisch die Bekämpfung der Vandalen betrieb.

Die inneren Wirren Roms riefen Geiserich erneut auf den Plan. Nach bewährter Vandalentaktik terrorisierte er die Küsten des Mittelmeers, wobei er sogar 467 einen Raubzug zur Peloponnes unternahm. Jetzt wurde es sogar Leo I., dem Kaiser Ostroms, zu viel. In einer letzten gewaltigen Kraftanstrengung bündelte das Römische Reich noch einmal alle Kräfte, um nach dem Vorbild von Pompeius mit einer Generaloffensive gegen den karthagischen Seeräuberstaat vorzugehen.

Mit angeblich 100 000 Mann und 1113 Schiffen[31] sollte Geiserichs Flotte nicht nur vernichtet, sondern das Vandalenreich ausgelöscht werden. Der Plan war gut. Den Oberbefehl über das ganze Unternehmen erhielt Basiliskos, der Bruder der oströmischen Kaiserin Verina. Er sollte das riesige Geschwader befehligen, dessen Aufgabe es war, Karthago einzunehmen. Gleichzeitig war Unterfeldherr Marcellinus mit der Aufgabe betraut, das mittlerweile von den Vandalen besetzte Sardinien zu erobern. Ein weiteres Heer sollte unter den Feldherren Heraklios und Marsus in Tripolitanien landen und auf dem Landweg nach Karthago marschieren.

Nach gewaltigen Rüstungen setzte sich die Flotte im Jahr 468 in Marsch.

Anfangs lief alles nach Wunsch. In Tripolitanien brach der vandalische Widerstand schnell zusammen und die Römer wurden begeistert von der römischen Bevölkerung begrüßt. Im Tyrrhenischen Meer eroberte Marcellinus nach kurzem Kampf Sardinien. Vor Sizilien schlug die römische Hauptflotte unter Basiliskos die Kriegsmacht der Vandalen und nahm Kurs auf Kap Bon, wo die Römer vor Anker gingen. Geiserich war verzweifelt und gab den Krieg schon verloren. Da beging Basiliskos einen entscheidenden Fehler. Statt Karthago anzugreifen, ging er mit seiner Flotte vor Kap Bon vor Anker. Diesen Umstand nutzte Geiserich. Während er in demütigster Weise mit Basiliskos einen Waffenstillstand von fünf Tagen aushandelte, sammelte er heimlich seine Schiffe zum Gegenschlag.

Da der Vandalenkönig wusste, dass seine Flotte zahlenmäßig deutlich unterlegen war, beschloss er, mit Brandern anzugreifen. Dies waren Schiffe, die meist bis obenhin mit leicht entzündbarem Material angefüllt wurden und dann kurz vor Erreichen der feindlichen Schiffe angesteckt wurden. Die Taktik war kostspielig und gefährlich. Oft trieb die Strömung die Brander ab. Manchmal drehte sich auch der Wind. Dann trieben die angesteckten Schiffe auf die eigene Flotte zu, was verheerende Folgen haben konnte.

Aber an jenem schicksalhaften Tag hatte Geiserich Glück:

»Als nun wirklich der Wind umschlug, gingen die Vandalen, welche nur darauf gewartet hatten, unter Segel, nahmen die leeren Schiffe ins Schlepptau und steuerten gegen die Feinde. Als sie nahe genug waren, ließen sie die leeren Schiffe los und steckten sie in Brand. Vom Winde getrieben, fuhren diese gerade auf die römische Flotte zu. Da die Schiffe eng zusammenlagen, war es natürlich, dass die Brander, wohin sie getrieben wurden, zündeten. Je mehr das Feuer um sich griff, desto größer wurde der Lärm auf der römischen Flotte; doch wurde er fast übertönt von dem Heulen des Windes und dem Prasseln der Flammen. Soldaten und Matrosen wetteiferten, die Brander abzustoßen und ebenso schon die römischen Schiffe, die da in Brand geraten waren. Da kamen aber auch schon die Vandalen, um die Feinde zu erlegen oder zu ertränken, die flüchtenden Soldaten zu erschlagen und die Waffen zu erbeuten.« [32]

Es war ein schwarzer Tag für Rom und der Beweis dafür, dass in der Geschichte nicht jeder Feldzug gegen Seeräuber von Erfolg gekrönt ist. Mit Mühe entkam Basiliskos mit einigen Schiffen nach Sizilien. Noch hatte er die Hoffnung, mithilfe von Marcellinus noch einmal das Blatt wenden zu können. Doch Marcellinus wurde ermordet, sodass dem überwundenen Flottenbefehlshaber nichts als die schmähliche Rückkehr nach Konstantinopel blieb. Dort musste er vor dem Zorn des Kaisers und der Bevölkerung in eine Kirche flüchten. Nur dank der Fürsprache der Kaiserin überlebte Basiliskos die Schande von Kap Bon.

Basiliskos' Leben währte noch acht Jahre, bis ihn ein grausames Schicksal ereilte. Nachdem er in der Zwischenzeit zum Kaiser geworden war, stürzte ihn 476 sein Rivale Zeno. Wieder suchte Basiliskos Asyl in einer Kirche, erneut hatte er Glück. Der neue Kaiser schwor ihm hoch und heilig, seine Familie und ihn nicht zu ermorden, falls er die Kirche verlassen sollte. Zeno hielt Wort. Er ermordete Basiliskos nicht, als er die Kirche verlassen hatte. Noch nicht. Er nahm ihn erst gefangen, nachdem der gestürzte Kaiser sein sicheres Asyl verlassen hatte. Dann warf er ihn mit den Seinen in ein Verlies, wo Basiliskos mit seiner Sippe verhungerte.

Sein berühmter Gegner Geiserich überlebte ihn nur um ein Jahr. Er erfuhr noch vom Tod seines gefährlichsten Gegners, Ricimer, und erlebte den Zusammenbruch des Weströmischen Reiches, das er so geschickt mit seinen Seeräubern bekämpft hatte. Auch hinsichtlich weiterer Beziehungen mit Ostrom wurde 476 zum Schicksalsjahr der Vandalen. Angesichts der Tatsache, dass Ostrom die Machtmittel fehlten, das Vandalenreich zu zerschlagen, schloss es einen ewigen Frieden mit Geiserich ab. Von nun an hörten die Kampfhandlungen und Seeräuberzüge auf.

Als der Vandalenkönig 477 im Alter von 80 Jahren starb, konnte er hoffen, dass sein Volk in eine gesicherte Zukunft ging. Mit seinen Piratengeschwadern hatte der Seekönig die Weltmacht Rom nicht nur in Schach gehalten, sondern besiegt und entscheidend zu deren wirtschaftlichem Niedergang beigetragen. Dabei hatte die Seeräuberei Geiserichs einen entscheidenden Einfluss auf den Fortbestand seines Reiches. Ohne sie wäre das Vandalenreich kaum in der Lage gewesen, wirtschaftlich zu überleben und die vielen Kriege gegen Rom zu finanzieren. Der Ewige Friede dauerte nur 50 Jahre und endete 534. In diesem Jahr griffen die Römer unter dem Feldherrn Belisar die Vandalen an und überrannten das Vandalenreich. Als die Römer Karthago einnahmen, fielen ihnen die einst von Geiserich geraubten Schätze Roms wieder in die Hände. In den folgenden Gotenkriegen stellte Kaiser Justinian die einstige Reichseinheit zumindest in administrativer Hinsicht noch einmal her. Fast scheint es, als ob die Vision eines Mare Nostrum wieder Wirklichkeit werden sollte.

Doch die Vorherrschaft Byzanz' im Mittelmeer fand ihr Ende durch die arabische Invasion, die ab dem 7. Jahrhundert die Machtverhältnisse in Südeuropa erschütterte.

Der bleiche Tod der Sarazenen

*»Ich bin überzeugt, dass niemandem von euch die rohe und
tierische Gesinnung der Sklavensöhne unbekannt ist, die durch
Einfälle und Menschenraub die Rhomäer grausam misshandelten –
und dies tun sie auf einer Insel, die sie selbst unterworfen haben,
wenngleich sie nur durch ein missgünstiges Schicksal in
ihren Besitz gelangt sind. – Sind nicht bereits alle Küstenstriche
infolge ihrer Plünderungen unbewohnt? Liegen nicht die meisten
Inseln infolge ihrer Streifzüge einsam und
verlassen da?«*[33]

Nikephoros II. Phokas, Feldherr und Kaiser
von Byzanz, über die Sarazenen von Kreta

Die Geschichte des sarazenischen Piratenemirats auf Kreta begann
nicht, wie man vermuten würde, in Nordafrika, sondern hatte ihren
Ursprung in Spanien.

Dort kam es 818 in Córdoba zu schweren Aufständen der Bevölkerung gegen die Herrschaft von Emir al-Hakam I. Nur mit Mühe gelang
es dem Herrscher, die Rebellion zu unterdrücken. Dabei traf sein Zorn
das Zentrum des Aufstands, die Vorstadt Córdobas. Sie wurde dem
Erdboden gleichgemacht und Tausende ihrer Bewohner wurden vertrieben. Nach dieser Niederlage flohen viele Andalusier nach Marokko, andere nach Alexandria.

Diejenigen, die Ägypten erreichten, blieben nicht lange Zeit Fremde
im Land, sondern übernahmen kurz nach ihrer Ankunft die Herrschaft. In der Folgezeit beherrschten sie Alexandria 9 Jahre, bis der
energische abbasidische Gouverneur Abdallah Ben Tahir sie im Dezember 827 zum Abzug zwang.[34]

Die Andalusier gingen nicht, ohne ein neues Ziel vor Augen zu haben. Noch während ihrer Vorherrschaft in Alexandrien hatten sie mehrmals das zu Byzanz gehörende Kreta überfallen und reiche Beute gemacht. Diesen Erfolg wollten sie wiederholen. Mit 40 Galeeren brachen die Andalusier unter Leitung ihres Anführers Abu Hafs von Alexandria auf, um die Insel 14 Tage lang auszurauben. Anschließend sollte der Raubzug an weiteren Gestaden fortgesetzt werden. Aber es kam anders, als es sich die Andalusier erhofft hatten. Durch eine Revolte in Byzanz war Kreta fast gänzlich von Militär entblößt, sodass die Insel kaum verteidigt wurde. Entgegen aller Erwartung wurde aus dem Raubzug eine Eroberung, der mit der Besetzung Kretas endete.

»Die Andalusier zogen furchtlos und unbesiegt durch das Land; als sich aber mit ihrer Beute zur Küste zurückkamen, standen ihre Schiffe in Flammen, und ihr Anführer Abu Hafs bekannte sich als Anstifter des Unheils. Er war des Wahnsinns oder Verrates beschuldigt. ›Worüber klagt ihr?‹, sprach er, ›ich habe euch in ein Land gebracht, wo Milch und Honig fließen. Hier ist euer wahres Vaterland (…)‹
›Und unsere Frauen und Kinder?‹
›Eure schönen Gefangenen werden die Stelle eurer Frauen vertreten und ihr werdet bald Väter anderer Kinder werden.‹«[35]

Dass Abu Hafs seine mühselig ausgerüsteten Galeeren dem Feuer überantwortete, mutet auf den ersten Blick unwahrscheinlich an. Die Episode ist jedoch durch das hervorragend bebilderte Manuskript des Johannes Skylitzes bestätigt, das auch die byzantinischen Gegenschläge im Stil einer Graphic Novel abbildet.

Den Raub einer derart strategisch wichtigen Insel konnten die Byzantiner nicht ungestraft hinnehmen. Die Eroberung Kretas durch die Sarazenen stellte eine große Gefahr für die Griechen dar und bedeutete eine schwere Erschütterung des Machtgefüges im östlichen Mittelmeer.

Aus diesem Grund unternahmen die Byzantiner in zeitlich kurzen Abständen zwei Rückeroberungsversuche. Der erste Gegenangriff des anatolischen Flottengeschwaders scheiterte 828 in einer Schlacht vor der neuen Festung Kandia, die zum Hauptquartier der Piraten geworden war. Ein zweiter Angriff der Griechen im selben Jahr endete nach anfänglichem Schlachtensieg mit der völligen Vernichtung des Landungskorps und dem Tod seines Oberbefehlshabers Krateros, den die Sarazenen hinrichteten.

Von diesen Erfolgen bestärkt, gingen die neuen Herren Kretas in die Offensive und fielen über die unverteidigten Orte und Inseln der Kykladen her. Doch war der byzantinische Widerstand noch nicht erloschen. Als die Seeräuber in die Ägäis vorstießen und einige Inseln besetzten, schlug der byzantinische Flottenkommandant Ooryphas der Ältere sie zurück. Ooryphas' Erfolg wurde bald getrübt. Als die Byzantiner erneut in die Offensive gingen, wurde ihre Flotte 829 vor Thasos vernichtet.

Dies hatte erneut Auswirkungen für die Inselwelt der Ägäis. Kurz darauf wurde die Insel Ägina das Opfer eines sarazenischen Raubüberfalls, die Inselbevölkerung und das Vieh wurden verschleppt, die Orte verbrannt. Das Eiland blieb jahrelang öd und menschenleer. Dass dies möglich war, lag nicht nur an der Kühnheit und Kampfkraft der kretischen Sarazenen, sondern war auch der Lage auf Sizilien geschuldet.

Zeitgleich mit der andalusischen Eroberung Kretas waren nordafrikanische Sarazenen in Sizilien eingefallen und nach harten Kämpfen ins Inselinnere vorgedrungen.

Im Gegensatz zu Kreta sollte es noch Jahrzehnte dauern, bis im Jahr 878 die letzte byzantinische Festung fiel und Sizilien von den Muslimen erobert wurde. Doch einen Vorteil hatte der sarazenische Eroberungsversuch von 827. Er lenkte die Byzantiner davon ab, sich auf Kreta zu konzentrieren, und zwang sie zur Zersplitterung ihrer Kräfte.

Nachdem 843 ein letzter Rückeroberungsversuch Kretas gescheitert war, blieb die byzantinische Marine in der Ägäis ein ganzes Jahrzehnt lang in der Defensive. Von da an wurde das Piratenemirat von Kreta zum Schrecken der Meere. Nun war kein christliches Schiff, keine christliche Ortschaft vor ihm sicher.

Die Siege machten die kretischen Sarazenen kühner. Immer tiefer stießen ihre Raubflotillen in die Ägäis vor, sodass sich ganze Landstriche entvölkerten. Unentwegt wurden die Landschaft um Phokaia, das Küstengebiet von Hellas, Ätolien, die ionischen Küsten Griechenlands, Lesbos-Mytilene und die Kykladen zum Opfer sarazenischer Razzien. Samos, Chios, Ephesos und Milet wurden überfallen, die lykische

Küste im Lauf des 9. Jahrhunderts völlig verheert. Manchmal, wie im Fall von Naxos, kamen die Überfallenen mit Tributzahlungen davon. Handelte es sich um Klöster, gaben die Sarazenen keinen Pardon. 862 und 866 äscherten sie die Klosterbezirke des Heiligen Berges Athos im Norden des Ägäischen Meeres ein und nahmen die geflohenen Mönche gefangen. Angesichts einer derartigen Seeräuberplage wurde der Fracht- und Reiseverkehr des östlichen Mittelmeers stark eingeschränkt. Trotzdem brach der byzantinische Seeverkehr nicht zusammen.

Das Kerngeschäft der Sarazenen war Küstenraub, Menschenhandel sowie Erpressung von Tributzahlungen, nicht Piraterie auf hoher See. In der Blütezeit des Emirats von Kreta wurde Kandia zum Hauptumschlagplatz christlicher Sklaven, die überall in die islamische Welt exportiert wurden. Des Weiteren sorgte die Erpressung von Lösegeld für prächtig gefüllte Kassen. Die Viten vieler Heiliger bezeugen, wie weit diese Praxis zur Zeit der Sarazenenüberfälle in Europa verbreitet war.

Die Folge der Piratenüberfälle war eine zunehmende Schädigung des Seehandels und ein Gürtel veröteter und menschenleerer Inseln, der von Jahr zu Jahr größer wurde. Zudem wurden die sarazenischen Überfälle immer häufiger mit kleineren Abteilungen, ja manchmal nur mit einem Schiff bis tief in die innere Ägäis ausgeführt.

Dies durfte Byzanz nicht zulassen.

Nach einigen Reformen in der Flottenorganisation schlug das Reich der Rhomäer ab der Jahrhundertmitte wieder zurück. Die byzantinische Flotte wurde wieder aufgerüstet und fähigen Truppenkommandeuren unterstellt.

Einer von ihnen war Niketas Ooryphas, ein Namensvetter des schon zuvor genannten gleichnamigen Flottenkommandeurs. Er sollte zu einem der gefürchtetsten Piratenjäger werden und sich durch ein gewagtes Flottenmanöver sowie ein grausames Strafgericht in die Annalen der Piratenjagd einschreiben. Dieser Niketas Ooryphas nahm 853 an einem der ersten Offensivschläge der Byzantiner gegen die ägyptische Marinebasis Damietta teil und leitete dabei ein Geschwader von 100 Dromonen.

Die Dromone, deren Name wortwörtlich »Schnellläufer« bedeutet, war schlank gebaut und schnittig. Sie hatte zwei übereinander angeordnete Riemenreihen zu je 25 Ruderbänken und zählte mit einer Geschwindigkeit von sieben Knoten zu den schnellsten Kriegsschiffen ihrer Epoche. Jedes Ruder wurde von einem Mann geführt, sodass die Gesamtzahl der Ruderer genau 100 Mann betrug. An Seesoldaten konnte sie maximal 70 bis 80 Mann aufnehmen. Zählt man Offiziere, Steuerleute und Matrosen hinzu, betrug die Höchstzahl der Besatzung 200 Mann. Im Gegensatz zu den Triremen der Kaiserzeit trugen die Dromonen an Bug und Heck zwei, später drei bis vier Masten mit dreieckigen Lateinsegeln. Die Anzahl der Segel und die Art der Besegelung machten die Dromonen sehr manövrierfähig und wendig, was ein Vorteil gegenüber den Sarazenen war.

Deren Hauptlinienschiff war die Kumbaria.[36] Auch dieses Schiff hatte Lateinsegel, war jedoch aufgrund ihrer Größe und Breite schwerfälliger und langsamer. Für die Operation, welche die Griechen vorhatten, gab es kein besseres Schiff als die Dromone.

Bei dem Angriff auf Damietta zerstörten die Byzantiner feindliche Schiffe und Magazine. Des Weiteren raubten sie Waren und Frauen und töteten die wehrhafte männliche Bevölkerung.

Was Niketas Ooryphas in den folgenden Jahren tat, lassen die Quellen im Dunkeln. Im Jahr 860 bewahrte er als Präfekt Konstantinopels die Hauptstadt davor, von einem slawischen Heer ausgeraubt zu werden. Als der für Kaiser Michael III. als Regent agierende Cäsar Bardas 866 eine Flottenexpedition gegen die kretischen Sarazenen rüstete, war Niketas Ooryphas wahrscheinlich schon Oberbefehlshaber der in Konstantinopel stationierten kaiserlichen Flotte. Doch es blieb ihm vorerst versagt, gegen die kretischen Piraten zu kämpfen.

Kurz bevor die Flotte gegen Kreta in See stechen konnte, fand der Machtkampf von Cäsar Bardas gegen Kaiser Michael III. sein tödliches Ende. In Gegenwart des Kaisers wurde der fähige Regent von dessen Günstling Basileos ermordet. Es war eine grausame Tat, deren Details die Skylitzes-Handschrift in Bild und Schrift überliefert.

»Als Bardas die Männer mit gezücktem Schwert andrängen sah, da wusste er sofort, dass er dem Tode geweiht war. Er warf sich dem Kaiser zu Füßen, aber man zog ihn von dort weg und zerhackte ihn buchstäblich. Darauf befestigten sie seine Geschlechtsteile an einer Stange und führten sie offen vor ...«[37]

Damit war vorerst der kretische Feldzug gescheitert, noch bevor er begonnen hatte. Angesichts der zu erwartenden Thronstreitigkeiten hielt der Kaiser zunächst seine Flotte zusammen. Um die Tat zu rechtfertigen, wurde Bardas im Nachhinein ein Mordkomplott gegen den Kaiser unterstellt, was jedoch nicht geglaubt wurde.

Aber Michael III. hatte auf das falsche Pferd gesetzt und mit eigener Hand das Grab ausgehoben, in das man ihn bald senkte. Obwohl er Basileos als Mitregenten einsetzte, ermordete dieser ihn nur wenige Monate im Jahr 867 später genauso brutal, wie er zuvor Bardas beseitigt hatte. In der Nacht nach einem Gelage stürmte er mit einer Schar Verschworener das Gemach des betrunkenen Kaisers und hackte ihm erst Hände und Füße, dann den Kopf ab.

Jetzt war Basileos der erste Mann im Staate. Sein Putsch rief nicht überall Begeisterung hervor. Besonders Niketas Ooryphas versagte Basileos anfangs die Gefolgschaft. In alter Treue zum Kaiser und Bardas drohte er damit, den Usurpator zur Rechenschaft zu ziehen.

Der neue Kaiser ließ sich davon nicht beeindrucken. Basileos I. war nicht nur skrupellos, sondern auch geschickt darin, sich Freunde zu machen. Er zog Ooryphas auf seine Seite und wies ihm eine verantwortungsvolle Aufgabe zu: die Entsetzung des von einem sarazenischen Heer belagerten Ragusa (das heutige Split in Kroatien) durch die byzantinische Flotte.

Ooryphas zögerte keine Sekunde und setzte sich unmittelbar in Marsch. Auf dem Weg räucherte er viele Stützpunkte der Sarazenen aus und bestrafte die Narentaner, ein slawisches Piratenvolk, die kürzlich einen päpstlichen Legaten ausgeraubt hatten.

Taten wie diese verbreiteten sich auch schon im frühen Mittelalter schnell. Kaum hörten die Sarazenen von Ooryphas' Nahen, hoben sie die Belagerung Ragusas auf und segelten nach Unteritalien zurück.

Auf diese Weise hatte Ooryphas einen Erfolg erzielt, ohne eine Schlacht riskiert zu haben. Als er die Adria mit seiner Flotte verließ, hatte er, ohne einen Kampf bestehen zu müssen, nicht nur Ragusa entsetzt, sondern das Prestige des Kaiserreichs erhöht.

Der anschließende Feldzug gegen Bari im Jahr 869 war dagegen für ihn nicht von Erfolg gekrönt. Obwohl Ooryphas jetzt 400 Schiffe befehligte, musste der ursprüngliche Plan, im Bündnis mit dem Deutschen Kaiser Ludwig II. die Sarazenen aus Bari zu vertreiben, aufgegeben werden. Er scheiterte daran, dass die Byzantiner mit ihrer Flotte zu spät kamen und der deutsche Kaiser bereits den Großteil seiner Truppen entlassen hatte. An ein gemeinsames Vorgehen war in diesem Jahr deshalb nicht mehr zu denken, zumal Ludwig II. und Ooryphas persönlich nicht gut miteinander auskamen.

Die Sternstunde Ooryphas' kam jedoch noch.

Als die Geschwader der Kreter in den folgenden Jahren[38] die Kühnheit besaßen, ins Marmarameer einzufahren, griff Ooryphas die Seeräuber mit 100 Dromonen an. Bei Kardia im thrakischen Chersonnes trafen Piraten und Byzantiner zusammen. Ooryphas siegte dank des Griechischen Feuers, einer Geheimwaffe der Byzantiner, und verbrannte 20 der kretischen Galeeren.

Das Griechische Feuer – eigentlich »Flüssiges Feuer« genannt, war eine ölartige Brandmasse ähnlich Napalm. Es war 678 während der Belagerung Konstantinopels durch die Sarazenen vom griechischen Architekten Kallinikos erfunden worden. Es wurde aus metallenen Feuerröhren, den Siphons, manchmal auch mit Katapulten verschossen, die für den Gebrauch Griechischen Feuers konstruiert worden waren und die tödlichen Geschosse 100 Meter weit schießen konnten. Das Griechische Feuer hatte verheerende Wirkung. Traf es sein Ziel, haftete es wie Napalm auf der Trefferfläche und brannte auch unter Wasser weiter.

Obwohl seine genaue Zusammensetzung bis heute nicht geklärt ist, wird vermutet, dass die Basis des öligen Brandmaterials Salpeter bildete. Er besorgte das Vorschleudern, die explosive Verbrennung des Materials. Das im Brandmaterial enthaltene Bitumen diente der Unlöschbarkeit, das Harz der Haftung der Brandmasse am Ziel. Dabei versengte ihr Feuerschweif alles, was er traf.

Die Dromone hatte in der Regel drei Siphons (Feuerrohre): einen am Bug, zwei Siphons an den Flanken des Xylokastrons, eines hölzernen Kastells auf der Dromone, das sich entweder vorn am Bug oder am Mittelmast befand. Hier wurden im Gefecht Pfeilschützen, Speerwerfer, aber auch Katapult- und Siphongeschütze stationiert, die den Feind aus der Ferne unter Beschuss nahmen. Des Weiteren gab es eine Anzahl von kleinen Handsiphons für den Nahkampf. Die maximale

Feuerweite der großen Siphons betrug 15 Meter bei den großen, und nur wenige Meter bei den kleinen Flammenwerfern.

Ooryphas hatte den Sarazenen eine Lektion erteilt, jedoch nicht alle Piraten vernichtet. Diese erholten sich schnell von der Niederlage und verlegten ihr Raubgebiet diesmal zur Peloponnes. Als Ooryphas hörte, dass die Kreter erneut in die Ägäis eingefallen waren, segelte er ihnen nach und ankerte in Kenchreai am Saronischen Meerbusen. Hier erreichte ihn eine Hiobsbotschaft nach der anderen. Im Westen der Halbinsel hatten die Piraten Methone, Pylos, Patras und das Golfgebiet von Korinth überfallen.

Jetzt musste Niketas Ooryphas schnell handeln. Statt um die Peloponnes herumzusegeln, beschloss er, den Isthmus von Korinth auf dem Landweg an seiner engsten Stelle mit seiner Flotte zu überqueren. Hierfür wählte er einen alten Schiffskarrenweg aus, den Diolkos, der schon seit dem Altertum den Golf von Korinth mit dem Saronischen Golf verband. Dann ließ er seine Dromonen in den folgenden Tagen über die alten Rollberge zwischen dem Hafen Kenchreai nach Lechaion am Golf von Korinth schleppen. Auf diese Weise wurde Schiff um Schiff erst in Kenchreai entladen, dann auf die alte Schleppstraße gesetzt und von seinen Besatzungen über die Anhöhen der sieben Kilometer langen Strecke in den Golf gezogen, wo bei Lechaion die Schiffe wieder beladen wurden.

Es war ein gefährlicher Moment, da die Flotte praktisch schutzlos einem Überraschungsangriff ausgesetzt war. Doch das Manöver gelang, ohne dass die Piraten es bemerkten. Die Sarazenen hatten nämlich Wachen beim Kap Malea aufgestellt, da sie damit rechneten, dass Ooryphas sie zur See verfolgen würde. Damit hatten sie einen tödlichen Fehler begangen.

Als sich die Flotte Niketas' im Golf gesammelt hatte, griff er die einzelnen Piratengeschwader an, bevor sie sich sammeln konnten. Was folgte, war ein kurzer Kampf. Mit seinen Feuerwerferdromonen verbrannte Ooryphas erst die Piratenschiffe, dann machte er ihre Besatzungen nieder.

Dabei fand der Piratenadmiral Photios, ein Renegat, den Tod. Der Teil der Sarazenen, der weiterkämpfte, wurde ertränkt und niedergemacht. Die anderen, denen die Flucht gelang, ließ Ooryphas erbarmungslos verfolgen. Noch bevor die sarazenischen Räuber in die nah gelegenen Berge entkommen konnten, wurden sie eingekesselt und gefangen. Was darauf folgte, zeigt die zu allen Zeiten gefürchtete Grausamkeit der Byzantiner.

In Erbitterung über die begangenen Gräueltaten hielt Niketas mehrere Tage ein furchtbares Strafgericht über die Sarazenen ab. Dabei starben insbesondere die vom christlichen Glauben Abgefallenen einen schrecklichen Tod.

»Einigen, vor allem denjenigen, welche ihren christlichen Glauben verleugnet hatten, zog er die Haut beim lebendigem Leib ab, indem er sagte, dass die Haut, die sie trugen, nicht ihre war. Anderen ließ er schmerzhaft die Haut vom Kopf bis Fuß in Streifen schneiden, andere wiederum ließ er von einem Balken an einem Seil herunterhängen und in Kessel mit siedendem Pech eintauchen, wobei er ihnen erklärte, dass Ihnen eine einzigartig schmerzvolle und bedrückende Taufe zuteil wurde ...«[39]

Es war eine deutliche Lektion der Geschichte, dass Piratenjäger nicht nur für das Gute im Menschen standen.

Niketas Ooryphas hatte zwar gezeigt, dass er zu siegen verstand, doch das Ausmaß an Grausamkeit ließ seinem militärischen Triumph keinen Frieden folgen und schenkte den Bewohnern nicht mehr Sicherheit. Mit drakonischen Strafgerichten allein war die Seeräuberei nicht auszurotten.

Das Piratenemirat von Kreta blieb noch fast ein Jahrhundert eine ernste Gefahr für die griechische Seefahrt.

Im 10. Jahrhundert scheiterten allein drei Rückeroberungsversuche, trotz bester Planung. Die Unzugänglichkeit von Kandia und die schroffe wilde Bergwelt Kretas boten den Verteidigern mehr Vorteile als dem Angreifer. Doch noch gab es Hoffnung. Eine Prophezeiung hatte die Rückeroberung Kretas vorhergesagt und sollte sich erfüllen.

Im Jahr 960 landete den fantastischen Zahlen der Chronisten zufolge ein großes Heer von angeblich 1000 Dromonen, 2000 Chelandien und 300 Transportschiffen unter dem Oberbefehl von General Nikephoros II. Phokas auf Kreta.[40]

Auch wenn diese Zahlen übertrieben sind, war die Landung auf Kreta eine der größten amphibischen Operationen der Militärgeschichte.

Dies lag an der Umsicht von Nikephoros Phokas, der den Rang eines Militärgouverneurs im Wehrbereich Anatolien bekleidete. Der General hatte sich in mehreren Feldzügen ausgezeichnet und stammte aus einer alten Soldatenfamilie, die viele gute Heerführer hervorgebracht hatte.

Aber Nikephoros war nicht nur ein Kriegsmann, sondern zutiefst religiös und führte ein asketisches Leben. Persönlicher Reichtum und Sinneslust scherten Nikephoros Phokas wenig. Der Vegetarier schlief nicht im Bett, sondern auf hartem Boden und ließ sich auch nicht in amouröse Affären verwickeln. Er lebte nur für zwei Aufgaben: Gott und Byzanz.

Dies machte ihn nicht jedem sympathisch. Der Gesandte von Otto dem Großen, Liutprand von Cremona, beschrieb Nikephoros Phokas nach seiner ersten Begegnung mit ihm als »Menschen von ganz eigenartiger Gestalt, zwergenhaft, mit dickem Kopf und Äuglein wie ein Maulwurf, entstellt durch einen kurzen, breiten, dichten Bart, garstig durch einen zollangen Hals«.[41]

Liutprands Urteil war hart. Aber zum Glück für Nikephoros Phokas brauchte sein Kaiser Romanos II. einen fähigen Feldherrn und keinen eleganten sowie geistreichen Höfling. Mit seinem General hatte Kaiser Romanos genau den richtigen Mann für sein Unternehmen gewählt. Nikephoros Phokas wusste, dass an diesem Unternehmen selbst die besten Generäle gescheitert waren. Da er außerdem ein pedantischer Mann war, bereitete er das Unternehmen akribisch vor.

Anlässlich der Landung auf Kreta ließ er Großdromonen mit hölzernen Kastellen mittschiffs und am Bug bauen, welche die normale Besatzung einer Dromone um 100 Mann übertrafen. Sie wurden mit Landestegen ausgerüstet, die es der schwer gepanzerten byzantinischen Phalanx und den Reitern ermöglichten, noch vom Wasser aus etwaige Verteidiger an Land zu überrennen.

Derartig umsichtig vorbereitet, wurde die Operation ein voller Erfolg. Obwohl die Sarazenen die Byzantiner kampfbereit an der Küste erwarteten, wurden sie erst bei der Landung und wenige Tage später in offener Feldschlacht erneut geschlagen. In den folgenden Wochen kämpfte Nikephoros große Teile der Insel frei, dann nahm er Kandia ins Visier, das er nach einer mehrmonatigen Belagerung endlich am 7. März 961 im Sturm eroberte. Es war ein lang ersehnter Triumph und er wurde gebührend gefeiert. Nach fast anderthalb Jahrhunderten hatte das Piratenemirat von Kreta aufgehört zu bestehen.

Es war in Blut geboren worden und ging in einem Massaker sondergleichen unter. Drei Tage wütete die Soldateska, ohne dass der Feldherr sie zur Besinnung bringen konnte, drei Tage hallten die Straßen von Kandia von den Schreckensschreien der Gequälten und Sterbenden wider. Dann hörte das Morden auf. Düsteres Schweigen legte sich über die Zwingburg der Piraten, die einst der Schrecken der Christenheit gewesen war.

Wie zu Roms besten Zeiten erhielt der Eroberer von Kreta einen Triumphzug in Konstantinopel, bei dem die siegreichen Schiffe und Truppen mit ihren Gefangenen endlos auf und ab paradierten. Aufschlussreich ist in diesem Zusammenhang die Darstellung der Beute der Seeräuber, die ein beträchtliches Ausmaß hatte.

»Man sah Gold und Silber in großen Mengen, barbarische Münzen aus reinem Gold, goldbestickte Gewänder, purpurfarbene Teppiche, allerlei kostbare Gegenstände, mit höchster Kunst verfertigt, funkelnd von Gold und Edelsteinen; vollständige Rüstungen, Helme, Schwerter, Harnische, alles vergoldet; zahllose Speere, Schilde und zurückschnellende Bogen. Jedermann, der diesem Schauspiel beiwohnte, hätte wohl sagen können, dass damals der ganze Reichtum des Barbarenlands im Hippodrom beisammen war ...«[42]

Nikephoros, der ein frommer, einfacher Mann war, zeigte sich seines Erfolgs würdig. Aus Dankbarkeit über seinen Sieg spendete er einen Teil des Sarazenenschatzes den Mönchen auf dem Berg Athos. Auf diese Weise wurde er zum Stifter des Klosters Megisti Lavra, das noch heute das größte Kloster des heiligen Berges ist. Am 16. August 963 wurde er zum Kaiser gekrönt. Als er feierlich in die Hagia Sophia einzog, sangen die Psalten, der Sängerchor von Byzanz, folgende Worte:

»Siehe, der Morgenstern geht auf, das Gestirn des Ostens erscheint und blendet mit seinem Glanz selbst die Strahlen der Sonne; es ist Nikephoros der Herrscher, der bleiche Tod der Sarazenen.«[43]

Es war der bis dahin glorreichste Augenblick seines Lebens. Endlich erfüllte sich das Ziel, auf das er seit Jahren hingearbeitet hatte. Kurz darauf heiratete er Theophano, die Witwe des verstorbenen Kaisers Romanos II. Alles schien perfekt, doch die Geschichte des Kaisers Nikephoros II. Phokas hatte kein Happy End.

Sechs Jahre später ließ die Kaiserin ihren Mann von ihrem Geliebten Johannes Tzimiskes umbringen, der ihn mit mehreren gedungenen Mördern im Schlaf ermordete. Herzlos wurde die enthauptete Leiche des toten Kaisers wie ein Tierkadaver auf eine Schubkarre gewuchtet. Hastig holperte der Totenkarren durch leere Straßen zur Apostelkirche, wo er schnell in einen Marmorsarkophag gelegt und vergessen wurde.

Dort liegt er noch heute, der bleiche Tod der Sarazenen.

Alfred der Große – Nemesis der Wikinger

»Das Unglück, das jetzt über England kam, war größer und härter als alle anderen. Die Römer haben Britannien unterjocht, aber sie haben mit Glanz zu herrschen gewusst. Die Pikten und Scotten sind oft ins Land eingefallen, aber nur an einer Stelle, und wurden sie einmal geschlagen, so kamen sie lange nicht wieder. Die Sachsen haben das Land erobert, aber nachher haben sie es bebaut und nach Gesetzen regiert. Die Dänen aber greifen von allen Seiten an und wollen das Land nicht behalten, sondern plündern, nicht beherrschen, sondern nur verwüsten.«[44]

Das Jahr 875 sah das Kloster auf der Nordostengland vorgelagerten Insel Lindisfarne in Angst und Schrecken. Mönche liefen in Panik kopflos hin und her. Hastig wurden wertvolle Monstranzen, kostbare liturgische Gewänder, goldene, mit Edelsteinen besetzte Messkelche geborgen und in Sicherheit gebracht.

Jetzt kam die schwierigste Aufgabe, eine Arbeit, die viel Fingerspitzengefühl erforderte. Es war an den Brüdern, die Gebeine des Heiligen Cuthbert zu bergen, eines der größten Wundertäter der angelsächsischen Kirche und des Schutzpatrons Northumbrias.

Unter der persönlichen Aufsicht von Bischof Eardulf wurde die kostbare Reliquie vorsichtig aus dem Sarkophag gehoben und in einen grob gezimmerten Holzsarg umgebettet, in dem noch der Totenschädel des Klosterstifters Aidan und andere Heiligenknochen Platz fanden. Behutsam, fast ehrfurchtsvoll legten die Mönche den Sarg auf einen Karren. Nur eine falsche Bewegung, nur ein Ruck – so dachten sie zumindest –, und das Fleisch des am 20. März 687 verstorbenen St. Cuthbert fiele ihm von den Knochen.

Denn mit den sterblichen Resten des Heiligen hatte es eine besondere Bewandtnis: Nur elf Jahre nach seinem Tod war der Leichnam anlässlich einer Umbettung vom Klosterfriedhof in die Klosterkapelle unverwest vorgefunden worden, was von den Gläubigen als Beweis von Cuthberts Wunderkraft gedeutet wurde. Seitdem war aus der einsam gelegenen Klosterabtei auf Lindisfarne ein Wallfahrtsort geworden.

Eine solch kostbare Reliquie durfte den skrupellosen und grausamen Seeräubern, deren Scharen seit Jahrzehnten England verheerten, nicht in die Hände fallen.

793 hatten schon einmal Wikinger das Kloster überfallen, die Brüder massakriert und das Kloster eingeäschert. Das durfte sich nicht wiederholen. Nur, wohin sollten die Mönche fliehen? Bischof Eardulf wusste die Lösung. Um nicht Opfer der Wikinger zu werden, mussten sie tief nach Northumbria ziehen. Eine andere Möglichkeit gab es nicht.

Seit eine riesige, aus 350 Schiffen bestehende Flotte dänischer Wikinger 865 in Ost-Anglia eingefallen war, war nichts mehr wie zuvor. In einem Sturmlauf sondergleichen hatten die Dänen 867 das Königreich Northumbria überrannt und dessen Hauptstadt York erobert, dann 869 das Reich Ost-Anglia vernichtet, dessen König sie bestialisch ermordeten. 870 war das keltische Königreich von Strathclyde (heutiges Westschottland) von Wikingerhorden überflutet worden, bevor die Seeräuber 874 endgültig das Königreich Mercia bezwangen, wo sie einen Schattenkönig einsetzten.

Der Feldzug war der vorläufige Abschluss einer Entwicklung, die 787 in Dorset in der Bucht von Portland begonnen hatte.

»In diesen Tagen kamen die Dänen in drei Schiffen nach Britannien, um zu plündern. Als der königliche Beamte jener Gegend dies wahrnahm, ging er ihnen mit mehr Zuversicht als er hegen sollte entgegen, um sie festzunehmen und vor den König zu fuhren. Er wusste nicht, wer sie waren und woher sie kamen. Kaum war er bei ihnen, so machten sie ihn nieder. Er ist der erste der Angeln, den die Dänen erschlugen, nach ihm sind viele tausendmal Tausende von ihnen erschlagen worden, und die Schiffe sind die ersten dänischen, welche in England anlandeten.«[45]

So weit der Bericht des Mönches Heinrich von Huntingdon, der uns eine der Völkerschaften genau beschreibt, die an jenem Raubzug teilnahmen. Die Angelsächsische Chronik geht sogar noch weiter: Im Eintrag für das Jahr 787 nennt sie die Mörder des königlichen Beamten Piraten. Diese Seeräuber, von den Zeitgenossen manchmal auch »Dänen« oder »Normannen« genannt, gingen als »Wikinger« in die Geschichte ein. Über die Bedeutung des Wortes ist viel gerätselt worden. Es gibt Erklärungsvarianten, die das Wort vom germanischen Wort »Vig« (Kampf, Streit), vom lateinischen »Vicus« (Siedlung) oder von »Vik« (Bucht) ableiten, da die Wikinger angeblich mit Vorliebe in Buchten landeten.[46] Einigkeit besteht in der Forschung darin, in der Bezeichnung keinen ethnischen Begriff zu sehen.

Die wahrscheinlichste Variante ist die Deutung des Wortes als »Kämpfer, die über die See fahren«. Auf alle Fälle wurde der Begriff »Wikinger« zum Synonym für »Seeräuber«, wobei nicht die klassische Beraubung von Fahrzeugen zur See, sondern Küstenraub gemeint war. In dieser Hinsicht glichen die Wikinger den Sarazenen. Vielleicht offenbart der Begriff das Selbstverständnis der Wikinger, sich selbst als Krieger zu sehen, die auf Beutefahrt gingen. Im Prinzip waren sie mörderische Raubtouristen mit einem ausgeprägten Hang zur saisonalen Piraterie.

Zu Beginn der Wikingerzeit begann die klassische Heerfahrt grundsätzlich im Frühling und endete rechtzeitig vor den Herbststürmen. Dann fuhren die Wikinger in ihre Heimat zurück. Bei allen Wikingerzügen war der eigentliche Seeraub, die Beraubung fremder Schiffe, nur ein Nebeneffekt. Das erklärte Ziel der Wikinger war der Raubzug an Land.

Dabei sah die Vorgehensweise fast immer gleich aus. Nach mehrtägiger Seefahrt landeten die Wikinger völlig überraschend an der Zielküste, um entweder direkt Städte und Siedlungen am Meeresufer auszuplündern oder flussaufwärts zu fahren, wo sie im Hinterland Beute machten. Dabei gingen sie mit äußerster Brutalität vor und hieben alles nieder, was sich ihnen in den Weg stellte.

In der Anfangsphase plünderten sie entlegene Gehöfte, Dörfer, Klöster oder Kirchen, später griffen sie selbst befestigte Städte an. Ziel ihrer Raubzüge waren Menschen, Vieh, Kirchenschätze und andere bewegliche Habe. Hatten sie sich mit Beute eingedeckt, folgte dem blitzartigen Angriff ein ebenso schnell angeordneter Rückzug zu den Schiffen. Noch bevor die Überfallenen sich zur Gegenwehr rüsten konnten, stachen sie schon wieder in See.

Diese Hit-and-Rob-Taktik war nur so erfolgreich, weil die Wikinger über eine Allzweckwaffe verfügten: das Langschiff. Geeignet für eine Überfahrt, gering im Tiefgang, eignete es sich perfekt dazu, nicht nur das Meer zu überqueren, sondern auch auf Flüssen und in seichten Küstengewässern zu operieren.

Mehrere essenzielle Neuerungen machten die Langschiffe besonders seetüchtig. Der Schiffsrumpf war lang und schmal, der Steven vorn und hinten gleich hoch und stark nach oben gezogen. Dies nahm der Schlagsee die Kraft. Des Weiteren stabilisierte ein mittschiffs verlaufender Kiel die Lage des Wikingerschiffs, was es den Wikingern besser ermöglichte, gegen den Wind zu kreuzen. Außerdem wirkte es einer Abdrift entgegen.

Dadurch, dass die Schiffe der Wikinger besonders leicht, lang und schmal waren – manche hatten eine Länge von 25 Metern –, konnten sie Geschwindigkeiten von 6 bis 12 Knoten erreichen. Bei Flauten, widrigen Winden, im Gefecht und bei der Flucht wurden die Schiffe von ihren Mannschaften gerudert. Ein weiterer Vorteil des Langschiffs war, dass der Mast abklappbar war, was die Durchfahrt unter Brücken landeinwärts ermöglichte. Die Besatzungszahl richtete sich nach der Schiffsgröße: Die »Snekkja« konnte bis zu 40 Mann fassen, die »Skaid« bis zu 60, der »Drachen« zwischen 60 und 100 an Bord nehmen.

Die hohe Flexibilität der Langschiffe hatte Auswirkungen auf die Angriffstaktik der Wikinger. Das Langschiff ermöglichte es ihnen, an seichten Stellen zu landen, wo Angeln und Sachsen dies nicht erwarteten, oder Flüsse landeinwärts hochzufahren. Dabei kamen verschiedene Antriebstechniken zum Einsatz. Mal wurde gerudert, mal gegen die Flussströmung getreidelt. Oft wurden die Schiffe über Landengen hinweggetragen oder über Holzbohlen gezogen, um sie im nächsten See oder Flusslauf wieder zu Wasser zu lassen. Somit konnten die Wikinger überall, wo Wasser war, mühelos angreifen.

Das hieß für die Verteidiger: Wer die Wikinger bekämpfen wollte, musste entweder über eine starke Flotte oder über ein intaktes Frühwarnsystem verfügen. War dies nicht vorhanden, so blieb nur die Bekämpfung der Piraten durch ein starkes Landheer übrig. Im Fall des Frankenreiches und der angelsächsischen Königreiche führte dieser Umstand zu der absurden Situation, dass die Abwehrschlachten gegen die Seeräuber nicht zu Wasser, sondern fast ausschließlich zu Lande geschlagen wurden.

Das war ein unermesslicher Vorteil für die Wikinger, ermöglichte er ihnen doch nach Belieben, Zeit und Ort der Kampfhandlung zu bestimmen. In nur kurzer Zeit wurden die Raubzüge in Übersee aufgrund der gemachten Beute äußerst populär. Abteien, Klöster und Kirchen zogen die Wikinger aufgrund ihres Reichtums in Scharen an. Hier war es leicht, große Beute zu machen und schnell reich zu werden.

Die Wikingerüberfälle im Westen trafen das Frankenreich genauso hart wie Irland, Schottland und die angelsächsischen Königreiche. 795 raubten die Wikinger Vieh in Wales und Irland, das sie noch am Strand schlachteten. Drei Jahre später plünderten sie die Insel Man in der Irischen See. 802 überfielen sie an Schottlands Westküste Jona, eine Insel der kleinen Hebriden, wo sich das Zentrum der schottisch-irischen Kirche befand, das Kloster des Heiligen Colomban. Es ging in Flammen auf. Ein vier Jahre später erfolgter Überfall auf die Klosterinsel war noch verheerender. Diesmal plünderten die Seeräuber nicht nur, sie erschlugen auch 68 Mönche. Kein Wunder, dass die Mönche überall die Wikinger fürchteten. Ab 807 fielen sie in Scharen über Irland her, das sich nur mit Mühe ihrer Angriffe erwehrte.

In dieser ersten Phase der Wikingerzüge dominierten noch die Angriffe kleiner Seeräuberflotillen. Dabei blieb es nicht. Ab 834 begannen die Überfälle aggressiver zu werden. Zwischen 834 und 837 griffen die Wikinger allein das friesische Dorestad, einen internationalen Handelsplatz an der Rheinmündung, dreimal an.

Zur selben Zeit kreuzte eine Wikingerflotte vor der Ostküste des Königreichs von Wessex. 835 verheerte es die Insel Sheppey vor der Themsemündung. Ein Jahr später schlugen die Wikinger ein Aufgebot der Westsachsen bei Carhampton.

Ab jetzt wurden die britischen Inseln und die angelsächsischen Königreiche von Wikingerscharen überflutet. 839 eroberten die Nordmannen Ostirland, 845 plünderten sie Hamburg und Paris. 851 griffen Wikinger mit 350 Schiffen Canterbury und London an. Kurz darauf wurden sie von König Aethelwulf von Wessex bei Aclea vernichtend geschlagen.

Es sollte nur ein kurzer Rückschlag sein. Knapp 14 Jahre später segelte eine riesige Flotte von 350 Langschiffen nach Kent. Es war der Angriff der legendären großen Heidenflotte. Sie machte auf die angelsächsischen Chronisten einen derartigen Eindruck, dass sie jene nur ehrfurchtsvoll mit »The Force« bezeichneten. In der Tat war die Größe der Armee, die anscheinend hauptsächlich aus Dänen bestand, für damalige Verhältnisse gewaltig.

Mit der Ankunft der Dänen traten die Züge der Wikinger aus der Phase purer Seeräuberei ins Stadium des Eroberungszugs und der Landnahme.

Zwischen 867 und 870 brachen nacheinander die Königreiche Northumbria und Ost-Anglia unter den Hammerschlägen der Wikingerinvasion zusammen, was ihre Könige nicht nur die Herrschaft, sondern auch das Leben kostete. Einzig Wessex gelang es noch, sich unter König Alfred zu behaupten. Dieses Königreich umfasste die sächsischen Bezirke Kent, Essex, Sussex und Wessex. Es grenzte im Westen an das keltisch besetzte Cornwall, im Osten an die Nordsee. Die Nordostgrenze verlief nördlich des Flusses Stour, die Nordwestgrenze verlief südlich von Wales.

Trotz heftiger Gegenwehr musste sich Alfred nach einer schweren Niederlage bei Wilton 872 den Frieden in Form von Tributzahlungen erkaufen. Damit hatte Alfred faktisch seine Niederlage bestätigt, obwohl er tapfer bis zum Schluss gekämpft hatte. Die andauernden Angriffe der Wikinger hatten jedoch die Kräfte seines Königreichs verzehrt und von seinem Heer einen hohen Aderlass gefordert.

Die größte Katastrophe war jedoch, dass Alfred hilflos zusehen musste, wie sein treuester Bündnispartner, das Königreich von Mercia, 874 im Kampf gegen die Wikinger unterging und zu einem machtlosen Vasallenstaat der Nordmänner wurde.

Jetzt konnte der junge König von Wessex nur noch auf sich zählen. Zum Glück war Alfred ein tatkräftiger und hochgebildeter Monarch. In jungen Jahren war der erst 26-jährige König mit seinem Vater in

Rom gewesen. Auf seiner fast zweijährigen Reise durch Europa hatte er viel von der Welt gesehen. Er besaß den Vorzug, tief gläubig und sehr gebildet zu sein, hatte jedoch eine Schwachstelle: seine Gesundheit.

Alfred war kränklich und litt an plötzlich wiederkehrenden krampfartigen Anfällen und Fieberschüben, die ihn tagelang außer Gefecht setzten. War es Epilepsie oder die göttliche Strafe für sündhafte Ausschweifungen, wie sein Biograf, der walisische Mönch Asser, Bischof von Sherborne, vermutete? Den Symptomen nach könnte es sich um das sogenannte Sumpffieber, eine europäische Abart der afrikanischen Malaria gehandelt haben, die sich Alfred vielleicht auf seinen Reisen zuzog.

Dies alles ist Spekulation und wird nie herausgefunden werden. Das Schicksal Wessex' – und damit des späteren Englands – hing demnach von Alfreds Wohlergehen ab und somit an einem seidenen Faden. Trotzdem gab Alfred nicht auf. Wessex brauchte ihn. Der Friede mit den Wikingern erwies sich als trügerisch. Immer wieder kam es zu kleineren Raubzügen der unverbesserlichen Piraten. Dies durfte Alfred nicht zulassen.

Schenken wir den dürftigen Quellen Glauben, versuchte Alfred schon 875, eine Seemacht aufzubauen. Wie der walisische Mönch Asser vermerkt, war sich der junge Sachsenkönig in Ermangelung einer Flotte nicht zu schade dafür, sogar Seeräuber in seine Dienste zu nehmen.[47] Durch die Piraten verstärkt, griff er sechs Wikingerschiffe an, von denen er eines enterte. Es war der erste Seesieg, den Alfred persönlich im Kampf gegen dänische Seeräuber erfocht.

Leider blieb er vorerst nur eine Episode. Mitten im tiefsten Frieden brach im selben Jahr eine Abteilung des Großen Heeres von Repton in Mercia auf und marschierte nach Cambridge, an die Nordgrenze von Wessex.

Hier überwinterten die Dänen, wobei sie das Land restlos ausplünderten. Als das Jahr 876 anbrach, überrumpelten sie Alfred vollständig. In unerwarteter Schnelligkeit stießen sie nach Wareham im Süden Wessex' vor und schlugen dort ihr Lager auf. Damit befanden sie sich im tiefsten Süden des Landes, westlich der Isle of Wight und im Rücken Alfreds. Wie immer nutzten die Dänen ihren augenblicklichen Vorteil.

Hemmungslos begannen sie, das Umland der unglücklichen Stadt zu verheeren.

König Alfred reagierte sofort. Kaum, dass er die Nachricht vernommen hatte, rückte er mit seinem Heer nach Wareham, um das Wikingerlager zu erstürmen. Doch die Stellung der Wikinger erwies sich als zu stark. Alfred blieb einzig übrig, zu verhandeln und die Wikinger gegen Zahlung eines Tributs zum Abzug zu bewegen. Der Frieden wurde beschlossen, dann unter mehrfachem Eid besiegelt und später durch Geiseln abgesichert.

Es war ein fauler Frieden.

Noch in derselben Nacht brachen die Dänen alle Eide. Sie fielen über Alfreds Kavallerie her, töteten die meisten Reiter, dann ritten sie ab. Als der Morgen graute, marschierten die Wikinger auf Exeter zu und begruben die Sachsen ihre Toten. Es war ein Schurkenstreich, der die Handschrift des Wikingerkönigs Guthrum trug. Dieser Dänenkönig mauserte sich in der Folgezeit zu Alfreds gefährlichstem Gegenspieler. Den wenigen Informationen nach, die wir über seine Herkunft besitzen, soll er früher Unterkönig in Jütland gewesen sein, bis er von dort vertrieben wurde.

Der Wortbruch Guthrums empörte Alfred. Noch am selben Tag ließ er alle dänischen Geiseln hängen und rückte mit seinem Heer nach Exeter aus, die Eidbrecher zu belagern. Da er jedoch kein schweres Gerät hatte, die Stadt zu erstürmen, beschloss er, die Belagerten auszuhungern.

Die Dänen durchkreuzten Alfreds Pläne. Mit 120 Schiffen machten sie sich auf den Weg, die belagerten Piraten zu entsetzen. Daraus wurde nichts. Als die dänische Flotte auf der Höhe von Swanage segelte, zog ein gewaltiger Sturm auf, der die Wikingerflotte an die Küste warf und zu einem großen Teil vernichtete. Eine glückliche Fügung hatte Alfred den Sieg beschert, der den Fall Exeters nach sich zog. Diesmal zogen sich die Dänen wirklich nach Mercia zurück.

Als der König gegen Ende des Jahres 877 im königlichen Sitz von Chippenham das Weihnachtsfest beging, konnte er zufrieden sein. Ohne große Verluste hatte er die Wikinger in Schach gehalten. Jetzt konnte er hoffen, sie im nächsten Jahr zu schlagen. Aber der Sachsenkönig hatte die Rechnung ohne Guthrum gemacht. Kurz nach den

Weihnachtsfeiertagen griff der Däne Anfang Januar 878 völlig überraschend die Westsachsen an.

Der Zeitpunkt war hervorragend gewählt. Nach westsächsischer Tradition hatte Alfred seinen Heerbann entlassen, um in Frieden das Weihnachtsfest zu begehen, und nur wenige Getreue um sich versammelt. Der Vorstoß auf Chippenham glückte und die Überrumpelung ebenfalls. Die Dänen nahmen die Stadt im Handstreich. Nur in einem hatte Guthrum Pech. Inmitten des Durcheinanders gelang Alfred die Flucht. Trotzdem hatte Guthrum sein Ziel erreicht. Durch seinen Überraschungsangriff war Wessex über Nacht führerlos geworden und faktisch ohne König.

Als sich das Gerücht verbreitete, dass König Alfred gefallen oder auf der Flucht war, verließ die angelsächsische Bevölkerung der Mut. In ihrer Panik flohen viele übers Meer, andere in nah gelegene Wälder. Guthrum und seine Dänen konnten zufrieden sein.

Über Nacht hatten sie sich Wessex untertan gemacht.

Alfred war allerdings nicht tot, sondern hatte sich mit geringem Gefolge tief nach Somerset hinein in ein unwegsames Sumpfgebiet geflüchtet. Dort schlug er sein Hauptquartier auf einer Insel auf, die inmitten eines Sumpfgebiets auf einer leichten Erhöhung lag und später unter dem Namen Athelney – die Insel der Edlen – in die Geschichte einging.

Athelney wurde die Geburt eines Mythos. Inmitten der Wildnis fand Alfred wie der Held im Märchen zu sich selbst und zu seiner höheren Berufung. Die schwere Niederlage wurde zur persönlichen Krise, der durch Erkenntnis und Einsicht Läuterung folgte. Zuerst musste Alfred dem Mythos nach in der kargen Winterlandschaft überleben und als einfacher Waidmann seinen Unterhalt bestreiten. Dabei half ihm ein einfacher Schweinehirt namens Denulf, der ihn bei sich aufnahm, ohne zu wissen, wen er vor sich hatte. Dies sah dessen Frau gar nicht gern, war es doch schon schwierig genug, die eigene Familie im Winter durchzubringen. Zumal der Fremde alles andere als eine Hilfe im Haushalt war.

Als Alfred den Auftrag bekam, auf das im Feuer liegende Fladenbrot zu achten, versagte er kläglich. Anstatt die Brotfladen rechtzeitig zu wenden, schnitzte er gedankenverloren an einem Speer herum.

Die Episode endete in einem fürchterlichen Donnerwetter, als die Hausherrin zur Herdstelle kam und nur noch verkohlte Brotreste im Herdfeuer verrauchen sah. Die Dichtung hat die Schimpfworte der Hausherrin in etwas gedrechselten Versen für die Nachwelt bewahrt:
»Träger Gesell! Siehst brennen das Brod und versäumst es zu wenden, Neugebackenes issest du immer mit Gier.«[48] Es war eine Anekdote, die von dem König selbst oft erzählt wurde und viel zu seiner Volkstümlichkeit beitrug, genauso wie die Legende von der Erscheinung des Heiligen Cuthbert, der ihm in der Nacht den Sieg über die Dänen prophezeite.[49]

Alfred wusste genau, was er zu tun hatte. Mithilfe weniger Getreuen baute er Athelney zur Festung aus. Dann formte er seine Getreuen zu einer Guerilla, die von Athelney aus die dänischen Streifen und Kommandos angriff und in zähen Kämpfen zurückdrängte.

Als der Frühling anbrach, hatte Alfred durch viele Erfolge wieder eine zahlreiche Truppe um sich geschart. Jetzt konnte er zum offenen Krieg übergehen. Dabei kam ihm zugute, dass die Dänen zur selben Zeit vor der angelsächsischen Festung Cynuit eine schwere Niederlage erlitten. Die Dänen verloren nicht nur ihren König Ubba und 800 Mann, sondern auch das heilige Rabenbanner Odins, das sie von Sieg zu Sieg geführt hatte.

Der Sieg von Cynuit war ein gutes Zeichen und verhieß Erfolg. Als der Königsbote mit Pfeil und Helm ausritt, um den Heerbann zu Egberts Stein zu rufen, folgten Alfred seine Untertanen in die Schlacht. Sie fand bei Edington statt, und endete mit einer vernichtenden Niederlage der Dänen. Verzweifelt flüchtete sich Guthrum mit seinen Kriegern in ein verschanztes Lager.

Es half den Dänen nichts. Wie zuvor die Sachsen bei Cynuit, so waren es jetzt die Dänen, die Not und Hunger litten. Im Gegensatz zu den bei Cynuit eingeschlossenen Angelsachsen, waren ihre Kräfte jedoch schon durch die Schlacht so geschwächt, dass sie an einen Ausfall nicht mehr denken konnten. Vierzehn Tage später ergaben sie sich bedingungslos dem siegreichen Sachsenkönig, der den Heiden Guthrum dazu nötigte, sich taufen zu lassen und sein Lehnsmann zu werden. Der Frieden war mild und weise. Alfred machte Guthrum zu seinem Lehnsmann und belehnte ihn faktisch mit Ost-

Anglia, dem Gebiet, das der Dänenführer ohnehin schon besetzt hielt.

Nachdem der Däne 30 von Alfred ausgewählte Geiseln gestellt hatte, zog Guthrum, der jetzt mit christlichem Taufnamen »Aethelstan« hieß, ab. Die Legende will, dass der notgetaufte Christ nie mehr wieder als Wiking gegen die Angelsachsen zog und der blutrünstige Pirat durch die höhere Moral des Christentums zum sanften Lamm Gottes wurde. In der Tat schien alles darauf hinzuweisen. Als eine große Dänenflotte Ende 878 in Ost-Anglia landete, konnte er sie davon abhalten, gegen Wessex zu ziehen. Die Wikinger-Armada zog ab und wandte sich den unglücklichen Städten des Frankenreichs und Frieslands zu. Sie gingen bald in Flammen auf.

Doch Guthrum alias »Aethelstan« war zu sehr Wikinger, um der Versuchung eines Raubzugs widerstehen zu können. Zusammen mit einem fränkischen Verbannten namens Isembart setzte er ebenfalls über den Ärmelkanal, um das westliche Frankenreich zu verheeren. Aber auch hier hatte Guthrum kein Glück. Die Franken bereiteten den Wikingern 881 eine empfindliche Niederlage bei Saucourt. Unverrichteter Dinge kehrte der geschlagene Wiking zurück.

Im selben Jahr flammten wieder vereinzelt Kämpfe zwischen Dänen und Angelsachsen auf, wobei es unklar ist, ob Guthrum damit etwas zu tun hatte. Diesmal war Alfred jedoch besser gewappnet als in den Zeiten von Chippenham. Er verfügte über eine Flotte. Als 882 ein kleines Raubgeschwader von vier Drachenschiffen die Küste seines Königreiches unsicher machte, segelte Alfred höchstpersönlich den Räubern entgegen und stellte sie zum Kampf. Nach hartem Gefecht enterten die Sachsen zwei der Wikingerschiffe und töteten deren Besatzung. Der Rest der Räuber ergab sich erst nach verzweifelter Gegenwehr. Der Sieg gab den Sachsen Mut.[50]

Als der Rest der Wikingerhorden, die einst in die Seinemündung gesegelt waren, die Stadt Rochester in Kent belagerte, kam es erneut zum Krieg, dessen spektakulärste Kampfhandlungen zwei Seegefechte wurden.

Alfred, der nie eine Gelegenheit verstreichen ließ, die Offensive zu übernehmen, schickte seine Flotte die Küste entlang nach Kent. Dort überraschten sie an der Mündung des Stour 16 Langschiffe und vernichteten sie. Es war der erste größere Seesieg, den eine angelsächsische Flotte über die Wikinger erfocht.

Indes sollte die Freude bald getrübt werden. Als sich das sächsische Geschwader wenig später auf den Rückweg nach Wessex machte, segelte es vermutlich direkt in die Fänge einer Wikingerflotte, die von Frankreich nach England fuhr. Die Westsachsen erlitten eine vernichtende Niederlage. Es war der schmerzhafte Beweis dafür, dass Alfreds Flotte noch nicht in der Lage war, sich mit den Wikingern in ihrem ureigenen Element zu messen.

Der Verlust seiner Flotte nötigte den König von Wessex wieder dazu, die Wikinger zu Lande zu bekämpfen. Alfred ging in die Offensive und eroberte im folgenden Jahr London. Damit waren die Kampfhandlungen fürs Erste beendet.

Im folgenden Frieden wurde der bisherige Status quo zwischen dem dänisch besetzten Ost-Anglia und Wessex bestätigt und eine zukunftsweisende Entscheidung getroffen. Alfred und Guthrum einigten sich darauf, das einst selbständige Königreich Mercia entlang einer Nord-Süd-Achse in zwei Machthemisphären zu teilen, eine westliche unter den Angelsachsen und eine östliche unter den Dänen. Damit hatten beide Parteien ihren Machtanspruch durchgesetzt. Alfred hatte de facto die dänische Landnahme erneut bestätigt, Guthrum und die anderen Wikinger Alfreds Macht akzeptiert.

Diesmal hielt der Däne den Frieden. In den folgenden Jahren bis zu Guthrums Tod 890 vermelden die Quellen keine weiteren Kampfhandlungen.

Alfred nutzte die Zeit, um sein Reich gegen zukünftige Wikingerangriffe besser zu wappnen. Nach eigenen Vorstellungen schuf er ein neues Verteidigungssystem, das mit einer Heeresreform einherging. Überall im Land entstanden Burgen, die sogenannten »Burroughs« oder »Burghs«, denen ein örtlicher Heerbann zugeordnet war. Diese Festungen finanzierte Alfred durch zusätzliche Steuern und bemannte sie mit Bauern, welche im Kriegsfall die Besatzung stellten.

Die Neuerung sicherte Alfred die Inlandsverteidigung. Zusammen mit dem schon bestehenden »Fyrd«, dem im Kriegsfall einberufenen Aufgebot, sollte sich diese Reform des englischen Heeres bald bewähren. Neu war auch, dass im Kriegsfall eine Hälfte des Aufgebots stän-

Seebegräbnis eines toten Wikingerfürsten. Gern werden die
Nordmänner mit Flügelhelmen abgebildet, was allerdings nicht
der Realität entsprach.

dig unter Waffen blieb, während die andere Hälfte die Ländereien
bewirtschaftete. Mithilfe dieser Rotation verhinderte Alfred, dass die
Versorgung des Heeres und der Bevölkerung für die Dauer der Kriege
zusammenbrach.

Alfreds Heeresreform rettete Wessex im Jahr 893. Zwei große Wi-
kingerflotten fielen unter der Führung des legendären Wikingers Hasting in einer Gesamtstärke von 330 Schiffen und über 10 000 Mann
über England her.[51] Die Wikinger kamen aus dem Frankenreich, wo
der fränkische Kaiser Arnulf von Kärnten ihnen 891 eine schwere Niederlage an der Dyle beigebracht hatte.

Die Kriegszüge Hastings wurden Alfred noch gefährlicher, als es die
von Guthrum jemals gewesen waren. Mit blitzartigen Überfällen zogen die Wikinger durch Wessex und Mercia, wo sie feste Lager auf-
schlugen, von denen aus sie mordend in das Land ausschwärmten.
Fast schien es, als würde Hasting gelingen, was Guthrum einst verwehrt geblieben war. Die Wikinger schienen überall, ihre Heere griffen

teilweise gleichzeitig oder kurz hintereinander an. Fast schien es so, als würden die Westsachsen den Mut und somit den Krieg verlieren. Aber Alfred gab nicht auf. Nach anfänglichen Schwierigkeiten bewährte sich letztendlich sein Verteidigungssystem, das den Gegner ständig mit neuen, frischen Aufgeboten konfrontierte.

Sieht man von seinem Sieg in der Schlacht von Farnham einmal ab, in der Hasting 893 von den Westsachsen schwer geschlagen wurde, verlegte sich Alfred darauf, seinen Feind auszumanövrieren. Waren die Wikinger zuerst strategisch im Vorteil, weil sie das Kampfgeschehen diktierten, verloren sie dank Alfreds hervorragend marschierender Armee und seinem Festungssystem langsam die Initiative.

Der Krieg, den Alfred gegen die Wikinger Hastings focht, hatte nichts mehr mit der Abwehr von Seeräubern zu tun. Er glich vielmehr einem regulären Krieg zwischen zwei Völkern, eine Auseinandersetzung wie zur Völkerwanderungszeit, da in den Reihen der Wikinger auch viele Frauen und Kinder waren. Der Krieg endete nach verlustreichen Kämpfen 896 mit dem Abzug Hastings.

Jetzt hatte es Alfred nur noch mit vereinzelten Piratengeschwadern aus Ost-Anglia zu tun, welche die Küsten von Wessex zu plündern begannen. Um den übermächtigen Langschiffen der Wikinger die Stirn bieten zu können, veranlasste Alfred den Bau einer Flotte nach seinen eigenen Vorstellungen. Sie bestand aus großen Kampfschiffen, von denen einige doppelt so lang waren wie die größten Drachenschiffe. Sie hatten 60 Riemen zu beiden Seiten, einen Mast mit Rahsegel und waren höherbordig als die Wikingerschiffe, was im Enterkampf entscheidende Vorteile hatte. Bemannt wurden die Schiffe Alfreds durch seeerfahrene Friesen.

Die Bewährungsprobe dieser Flotte, die Alfred auf eigene Kosten ausrüsten ließ, kam 897, als die Angelsachsen ein kleines Wikingergeschwader von sechs Schiffen bei der Isle of Wight angriffen. Es ist eine der seltenen Stellen der angelsächsischen Chronik, in der ein Kampf gegen Piraten ausführlich geschildert wird:

»Sechs normannische Schiffe waren nach der Insel Wight gefahren und machten Beute in der Umgegend bis nach Devonshire hinauf. Alfred befahl, dass man mit neun Schiffen ihnen entgegenfahre und sie einschließe. Drei Schiffe waren ans Land gezogen, weil die Mannschaft plünderte; drei fuhren auf die Sachsen los. Es kam zu einem Kampf; zwei nordmännische Schiffe wurden genommen, das dritte, auf dem alle Krieger bis auf fünf gefallen waren, entkam. Drei sächsische Fahrzeuge waren der Stelle zugefahren, an der die drei andern normannischen Schiffe lagen; drei waren an der entgegengesetzten Stelle der Bucht. Im Eifer bemerkten sie nicht, dass die Ebbe eintrat, das Wasser fiel schnell auf beiden Seiten und die Schiffe saßen fest, ohne dass die Mannschaft des einen Theils dem andern zu Hilfe kommen konnte. Die Dänen waren unterdessen zurückgekommen und griffen jetzt die sächsischen Schiffe an, die sich nicht bewegen konnten. Es entspann sich ein heftiger Kampf, in dem Graf Lucumon und 72 Sachsen und Friesen, welche auf der Flotte waren, erschlagen wurden. Von den Dänen fielen jedoch 120. Unterdessen kehrte die Flut wieder und die leichten dänischen Schiffe konnten sich bewegen, ehe die schweren sächsischen flott wurden. Sie entkamen, hatten aber so gelitten, dass sie nicht mehr um die südliche Küste herumkamen. Das Meer zwang sie zu landen, die Besatzung ward gefangen und vor den König nach Winston gebracht, der sie als Seeräuber augenblicklich hängen ließ. In demselben Jahre gingen zwanzig feindliche Schiffe an der Südküste zu Grund.«[52]

Es war der letzte Triumph Alfreds, den die Nachwelt später mit dem Beinamen »der Große« beehrte. Zwei Jahre später starb die Nemesis der Wikinger im Alter von nur 50 Jahren. Mit ihm verschied der erste angelsächsische König, der gezielt den Bau einer Flotte anregte. Zu der Zeit Königin Viktorias wurde der Flottenbau Alfreds und sein letzter Seesieg über die Dänen zum Stiftungsmythos der britischen Kriegsmarine verklärt.

Was die Dänen, vor allem die Wikinger anbetrifft, so spornten Alfreds Abwehrerfolge seine Nachfahren an, England im 10. Jahrhundert von den Dänen zurückzuerobern. Fast ein Jahrhundert lang behaupteten sie die alte angelsächsische Unabhängigkeit im Kampf gegen die Wikinger, bis sie den wiederkehrenden Angriffen ihrer Todfeinde doch noch erlagen.

1016 wurde der Däne Knut der Große König von England, 1019 Herrscher von Dänemark und 1028 schließlich erhielt er die Krone Norwegens. Damit hatte Knut der Große den Grundstein für ein nordeuropäisches Großreich gelegt, aus dessen Konkursmasse sich nach seinem Tod 1035 das Königreich Dänemark mit Norwegen herausschälte.

Es mutet paradox an, aber im 12. Jahrhundert erzitterte das mittlerweile christianisierte Dänemark, Urheimat so vieler gefürchteter Wikinger, selbst vor wilden Seeräubern, die einen Heidengott mit vier Gesichtern anbeteten und ohne Gnade über das Ostseereich herfielen.

Der Kreuzzug gegen den viergesichtigen Piratengott

»Dänemark besteht nämlich größtenteils aus Inseln, welche das Meer umströmt, und sie können sich vor den Überfällen der Seeräuber nicht leicht schützen, da dort Buchten sind, in welchen die Slawen sich sehr gut verborgen halten können und von wo aus sie dann unvermerkt hervorbrechen, um die nichts Ahnenden zu überfallen und zu plündern. Denn in plötzlichen Überraschungen sind die Slawen besonders stark. Daher ist denn auch bis auf die neueste Zeit diese Sitte, zu rauben, bei ihnen so sehr herrschend, dass sie mit gänzlicher Hintansetzung der Vorteile des Ackerbaues zu Seeunternehmungen bereit sind, indem ihre ganze Hoffnung und all ihr Reichtum auf ihren Schiffen beruht.«[53]

Im Jahr 1151 war die Lage Dänemarks verzweifelt. Nach einem 20-jährigen Bürgerkrieg stand das einst mächtige Königreich am Abgrund. Dies lag zu einem Teil an den Kriegswirren, zum andern Teil an Seeräubern.

Slawische Piraten östlich von Trave und Elbe, die Wenden, nutzten die politische wie militärische Schwäche Dänemarks aus. In immer größeren Rudeln überfielen sie die Küsten und fegten die Ostsee von Handelsschiffen leer, wobei sich der Stamm der auf Rügen siedelnden Ranen[54] besonders hervortat.

Der Handel kam zum Erliegen. Einst blühende Inseln waren nur noch ein Schatten ihrer selbst. Fünen war nahezu entvölkert, die Süd- und Ostküste der bevölkerungsreichen Insel Seeland verödet und Lolland den Wenden tributpflichtig geworden. Von der Eider bis zum Kattegat, von den rauen Nordseestränden bis zur Ostküste Seelands traute sich niemand mehr, in den Stranddörfern zu leben. Die Strandäcker verfielen und wurden nicht mehr bebaut, weil die Landbevölkerung ins Landesinnere geflohen war. Einzig die Bewohner der Insel Falster verteidigten sich noch so gut es ging. Angesichts der wiederkehrenden Überfälle standen ihre Küstenmilizen jedoch auf verlorenem Posten.

Da half es nichts, dass König Svend 1152 eine Seeräuberhorde bei Kalvlunde[55] schlug, und zu beiden Seiten des Großen Belts zwischen Fünen und Seeland Festungen errichtete, welche die Piraten an der Einfahrt hindern sollten. Die Burgen wurden zerstört, die Seeräuber kamen in größerer Zahl wieder. Nirgends fanden sie dauerhaften Widerstand, nirgendwo zeigte sich eine dänische Flotte, sie zur Seeschlacht zu stellen.

Die Piraten verschleppten Frauen, Kinder und Männer, die sie auf Marktplätzen verkauften. Besonders hart traf es die Kirche. Mit Sarazenen und Wikingern teilten die heidnischen Seeräuber den Hass auf christliche Geistliche. Gerieten diese in Gefangenschaft, ließen die Seeräuber sie bewusst niedere Dienste und schwere Arbeiten verrichten. Manchmal erlitten die Priester sogar den Tod am Kreuz.

Erschien den Dänen die wendische Seeräuberei wie eine Heimsuchung, so war sie aus Sicht der Piraten nur eine Reaktion auf die deutsche Ostexpansion und Zwangschristianisierung. Es waren vor allem Heinrich der Löwe, Herzog von Sachsen, und Graf Adolf II. von Schauenburg und Holstein, welche die Wenden ab der Jahrhundertmitte zunehmend in die Defensive drängten und sogar lehnspflichtig machten. Die hohen Tribute sowie Kriegswirren trieben sie in die Piraterie, wie der in Wagrien herrschende Wendenfürst Pribislaw gegenüber Bischof Gerald von Aldenburg im Jahr 1156 eindrucksvoll in einem Streitgespräch darlegte:

»Unsere Herren wüthen gegen uns mit solcher Strenge, dass der Abgaben und der harten Knechtschaft wegen der Tod uns besser als das Leben ist. In diesem einen Jahre haben wir Bewohner des kleinen Winkels hier schon so und so viel tausend Mark an den Herzog entrichtet, eben so viele Hundert an den Grafen, und noch werden wir täglich ausgepresst und ausgesogen. Wie mögen wir uns einer neuen Religion ergeben, mögen Kirchen bauen und uns taufen lassen, da uns täglich angekündigt wird: ihr sollt aus dem Lande? Und gäbe es nur eine Stätte, dahin wir fliehen könnten! Jenseits der Trave ist dasselbe Elend, nicht minder an der Peene. Was bleibt uns übrig, als das Land zu verlassen, und uns auf das Meer zu begeben? Ist es unsere Schuld, wenn wir, aus der Heimat verdrängt, die See beunruhigen und von den Dänen und dem seefahrenden Kaufmann unsern Unterhalt nehmen?«[56]

Der dänische König Svend sah dieser Entwicklung machtlos zu. Da er sich militärisch den Wenden nicht gewachsen sah, bat er den Sachsenherzog Heinrich den Löwen, für 1500 Pfund Silber den Schutz Dänemarks gegen die Piraten zu übernehmen. Heinrich der Löwe strich die Summe bereitwillig ein, erfüllte jedoch seinen Vertrag nicht.[57]

Zu König Svends Zeiten griffen die Wenden Dänemark an, wann, wo und wie es ihnen beliebte.

Wer aber waren die wendischen Seeräuber genau? Bei näherer Aufschlüsselung sind mehrere Stämme zu unterscheiden, die in den Quellen immer wieder auftauchen: Obodriten, Pomeranen und Ranen. Letztere waren die gefürchtetsten Seeräuber. Sie siedelten auf Rügen und verehrten Quellen, heilige Felsen und Haine, aber auch mehrere vielköpfige und mehrarmige Götter, deren Oberhaupt der vierköpfige Svantevit war. Dieser war zugleich der Gott des Krieges und der Ernte und diente seinem Volk als Orakel. Sein Oberpriester sagte mithilfe eines weißen Pferdes, das durch eine Gasse aus in den Boden gesteckten Speeren geführt wurde, die Zukunft voraus. Auf diese Weise trafen die Ranen Entscheidungen über Leben und Tod, Krieg und Frieden.

Das weiße Pferd war stets für Svantevit gesattelt. Dies hatte folgenden Grund: Dem Mythos nach ritt der Viergesichtige nur in vollkommener Dunkelheit durch die Nacht, wobei er Heldentaten vollbrachte. Nach getaner Arbeit kehrte er wieder in den Tempel zurück, bevor der Morgen graute. Von gleicher Magie soll auch der Kult um das riesige Trinkhorn gewesen sein, das der Heidengötze in seinen Händen hielt. Blieb es ein Jahr, nachdem es befüllt wurde, voll, stand eine gute Ernte bevor, fehlte jedoch nur ein einziger Tropfen, war mit einer Hungersnot zu rechnen.

Durch Saxo Grammaticus ist uns eine Beschreibung des Tempels Svantevits erhalten geblieben:

>>Das eigentliche Heiligtum umschloss eine doppelte Halle; die äußere Halle, durch Wände gebildet, wurde durch einen purpurfarbenen First bedeckt, die innere Halle aber ruhte auf vier Pfosten und hatte anstatt der Wände lang herabhängende glänzende Vorhänge; sie hatte mit der äußeren Halle nichts gemein außer dem Dach und der unbedeutenden Deckentäfelung. In dem Gebäude befand sich das kolossale Götzenbild. An Größe übertraf es jegliche Gestalt eines Menschenleibes; so stand es mit seinen vier Köpfen und ebenso vielen Hälsen zum Anstaunen da, von den Gesichtern schienen zwei nach der Brust und ebenso viele nach dem Rücken gerichtet zu sein, aber von den vorwärts wie rückwärts gerichteten Gesichtern schien immer das eine nach rechts hin und das andere nach links hin zu blicken ...<<[58]

Ein derartiger Götze war dazu geeignet, seinen Gläubigen Kraft, Mut und Trost in jeder Lebenslage zu spenden, andererseits bei seinen Feinden Furcht und Schrecken zu verbreiten.

Noch gab es in Dänemark Männer, die heidnischer Mummenschanz nicht schreckte und die den Kampf zur See nicht scheuten. In der alten dänischen Bischofsstadt Roskilde auf Seeland gründete ein Bürger namens Wethemann[59] 1151 eine Bruderschaft zur Bekämpfung der Piraterie, die sich Roskilder Kaperverein oder die Roskilder Kaperbrüder nannte.[60] Dank der Schriften Saxo Grammaticus' sind einige Grundzüge der Bruderschaft erhalten geblieben.

Von Anfang an zeigten sich die Kaperbrüder kompromisslos. Mit Zustimmung des Königs hatten sie das Recht, für den Seekampf brauchbare Schiffe ohne Zustimmung der Schiffseigentümer beschlagnahmen zu können. Dies geschah jedoch nicht entschädigungslos. War das Unternehmen erfolgreich und machte das Schiff im Kampf gegen die Seeräuber Beute – dies konnten Raubgut, Gefangene oder eroberte Seeräuberschiffe sein –, erhielten die Eigentümer ein Achtel des Gewinns. Liehen sich die Kaperbrüder Geld von den Einwohnern Roskildes, um die Kaperfahrt zu finanzieren, erhielten sie sogar die Hälfte der Beute.

An Bord nahmen sie nur Waffen und Proviant. Durch möglichst geringes Gewicht versuchten sie, jeden Knoten Geschwindigkeit aus dem Schiff herauszuholen. Das Leben der Kaperbrüder war hart und anstrengend. Den Satzungen zufolge waren sie zugleich Küstenwache und Piratenjäger. Da sie immer einsatzbereit sein mussten, schliefen sie im Sitzen auf den Ruderbänken an Bord. Sie lebten von den mitgenommenen Speisen, stets die See nach Seeräubern ausspähend. Gelang es ihnen, ein Piratenschiff zu entern und christliche Gefangene zu befreien, waren sie dazu verpflichtet, jedem der Geretteten die Freiheit zu schenken und ihn mit einem Rock einzukleiden.

Darüber hinaus erarbeiteten die Roskilder Kaperbrüder für die Piratenjagd ein strenges taktisches Reglement. Um Hinterhalte zu vermeiden, erkundeten Späher vor jedem Entlangsegeln der Küste die Strecke. Segelte die Roskilder Flotte vor dem Wind auf eine Insel zu, erkundeten Patrouillen sofort deren Rückseite nach feindlichen Schiffen.

Die Roskilder Kaperbruderschaft war jedoch keine Vereinigung, die nur durch Heimatliebe gespeist war. Jedem der Kaperbrüder winkte als Lohn für die Gefahren einträglicher Gewinn. Dabei war die Gewinnverteilung vorbildlich. Jeder erhielt den gleichen Anteil an der Beute – egal, ob Schiffsführer, Steuermann oder einfacher Ruderer.

Mit einer stets gleichbleibenden Anzahl von 22 Schiffen brachten die Kaperbrüder im Verlauf des Krieges gegen die wendischen Piraten 82 Seeräuberschiffe auf. Das war eine imposante Zahl für ein so kleines Geschwader, allerdings nicht genug, den Seeraub völlig einzudämmen.[61]

Dies sollte der hohen Politik vorbehalten bleiben. Dänemark hatte Glück. Nach dem Tod König Svends in der Schlacht auf der Gretaheide 1157 folgte ihm sein Bezwinger Waldemar als König Waldemar I. von Dänemark auf den Thron, was sich für Dänemark als Glücksfall entpuppte. Der neue König nahm das Piratenproblem sehr ernst. Er setzte alles daran, sich der Seeräuber zu entledigen. Teils, weil sie eine tatsächliche Gefahr für den dänischen Handel bedeuteten, teils, weil Waldemar expansionistische Gelüste hegte und Dänemark wieder zur ersten Hegemonialmacht des Nordens machen wollte.

Aus König Waldemars Sicht kam für den Seekrieg gegen die Ranen nur ein Mann infrage: Sein Milchbruder Absalon, den er mit 30 Jahren zum Bischof von Roskilde wählen ließ.

Absalon stammte aus dem dänischen Hochadel. Er hatte früh die geistliche Laufbahn eingeschlagen und in seinen Jugendjahren in Paris studiert. Er war hochgebildet und an geistigen wie weltlichen Dingen gleichermaßen interessiert. Er kannte Waldemar seit Kindertagen. Beide hatten dieselbe Amme gehabt und waren zusammen aufgewachsen.

Gemeinsam mit Waldemar hatte er erst vor wenigen Monaten ein Attentat König Svends überlebt und zusammen mit ihm in der Schlacht auf der Gretaheide den Sieg über den grausamen Tyrannen errungen. Hierbei hatte er Entschlusskraft, Tapferkeit und taktisches Geschick bewiesen.

Dies empfahl ihn in den Augen Waldemars. Der König ließ Absalon durch das Domkapitel zum Bischof von Roskilde wählen und übertrug ihm neben seinen kirchlichen Pflichten auch die Aufgabe, über die Küsten Seelands zu wachen.

Es war ein Posten, der dem frisch gewählten Bischof behagte. Mit Feuereifer ging er daran, die Piraten zu bekämpfen. Dies zeigt sich daran, dass er den verfallenen Bischofssitz von Roskilde vorerst nicht wiederaufbauen ließ, sondern als Bruchstelle für Befestigungen gebrauchte, die er an strategisch günstigen Stellen anlegen ließ. Bescheiden wie er war, bezog Absalon eine Laubhütte. Am Tag kreuzte er vor der Küste, um so Seeland vor einem räuberischen Überfall zu sichern.

Im Jahr 1159 kam es zur ersten größeren Bewährungsprobe Absalons. Als ranische Seeräuber 1159 mit 24 Schiffen bei Boeslunde auf Seeland landeten, vernichtete er fast die gesamte Horde. Ab jetzt kannte sein Eifer im Kampf gegen die Seeräuber keine Grenzen mehr. Als König Waldemar sich dazu entschloss, mit der Flotte endlich gegen Rügen zu ziehen, war der Bischof an erster Stelle und predigte den Kampf gegen die Heiden.

Es gab nur eine Schwierigkeit: Arkona, das religiöse Zentrum der Ranen, war eine Festung, die aufgrund ihrer Lage fast uneinnehmbar war.

Die Tempelburg Svantevits, die spätere Jaromarsburg, lag auf einer lang gestreckten Halbinsel. Sie thronte 40 Meter hoch auf einem Steilufer über der Ostsee, was einen Angriff oder Beschuss von der Seeseite durch damalige Pfeilgeschütze unmöglich machte. Zusätzlich verwehrten den Zugang zur Halbinsel zwei Wälle, wovon der erstere der stärker befestigte war. Er bestand aus einem tiefen Graben, einem hölzernen Torturm und einem 13 Meter hohen Wall, auf dessen Krone sich eine hölzerne Brustwehr befand.

Die Ausdehnung der Festung betrug 300 Meter in Nord-Süd-Richtung und 350 Meter in Ost-West-Richtung. Der zweite Wall war vermutlich der ältere. Er trennte den Tempelbezirk von den Profanbauten Arkonas. Ob die Festung eine reine Tempelburg war oder ständig bewohnt gewesen ist, lässt sich mit Bestimmtheit nicht sagen. Experten schätzen, dass durch Abbrüche des Steilufers nur noch ein Drittel des damaligen Stadtumfangs vorhanden ist. Wahrscheinlich siedelte die Bevölkerung auf dem Territorium der heutigen Fischerdörfer Vitt und Putgarten.

Der einzige Schwachpunkt Arkonas war die Versorgung mit Wasser. 1136 hatte dieser Missstand bei einer früheren Belagerung durch den dänischen König Erik II. Emune zur Übergabe der Festung geführt, weil die Belagerten ihr Wasser aus einem nah gelegenen See schöpfen mussten. Seitdem waren jedoch 32 Jahre vergangen und die Wasserversorgung durch eine Zisterne innerhalb der Befestigung gesichert.

Wer Arkona erobern wollte, konnte es entweder nur im Sturm nehmen oder musste es langsam aushungern. Beides setzte voraus, dass die Dänen vorher die Seeherrschaft errangen und Truppen auf Rügen landeten. Dies erwies sich als schwieriges Unterfangen. Den ersten Feldzügen der Dänen war trotz einiger Siege und zeitweiser Unterwerfung der Ranen kein dauerhafter Erfolg beschieden.

Ein Feldzug im Jahr 1158 wurde zum Fehlschlag, weil die Ranen Wind von dem bevorstehenden Angriff bekamen und die dänischen Truppen daraufhin der Mut verließ.

Ein zweiter, mit 260 Schiffen vorbereiteter Vorstoß auf Arkona scheiterte im Jahr 1159 trotz Beteiligung der seekriegserfahrenen Roskilder Kaperbrüder erst an Waldemars Zögerlichkeit, dann an einem Sturm.

Die zum Großteil aus Snekkjas (den Vorläufern der Schniggen) bestehende dänische Flotte sah sich gezwungen, die geplante Invasion abzubrechen. Die Snekkja war eine Weiterentwicklung des gleichnamigen Langschifftyps der Wikinger und im nordeuropäischen Raum vom 10. bis 14. Jahrhundert stark verbreitet. Sie war fast genauso lang wie die spätere Kogge, jedoch im Gegensatz zu dieser scharf geschnitten. Gerudert, erreichte sie hohe Geschwindigkeiten. Dies prädestinierte sie zum Kampffahrzeug und später, als die Kogge im 13. Jahrhundert aufkam, zum Kaperfahrzeug.[62] Hinsichtlich Bemastung, Steuerung und Besegelung war die Snekkja identisch mit dem gleichnamigen Langschiff der Wikinger. Doch trotz aller Vorzüge im Gefecht war sie einem starken Sturm nicht gewachsen. Als die vom Sturm ramponierte dänische Flotte sich erneut sammelte, konnte von einer Eroberung Arkonas nicht mehr die Rede sein. Um jedoch nicht völlig das Gesicht vor ihren Feinden zu verlieren, griffen die Dänen Dörfer im Barther Bodden bei Rügen an und verheerten sie. Dies geschah mehr aus Prestigegründen als aus strategischer Notwendigkeit.

Zwischen 1160 und 1167 scheiterten mehrere Eroberungsversuche Rügens. Erst ein Jahr später gelang es den Dänen, der ranischen Piraterie den Todesstoß zu versetzen. Nachdem sie sich mit Heinrich dem Löwen verbündet hatten, landete an Pfingsten, am 19. Mai 1168, unter dem Oberbefehl von König Waldemar I. von Dänemark und Bischof Absalon von Roskilde ein großes Heer, bestehend aus Dänen, Obodriten und Pomeranen, auf Rügen. Diesmal hatten die Ranen den Invasoren nichts entgegenzuhalten. Statt den Verbündeten in offener Feldschlacht zu begegnen, zogen sie sich vornehmlich in ihre festen Orte Karenz, Ralswiek und Arkona zurück, das die Dänen und ihre Verbündeten sofort belagerten.

Hinter ihren hohen Rasenwällen wähnten sich die Ranen sicher. Etwa vier Wochen gaben die Ereignisse ihnen Recht. Doch dann, am 14. Juni 1168, machte ein dummer Zufall all ihre Pläne zunichte.

An diesem Tag schickte König Waldemar einen Großteil seines Heeres in einen nahe gelegenen Wald, um Holz für Belagerungsmaschinen zu schlagen. Während die Mannschaften ihrem Auftrag nachkamen, fingen die jungen Trossknechte an, kleine Steine gegen die Wachtposten der Ranen zu schleudern, was diese anfangs belustigt von ihren Wällen kommentierten.

Aber es blieb nicht bei Foppereien und höhnischen Wortgefechten.

Das anfängliche Scharmützel steigerte sich zu einem gegenseitigen Schlagabtausch. Immer mehr erwachsene Kriegsknechte schlossen sich den Trossjungen an und deckten die Ranen mit einem Hagel aus Wurfgeschossen ein. Das Ferngefecht wäre höchstwahrscheinlich nach einigen Stunden ergebnislos ausgeklungen, hätte nicht ein Däne genau unter dem Tor eine Mulde entdeckt, die sich durch einen Erdrutsch gebildet hatte.

Der unbekannte Held nutzte die Chance. Ungesehen von den Ranen bohrte er einen Speer nach dem anderen in den steilen Wall, bis die Schäfte eine Art Trittleiter bildeten. Dann kletterte er hoch. Bei der Mulde unter dem Turm angekommen, stopfte er mehrere mitgebrachte Strohbündel hinein. Anschließend setzte er sie in Brand.

Es dauerte nicht lang, bis aus der anfänglichen Lohe Flammen schlugen und der Torturm Feuer fing. Dies war der Sieg. Als die Ranen das Malheur bemerkten, hatten sie keine Chance mehr, das Feuer zu bekämpfen. Der Brandherd lag so unglücklich, dass all ihre Löschversuche scheiterten. Die Belagerten befanden sich in einer misslichen Lage.

Als Feuer vom Torturm auf die hölzerne Befestigungsanlage auf dem Wall überschlug, erkannte Bischof Absalon die Gelegenheit für den Generalangriff auf die Festung. Gewappnet mit Helm, Schild und Handbeil eilte er mit dem Rest des Heeres zum Brennpunkt des Geschehens.

Ohne sich lange zu besinnen, griffen die Dänen Arkona an. Es wurde ein harter Kampf. Inmitten prasselnder Feuerwände leisteten die Seeräuber erbitterte Gegenwehr, ging manch mutiger Däne in dem Inferno von brüllender Hitze, beißendem Rauch und blitzenden Schwertklingen zugrunde. Angriff auf Angriff rollte gegen die von Rauchwolken eingehüllte Brustwehr an. Die Ranen verteidigten sich zäh, hatten jedoch auf die Dauer keine Chance. Der gleichzeitige Kampf gegen Rauch und Feinde zersplitterte ihre Kräfte und machte eine erfolgreiche Verteidigung aussichtslos.

Angesichts der sicheren Niederlage stürzten sich einige Ranen verzweifelt ins Feuer. Sie wollten lieber zugrunde gehen, als Christen werden. Doch nicht jeder in der Festung dachte so. Noch während die Brustwehr weiterbrannte, erreichte Ranenfürst Jaromar durch Zuruf von den Wällen einen Waffenstillstand. Ab jetzt ruhten die Waffen, sprach die Diplomatie.

Die Übergabeforderungen der Dänen waren klar. Sie forderten die sofortige Kapitulation Arkonas, die Unterwerfung seiner Bewohner unter das Christentum, die Zerstörung des Götzen Svantevits und die Auslieferung der Tempelschätze. Dafür boten sie der Stadtbevölkerung an, sie zu verschonen.

Jaromar blieb nichts anderes übrig, als den Übergabebedingungen zuzustimmen.

Am 15. Juni 1168 nahm das Heer der Verbündeten den Hauptort der Ranen in Besitz, ohne dass der Bevölkerung ein Leid geschah. Einzig dem grausigen Götzen Svantevit war es bestimmt, an jenem Tag für immer von der Erde zu scheiden. Die Beseitigung des Idols der Ranen verlief jedoch nicht problemlos. Immer noch übte der Götze große Macht über die Besiegten aus, fürchteten viele seinen Zorn. Als Absalon die Ranen dazu aufforderte, das Götzenbild umzuhauen, weigerten sie sich.

Absalon, Bischof von Roskilde und späterer Erzbischof von Lund

Der Bischof von Roskilde war jedoch ein pragmatischer Mann. Da er einsah, dass die Ranen nicht dazu zu bewegen waren, Svantevit ein Leid zuzufügen, beauftragte er Männer aus seinem Heer mit der Niederlegung des Götzen. Dabei schärfte er ihnen ein, besonders vorsichtig vorzugehen. Die Vernichter Svantevits sollten darauf achten, nicht unter den niederstürzenden Heidengott zu geraten. Dies könnte sonst von den Abergläubischen leicht als Beweis für Svantevits göttliche Allmacht missdeutet werden.

Des Bischofs Wille geschah. Die dänischen Krieger fällten den Viergesichtigen so geschickt, dass er krachend nach hinten fiel. Dann schlangen sie dem hölzernen Koloss Taue um die Beine und schleiften ihn heraus. Die Unterworfenen trauten ihren Augen kaum. Bis zuletzt hatten sie auf Svantevits Gegenwehr vertraut und gehofft, dass der Orakelgott die christlichen Krieger mit heiligem Zorn zerschmetterte.

Jetzt wurden sie eines Besseren belehrt. Ja, schlimmer noch, Absalon ruhte nicht, den Irrglauben völlig zu zerstören. Er ließ den Götzen mit schweren Äxten vollends zu Brennholz zerhacken und noch in derselben Nacht verfeuern. Damit waren Svantevit und die Piraterie der Ranen Geschichte. Vor den Augen aller hatte das Christentum seine Überlegenheit über den heidnischen Aberglauben bewiesen.

In anderer Hinsicht war der Feldzug ebenfalls erfolgreich. Bevor sie den Götzentempel zerstörten, ließ Absalon den reichen Tempelschatz Svantevits in sieben große Kisten einpacken und abtransportieren. Wenig später ging der Tempel Svantevits in Flammen auf.

In den folgenden Tagen empfingen 1300 Arkoner die Taufe[63], ergab sich Karenz, der zweite Hauptort der Ranen. Ebenfalls vernichteten die Dänen die örtlichen viergesichtigen und mehrarmigen Stadtgötzen und deren Tempel, bevor sie die Beute aufteilten und Priester ernannten. Auch in Karenz fanden Massentaufen statt. Etwa 900 Ranen sollen hier getauft worden sein.

Mit Svantevits Zerstörung und der Befriedung Rügens hatten Waldemar von Dänemark, Bischof Absalon und ihre Verbündeten nicht nur eine der größten Piratenbasen der Ostsee zerstört.

Der Sieg machte Absalon auch zu einem der mächtigsten Kirchenfürsten des Nordens. Aufgrund seiner Bemühungen wurde Rügen dem Kirchsprengel Roskilde zugeschlagen, was seinen Machtbereich enorm erweiterte, zumal er später Erzbischof von Lund wurde und somit als Kirchenfürst über Seeland, Schonen (Schweden) und Rügen herrschte. Niemals wieder sollten die Ranen gegen die Dänen ziehen. Fortan bekämpften sie gemeinsam mit ihren Bezwingern die Feinde Dänemarks. Nur einmal noch flammte die Seeräuberei von Neuem auf.

Statt Heinrich dem Löwen, wie vor dem Kriegszug nach Arkona vereinbart, die Hälfte der Kriegsbeute zu übergeben, behielten die Krieger aus dem Norden ihre Beute. Dies ließ sich der stolze Sachsenherzog nicht gefallen. Mithilfe wendischer Piraten gelang es ihm, seinen politischen Forderungen Nachdruck zu verleihen.

Noch einmal sahen die dänischen Inseln die Raubschiffe der Wenden, besonders der Pomoranen. Es kam zu schweren Kämpfen, bis König Waldemar 1171 nachgab und Heinrich dem Löwen seinen ihm zustehenden Beuteanteil gab. Damit endete der Krieg zwischen dem Sachsenherzog und dem Dänenkönig und verebbten die Überfälle großer Piratenflotten auf Dänemark.

Seit dieser Zeit verirrten sich nur noch selten Seeräuber nach Seeland. Und wenn, dann endeten sie wie jene Unglücklichen, die im Öresund nach einer unbarmherzigen Jagd von Bischof Absalon im Kampf überwältigt und noch am Strand hingerichtet wurden. Um zukünftige Piraten vor weiteren Überfällen zu warnen, ließ der Bischof die abgeschlagenen Köpfe der Enthaupteten auf Pfähle stecken, »zur Warnung für alle Wikinger, die bei Axels Burg vorbeifuhren«.

Axels Burg, das war Absalons Lieblingssitz, die Burg »Havn«, die er sich neben einem schon bestehenden Fischerdorf 1167 auf einer strategisch günstig gelegenen Insel erbauen ließ.

Das Dorf und die Burg Absalons wurden zur Keimzelle einer Stadt, die man später »Kopenhagen« nannte.

III

SEERÄUBERJAGD IN NORD- UND OSTSEE

Mit Friedekoggen gegen Seeräuber · Die Vertreibung
der Vitalienbrüder aus der Ostsee · Die Schädelpfähle
vom Grasbrook · Simon von Utrecht – ein Leben für
die Piratenjagd

Mit Friedekoggen gegen Seeräuber

»Mitten im Ozean schläft bis zur Stunde
Ein Ungeheuer, tief auf dem Grunde.
Sein Haupt ruht dicht vor Englands Strand,
Die Schwanzflosse spielt bei Brasiliens Sand.
Es zieht, sechs Stunden, den Atem nach innen
Und treibt ihn, sechs Stunden, wieder von hinnen.
Trutz, Blanke Hans.
Doch einmal in jedem Jahrhundert entlassen
Die Kiemen gewaltige Wassermassen.
Dann holt das Untier tief Atem ein,
Und peitscht die Wellen und schläft wieder ein.
Viel tausend Menschen im Nordland ertrinken,
Viel reiche Länder und Städte versinken.
Trutz, Blanke Hans.«[64]

Am 15. Januar 1362 tobte die Nordsee. Ungeheure Wassermassen
drückten vom offenen Meer in die Deutsche Bucht. Gischt spritzte von
den Schaumkronen, Sturmböen fegten über die flachen Marschen und
Inseln der Nordseeküste hinweg. Dann ergoss sich die alles ertränkende,

eiskalte Flutwelle über die Marschen. Gehöfte, Dörfer, Kirchspiele, ja
sogar Städte, wie das einstmals blühende Rungholt, gingen unter.
Zwei Tage tobte der Sturm, dann ebbte er ab. Als die See sich glät-
tete, bedeckte Wasser kilometerweit das Land. Nur vereinzelt ragten
noch Häuser und Kirchen aus den Flutmassen hervor, in denen unzählige Trümmer und Tierkadaver neben Menschenleichen trieben.
Es war eine Katastrophe biblischen Ausmaßes.

Chronisten nennen die unglaublich erscheinende Zahl von 100 000
Toten. Was manchem heute stark übertrieben scheint, könnte durch-
aus den Tatsachen entsprechen, bedenkt man, dass der Sturm Ost-,
Nordfriesland und weite Teile Südjütlands erfasste.

Allein auf der Insel Strand (das heutige Nordstrand ist nur ein kläg-
licher Rest von ihr) verschlang die aufgewühlte See dreißig Kirchspiele.
Besonders betroffen war die Edomsharde mit der Stadt Rungholt, in
der 7600 Menschen ertranken. Unscheinbare Binnendörfer, die zuvor
im Hinterland gelegen, waren plötzlich zu Küstenorten geworden. Seit
Menschengedenken hatte noch nie eine Sturmflut das Gesicht der
Nordseeküste derart verändert.

Seine vernichtende Kraft brachte dem Sturm den Namen»De Grote
Mandrenke« (Großes Ertrinken) ein. Mit grausamer Titanenhand
hatte er eine neue Landschaft geformt und über Nacht neue Buchten
und Küsteneinschnitte geschaffen. Zu ihnen zählte auch der Dollart,
dessen endgültige Form sich jedoch nach neuesten Forschungs-
erkenntnissen erst Anfang des 15. Jahrhunderts herausbildete.

Die neu geschaffenen Wasserwege wurden zum Schauplatz vieler
Piratenkämpfe. Die geografischen Verhältnisse spielten sofort in die sozialen hinein. Der Jahrhundertflut folgte bitterste Armut und Hungersnot, denn der Land- und Viehverlust war ungeheuer. Entwurzelt und
verarmt, schlossen sich einstige Bauern, Kaufleute und Ritter der un-
tergegangenen Küstengefilde in Westerhever auf der Halbinsel Eider-
stedt zu einer Piraten- und Räuberbande zusammen, die sich den
Namen»Wogemänner« gab.

Mit kleinen Booten und Schiffen fielen sie in den Jahren nach der
Groten Mandrenke über Küstenschiffer, Handelsfahrer und Fischer
her. Ihre Beutezüge wurden mit der Zeit so lukrativ, dass sie in Westerhever sogar eine Burg bauten.

Dies ging so lange gut, bis sie mehrere Mädchen aus angesehenen Familien raubten. Das war der Anfang vom Ende der Wogemänner. Jetzt endlich griff die Obrigkeit durch. Mit einem eilig zusammengetrommelten Aufgebot griff der Staller Ove Hering 1371 die Seeräuberburg an und bezwang die Schaumritter. Dem Kampf folgte unmittelbar darauf das Standgericht und die völlige Zerstörung der Piratenburg. 60 Seeräuber wurden enthauptet, die gefangenen Mädchen zu Jungfrauen ernannt und ihre mittlerweile mit den Piraten gezeugten Kinder für legitim erklärt.

Vorerst herrschte wieder Ruhe in der Nordsee, sieht man vom üblichen Strandraub der Friesen und Dithmarschener ab. Dafür erwuchs nur vier Jahre später in der Ostsee ein Krisenherd, der den Seeraub in der Ostsee zweihundert Jahre nach den Raubzügen der Wenden zu neuer Blüte treiben sollte.

Den Anlass für die neue Seeräuberplage gab der Tod Waldemars IV. von Dänemark, der keinen männlichen Erben hinterließ. Dieser hatte noch kurz vor seinem Tod Albrecht IV. von Mecklenburg, den Sohn seiner 1370 verstorbenen Tochter Ingeborg, zu seinem Erben bestellt, für den sein Großvater Albrecht II. von Mecklenburg die Regierungsgeschäfte führte.

Der letzte Wille des toten Königs stieß im dänischen Königreich selbst auf heftigen Widerstand, obwohl sogar der römisch-deutsche Kaiser Karl IV. sich für die Mecklenburger Thronfolgeoption aussprach. Dies blieb jedoch ohne Einfluss. Dänemark war unabhängig und ein Wahlkönigtum. Die dänischen Adeligen favorisierten klar Olaf IV. Håkonsson, den minderjährigen Sohn von Hakon VI. Magnusson, König von Norwegen, und der zweiten Tochter Waldemars, Margarethe.

Hinzu kam, dass die Hanse die Kandidatur Albrechts IV. von Mecklenburg nicht unterstützte. Der Städtebund hatte sich im Frieden von Stralsund ein Mitspracherecht bei der dänischen Thronfrage gesichert und gab sich anscheinend neutral. In Wirklichkeit konnte der Hanse nicht daran gelegen sein, einen Machtzuwachs des Mecklenburger Hauses zuzulassen, dessen Fürsten über alle Maßen ehrgeizig waren. Ein Mecklenburger, Albrecht III., saß schon in Schweden auf dem Königsthron, ein weiterer als Herzog in Mecklenburg. Mit der Thronkandidatur Albrechts IV. drohte die Dynastie nach Dänemark zu expandieren. Dies konnte aus Sicht der Hanse hinsichtlich zukünftiger Handels- und Preisabsprachen nicht von Vorteil sein.

Die Hanse enthielt sich ihres Mitspracherechts und ergriff in diesem Zusammenhang trotz formell gewahrter Neutralität die Partei Olafs, da sie sicher sein konnte, dass er vom dänischen Adel zum König bestimmt werden würde. Und so kam es auch. Am 3. Mai 1376 wählte der dänische Reichsrat Olaf zum König, für den seine Mutter sofort die Regentschaft übernahm, weil er erst sieben Jahre alt war. Diese Entscheidung wollte Herzog Albrecht II. von Mecklenburg nicht akzeptieren.

Noch im selben Jahr rüstete er ein Heer aus, um seinen Enkel mit Waffengewalt auf den Thron zu setzen, und schloss dazu ein Bündnis mit dem König von Schweden, Albrecht, der sein Sohn war. Der Unternehmung war jedoch kein Erfolg beschieden. Nachdem sich das mecklenburgische Heer eingeschifft und Kurs auf Dänemark genommen hatte, geriet die Flotte in einen schweren Sturm, in dem die Hälfte der Schiffe unterging. Mit dieser Tatsache konfrontiert, blieb dem alten Mecklenburger Herzog nichts anderes übrig, als sich am 21. September 1376 in Kopenhagen mit der Regentin Dänemarks vorläufig zu vergleichen, bis ein endgültiger Schiedsspruch die Sache entschiede. Obwohl damit der kriegerische Konflikt zwischen den Mecklenburgern und Margarethe offiziell beigelegt worden war, stellte sich kein Frieden mehr auf der Ostsee ein.

Von Herzog Albrecht II. von Mecklenburg ermuntert, hatten mecklenburgische Seeräuber damit begonnen, »up egen eventure«, auf eigenes unternehmerisches Risiko, gegen die Dänen auf Kaperfahrt zu gehen. Es dauerte nicht lang, bis sie merkten, dass die vollbefrachteten Handelskoggen der Hanseaten die lohnendere Beute waren.

Das Resultat war kein Kaperkrieg, sondern eine Seeräuberplage, wie sie die Ostsee seit den Wenden nicht mehr gesehen hatte.

Der Handel erlitt deutliche Verluste. Dies zwang die Hanse, besondere Kriegsschiffe, die»Friedekoggen«, auszurüsten und durch die Erhebung eines besonderen Zolls, des Pfundgeldes, zu finanzieren. Diese Friedekoggen waren ursprünglich normale Handelskoggen. Die übliche Handelskogge des 14. Jahrhunderts maß 20 bis 30 Meter in der

Länge und fünf bis acht Meter in der Breite. Sie besaß einen Mast mit einem großen Rahsegel und war sowohl am Bug wie am Heck mit einem Kastell bewehrt. Je nach Länge betrug das Frachtvolumen 80 bis 200 Tonnen. Sie wurde – und dies war neu – mithilfe eines Heckruders gesteuert. Dadurch wurde aus dem eher plumpen, bauchigen Frachtschiff ein guter Segler, der sich leicht manövrieren ließ und sogar kreuzen konnte. Außerdem ermöglichte das Heckruder den Bau längerer Schiffe, was die Schwäche des Seitenruders früher verhindert hatte.

Der Unterschied zwischen Friedekogge und Handelskogge bestand darin, dass die Kastelle des Kriegsschiffs an Bug und Heck durch zusätzliche Aufbauten verstärkt wurden und sie Geschütze an Bord führte. Außerdem waren Friedekoggen anders bemannt. Sie waren zusätzlich zur regulären Mannschaft mit 50–80 Kriegsknechten versehen. In Begleitung von mehreren Schuten und Schniggen, schnellen Seglern, kreuzten sie die See auf der Suche nach Seeräubern, um sie auszuschalten oder die Handelswege durch Geleitfahrt zu sichern.

Trotz dieser Schutzmaßnahmen erlitt die Deutsche Hanse große Verluste. Bemühungen, die Seeräuber durch gemeinsame militärische Operationen in die Schranken zu weisen, scheiterten oft an umständlichen und langwierigen Verhandlungen.

Der erst seit 1356 zur Deutschen Hanse zusammengewachsene Bund war kein Staat, sondern in erster Linie eine Wirtschaftsgemeinschaft von über 70 deutschen Städten, denen zusätzlich 130 Städte assoziiert waren. Im Laufe ihrer weiteren Entwicklung politisierte sich die Deutsche Hanse immer mehr, um ihre Handelsinteressen auch diplomatisch und militärisch durchsetzen zu können.

Fasste der meist in Lübeck tagende Hansetag – er konnte auch in anderen Hansestädten wie zum Beispiel Stralsund und Rostock tagen – jedoch einen Beschluss, der gegen die ureigenen Interessen eines ihrer Mitglieder gerichtet war, so hatte dieses Mitglied durchaus die Freiheit, sich dieser Entscheidung zu verweigern.

Von diesem Recht machten die Mecklenburger Hansestädte Wismar und Rostock Gebrauch. Aus Loyalität zu ihrem Landesherren nahmen sie 1376 und 1377 nicht an den Rüstungen gegen die Piraten teil und verweigerten lange Zeit die Leistung des Pfundgelds. Schließ-

Alltag in einem Hansehafen um 1400

lich profitierten sie von den Seeräubern, die ihre Waren in ihren Häfen
absetzten und an Zahl beständig zunahmen.

Im März 1377 lagen 200 Seeräuber vor Fünen, im April wurden
schon 400 Schaumritter vor Fünen, Jütland und Schonen gezählt,
die dem Städtebund »Groten drepplichen scaden in de Se gedan heb-
ben«.[65]

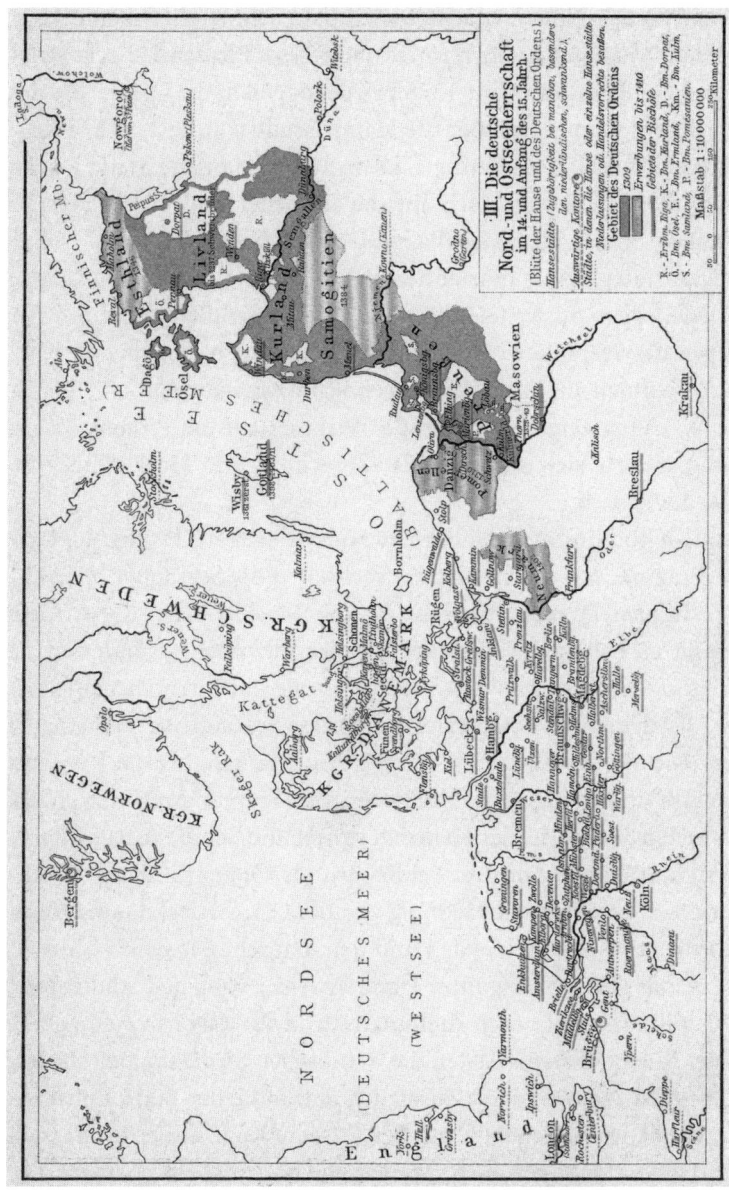

Die deutsche Ostseeherrschaft

Die Angriffe der Piraten machten sich bald schmerzhaft bemerkbar. Gegen den Widerstand von Wismar und Rostock legten Lübeck, Stralsund und Greifswald im Jahr 1378 Friedekoggen in die Ostsee, die das ganze Jahr bis zum November die Handelsrouten sicherten. Die Kosten dieses Unternehmens betrugen allein 10 000 Lübische Mark. Davon entfielen 5964 Lübische Mark auf die Lübecker und 4036 Lübische Mark auf die Stralsunder Friedekogge. Den verstärkten Rüstungen folgte auch eine strategische Umorientierung, indem die Hanse den Auftrag der Friedekoggen ausweitete. Sie verkündete öffentlich, nicht nur zur See gegen die Seeräuber vorzugehen, sondern auch diejenigen zu bestrafen, die ihnen auf ihren Schlössern Schutz gewährten.

Die Warnung zeigte keine große Wirkung auf die Piraten. Ebenso wenig änderte sich die Lage, als Albrecht II. von Mecklenburg im Februar 1379 starb.

Mit dem Tod des Mecklenburgers änderte sich aus Piratensicht gar nichts. Pragmatisch wie sie waren, wechselten die Seeräuber oder Kaperer – unterstellt man Albrecht II. von Mecklenburg, Kaperbriefe ausgestellt zu haben – weder ihre Jagdgründe, noch veränderten sie ihre Methoden. Wie es scheint, wechselten sie nur ihren Dienstherrn.

Ab 1381 jedenfalls intensivierte sich der Seeraub vor Dänemarks Küsten. Dies führte zu dem Gerücht, dass Margarethe, die Regentin Dänemarks und Königin von Norwegen, den Seeräubern Unterschlupf böte, um den Seehandel der Hanse zu stören und Schiffe aufzubringen. Mit festen Stützpunkten und Schlössern als Operationsbasis durchschwärmten Seeräuber wie Henning von der Ost, Swartekop und Rambow die See zwischen Schweden und den dänischen Inseln.

Die massive Bedrohung ihrer Handelswege zwang den Städtebund, sowohl militärisch als auch diplomatisch in die Offensive zu gehen. Trotz der hohen Kosten rüsteten die wendischen Städte doppelt so viele Friedekoggen aus wie zuvor. Zusätzlich entsandte der Bund Emissäre, welche die dänische Regentin mit der Tatsache konfrontierten, dass sie Piraten Unterschlupf gewährte. Margarethe bestritt dies vehement. Die Hanse schenkte ihr keinen Glauben. Die Gesandten der Hanse setzten die dänische Regentin Margarethe derartig unter Druck, dass sie in eine gemeinsame Strafaktion gegen einige Seeräuber einwilligte und neun Schiffe zu ihrer Bekämpfung ausrüsten ließ.

Dies liest sich auf dem Papier wie ein Erfolg der Hanse. Der deutsche Historiker Dahlmann hat uns jedoch im 19. Jahrhundert ein düsteres Bild der damaligen dänischen Flotte gezeichnet, die Margarethes Beitrag ad absurdum führt:

»Margareta sagte den Städten eine Rüstung gegen die Seeräuber zu. Aber wie heruntergekommen ist alles! Margareta will zwei Schiffe stellen, die anderen Reichsräthe, die mitgekommen sind, wollen sich auch angreifen, der alte Drost Henning Pudbus, der kürzlich die Hauptmannschaft über die hansischen Schlösser in Schonen, die ihm längst lästig war, abgegeben hatte, mit zwei Schiffen, sein Sohn Henning mit einem, Cort Molteke mit drei Schiffen, Marquard Wusteneye mit einem. Im ganzen eine dürftige Rüstung von neun kleinen Fahrzeugen, jedes mit einer Besatzung von 10 bis 12 Mann.«[66]

Der Zug gegen die Seeräuber hatte Erfolg. Noch im Laufe desselben Jahres gelang es, den Seeräuberhauptmann Rambow zu überwinden und gefangen zu nehmen. Rambow wurde geköpft und etwa zehn seiner Kumpane wurden ersäuft. Die Kämpfe hörten auf, noch bevor sie richtig begonnen hatten.

Militärisch gesehen, war die Hinrichtung Rambows ein bescheidener Erfolg. Weit wichtiger war ihre politische Wirkung. Die Herrscherin Dänemarks hatte einen deutlichen Warnschuss an die Seeräuber abgegeben, dass sie von ihr keine Rückendeckung mehr genossen. Die Resolutheit der Aktion bewirkte einen Sinneswandel der Verfolgten. Vertreten durch einige Bevollmächtigte, schlossen einige von ihnen 1381 mit dem Königreich Dänemark sowie der Hanse für ein Jahr einen Waffenstillstand, der sich sogar um ein Jahr verlängerte. Der Handel schöpfte wieder Kraft und erholte sich. Die kriegerische Konstellation allerdings veränderte sich nicht.

Als der Waffenstillstand 1383 auslief, lebte die Piraterie wieder auf. Noch einmal schlossen sich der Deutsche Ritterorden, die Städte und Margarethe zu einem neuen Bündnis gegen die Seeräuber zusammen. In den Jahren 1383 bekämpfte eine vereinte Flotte von 11 Friedekoggen die Piraten mit Erfolg.

Aber die Städte waren kriegsmüde, die Maßnahmen zu teuer. Sie trachteten danach, ihr eigenes finanzielles Risiko zu vermindern, und fanden eine einfache wie ungewöhnliche Lösung. Sie verlagerten das Risiko, indem sie die Piratenjagd an einen Privatmann verpachteten. Am 16. März 1385 heuerte die Hanse zum ersten Mal in ihrer Geschichte einen Piratenjäger an. Er hieß Wulf Wulflam und war der Sohn von Bertram Wulflam, dem ersten Bürgermeister von Stralsund.

»Die gemeinen Städte haben einen Vertrag geschlossen mit Wulf Wulflam, um die See zu befrieden, also soll er ein großes Schiff, dazu viele Schniggen und Schuten und hundert gut bewaffnete Leute erhalten. Mit den Schiffen und den Leuten soll er die See befrieden und die Seeräuber schwächen, so gut wie er es vermag, ohne Arglist, und dies zwischen Palmsonntag und dem 11. November. Für alle ihm für die Schiffe und die Leute entstehenden Kosten soll er selbst aufkommen. Und hierfür geben ihm die Städte 5000 Mark sundisch ...«[67]

Dies schien auf den ersten Blick eine Menge Geld und war längst nicht alles, was Wulf Wulflam von den hansischen Städten bekam. Die Hanse überließ ihm des Weiteren vier Schniggen samt Ausrüstung und Waffen sowie sechs Büchsen (Geschütze), 32 Armbrüste und 6 Tonnen Büchsenladungen – ein deutlicher Hinweis auf die gestiegene Feuerkraft an Bord der Schiffe.

Natürlich gab es ebenfalls eine Schadensersatzregelung, etwa im Fall des Verlusts an Ausrüstung und Schiffen, und eine Gewinnbeteiligung. Ein weiterer Vertragspassus sicherte Wulflam zu, alles, was er den Seeräubern abnahm, behalten zu dürfen. Ausgenommen waren die Waren, die nachweislich einem Kaufmann geraubt worden waren. Zusätzlich zu diesen Zugeständnissen sicherte sich Wulf Wulflam das Vorrecht, über die Seeräuber und ihre Hehler Gericht zu halten. Dies war bis dahin in der Hanse ein einmaliger Vorgang und sonst nur den obersten Exekutivgewalten der Städte vorbehalten. Die Übertragung der Gerichtsbarkeit über Gut, Hand und Hals war eine besondere Auszeichnung. Einen Wermutstropfen gab es trotzdem für den Sohn des Stralsunder Bürgermeisters zu schlucken. Um

Missbrauch vorzubeugen und die Garantie zu haben, dass der Piratenjäger seinen Verpflichtungen auch nachkam, musste er Bürgen stellen.

Was aber zeichnete Wulf Wulflam aus, dass er ein derartiges Kommando bekam? Wulf Wulflam hatte weder durch Seesiege noch durch besondere kriegerische Heldentaten von sich reden gemacht.

Seine Berufung war einzig und allein dem Einfluss seines mächtigen Vaters Bertram Wulflam, des ersten Bürgermeisters Stralsunds, zuzuschreiben. Bertram Wulflam war einer der Architekten des Stralsunder Friedens gewesen, was mit bedeutender politischer Einflussnahme verbunden gewesen war. Dies kam seinem Sohn Wulf zugute, der ab 1382 die umstrittenen Sundschlösser Helsingör, Skanör, Falsterbo und Malmö zur Pacht bekam, die aber trotz Einnahmen eher Kosten verursachten als Gewinne einfuhren.

Zu den Pflichten des Schlossherrn gehörte der Schutz der hansischen Handelsniederlassungen in Schonen und des Seehandels. Zu Friedenszeiten ein lukratives Geschäft, verschlangen der Unterhalt der Schlösser und die damit verbundenen Aufgaben zu Zeiten intensiver Piraterie Unsummen.

Mehrere diplomatische Missionen am Dänischen Hof hatten die wahre Stärke Wulf Wulflams erwiesen. Er war mehr Politiker als Flottenführer, was sich sofort zeigte, kaum dass er sein Kommando als Piratenjäger angetreten hatte. Von wilden Piratenjagden und Kämpfen zur See berichten die Quellen nichts. Dagegen finden sich Klagen über Wulf Wulflams mangelnden Eifer, die Piraten aufzuspüren, wogegen sich der Piratenjäger heftig verwahrte. Ob die Städte Recht hatten, kann anhand der Quellen nicht nachvollzogen werden. Wulflams Wirken tat dies keinen Abbruch. Wahrscheinlich genügte die bloße Anwesenheit seines Geschwaders, den Aktionsradius der Piraten stark einzuschränken.

Zeitgleich zum Ende der Feindseligkeiten zwischen Mecklenburg, der Hanse und Dänemark schlossen am 28. September 1386 die Seeräuberführer zu Wordingborg mit Dänemark, Norwegen und der Hanse einen neuen Frieden mit vierwöchiger Kündigungsfrist.

Fast schien es, als könnte der Ostseeraum endlich aufatmen und in Frieden leben, als der verfrühte Tod von Margrethes Sohn Olaf wieder alles zunichtemachte.

Der Tod Olafs II. von Dänemark stellte den dänischen Reichsrat vor große Probleme. Um ein Wiederaufleben des Kriegs mit den Mecklenburgern zu vermeiden, erkannte der dänische Reichsrat Margarethe formell als dänische Königin an. Margarethe sollte Dänemark regieren, bis eine Einigung über einen männlichen Nachfolger erzielt werden würde. Es war ein kluger Schachzug. Auf diese Weise wurde den Mecklenburgern erst gar keine neue Handhabe gegeben, politisch in Dänemark zu intervenieren. Wie sich sofort herausstellte, hatte der dänische Reichsrat mit dieser Vorgehensweise die Blaupause für die norwegischen und schwedischen Reichsräte geliefert, genau dasselbe zu tun.

Im Februar 1388 wählte erst der norwegische, dann im März der schwedische Reichsrat Margarethe zur Herrscherin, bis ein passender männlicher Nachkomme für die beiden Königsthrone gefunden wäre[68]. Bedeutete dies im Fall Norwegens wie schon zuvor in Dänemark nur die Bestätigung der tatsächlichen Verhältnisse, so kam die Wahl der Schweden einem Staatsstreich gleich. Mit seinem Votum für Margarethe hatte der schwedische Reichsrat den bisherigen König Schwedens, Albrecht III. von Mecklenburg, eiskalt entmachtet. Der Hintergrund dieser Entscheidung waren die Bemühungen des Mecklenburgers, seine Hausmacht zu stärken, indem er alte Vorrechte von Adel und Klerus beschnitt und seinen Gefolgsmännern Ländereien gab.

Noch gab sich Albrecht III. von Mecklenburg nicht geschlagen. Auf seiner Seite stand die größte und reichste Stadt Schwedens, das von Deutschen besiedelte Stockholm, wo die Hanse ein Handelskontor unterhielt. Auch konnte er im Land auf Unterstützung seiner deutschen Gefolgsleute und die gefürchtete Kampfkraft der deutschen Ritter zählen.

Leider agierte der Schwedenkönig ungeschickt. Er verspielte den wenigen Kredit, den er in Schweden noch hatte, durch einen plumpen Propagandafeldzug gegen Margarethe. Er schickte ihr einen Schleifstein samt Nähnadel, bezeichnete sie als »Königin ohne Hosenbein« und diffamierte sie als das »Mädchen der Mönche«, was eine Anspielung auf das vermeintliche Liebesverhältnis zwischen Margarethe und dem Abt von Sorð war. Des Weiteren leistete er einen verhängnisvollen Eid. Er schwor, seinen Hut erst wieder abzusetzen, wenn er Margarethe geschlagen hätte.

Es kam anders. Als bei Asle, unweit Falköping in Västergötland, 1389 die Schlachtreihen beider Heere zusammentrafen, wurden Albrecht und sein Sohn Erich geschlagen und gefangen genommen. Nun nahte die schwärzeste Stunde Albrechts III. von Mecklenburg. Als der siegreiche dänische Feldherr ihn zusammen mit seinem Sohn Erich Königin Margarethe vorführte, setzte ihm diese unter allgemeinem Gelächter eine Narrenkappe auf. In gespielter Hochachtung bat sie ihn, die Vormundschaft für die Kinder zu übernehmen, die sie seiner Meinung nach mit dem Mönch von Sorð habe. Es war für Albrecht der Gipfel der Erniedrigung. Das Schlimmste stand ihm noch bevor.

Margarethe ließ ihn wie einen gemeinen Verbrecher abführen und auf Schloss Lindholm gefangen setzen, wo Vater und Sohn sechs Jahre in Haft verbrachten. Margarethe von Dänemark konnte zufrieden sein. Der schwedische Thronfolgestreit schien entschieden.

Doch obwohl sie geschlagen waren, gaben die Mecklenburger ihren Widerstand gegen Margarethe nicht auf. Albrechts Onkel, der greise Herzog Johann I. von Stargard, zeigte sich wie alle anderen Mecklenburger Adeligen seinem Neffen gegenüber loyal. 1390 nahm er Stockholm im Namen König Albrechts formell in Besitz. Am 3. Mai 1391 schlossen seine Söhne, Rudolf, Bischof von Schwerin, Johann II., Herzog zu Mecklenburg sowie sein Großneffe Johann III. von Stargard zusammen mit den Städten Rostock, Wismar und Sternberg ein Bündnis gegen Margarethe, das bis zur Befreiung König Albrechts dauern sollte.

Der wichtigste Schritt war jedoch ein allgemeiner Aufruf zur Kaperfahrt gegen Dänemark und die Öffnung der Häfen Rostocks und Wismars für all diejenigen, die auf eigenes Abenteuer fahren wollten, »das riche czu Denemarken czu beschedigen«. Desgleichen proklamierte auch Herzog Johann I. von Stargard den Kaperkrieg und öffnete die Häfen von Ribnitz und Gollwitz den willigen Freibeutern, die von allen Seiten in die Mecklenburger Hafenstädte strömten. Die Aufrufe Rostocks, Wismars und Johanns von Stargard wurden zur Geburtsstunde einer Raubgenossenschaft, die erst als Freibeuter, dann als Piraten Geschichte schrieb und nur durch das Zusammenwirken der Hanse, der nordischen Reiche und letztendlich des Deutschen Ritterordens aus der Ostsee vertrieben werden konnte: die Vitalienbrüder.

Die Vertreibung der Vitalienbrüder aus der Ostsee

Das Aufkommen der Vitalienbrüder ist bis heute ein einzigartiges Phänomen und nicht allein dem dänisch-mecklenburgischen Gegensatz geschuldet. Seine Entstehung verdankte es der hochexplosiven Konfliktdynamik, die sich infolge von Kriegs- und Fehdewirren, Hungersnöten und innerstädtischen Machtkämpfen herausgebildet hatte. Innerhalb nur weniger Jahre hatten sich regelrechte Aufstandsketten in den Hansestädten entzündet: 1365 war in Bremen ein Aufstand der »Meinheit«, der nichtzünftigen Handwerker und Gesellen sowie Tagelöhner, ausgebrochen. Die Aufrührer hatten sich unter dem Namen »Grande Kumpanie« zusammengeschlossen und versucht, gegen den Rat zu putschen. Nur brutalste Gewaltanwendung hatte den Bremer Rat vor dem Äußersten bewahrt.

1374 hatten sich die Braunschweiger Zünfte in der sogenannten »Schicht des Großen Rates« erfolgreich gegen den Rat erhoben. In Lübeck waren 1380 die Knochenhauer auf die Barrikaden gegangen, um ihre Marktrechte zu verteidigen, und endgültig 1384 mit einem zweiten Rebellionsversuch unter Hinrik Paternostermaker gescheitert. In Anklam hatten 1387 die Fischer vergeblich gegen ein vom Rat verordnetes Verkaufsverbot ihrer Fische rebelliert.

Die Aufstände führten in den Städten, in denen der Machtwechsel zugunsten der Aufrührer verlaufen war, zu schweren Wirtschaftskrisen. So wurden 1376 erst Braunschweig, dann 1392 Stralsund offiziell von der Hanse mit einem Handelsboykott – der »Verhansung« – gestraft, was die Städte an den Rand des Ruins führte.

Die Niederschlagung der Aufstände führte dazu, dass viele »Vervestete« (Geächtete) und Flüchtlinge auf den Straßen vagabundierten. Hinzu kam das sprunghafte Wiederaufleben des Raubrittertums, das schon seit Jahrzehnten in Mecklenburg, Brandenburg und Holstein blühte. Entlaufene oder dienstlose Söldner taten ihr Übriges. Sie gesellten sich ebenfalls zu den Raubscharen. Deren Macht nahm derartig zu, dass die Kaufmannszüge der Hanse sich nicht mehr ohne Bewaffnete vor die Stadtmauern wagten.

Das Fatale an der Situation war vor allem die Rechtslage: Unter Missbrauch des allgemeinen Fehderechts betätigten sich viele Ritter nicht mehr nur als Fehdehelfer, sondern als gemeine Straßenräuber, die das Land mit ihren Banden durchzogen und überall Furcht und Schrecken verbreiteten. Durch die Unzahl der Räuber wurde die Verunsicherung auf den Straßen des Herzogtums so gewaltig, dass die Rufus-Chronik für das Jahr 1385 folgenden Passus vermerkt:

»In diesem Jahr besetzte ein feindliches Volk das Land der Wenden und der Prignitz. Dieses Volk war niemandes Freund, jedoch Feind aller, die da zu leben hatten (…) Es war zügellos und achtete weder Gott, Menschen und den Teufel.«[69] Der Eintrag enthält eine eigentümliche Formulierung, die schon die berühmte, den Vitalienbrüdern beziehungsweise später den Likedeelern zugeschriebene Formulierung »Gottes Freund, aller Welt Feind« fast wortwörtlich enthält.

Dem Treiben der Räuber wurde jedoch Einhalt geboten. Bei einem Hansetag im Jahr 1385 griffen die Städte zusammen mit König Albrecht III. von Schweden hart gegen die Buschklepper durch. An der Spitze von 500 Reitern zogen sie ins Gebiet der Raubritter und zerschlugen deren Stützpunkte. Dabei gingen an die 20 Raubschlösser, Burgen und Türme in Flammen auf. Dutzende von Räubern wurden erschlagen oder gehenkt.[70]

Doch mit Strafaktionen allein waren die Heckenreiter nicht zu schlagen. Die durch Straßenräuber bedrohte wichtige Handelsstraße zwischen Hamburg und Lübeck konnte im Jahr 1389 nur durch die Unterzeichnung eines allgemeinen Landfriedens zwischen den Grafen von Holstein und Schauenburg einerseits und den Hansestädten Lübeck und Hamburg andererseits wieder einigermaßen gesichert werden.[71]

Aber Holstein war nicht Mecklenburg. Hier zeichnete sich kein Ende des Fehdewesens ab. Das Land wäre nicht zur Ruhe gekommen, hätte nicht die politische Entwicklung in Schweden die Herzen aller Räuber wieder höher schlagen lassen. Dadurch, dass Rostock und Wismar sowie Johann I. von Stargard ihre Häfen den Kaperfahrern öffneten, zogen sie einen Großteil der Räuber von den Straßen auf die See. Aus einstigen Straßenräubern wurden Kaperer, die mit Bestallungsbriefen ausgestattet waren, die nichts anderes waren als »Stehlbriefe« – Freischeine für Diebstahl und Mord.

Wie der Franziskanermönch Detmar in seiner Chronik andeutet, hielten sich die Vitalienbrüder bald nicht mehr an ihr anfängliches Gelöbnis, nur dänische Schiffe zu überfallen:

»In diesem Jahr 1392 warf sich ein zügelloses Volk zusammen von Hofleuten, von Bürgern aus vielen Städten, von Amtleuten, von Bauern, und die nannten sich Vitalienbrüder. Sie sprachen, sie wollten zur Königin von Dänemark ziehen, um dem König von Schweden zu helfen, den sie gefangen hatte, und sie sollten niemanden gefangen nehmen und berauben, sondern die (Mecklenburger) mit Gütern und Hilfe gegen die Königin unterstützen. Aber sie hielten sich nicht daran und bedrohten leider die ganze See und alle Kaufleute, ob Freund oder Feind, sodass die Schonenfahrt wohl drei Jahre darniederlag. Darum war in diesem Jahr der Hering sehr teuer.«[72]

Trotzdem wäre es zu einfach, in den Vitalienbrüdern nur Piraten zu sehen. Die Wahrheit liegt dazwischen. Im Grunde genommen waren sie Fehdehelfer Mecklenburgs, mit all den Pflichten und Freiheiten, die eine Fehde zur See mit sich brachte, nur mit dem Unterschied, dass ihre Kaperbriefe sie meist nicht schützten. Wie gefährlich das Leben der Vitalienbrüder sein konnte, zeigte sich, als eine Abteilung von ihnen 1391 bei einem Angriff auf ein stralsundisches Schiff im Kampf unterlag. Bei diesem Gefecht machten die Stralsunder so viele Gefangene, dass sie gar nicht wussten, wie sie diese in ihren Heimathafen verfrachten sollten. Weil es an Fesseln und Ketten fehlte, fanden sie schließlich eine ungewöhnliche Lösung für ihr Problem.

»Deshalb erdachten sie eine neue Art, die Vitalienbrüder zu verwahren: Sie nahmen Tonnen, von denen sie viele geladen hatten, schlugen einen Boden heraus und in den Boden ein großes Loch, dass der Boden den Hals des Menschen umschloss und steckten einen nach dem anderen von den Vitalienbrüdern in die Tonne, sodass der Kopf aus der Tonne herausguckte, und schlugen die Tonne wieder zu. Sie stapelten die Vitalienbrüder auf einen Haufen, wie man Tonnen zu stapeln pflegt, und fuhren sie also nach Stralsund. Die Vitalienbrüder blieben auch in den Tonnen so lange, bis man sie mit Wagen an die Stätte fuhr, wo man ihnen die Köpfe abschlagen würde. Diese Art, die Gefangenen zu behandeln, hatten die Stralsunder von den Vitalienbrüdern gelernt, die hatten manchen armen Dänen genauso geschunden und gemartert.«[73]

Der Sieg der Stralsunder blieb nur eine kurze erfolgreiche Episode der Piratenjagd. Der Triumph konnte nur kurz darüber hinwegtäuschen, dass es die Mecklenburger und Vitalienbrüder waren, die mit ihren Kaperzügen das Kampfgeschehen diktierten.

Noch 1391 eroberten die Vitalier und Mecklenburger Gotland und Bornholm, das sie völlig verheerten. Im Jahr darauf nahmen die Vitalienbrüder Arnd Stuke, Nikolaus Milies und Marquard Preen den dänischen Bischof Thordo von Strengnås auf offener See gefangen. Der hohe Gefangene wurde nach Stockholm gebracht und in einen Kerker geworfen.

Diese Aktion machte die Vitalienbrüder in ganz Europa berühmt. Die freche Gefangennahme eines hohen Geistlichen war ein Affront gegen die Kirche. Papst Bonifaz IX. griff zu dem einzigen Mittel, von dem er sich Wirkung versprach: dem Kirchenbann. Diese Waffe zeigte sich jedoch bei den Vitaliern stumpf und half nicht, Bischof Thordo zu befreien, der erst nach anderthalb Jahren gegen ein hohes Lösegeld wieder freikam.

Aber die Entführung des Bischofs von Strengnås blieb nicht die einzige Schandtat der Vitalienbrüder. Da die Hanse aufgrund der schweren Handelsverluste den Städten ab 1393 die Schonenfahrt versagte, gingen sie zur Küstenpiraterie über. Der erste große Raubzug traf 1393 Bergen in Norwegen, das den Vitalienbrüdern nach einem schweren Gefecht vor den Mauern der Stadt in die Hände fiel und bis auf die deutsche Handelsniederlassung restlos ausgeplündert wurde.

Den Vitalienbrüdern fielen viele englische Waren, Schiffe und Kostbarkeiten jeder Art in die Hände, vor allem viele Tonnen Stockfisch, der sofort an Bord ihrer eigenen Schiffe gebracht wurde. Dann zogen sich die Vitalienbrüder auf ihre Schiffe zurück und segelten ab. Trotz ihres Rückzugs war ihr Raubzug aus kommerzieller Sicht ein voller Erfolg.

»Mit dem großen Schatz fuhren sie dann, ohne zurückgehalten zu werden, nach Rostock und verkauften ihn unter den Bürgern; das war denen willkommen; den anderen Teil des Raubs fuhren sie nach Wismar und verkauften ihn dort: Die Bürger beider Städte machten sich wenig Gedanken, ob die Ware rechtlich oder widerrechtlich in Besitz genommen worden war.«[74]

Dem Angriff auf Bergen folgte im darauffolgenden Jahr der Überfall auf Malmö, das die Vitalier total zerstörten. Die Terrorakte der Vitalienbrüder zwangen Margarethe von Dänemark zu Verhandlungen, die durch die Kompromisslosigkeit von Mecklenburgern und Dänen zu nichts führten, obwohl die Hanse ihr Bestes gab, einen Ausgleich zu finden.

Noch hoffte Margarethe darauf, Stockholm durch Eroberung gewinnen zu können. Gelang ihr dies, so hatte sie eine starke Verhandlungsposition, Mecklenburger sowie die Hanse in die Knie zu zwingen.

Ausgerechnet die Vitalier verhinderten jedoch die Einnahme der hart bedrängten Stadt, indem sie im tiefsten Winter mit acht Koggen die Seeblockade der Dänen nach harten Gefechten durchbrachen. Diese mutige Aktion rettete die Bevölkerung der Stadt nicht nur vor dem sicheren Hungertod, sie erhielt den Mecklenburgern ein wichtiges Faustpfand für die Verhandlungen für ihren gefangenen König.

Der Kampf um Stockholm wurde so populär, dass die Geschichtsforschung ihn lange Zeit als Beweis für die These anführte, dass der Name der Vitalienbrüder auf die Tatsache zurückzuführen sei, Stockholm mit Lebensmitteln, damals auch »Viktualien« genannt, zu versorgen. Dies ist jedoch ein Irrtum, wie schon der Historiker Cordsen um 1900 nachwies. Seiner Interpretation nach leitet sich der Name der Vitalienbrüder von dem altfranzösischen Lehnwort »Vitaille« für Lebensmittel oder »Vitailleur« ab. »Vitailleurs« nannte man im gleichzeitig stattfindenden Hundertjährigen Krieg Söldner, die ins Umland ausschwärmten, um das Heer mit Nahrung zu verproviantieren.

Wie aber waren die Vitalienbrüder organisiert? Bruderschaften waren das weltliche Pendant zu Mönchs- und Ritterorden. Sie waren Zusammenschlüsse mehrerer Bürger, die entweder ein gemeinsames politisches, wirtschaftliches oder religiöses Ziel einte. Von der Hanse, die ja selbst ursprünglich eine Bruder- oder Genossenschaft von Kaufleuten war, sind diverse Bruderschaften wie die der »Englandfahrer«, »Flandernfahrer« oder »Bergenfahrer« bekannt. Ein ähnlicher Bund müssen die Vitalienbrüder gewesen sein. Wahrscheinlich drückte ihr Name entweder die Eigenart ihres Geschäftsmodells oder ihren Bestimmungszweck aus.

Was ihre innere Struktur anbelangt, so scheinen sie genossenschaftlich organisiert gewesen zu sein, was sich schon durch die Bezeichnung »Bruderschaft« ausdrückt.

Zieht man in Betracht, dass sich ein Teil der Vitalienbrüder später auch »Likedeeler« – Gleichteiler – nannte, so ist anzunehmen, dass die Vitalienbrüder ihre Beute nach Abzug aller Kosten gerecht unter sich verteilten. Hier zeigen sich einige deutliche Parallelen zur Roskilder Kapervereinigung Wethemanns[75], deren Richtlinien durch die »Gestae Danorum« des Saxo Grammaticus vorliegen. Die unternehmerische Auslage der Kapergenossen, die Eigenverpflegung der Mannschaft mit Proviant (den Viktualien), die Vorschriften hinsichtlich der Aufteilung der Beute, die ohne Ansicht des Dienstrangs aufgeteilt wurde, sind alles Parallelen, die sofort ins Auge stechen.

Hinzu kommt, dass der Seeraub und der Kaperkrieg beider Bruderschaften sich nahezu im selben geografischen Raum abspielten. Mit Sicherheit war die Organisation der Roskilder Kaperbrüder den Seeräubern durch mündliche Überlieferung oder die Schriften Saxos bekannt. Einzig die Ausgangslage war eine andere. Die Kaperbrüder hatten sich ursprünglich gebildet, um Piraten zu bekämpfen, die Vitalier waren gegründet worden, um einen übermächtigen Feind mit allen Mitteln des Seekriegs zu schädigen.

Trotz der schlüssigen Ableitung des Namens weisen alle Aktivitäten der Vitalier eher darauf hin, dass sie es waren, die eine äußerst wirksame Blockade vor den Heringsfanggründen Schonens und den Fisch-handelsmärkten, den Vitten, errichteten. Dies schädigte den Handel Dänemarks mit der Hanse schwer und führte wie im Jahr 1394 erst zu Verteuerungen von Lebensmitteln, dann zu Hungersnöten. Der immer größer werdende Versorgungsengpass und die Seeherr-schaft der Vitalienbrüder waren es auch, die Margarethe endlich frie-densbereit machten.

Da auch Albrecht III. von Mecklenburg einsehen musste, dass der Krieg trotz aller Tapferkeit der Vitalier nicht mehr zu gewinnen war, ging er auf Margarethes Forderungen und die Vorschläge der Hanse ein. 1395 wurde der Frieden von Skanör und Falsterbo geschlossen. Durch ihn verpflichtete sich Margarethe, König Albrecht III. von Schweden gegen eine Zahlung von 60 000 Mark lötigen Silbers freizu-lassen. Sollte er die Summe nicht binnen dreier Jahre aufbringen kön-nen, hatte er sich wieder in Gefangenschaft zu begeben. Wollte er dies nicht, war er dazu verpflichtet, Stockholm an Dänemark zu übergeben. Bis dahin sollte die Hanse Stockholm als Pfand besetzen.

Der Vertrag war eine Farce und zielte eindeutig auf die Übergabe Stockholms an die Dänen ab. Alle Beteiligten wussten, dass der gerade erst aus der Gefangenschaft entlassene schwedische König weder die ungeheure Summe auftreiben konnte, noch wieder zurück ins Gefäng-nis gehen würde.

Der schwedische König war nicht der einzige Verlierer des Krieges. Die Abmachung der Großmächte zog auch für die Vitalienbrüder ernste Konsequenzen nach sich. Durch den Friedensschluss wurde aus einer gut organisierten Kaperbruderschaft mit Rückzugshäfen eine Schar herrenloser Seeräuber. Rostock und Wismar hatten nämlich eingewil-ligt, sich von den Vitalienbrüdern loszusagen und ihre Waren nicht mehr in ihren Häfen anzukaufen. Damit waren den Vitalienbrüdern ihre bisherigen Basen genommen.

Das Schlimmste war aus Sicht der Vitalienbrüder jedoch, dass die Städte sie für vogelfrei erklärten und jetzt regelrecht Jagd auf sie mach-ten. Hierbei zeichneten sich wieder die Stralsunder besonders aus.

Im Sommer 1395 rieben sie eine Abteilung der Vitalienbrüder auf, die sie nach bewährter Sitte in Tonnen steckten und in einem Stall verdursten und verhungern ließen. Etwas mehr Glück hatte der Seeräuber Molteke. Er wurde nach kurzem Kampf überwältigt und mit seinen Kumpanen in Stralsund hingerichtet. Die meisten Vitalienbrüder entgingen jedoch vorerst dem Strafgericht der Städte.

Einige von ihnen, die tatsächlich nur für die Befreiung des schwedischen Königs gekämpft hatten, setzten sich zur Ruhe. Andere, wie der Vitalierhauptmann Arnd Stuke, durchkreuzten das östliche Baltikum auf der Suche nach Beute und machten Raubzüge bis an die Newa. Dabei ging Stuke geschickt vor. Obwohl er öffentlich behauptete, gegen die Russen zu ziehen, überfiel er doch mit Vorliebe hansische Kaufleute, die nach Livland fuhren. Als er darauf verfolgt wurde, flüchtete er erst nach Stockholm, dann nach Wismar, bis er seinen Aktionsradius auf Nordschweden und Finnland einschränkte.

Ähnliche Odysseen erlebten andere Vitalienbrüder. Eine Schar der Seeräuber zog in die spanische See, eine andere in die Nordsee, wo sich bald ihre Anwesenheit durch Seeräubereien bemerkbar machte.

Die größte Gruppe der Vitalienbrüder blieb jedoch der heimischen Ostsee treu. Noch 1394 hatten die Vitalier unter dem Kommando von Albrecht von Pecatel Visby auf Gotland erobert und einen Teil der Insel besetzt. Trotz ihrer Erfolge hatten sie sich nicht auf der ganzen Insel durchsetzen können, die Hauptmann Sven Sture für Dänemark weiterhin behauptete.

Als der Friede von Skanör und Falsterbo am 20. Mai 1395 in Kraft trat, hatten die Vitalienbrüder auf Gotland einen hervorragenden Stützpunkt. Wieder machten sie die Handelswege unsicher, erneut lähmten sie die Seefahrt. Dies konnten die Großmächte des Nordens, darunter das mit Norwegen vereinte Dänemark, der Deutsche Orden und die wendischen Städte unter Führung Lübecks nicht hinnehmen.

Auf einem Hansetag des Jahres 1396 in Lübeck beschlossen die Städte der Hanse, gemeinsam mit dem Deutschen Orden und der Königin von Dänemark gegen die dreisten Piraten vorzugehen. Wie immer, wenn es um Piratenbekämpfung ging, scheute der Städtebund vor den kostenintensiven Maßnahmen eines Seekriegs zurück und vertändelte viel Zeit mit Verhandlungen.

Lübeck und der Deutsche Orden drängten indes zur Tat. Tagtäglich wurden ihre Schiffe Opfer der Angriffe der Vitalienbrüder. Es musste etwas geschehen – und zwar schnell. Schon begannen die Hansestädte des Deutschen Ordens, schwere Einbußen zu verzeichnen.

>>Es kommen uns Tag für Tag große Klagen zu Ohren, dass der Kaufmann, der von Freundesland zum Freundesland segelt, aufs Schwerste geschädigt wird, also dass Schiffe und Leute gekapert wurden, die Schiffe und die Waren weggenommen und die Leute über Bord geworfen wurden. Im besonderen wurde ein Schiff aufgebracht, das Waren vom Kloster Doberan an Bord hatte: ... das ist ja nun nicht mehr notwendig, dass der Kaufmann schwer geschädigt wird.<<[76]

Der Deutsche Orden und die Lübecker beschlossen die Flottenaktion gegen die Piraten sofort durchzuführen.

Der erste Versuch scheiterte jedoch kläglich. Als die Lübecker zusammen mit Danziger Schiffen auf zwei dänische Schiffe stießen, kam es zu einer Tragödie, weil Hanseaten und Dänen sich wechselseitig für Vitalier hielten. Die Folge war ein fürchterliches Gemetzel, bei dem die meisten Dänen, obwohl sie sich zu erkennen gaben, massakriert oder über Bord geworfen wurden. Dies führte vor allem für den Deutschen Orden zu schweren diplomatischen Verwicklungen mit dem Königreich Dänemark, die sich erst durch einen Sühnevergleich beseitigen ließen.

Wie aber war es um jene Macht bestellt, die jetzt aktiv in den Kampf gegen die Piraten eingriff?

Der Deutsche Orden war der jüngste aller in Palästina gegründeten Orden. Er war 1190 vor Akkon aus der Spitalbrüderschaft entstanden und erst seit 1198 zum geistlichen Orden geworden. Trotz dieser verhältnismäßig kurzen Zeit war es ihm gelungen, Besitzungen im Mittelmeerraum sowie in Deutschland, Frankreich, Preußen und Livland zu erwerben. 1211 hatte er im Auftrag des ungarischen Königs die Kumanen, 1226 gegen Überlassung des Kulmerlandes die Pruzzen christianisiert und von Kaiser Friedrich II. die Hoheitsrechte über dieses Gebiet erhalten, das er in der Folge durch weiteren Landerwerb von der Weichsel aus über Thorn, Kulm, Marienwerder, Livland, Sudauen, Semgallen, Pomerellen, Danzig und Neumark (Brandenburg) vergrößerte.

Zum Zeitpunkt der Angriffe der Vitalienbrüder war er die vorherrschende Großmacht des östlichen Baltikums. An der Spitze des deutschen Ritterordens stand seit 1393 Konrad von Jungingen. Er verfolgte zwar eine expansive Politik, versuchte indes stets, unnötige Waffengänge zu vermeiden und mit den Mitteln der Diplomatie voranzukommen. Im mecklenburgisch-dänischen Konflikt hatte der Orden unter seiner Führung lange eine passive Haltung bewahrt, obwohl die Vitalienbrüder mehr als einmal die Schiffe der preußischen Hansestädte beraubt hatten. Diese Haltung änderte sich im Jahr 1397, als Margarethe von Dänemark ihren Neffen Erich von Pommern nacheinander zum König von Dänemark, Norwegen und Schweden wählen ließ und in der Kalmarer Union alle drei Königreiche unter einer Herrschaft zusammenschloss.

Die Vereinigung von Schweden, Norwegen und Dänemark zu einem großen Nordreich war juristisch gesehen ein Verstoß gegen den Vertrag von Skanör und Falsterbo. Noch war Albrecht III. von Mecklenburg dem Titel nach der rechtmäßige König Schwedens. Wieder brachen Thronzwistigkeiten aus, erneut wagte das Haus Mecklenburg mithilfe von Vitalienbrüdern den Kampf um die Krone. Albrechts Sohn Erich segelte mit einer kleinen Macht nach Gotland. Dort vereinte er sich mit den Vitalienbrüdern und schlug dann das dänische Aufgebot unter Sven Sture.

Jetzt geschah das völlig Unerwartete: Sture gab sich nicht nur geschlagen, sondern beging Verrat. Er huldigte Erich von Mecklenburg, der sich in der Folgezeit zum König von Gotland ausrufen ließ. Damit es nicht bei dem leeren Titel blieb, rüstete der neue König noch einmal eine Flotte gegen die verhasste Margarethe, zu deren Führern er Sven Sture und Albrecht von Pecatel ernannte. In nur kurzer Zeit segelten 1200 Mann von Gotland nach Stockholm, um die Stadt erneut zu besetzen. Fast wäre dies auch gelungen und der schwedische Hauptmann Albert Russe auf die günstigen Übergabebedingungen eingegangen, als die Vitalierflotte die schicksalhafte Nachricht erreichte, dass Erich auf Gotland an der Pest verstorben war. Sture brach die Belagerung Stockholms ab und kehrte sofort nach Visby zurück, wo ihn die Königinwitwe Margareta von Pommern-Wolgast zum Hauptmann der Insel bestellte.

Damit hatte sich Sven Stures Position innerhalb der Vitalienbrüder mit einem Schlag verbessert. Von nun an waren es nicht mehr die Mecklenburger, sondern die Vitalier, welche politisch die Insel dominierten und die Geschicke des Hauses Mecklenburg in den Händen hielten.

Die veränderten Verhältnisse bekamen die Mecklenburger sofort zu spüren. Als Johann IV. von Mecklenburg nach Visby kam, um Erichs Nachfolge anzutreten, musste er feststellen, dass der Vitalierhauptmann mehr Macht über ihn, als er über Sven Sture hatte. Die folgenden Monate wurden zum Schwanengesang der Vitalienbrüder auf Gotland. Die Bildung der Kalmarer Union durch Margarethe von Dänemark und die jüngsten Entwicklungen auf Gotland bestärkten Konrad von Jungingen darin, dass der Orden endlich militärisch gegen die Piraten vorgehen musste, wollte er die Insel ohne eine Vielzahl diplomatischer Verwicklungen in seine Hände bekommen.

Die Niederkämpfung der Piraten zum Wohl des Kaufmanns war nur ein Motiv der Strafexpedition. In Wirklichkeit ging es dem Orden um drei Dinge: die eigenen Handelswege zu sichern, Gotland zu einer wichtigen Handelsbastion aufzubauen und rechtzeitig ein Pfand einzulösen. 1388 hatte König Albrecht III. von Schweden aus Geldnot dem Orden Gotland verpfändet, weil er Geld für Truppenanwerbungen brauchte. Jetzt sah der Hochmeister den Moment gekommen, seinen Anspruch auf das Pfand geltend zu machen und die Insel in Besitz zu nehmen, bevor die Seeräuber sich auf ihr endgültig festsetzten. Es kamen für den Orden also mehrere Faktoren zusammen, die ihn dazu bestimmten, die Vitalier auf Gotland anzugreifen. Offiziell führte der Orden dagegen den Krieg, um den gemeinen Kaufmann zu schützen.

Damit der Feldzug nicht schon im Ansatz scheiterte, ließ Konrad von Jungingen die Hansestädte im Unklaren über seine Absichten. Er beschloss, den Eroberungszug ohne die Hilfe der Hansestädte durchzuführen und die Piraten im Winter zu überraschen, wenn keiner mit einem Angriff rechnete.

»So ging der Hochmeister mit seinen Gebietigern[77] und seinen Schiffen zurate, um diese Situation auf Gotland zu beenden, und ließ 84 Schiffe, kleine und große, ausrichten und diese mit Vorräten und Büchsen und Pulver und allem, was man zum Kriegführen benötigte und benötigt, beladen und besetzte die Schiffe mit 4000 Mann in Rüstung und 400 Pferden, damit ihnen Gott helfe, das Land zu gewinnen ...«[78]

Es war die größte Strafaktion, welche die Ostsee seit Absalons Piratenkreuzzug gegen die Ranen gesehen hatte. Im tiefsten Winter und bei Eiseskälte landeten die Ordensritter abseits von Visby bei Schloss Landskrone (auch Klinteholm genannt) und nahmen es zusammen mit zwei weiteren befestigten Orten im Sturm. Die Vitalier waren überrascht und zogen sich nach kurzem Kampf nach Visby zurück. Dort besetzten sie einige Türme. Trotz dieser verbesserten Ausgangslage gab es angesichts der feindlichen Übermacht nur eine Devise für Sven Sture und Herzog Johann den Jüngeren: Auf dem Weg der Verhandlung das Schlimmste zu vermeiden.

Sven Sture erwies sich als ausgekochtes Schlitzohr. Er drohte in den Verhandlungen dem Hochmeister damit, die Bevölkerung aus der Stadt zu treiben und aus Visby ein Raubschloss zu machen. Der Hochmeister verstand sofort den dunklen Sinn dieser Worte. Was Sture andeutete, hieß nichts anderes, als dass die Seeräuber danach trachteten, die schöne Stadt zu verwüsten.

Das konnte nicht im Sinne des Hochmeisters sein. Nach einigem Hin und Her gewährte Konrad von Jungingen Herzog Johann von Mecklenburg und den Piraten im Mai freien Abzug. Dieser ging geordnet vonstatten.

»Danach räumten Herzog Johann und Herzog Erichs Weib und Sven Sture mit den Seinen die Stadt Visby und zogen weg mit etwa 400 Mann und schrieben in einem Brief, dass sie den Kaufmann niemals mehr berauben, beschädigen oder ermorden wollten. Und die anderen Vitalienbrüder, die noch auf dem Land blieben und ergriffen wurden, die wurden alle erschlagen. Danach besetzten die Hauptleute des Hochmeisters das Land und die Stadt und ließen drei Ordensbrüder zurück, dazu 200 Bewaffnete und 100 gesattelte Pferde, mit denen sie über Land reiten konnten, und segelten wieder zum Land zurück mit der erhaltenen Habe.«[79]

Gotland war vorerst befriedet, die Macht der Vitalienbrüder ohne großes Blutvergießen gebrochen. Doch noch war das letzte Kapitel der Vitalienbrüder in der Ostsee nicht geschrieben.

Die Vitalienbrüder hatten zunächst Glück. Die Brüder der Witwe Erichs von Mecklenburg nahmen die Seeräuber mit offenen Armen auf und gingen mit ihnen sofort auf Raubzug. Schon wähnten sich die erfahrenen Seeräuber wieder sicher, als die Pomeranen aufgrund des zunehmenden politischen Drucks die Zusammenarbeit mit ihnen einstellten und sie ihrer Häfen verwiesen.

Damit fand das Ostseeabenteuer der Vitalienbrüder von Gotland sein vorläufiges Ende. Ein Teil der Vitalienbrüder verließ endgültig die Ostsee, um in der Nordsee ihr Glück zu versuchen, der andere flüchtete mit Sven Sture in den Norden Schwedens, wo sie die Burg Faxaholm zu einem neuen Piratenstützpunkt ausbauten. Aber Königin Margarethe dachte nicht daran, die Raubfahrten der Vitalienbrüder noch einmal zu dulden.

Die Königin schickte sofort ein Heer zur Burg Sven Stures und ließ ihn darin belagern. Die Seeräuber wussten, was die Stunde geschlagen hatte, und verteidigten sich zäh, bis sich nach wochenlanger Belagerung beide Seiten verglichen.

Obwohl der Anführer der Vitalienbrüder seine Königin schon einmal verraten hatte, nahm die Königin den Hauptmann und seine Piraten wieder in ihre Dienste. Margarethe war eine Pragmatikerin und wusste gute Soldaten und Piraten zu schätzen. Ähnliches Glück wurde auch Arnd Stuke zuteil. Auch er ergab sich der Königin, worauf er später zum Hauptmann von Nyköping ernannt wurde.

Die große Zeit der Vitalienbrüder in der Ostsee war jedoch vorbei. Zwar gab es noch Vitalier wie Broder Schwens oder Bartolomeus Voet, die zwischen 1428 und 1434 spektakuläre Raubfahrten im Auftrag nordischer Fürsten unternahmen, aber niemals sollten Kaperer und Piraten die Ostsee so souverän beherrschen wie es die Vitalienbrüder in den Jahren 1392 bis 1398 getan hatten.

Die Schädelpfähle vom Grasbrook

»Störtebecker und Gödeke Michael
die raubten beide zu gleichem Teil
zu Wasser und auch zu Lande
bis dass es Gott im Himmel verdross
des mussten sie leiden große Schande.«[80]

Mit dem Zug in die Nordsee wurden die Vitalienbrüder zum Mythos.
Obwohl die politischen Dimensionen ihres Wirkungsbereichs von
nun an deutlich kleiner wurden, geriet der Kampf der Hanse gegen die
Vitalienbrüder zum Meilenstein der Geschichte Hamburgs.
Doch bis dahin war es noch ein weiter Weg. Anfangs sah es noch so
aus, als ob die aus der Ostsee geflohenen Piraten ihr Unwesen noch
Jahrzehnte weitertreiben könnten.

Zur Zeit der Ankunft der Vitalienbrüder in der Nordsee befand sich
Friesland in einem Zustand kriegerischer Anarchie. Friesische Häupt-
lingsdynastien befehdeten sich bis aufs Messer. Eine der wichtigsten
von ihnen war die Familie ten Broke. Sie herrschte, erst unter Widzeld
ten Broke und dann unter Keno II ten Broke, über das Emsiger- und
Brokmerland, wobei sie beständig ihren Machtbereich durch fortwäh-
rende Kriegszüge erweiterte.

Das Machtstreben der ten Brokes stieß auf den Widerstand von
Probst Hisko von Emden, der zu der mächtigen Sippe der Abdenas
gehörte. Des Weiteren stand Keno ten Broke in Feindschaft zu Edo
Wiemken, dem Häuptling von Bant, Rüstringen und Wangerland.

Dies waren perfekte Zustände für die Seeräuberei der Vitalienbrüder.
Sofort nahmen sie Kontakt zu den Häuptlingen auf und boten ihnen

ihre Dienste an. Die Häuptlinge wiederum gewährten ihnen Unterschlupf in ihren Schlössern und öffneten ihnen ihre Häfen.

Die Seeräuberei wurde nicht nur durch die politischen Verhältnisse begünstigt. Die Vitalier fanden für ihre Zwecke auch reiche Jagdgründe vor. Unmittelbar vor der Küste Frieslands verlief eine der wichtigsten Seehandelsstraßen Europas. Unentwegt passierten reich beladene Handelskoggen die Ems-, Elb- und Wesermündungen. Sie fuhren nach Flandern, England und Frankreich. An Bord hatten sie Güter wie Hamburger Bier, eingepökelte Heringe aus Schonen, Pelze aus Russland, Tücher nebst Wolle aus Flandern sowie Getreide aus Pommern und Preußen.

Dass die Nordsee ein reiches Jagdrevier war, wussten die Vitalienbrüder seit langem. Schon 1395 durchkreuzten erste Vitalier die Nordsee auf der Suche nach Beuteschiffen. Ihre räuberischen Unternehmungen trafen besonders die Engländer, die allein für die Jahre 1394 und 1399 Dutzende von Überfällen in einer Klageakte zusammenfassten. Mit dieser Klage hoffte König Heinrich IV. von England auf Schadensersatz von der Hanse. Offensichtlich unterstellte der englische König Bremen und Hamburg, mit den Vitalienbrüdern unter einer Decke zu stecken. Die Hamburger und Bremer Ratsherren wiesen jegliche Schuld von sich.

Die Klage hatte keinen Erfolg und wurde trotzdem zu einem der bekanntesten Schriftstücke der Störtebeker-Forschung. In ihr wurden zum ersten Mal zwei Seeräuber gerichtsnotorisch, die später durch ihr schreckliches Ende unsterblich werden sollten: Klaus Störtebeker und Gödeke Michels.[81]

Beide waren schon 1395 von der Ost- in die Nordsee geflohen. Über ihre Herkunft lässt sich nicht viel sagen. Ein gewisser Nicolao Störtebeker wurde 1382 in Wismar »verfestet«, also aus der Stadt verbannt. Das Gleiche geschah Gödeke Michels 1397.[82] Der Historiker Matthias Puhle sieht die Verfestung Nicolao Störtebekers als möglichen Beweis dafür an, dass der Pirat aus Wismar stammt. Bei Gödeke Michels wird ebenfalls eine Mecklenburger Herkunft angenommen.

Dieser Argumentation folgen nicht alle Wissenschaftler und Heimatforscher. Im Laufe der Jahrhunderte behaupteten mehrere Regionen von Rügen bis Emden, Heimat des berühmtesten Vitalienbruders zu sein. Auffallend bei allen Theorien ist, dass es für keine von ihnen auch nur einen handfesten Beweis gibt. Legende, Wunschdenken und Sage haben sich der geschichtlichen Überlieferung bemächtigt, die äußerst lückenhaft ist.

Dabei waren Michels und Störtebeker nicht die einzigen Vitalienbrüder, die Furore machten. Im Jahr 1398 machte eine Gruppe Vitalier große Beute. Vor Flandern kaperten sie eine Kaufmannsflotte von 14 bis 15 Schiffen in der Mündung des Swin vor Brügge. Danach enterten sie das Schiff des Danziger Kaufmanns Egbert Schoef und raubten ihn völlig aus. Doch damit nicht genug. Nachdem sie mit der erbeuteten Prise zu Witzeld ten Broke abgezogen waren, boten sie das Schiff dem Geschädigten wenig später zum Wiederkauf an.

Abgesehen von der Dreistigkeit des Geschehens wäre der Vorfall als solcher nicht besonders erwähnenswert, hätte es mit ihm nicht folgende Bewandtnis. Die Seeräuber trugen dem Kaufmann auf, den Hansestädten die Botschaft zu übermitteln, sie seien »Gottes Freund und aller Welt Feind«, mit Ausnahme derer von Hamburg und Bremen. Denn dort, so die Vitalienbrüder wortwörtlich, dürften sie abfahren und kommen, wann immer sie wollten.[83]

Die Nachricht der Vitalienbrüder strotzte vor Selbstbewusstsein, wie der Wahlspruch »Gottes Freund und aller Welt Feind« verdeutlicht. Dieser Leitspruch lässt Rückschlüsse auf das Selbstverständnis der Vitalienbrüder zu. Er zeigt deutlich, dass sie sich in einer Reihe mit den »Grandes Companies« Frankreichs sahen. Jene großen Söldnerkompanien hatten zu Beginn des Hundertjährigen Krieges auf Frankreichs Seite gegen die Engländer gekämpft und waren seit dem Frieden von Brétigny 1360 ohne Erwerb geblieben. In ihrer Not waren sie dazu übergegangen, gezielt die Provinzen Frankreichs zu verheeren.

Unter exakt derselben Losung »L'Ami de Dieu et l'ennemi de tout le monde« hatte einer ihrer Anführer firmiert. Der Wahlspruch des Räuberhauptmanns sollte nur allzu bittere Wahrheit werden. Die Wegelagerer terrorisierten nicht nur Bauern und Bürger. Sie eroberten auch befestigte Städte und pressten Papst Innozenz VI. eine Summe von 60 000 Florins ab. Es war aus Banditensicht die Erfolgsgeschichte des Jahrhunderts und ein Beweis für die Gefährlichkeit des Söldnerwesens. Wann hatte eine Macht den Papst jemals so in die Knie gezwungen und gedemütigt?

Dies war nicht einmal Kaisern gelungen und ein Akt von revolutionärer Brisanz. Bedenkt man den Umstand, dass die größte der Grandes Companies, die Tard-Venus, wenig später 1362 bei Brignay sogar ein Ritterheer unter der Führung des Konnetabels von Frankreich, Jacques I. de Bourbon, vernichtete, wird die Gefahr klar, die von ihnen ausging.

Beeinflussten die Taten der Grandes Companies Frankreichs die Vitalienbrüder? Drang der Ruhm jener ruchlosen Raub- und Mörderkompanien nach Deutschland? Dies kann mit Sicherheit angenommen werden, befanden sich doch unter den Raubkompanien auch deutsche Söldner. Auch die Bezeichnung »Grande Companie« muss weitergewandert sein: Schon beim Bremer Bannerlauf von 1366 hatte sich die Masse der Unzufriedenen die »Grande Kumpanie« genannt. Zwar waren die Aufrührer keine Söldner, sondern Handwerker und Tagelöhner.

Trotzdem hatten sie auf den Schrecken vertraut, den der Name bei den Herrschenden auslöste, und sich einen militärischen Habitus zugelegt. Für die Zeit des Aufstands benutzten sie ein altes Segel mit dem Wappen Bremens als Fahne, um die sie sich scharten, weswegen der Aufstand auch »Bremer Bannerlauf« genannt wird. Die Rebellion war blutig und scheiterte durch einen Gegenangriff der Parteigänger des Alten Rats schon im ersten Anlauf.

Aber das war erst der Anfang. Kurz nach dem Fehlschlag des Bannerlaufs putschte sich der gefürchtete Seeräuber Hollmann an die Macht, bis die Anhänger des von ihm vertriebenen Alten Rats noch einmal mithilfe des Grafen von Oldenburg Bremen zurückeroberten. Bei diesen Kämpfen fiel Hollmann im Duell mit Graf Konrad von Oldenburg, der ihn mit seinem Schwert »Gense« erschlug.

Unmittelbar darauf baumelte die Leiche des hünenhaften Piraten von einem der Fenster seines Hauses herunter. Dies war das endgültige Aus für die schon zuvor dezimierten Reste der Grande Kumpanie von Bremen.

Auch wenn der Bremer Aufstand schon 30 Jahre zurücklag, konnte dieser revolutionäre Ausbruch nicht spurlos an den Piraten vorübergegangen sein.

Neben der Losung »Gottes Freund und aller Welt Feind« tauchte gegen Ende des 14. Jahrhunderts auch der Begriff »Likedeeler« für die

Vitalienbrüder auf. Autoren wie Willi Bredel oder Kuba romantisierten den Begriff, sahen darin Frühformen des Kommunismus. Die historischen Fakten lassen einen derartigen Schluss nicht zu. Schon Anfang des 20. Jahrhunderts wies Cordsen durch intensives Quellenstudium in seiner Dissertation nach, dass das Wort »Likedeeler« in den Quellen nur selten, und wenn, dann vorzugsweise in niederländischen Quellen existiert.[84] Hinzu kommt, dass der Begriff eher ein genossenschaftliches Geschäftsmodell als ein kommunistisches Prinzip kennzeichnet. Die Vitalienbrüder hatten nicht vor, ihre Beute im Sinne einer Gütergemeinschaft zu vergesellschaften. Sie betrieben Seeraub als Gewerbe – entweder mit Bestallung durch Kaperbriefe oder ohne diese. Abgesichert wurden sie durch Geschäftspartner zu Lande, die sich an ihren Unternehmungen beteiligten. Auf Gotland hatte schon Sven Sture dieses Modell erfolgreich praktiziert und Vitalienbrüder für sich gewonnen, indem er ihnen gegen eine Gewinnbeteiligung von 50 Prozent sicheren Aufenthalt auf Gotland versprach.

Einer der ersten Bundesgenossen der Vitalienbrüder wurde Edo Wiemken, Häuptling über Rüstringen, Bant- und Wangerland. Mithilfe der Vitalier schädigte er den Handel der Hanse so sehr, dass diese gegen ihn zu rüsten begann und eine Flotte gegen ihn sandte. Dies zwang Edo zum Einlenken. Er verhinderte den offenen Schlagabtausch, indem er am 4. Juli 1398 Lübeck, Bremen und Hamburg zusicherte, den Vitalienbrüdern seinen Schutz zu entziehen und sie aus seinem Gebiet zu weisen.

Dies tat der Seeräuberei der Vitalienbrüder keinen Abbruch. Gewieft durch ihre Erlebnisse in der Ostsee, begegneten sie dem Druck der Hanse, indem sie in den Dienst von Keno ten Broke wechselten. Mithilfe der Vitalier gelang es dem ehrgeizigen Friesenhäuptling nicht nur, Edo und Hisko zurückzudrängen, sondern auch seine Kriegskasse aufzubessern.

Die Erfolge der Vitalienbrüder setzten die Hanse unter Zugzwang. Am 2. Februar 1400 beschlossen die Städte die Entsendung von elf bewaffneten Koggen mit 950 Mann in die Nordsee. Jetzt bekam Keno ten Broke es mit der Angst zu tun. Er entschuldigte sich für die Beherbergung der Vitalienbrüder, ja versprach sogar deren sofortige Entlassung. Die Hanse akzeptierte und ging auf die Zusicherungen Kenos ein, rüstete jedoch insgeheim weiter.

Der Instinkt der Kaufleute trog sie nicht. Die Tatsache, dass Keno seine Vitalienbrüder entließ, bedeutete noch nicht das Ende der Piraterie in der Nordsee. Denn kaum hatte Keno der Verbannung seiner einstigen Bundesgenossen zugestimmt, waren die Vitalienbrüder ein Dienstverhältnis mit Kenos Gegnern Hisko von Emden und Edo Wiemken eingegangen.

Letzteres war ein klarer Affront gegen die Hanseaten. Erst zwei Jahre zuvor hatte Edo Wiemken feierlich gelobt, nie wieder mit den Seeräubern gemeinsame Sache zu machen, jetzt ließ er sich wieder mit ihnen ein.

Dies zwang Keno zum Umschwenken. Ohne mit der Wimper zu zucken, brach er sein der Hanse gegebenes Wort und engagierte seinerseits ebenfalls Vitalienbrüder, die mittlerweile unter verschiedenen Dienstherren gegeneinander kämpften.

Nun war es an der Hanse, ihre Macht zu demonstrieren. Am 22. April 1400 stach eine hamburgisch-lübische Kriegsflotte unter dem Kommando der Ratsherren Albert Schreye und Johann Nanne von Hamburg in See. Sie segelte an der Jade vorbei zur Osterems, wo sie am 5. Mai 1400 die Vitalier überraschte. Es kam zu einem heftigen Kampf, in dem die Hamburger und Lübecker 80 Vitalienbrüder töteten und 34 gefangen nahmen. Einen Tag später segelten sie nach Emden weiter, das sich ihnen kampflos ergab.

Am 9. Mai 1400 wurde den Siegern über die Seeräuber das Schloss Larrelt übergeben. Am 11. Mai 1400 fand die Hinrichtung der auf der Osterems gefangenen Piraten statt, unter denen sich auch ein unehelicher Sohn des Grafen von Oldenburg befand.

Das Strafgericht machte Eindruck auf die friesischen Verbündeten der Vitalienbrüder und zwang die Häuptlinge an den Verhandlungstisch. Am 23. Mai 1400 kam es zu einem Vertrag zwischen den Hauptleuten der Städte Lübeck, Hamburg, Bremen, Groningen und den ostfriesischen Häuptlingen. Die Bedingungen der Hanseaten waren hart. Keno ten Broke sollte seinen festen Wehrturm Marienhafe schleifen und das Schloss Wittmund zur Sicherstellung der Ansprüche von Bremen übergeben. Der ebenfalls mit den Vitaliern verbündete Häuptling Folkmar Allena und Probst Hisko von Emden hatten Geiseln zu stellen. Darüber hinaus wurden die friesischen Häuptlinge gezwungen, der Hanse Schadensersatz zu leisten, den Vitalienbrüdern weder Unterschlupf zu gewähren noch ihnen Waren abzukaufen und allen Kaufleuten der Hanse die Freiheit des Handels zu garantieren.

Die Sieger waren zufrieden, irrten sich jedoch in der Einschätzung ihres Erfolgs. Der Blitzfeldzug hatte einen erheblichen Schönheitsfehler: Trotz aller Bemühungen war es den Hanseaten nicht gelungen, Gödeke Michels und Störtebeker, die Anführer der Vitalienbrüder, zu fassen. Michels war nach Norwegen entkommen, Störtebeker nach Holland gesegelt, dessen Herzog sich mit der Hanse im Krieg befand.

Doch der Pirat entging seinem Schicksal nicht. Nur wenige Wochen später schlugen die Hamburger unter dem Kommando der Englandfahrer Nikolaus Schoke und Hermann Lange die Vitalienbrüder unter Störtebeker und Wichmann im Oktober 1400 bei Helgoland. Der Kampf gestaltete sich hart und verlustreich, wie die Rufus-Chronik berichtet:

»In demselben Jahr fochten die Englandfahrer der Stadt Hamburg auf der See mit den Seeräubern, die sich Vitalienbrüder nannten, und konnten sie besiegen. Ungefähr 40 von ihnen schlugen sie tot bei Helgoland und 70 fingen sie. Diese brachten sie mit nach Hamburg und ließen ihnen allen die Köpfe abschlagen; ihre Köpfe setzten sie auf eine Wiese an der Elbe als Zeichen dafür, dass sie auf dem Meer geraubt hatten. Die Hauptleute dieser Vitalienbrüder heißen Wichmann und Störtebeker.«[85]

Jetzt fehlten nur noch die Köpfe der weiteren wichtigen Piratenführer Gödeke Michels und Wigbold, dann war der Triumph des Städtebundes perfekt.

Ein Jahr später machten sich die Ratsherren Hinrik Jenevelt und Nikolaus Schoke auf den Weg, die beiden verbliebenen Vitalienbrüder zu fangen. Wieder waren es die Hamburger Englandfahrer, die die Strafexpedition anführten, unter denen sich die »Bunte Kuh von Flandern«, wahrscheinlich ein starker Holk, ein Koggentyp mit größerer Tragfähigkeit und organisch verbundenen Vor- und Achterkastellen, befand.[86]

Die Hamburger überwältigen Klaus Störtebeker nach hartem Kampf vor Helgoland.

Die Jagd auf die verbliebenen Vitalienbrüder hatte Erfolg. Es gelang den Hamburgern, Gödeke Michels und seine Kumpanen beim Plündern einer Kogge zu überraschen, die mit Biertonnen beladen war. Gödeke Michels reagierte prompt. Er übergab die überwältigte Kogge einem Prisenkommando und stellte sich selbst den Angreifern zum Kampf. Wie bei Störtebeker waren die Vitalienbrüder der Übermacht des Feindes nicht gewachsen. Nach kurzer, aber harter Gegenwehr wurden die Piraten überwältigt und 80 von ihnen gefangen genommen.[87] Das Prozedere im Fall von Gödeke Michels und seinen Vitaliern war dasselbe wie in Emden und bei Störtebeker zuvor. Die Hanseaten liefen mit ihren Gefangenen in Hamburg ein, verhörten und verurteilten sie. Dann kam der Gang zum Grasbrook und die Hinrichtung. Erneut hieb die scharfe Klinge des Richtschwerts Dutzende von Piratenköpfen ab. Sie wurden wie die von Störtebeker und seinen Mannen zur Abschreckung auf Pfähle genagelt.

Damit war der Triumph Hamburgs perfekt und der Sieg der Hanse über die Seeräuber Gödeke Michels und Störtebeker für jedermann greifbar geworden. Tagaus, tagein fraßen Wind, Wetter und Möwen sich in ihre verwesenden Köpfe. Bald waren die Häupter der Verwegenen nur noch fahl schimmernde, weiße Totenschädel, die bei Hochwasser gespenstisch aus dem Wasser starrten. Kein Wunder, dass dies die Fantasie anregte.

Das historische Geschehen wurde später aufgrund der Lückenhaftigkeit der tradierten Berichte zum Mythos überhöht. In ihnen wurde nicht der historisch bedeutendere Michels, sondern sein Compagnon Störtebeker zum Haupthelden, wobei der historische Störtebeker bis zur Unkenntlichkeit durch die Sage entstellt wurde. Störtebekers Leben und sein Tod regten die Fantasie der Menschen an, auch die der Historiker, die bis heute erbittert darüber streiten, ob Störtebeker je existiert hat und welchen Vornamen er trug.

Momentan dominiert die These von Gregor Rohmann, dass es keinen Klaus Störtebeker, sondern nur einen Danziger Fehdehelfer namens Johann Störtebeker gab, der in Hamburg nicht hingerichtet wurde und bis 1415 als Fehdehelfer verschiedenen Herren diente.[88] Die These Rohmanns, so schlüssig sie auch hinsichtlich des Porträts Johann Störtebekers ist, ignoriert, dass einer historischen Sage meist ein geschichtliches Ereignis zugrunde liegt. Außerdem ist es nicht ausgeschlossen, dass jener Johann Störtebeker durchaus einen nahen Verwandten namens Klaus gehabt haben könnte. Die später so berühmt gewordenen Barbaresken Arudsch und Chaireddin Barbarossa waren zum Beispiel ein räuberisches Brüderpaar, das im Mittelmeer großen Erfolg hatte.

Die Wirkungsmacht Störtebekers beruht nicht auf dem Schicksal der historischen Figur, sondern auf dem Mythos, der sich um ihn bildete. Denn Störtebeker lebt, wie Dutzende von Sagen, Liedern und Romanen beweisen.

Mal handeln sie von riesigen Schätzen, welche die Seeräuber vergraben hatten, mal von der Art und Weise, wie Störtebeker überwunden wurde. In manchen Versionen des Geschehens spielt sogar Störtebekers Liebe zur Tochter von Keno ten Broke eine große Rolle. Die stärkste Legendenbildung rankt sich jedoch um den Kampf, die Gefangennahme und die Hinrichtung Störtebekers.

Die Hinrichtung Störtebekers, wie man sie sich 300 Jahre später vorstellte

Fasst man die bekanntesten Sagenversionen zusammen, so lauerten Störtebeker und Gödeke Michels den Hamburger Englandfahrern bei Helgoland auf. Am Vorabend der Schlacht wurde Störtebekers Schiff durch die List eines Hamburger Fischers festgesetzt, indem dieser in der Nacht vor dem Kampf das Heckruder von Störtebekers Kogge mit Blei festlötete. Beim anschließenden Kampf rammte ein Schiff, die

»Bunte Kuh von Flandern«, Störtebekers »Roten Teufel« manövrierunfähig. Dann begann der Kampf, der drei Tage dauerte. Am Ende gelang es den Hamburgern endlich, den gefürchteten Seeräuber gefangen zu nehmen und im Triumph nach Hamburg zu führen. Dort bot Störtebeker dem Rat eine riesige Kette als Lösegeld für seine Freilassung an, mit der man angeblich ganz Hamburg umschließen konnte. Auch fand man Gold in den Masten seiner Kogge, was den Reichtum des Piraten zeigte.

Das Meisterstück der Sage ist aber Störtebekers Fürbitte auf dem Richtplatz, diejenigen unter seinen Mitgefangenen freizulassen, an denen er noch kopflos vorbeilaufen würde. Fast wäre dies dem sagenumwobenen Superhelden noch gelungen, hätte der Henker ihm nicht ein Bein gestellt.

Dies ist nur ein kleiner Ausschnitt aus einem Vorrat unzähliger Sagen. Allgemein gilt, dass die aufgezählten Episoden ins Reich der Fantasie gehören, was das Leben des historischen Störtebekers und seinen Tod anbetrifft.

Dennoch gibt es durchaus historische Relevanzen. Im Störtebekermythos schimmert nicht nur der Kampf gegen Störtebeker allein, sondern die wohl dramatischste Seeschlacht durch, welche die Hamburger jemals gegen einen Kaperfahrer und Piraten schlugen. Sie fand genau 125 Jahre später im Jahr 1525 statt. Ihr Protagonist hieß ebenfalls Klaus mit Vornamen, nur war er Däne und sein Nachname nicht Störtebeker, sondern Kniphoff. Jener Klaus Kniphoff war mit 25 Jahren einer der jüngsten Geschwaderkommandanten aller Zeiten.

Er wurde infolge dänisch-schwedischer Thronstreitigkeiten von dem gestürzten dänischen König Christian II. mit einem Kaperbrief ausgestattet, um den dänisch-schwedischen Seehandel zu schädigen und Norwegen zurückzuerobern. Der Plan sah vor, mithilfe einer schottischen Basis gegen Norwegen zu operieren, scheiterte allerdings, kaum dass er begonnen hatte. In Schottland wurden die Anhänger des Bündnisses mit Christian II. entmachtet, sodass Kniphoff seine Operationsbasis verlor.

Kniphoff reagierte, indem er Kurs auf die Küsten der Niederlande nahm. Hier wurde er nicht mit offenen Armen aufgenommen. Die niederländischen Städte wollten nicht in die dänisch-schwedischen

Thronwirren verwickelt werden und verweigerten Kniphoff die Einfahrt in ihre Häfen. Die Regentin der Niederlande, Margarethe von Österreich, ging sogar noch weiter. Sie erklärte ihn öffentlich zum Piraten und untersagte ihren Untertanen bei Todesstrafe, Handel mit Kniphoff zu treiben.

Von nun an richteten sich Kniphoffs Unternehmungen nicht nur gegen die Schiffe von König Christians Rivalen Gustav Wasa, sondern auch gegen Handelsschiffe jeglicher Nation, insbesondere der Hanse. Damit büßte Kniphoff seinen Status als Kaperfahrer vollends ein. Im Kaperrausch brachte er sogar Schiffe des deutschen Kaisers auf, wovor ihn König Christian II. ausdrücklich gewarnt hatte.

Als Kniphoff beschloss, sich nach Ostfriesland zurückzuziehen, um frischen Proviant, Munition und Söldner aufzunehmen, sprach sich das sofort herum. Die Hamburger rüsteten eine Kriegsflotte aus vier Kravelen und zwei Kravelsboyern aus und übertrugen das Kommando Admiral Simon Parseval, der sich sofort auf die Suche nach Kniphoff machte.

Dieser hatte mittlerweile die Osterems erreicht und schickte sich an, in die große Grete einzufahren. Der Däne kannte jedoch die Gewässer nicht, was ihn dazu nötigte, einen gefangenen Hamburger Steuermann als Lotsen durch das schwierige Fahrwasser zu nehmen. Der Hamburger gehorchte, setzte jedoch das Piratenflaggschiff auf Sand. Stundenlang saß Kniphoffs Gallion fest, bis ein Sturm sie wieder losmachte.

Jetzt konnte Kniphoff endlich weiterfahren und in der geschützten Bucht ankern. Dort stellten die Hamburger im Oktober 1525 Kniphoffs Geschwader zum Kampf. Die Piraten wurden aufgerieben und regelrecht abgeschlachtet. Dies lag zum einen an den bewährten Hamburger Seesöldnern, zum andern an den erbitterten Bootsleuten, die fast ausschließlich mit Messern und kurzstieligen Handbeilen bewaffnet waren. Letztere stürzten sich auf den Roten Klaus, einen berüchtigten Seeräuberkapitän auf Kniphoffs Seite, der sich durch viele Grausamkeiten verhasst gemacht hatte. Er wurde durchstochen und von den wutentbrannten Bootsleuten mit ihren Handbeilen buchstäblich zerhackt.

Das Schicksal des Roten Klaus vor Augen, packte Kniphoff nackte Todesangst. Inmitten des Kampfgetümmels, das Wams von mehreren Kugeln zerfetzt, ergab er sich einem Seesöldner, der ihn in Erwartung eines sicheren Lösegelds vor den blutdürstigen Hamburger Bootsleuten bewahrte. Nach acht Stunden Kampf war Kniphoffs Geschwader vernichtet und seine Schiffe erobert.

Die Bilanz der Seeschlacht war furchtbar: 300 Piraten waren gefallen, die Hanse selbst hatte geringe Verluste erlitten. Dies war vor allem Ditmar Koel zu verdanken, der den entscheidenden Enterangriff auf Kniphoffs Gallion geführt hatte. Als Admiral Parseval erfuhr, dass Kniphoff sich an Bord von Koels Bojer befand, forderte er seinen Unterführer dazu auf, ihm den Gefangenen zu übergeben. Koel lehnte ab. Bis zum Einlauf in den Hamburger Hafen bewachte er Kniphoff eifersüchtig, um den Triumph später in vollen Zügen für sich beanspruchen zu können. Er sollte ihm dienlich sein und ihn zum Bürgermeister von Hamburg machen.

Kniphoffs Tage waren gezählt. Obwohl er sich in den Verhandlungen darauf berief, einen Kaperbrief zu besitzen, wurde er in aller Öffentlichkeit wegen Seeraubs als Pirat zum Tode verurteilt.

Vergeblich bot sein Stiefvater, der Bürgermeister von Malmö, dem Hamburger Senat ein riesiges Lösegeld, vergeblich bat Kniphoff vor Gericht um Schonung seines jungen Lebens. Der Monarchen Undankbarkeit brach ihm das Genick. Jetzt wurde ihm zum Verhängnis, dass sein Auftraggeber Christian II. von Dänemark die Ausgabe des Bestallungsbriefs bestritt, auf den sich Kniphoff in seiner Verzweiflung berief und die Regentin Hollands, Margarethe von Österreich, ihn im vergangenen Jahr öffentlich zum Piraten erklärt hatte. Der einstige Schrecken der Nordsee wurde zum Tode verurteilt.

In der Stunde der Not bewies der Todgeweihte jedoch Edelmut. Herzerweichend bat er um das Leben mehrerer Dutzend friesischer Bauernburschen, die er erst am Vorabend der Schlacht rekrutiert hatte. Kniphoff erreichte sein Ziel. Die jungen Bauern wurden begnadigt.

Am 30. Oktober 1525 endete sein Leben unter dem Richtschwert.

Nur kurz darauf machten schon drei Lieder über das Schicksal des unglücklichen Piraten und Kaperers in Deutschland die Runde, wovon sogar eines aus der Feder des deutschen Reformators Stefan Kempe stammt, der Kniphoffs Beichtvater gewesen war.

Die Lieder über Kniphoff wurden populär. Der Stoff des unglücklichen Piraten war inspirierend, hatte jedoch trotzdem keine Chance gegen das Störtebekerlied, das um 1555 zum ersten Mal in gedruckter Form als Teil einer Liedersammlung erschien. Es gilt die neue Version eines alten Liedes, das schon im 15. Jahrhundert entstanden war und nur mündlich weitergegeben wurde.

Obwohl das Kniphofflied gegen die Ballade von Störtebeker und Gödeke Michels den Kürzeren zog, wurde der Stoff nicht vergessen. Ganz im Gegenteil: Betrachtet man die vorher geschilderte Sagenversion genauer, liegt der Verdacht nahe, dass Teile des Kniphoffdramas dem Störtebekermythos zugeschlagen wurden.

Die kurzzeitige Manövrierunfähigkeit des Störtebekerschiffes, das vergebliche Lösegeldangebot des Piraten, die Bitte um Verschonung mehrerer Mitverurteilter (der Lauf des Geköpften an seinen Kameraden vorbei) und die wertvolle Beute, die in den Masten seines Schiffes steckt – nämlich der Schiffswert selbst – dies sind alles historische Wahrheiten, die von der Sage dramaturgisch überhöht und verdichtet wurden.

Störtebeker ist allerdings nicht der einzige Held dieser Episode, dem die Geschichte ein Denkmal setzte. Mindestens genauso sagenhaft ist Simon von Utrecht.

Denn der Sage nach war er es, der mit seiner »Bunten Kuh von Flandern« die Kogge Störtebekers rammte und somit zum entscheidenden Sieg über die Piraten beitrug.

Simon von Utrecht – ein Leben für die Piratenjagd

Es gibt keinen Flottenkommandeur der Hamburger Geschichte, der wie Simon von Utrecht Eingang in die Sage gefunden hat und dabei zum Mythos der Seestadt Hamburg beitrug. Dies liegt daran, dass die Sage ihn zum Bezwinger Störtebekers machte. Doch wer war der junge Utrechter wirklich? Simon war Kaufmann und Englandfahrer. Neuere Untersuchungen wollen wissen, dass er Fehdehelfer war. Sicher ist jedoch nur, dass er aus dem Gebiet des Erzstifts Utrecht stammte, das als Suffraganbistum des Erzstifts Köln unterstellt war und zum Heiligen Römischen Reich Deutscher Nation gehörte.

In Hamburg taucht sein Name zum ersten Mal in den Kämmereiabrechnungen für das Rechnungsjahr 1401 auf. Darin wird ausgewiesen, dass Simon erst Geld für den Bau einer Kogge und dann eine Entschädigung für die Schäden an seinem Schiff erhalten hat.[89] Aus exakt derselben Zeit findet sich ein weiterer Beleg seiner Existenz. Sein Schwiegervater, Heino Swartekopp, bürgte für ihn, damit Simon von Utrecht das Hamburger Bürgerrecht erwerben konnte.

Im Jahr 1400 war er ein derartig angesehener Mann, dass er auf Englandfahrt ging, im Jahr 1405 heiratete er die Witwe Tibbeke Holste, eine nahe Verwandte seines Bürgen Heino Swartekopp.

Mit dieser Verbindung bewies der Einwanderer aus Utrecht ein glückliches Händchen, nicht nur in Vermögensdingen, sondern auch hinsichtlich seines weiteren gesellschaftlichen Aufstiegs. Dieser äußerte sich darin, dass Simon von Utrecht 1425 zum Ratsherrn erwählt wurde, 1426 die Prätur verwaltete, 1427 zusammen mit zwei weiteren Befehlshabern die Hamburger Flotte im Kampf gegen die Dänen kommandierte und 1429 sogar die Stelle eines Kämmereiherrn einnahm. Seinen Platz in Hamburgs Ehrentempel aber erkämpfte sich Simon von Utrecht durch einen weiteren Seezug gegen die Vitalienbrüder, welche ab 1430 erneut die Elbmündung unsicher machten.

Schuld an dieser Entwicklung waren erneut friesische Machtkämpfe und das ewige Zaudern der Hanseaten, die Neugeburt der Seeräuberei im Keim zu ersticken. Dabei hatte es Warnzeichen genug gegeben. Bereits 1418 war die Friedeburg, eine gegen die Piraten und Friesen errichtete Zwingburg der Bremer, in Flammen aufgegangen, und die Kämpfe in Friesland waren erneut emporgezüngelt. Seitdem hatten sich die Übergriffe auf den Hamburger und Bremer Fernhandel gemehrt, bis die Verluste unerträglich geworden waren.

Noch einmal sah sich die Stadt Hamburg dazu genötigt, eine Strafexpedition gegen die Vitalienbrüder in der Nordsee auszurüsten. Wieder griff sie auf die bewährten Dienste Simons von Utrecht zurück. Dieser erwies sich bald als unermüdlich. Zusammen mit Nikolaus Langhe befriedete er 1430 erst die Elbmündung, dann verfolgte er die Vitalier bis Ostfriesland, wo sie wie zu Störtebekers Zeiten ihre Basishäfen hatten. Allein im Jahr 1432 unternahm er drei Strafexpeditionen nach Emden, einmal mit Nikolaus Meyer, zweimal mit Nygebur.

Die Strafaktionen der Hamburger waren erfolgreich, blieben jedoch ohne nachhaltige Wirkung. So oft Simon von Utrecht die Vitalienbrüder schlug, so oft stellten sie sich erneut zum Kampfe. Diesmal erwiesen sich die Gegner der Hanse als besonders harte Brocken. An ihrer Spitze standen zwei friesische Anführer, die in der Vergangenheit ihre Gefährlichkeit mehrmals unter Beweis gestellt hatten, wie die lübische Chronik zu berichten weiß:

»Sibet der Friese hielt viele Seeräuber auf seinem Schlosse Sibetsburg und desgleichen der Probst Imel auf seinem Schlosse Emden und in der Stadt, die großen Schaden taten dem Kaufmanne, der von der Elbe nach Flandern und nach Holland segelte. Deshalb machten die von Hamburg und Bremen sich stark zu Wasser, und machten Jagd auf die Seeräuber, und fanden sie auf der See und legten sich zu ihnen und schlugen viele tot und fingen etwa zehn, die nahmen sie mit sich nach Hamburg und köpften sie da.«[90]

Eine andere Aktion des Piratenjägers verlief 1432 nicht ganz so erfolgreich. Obwohl es Simon zusammen mit den Bremern gelang, bei einem anderen Gefecht 48 Piraten gefangen zu nehmen, entkamen 14 von diesen aus dem Winserturm in Hamburg.[91] Die anderen 34 hatten weniger Glück. Sie endeten wie so viele ihrer Kollegen auf dem Grasbrook, von wo aus nach einigen Wochen ihre abgeschlagenen Schädel der Elbe die Zähne entgegenbleckten.

Trotz ihrer Anfangserfolge konnten die Hansischen Flottenkommandeure ein Ausufern der Piraterie nicht verhindern. Anfang 1433 war die Zahl der Seeräuber so gestiegen, dass die Hamburger die preußischen Städte, Danzig und auch Göttingen um finanzielle oder militärische Hilfe baten. Dabei beriefen sie sich auf einen Hanserezess, ein Beschlussprotokoll des Hansetages, aus dem Jahr 1417, in dem die Städte für den Fall der Seeräubergefahr einen Beistandspakt untereinander vereinbart hatten.

Mit der hansischen Solidarität war es allerdings nicht weit her. Die preußischen Städte ignorierten die Hilfsgesuche. Danzig spielte auf Zeit und wollte die Beschlüsse der anderen Städte in dieser Sache abwarten. Hansische Binnenstädte wie Göttingen und Hildesheim fanden Ausflüchte. So behauptete Göttingen, selbst in viele Fehden verstrickt zu sein und deswegen nicht helfen zu können. Einzig Lübeck und Bremen steuerten einen kleinen Anteil am Kampf gegen die Piraten bei.

Zum Glück besaß die Hansestadt fähige Flottenführer, die das mangelnde Engagement der Städte mit List, Energie und taktischem Wissen kompensierten.

Mitte Juni verließen 21 Schiffe, darunter drei Holke, zwei Koggen und ein kleines Küstenfahrzeug, eine Busse, Hamburg. Wie bei der Hanse üblich, wurde das Geschwader von mehreren Ratsherren befehligt. Neben Simon von Utrecht führten die Ratsherren Ludolf Mensing, Nicolaus Langhan und Dietrich Luneborg das Kommando.

Die Strafexpedition von 1433 war politisch und strategisch gut vorbereitet. Diesmal erwartete das Hansegeschwader in Friesland das Heer des Friesischen Freiheitsbundes, der sich soeben von der Tyrannei des ostfriesischen Häuptlings Focko Ukena befreit hatte. Zusammen mit dem Freiheitsbund belagerten die Hamburger Emden, das sie am 20. Juli

1433 eroberten, wobei Imel Abdena in Gefangenschaft geriet. Er wurde sofort nach Hamburg gebracht, wo er Jahrzehnte später starb. Mit der Verhaftung Imels hatte Simon von Utrecht nicht nur einen der Erzpiraten in seine Hände gebracht, sondern auch Emden gewonnen. Die Stadt am Nordufer des Dollarts sollte ihm als Operationsbasis noch gute Dienste erweisen.

Die Erfolge der Hamburger und ihrer Verbündeten riefen Sibet Lubbe auf den Plan. Im Jahr 1433 rüstete der Seeräuberhauptmann mithilfe der Vitalienbrüder und der Truppen seines Bundesgenossen Udo Fockena zum Gegenschlag.

Bei Bargebur stellten sie sich am 29. Juli 1433 den Hamburgern und den mit ihnen verbündeten freien Friesen unter dem Kommando Edzard Cirksenas zur Schlacht. Es wurde ein fürchterliches Gemetzel, das mit einer vollständigen Niederlage Sibets und seiner Bundesgenossen endete.

Sibet wurde tödlich verwundet. Als er seinen Verletzungen erlag, übernahm sein Halbbruder Hayo Harlda das Kommando. Zusammen mit den Vitalienbrüdern zog er sich in die Sibetsburg (heutiges Wilhelmshaven) zurück, die damals direkt an einem kleinen, später versandeten Meeresarm lag, der in den Jadebusen mündete, sodass Schiffe direkt vor ihr ankern konnten. Zwei Wallringe schützten eine stark befestigte Burg mit einem mächtigen Belfried. Die Festungsanlage bot den Seeräubern hervorragenden Schutz gegen die Angriffe der Hamburger und Bremer.

Ab jetzt hing der Erfolg des Feldzugs von der Eroberung der Sibetsburg ab. Fiel sie, fiel die letzte Niststätte der ostfriesischen Seeräuber und Vitalienbrüder, herrschte endlich wieder Frieden in der Nordsee.

Zuvor mussten jedoch die Vitalier bezwungen werden. Schon stand der Herbst vor der Tür und mit ihm Stürme, Nässe und Kälte, was den Belagerern mehr als den Belagerten zugesetzt hätte.

Der Vorteil der Piraten war die Zeit. Die Erfahrung der Vitalienbrüder lehrte sie, dass die militärischen Aufgebote der Hanse äußerst fragile Gebilde waren. Bei längerer Kriegsdauer war die Chance groß, dass das eine oder andere Städtekontingent sich einfach auflöste, weil einige Bundesmitglieder die Kosten des Kriegszuges nicht mehr zu tragen bereit waren.

Simon von Utrecht wusste um diese Gefahr. Tag für Tag ließ er die Wälle beschießen. Unentwegt rannten seine Männer gegen die Burg an. Dreizehn Tage lang scheiterte jeder Sturm. Am 14. September schrieb Lübeck an die Städte, dass die Belagerung der Sibetsburg sich noch länger hinziehe, und bat sie um die Erhebung des Pfundzolls. Die Tinte war gerade unter dem Schreiben getrocknet, als die Nachricht von der Eroberung des verhassten Piratennests kam.

Nach vierzehntägiger Beschießung war es den Belagerern doch noch gelungen, die Sibetsburg zu erstürmen. Noch heute ist die Freude über den Sieg in den Zeilen des Briefes deutlich spürbar:»Liebe Freunde, als dieser Brief schon fertig war, schrieben uns unsere Freunde von Hamburg, dass sie mithilfe Gottes die Sibetsburg eingenommen hätten, dafür Gott gelobt sei.«[92]

Die Einnahme der Sibetsburg endete für die Piraten tragisch. Nach kurzem Standgericht wurden sie augenblicklich zum Tode verurteilt und sofort hingerichtet. Zwei Jahre später ging die Sibetsburg in Flammen auf.

Der Fall und die Zerstörung der Sibetsburg bedeuteten eine Zeitenwende. Die vorläufige Besetzung Emdens durch die Hamburger und die Vereinigung Ostfrieslands unter der Herrschaft der Häuptlingsdynastie der Cirksenas beendete diesmal endgültig die organisierte Piraterie der Vitalienbrüder in der Nordsee.

Dies war zum Großteil Simon von Utrecht zu verdanken und der Hamburger Senat wusste dies. Zum Dank erhielt er ein Jahr darauf den Titel eines Ehrenbürgermeisters. Es war der Siegespreis eines erfüllten Lebens im Dienste der Hansestadt. Nur drei Jahre später starb er am 14. Oktober 1437 in Hamburg.

Selbst angesichts des Todes vergaß Simon von Utrecht nicht die Piratengefahr. Er vermachte Hamburg eine bedeutende Geldsumme mit der Bestimmung, einen Teil der Zinsen zum Bau von Bartzen zu verwenden. Bartzen waren schnelle Fahrzeuge, die teilweise bis zu 160 Mann Besatzung mit sich führen konnten und im Kampfeinsatz mit Riemen ausgerüstet wurden. Dies prädestinierte sie für Küstenwachtdienst und Kaperfahrten.

Nach seinem Tod wurde Simon von Utrecht in der Nicolaikirche beigesetzt. Dort wurde ihm später ein Denkstein gewidmet, der jedoch infolge von Verwitterung bald verfiel.

Ein vergessenes Denkmal: Simon von Utrecht
an der Kersten-Miles-Brücke

Mitte des 17. Jahrhunderts schien Simon von Utrecht schon völlig vergessen, als Hamburgs Seehandel durch die nordafrikanischen Barbaresken neue Gefahr drohte. Um die Finanzierung zweier großer Konvoischiffe zu ermöglichen und den Kampfgeist zukünftiger Mannschaften zu stählen, erinnerte man sich plötzlich wieder des alten Piratenjägers. Noch einmal widerfuhr Simon von Utrecht große Ehre. Das Relief seines Grabsteins wurde erneuert und ein zeitgenössisches Konvoischiff auf die Deckplatte eingemeißelt, was als Botschaft für die Gegenwart gedacht war. An die glorreiche Vergangenheit gemahnte folgende Inschrift, die sich mehr an der Sage als an den historischen Fakten orientierte:

»Hier siehst du die Gebeine Simon von Utrechts liegen,
der Störtebeker und Gödeke Michels überwand.
Die Nachkommen mögen lernen,
den tapferen Taten der Alten zu folgen,
damit die Ehre der Stadt nicht falle.«

Nicht jede Hamburger Generation achtete die Taten des legendären hanseatischen Admirals. 1985 köpften Unbekannte während der Auseinandersetzungen um die Hafenstraße die Statue des Eroberers der Sibetsburg an der 1897 errichteten Kersten-Miles-Brücke. Sie sprühten Parolen wie »Wir kriegen alle Pfeffersäcke!«, »Bildet Banden!« sowie »Störtebeker lebt!« darunter.

Das Standbild Simon von Utrechts wurde später wiederhergestellt, das politische Statement scheint heute vergessen. Bemerkenswert ist jedoch, wie sehr die damaligen Standbildvandalen von dem Mythos gefangen waren, der sich um beide Figuren rankt. Es mutet paradox an, ist jedoch gewiss: Noch immer lieben die Hamburger »ihren« Störtebeker, obwohl sich seine Skulptur fast zwergenhaft vor dem gigantesken Internationalen Maritimen Museum in Hamburg ausnimmt.

Hier wurde Störtebeker angeblich vor über 600 Jahren geköpft, hier reckt er trotzig das Kinn. Mit Recht, denn als Mythos ist er ein Koloss.

IV

GEGEN KORSAREN UND USKOKEN

Jiménez de Cisneros, Eroberer der Piratenstädte ·
Die Gebrüder Barbarossa · Die zwielichtigen Streiter
des Herrn · Venedigs Sieg über die Uskoken[3]

Jiménez de Cisneros, Eroberer der Piratenstädte

»No hay moros en la Costa.«[93]

Während in Nord- und Ostsee die Aktivitäten der Vitalienbrüder nach und nach erloschen, landeten noch zu Lebzeiten Simon von Utrechts 1429 im Kanton Sarrola an der Westküste Korsikas muslimische Seeräuber mit 16 Schiffen. Kaum gelandet, strömte die Besatzung sofort ins Inland, um Beute und Gefangene zu machen. Die korsische Bevölkerung flüchtete vor Angst und Schrecken in die Berge, zunächst ohne Widerstand zu leisten. Dies ermunterte die muslimischen Seeräuber, weiter ins Inselinnere vorzudringen. Aber nach und nach sammelten sich die wehrfähigen Männer des überfallenen Kantons. Als das örtliche Aufgebot stark genug war, in die Gegenoffensive zu gehen, griffen die Korsen die Eindringlinge von allen Seiten an. Die Piraten zeigten sich dem Gegenangriff nicht gewachsen. Fluchtartig zogen sie sich in ein Gebirgsdorf namens Tavaco zurück, wo sie sich verschanzten. Es nutzte ihnen nichts. Die Eindringlinge wurden bis auf den letzten Mann niedergemacht und ihre vor der Küste ankernde Flotte ebenfalls genommen.

Seitdem erinnert eine Gedenkkapelle in Tavaco an diesen Sieg der Korsen über jene Piraten. Obwohl nicht jeder Raubzug so glimpflich für die Überfallenen ausging, mag er doch als Streiflicht für den kriegerischen Dauerzustand gelten, der im Mittelmeer herrschte.

Noch heute erinnern auf den Inseln des Mittelmeeres Hunderte von Wachttürmen an die Gefahr, die der christlichen Bevölkerung von maurischen Seeräubern drohte, die man ab dem frühen 16. Jahrhundert als »Korsaren« bezeichnete. Die Bezeichnung »Korsar« leitete sich von dem lateinischen Wort »cursus« (Beutezug) ab und setzte sich durch. Das Wort »Korsar« fand zuerst nur in der Beschreibung arabischer Piraten und Kaperfahrer Verwendung. Später wurde es auch auf christliche Seeräuber und Kaperfahrer angewandt. Anfang des 19. Jahrhunderts verlor es völlig seine ethnische Zuschreibung und wurde vollends zum Synonym für »Seeräuber«.

Im 19. Jahrhundert zählte der französische Romancier Prosper Mérimée allein auf Korsika 85 Wachttürme oder Fernwarten auf, die teils aus der Epoche Pisanischer Vorherrschaft, teils aus der Ära der Genuesen stammten.[94] Diese Zahl wurde von der Anzahl der Türme übertroffen, die das Königreich Neapel im 17. Jahrhundert vor Piraten beschirmten. Allein 301 Türme hatten hier die Aufgabe, die Küstenbevölkerung vor den Angriffen der Piraten zu sichern.[95] Was heute einen Hauch von Romantik verbreitet, sind bauliche Denkmäler eines fast aussichtslosen Versuches, die einheimische Bevölkerung vor den Menschenräubern des Maghreb zu beschützen. Die mehrgeschossigen Turmanlagen befanden sich an strategisch wichtigen Punkten und waren meist mit einem Turmwächter und einer Handvoll Soldaten, einem Kanonier und einem Bootsmann besetzt. Sie hatten die Aufgabe, zu warnen, abzuschrecken und erste Landungsversuche der Korsaren durch Artilleriebeschuss zu verhindern. Da die Geschütze jener Zeit weder große Reichweite noch ausreichende Treffsicherheit besaßen, erfüllten die Kanonenschüsse wahrscheinlich auch den Zweck von akustischen Warnsignalen.

Landeten die Korsaren bei Tag, begoss die Mannschaft des Turms Heuballen oder Reisig mit Pech. Einmal entzündet, entstand weißer Rauch, der meilenweit zu sehen war. Geschah der Angriff nachts, steckte die Turmmannschaft pro gesichtetes Schiff eine Fackel in eigens dafür

IV Gegen Korsaren und Uskoken

geschmiedete Metallkörbe, damit sie auch vom entferntesten Aussichtspunkt zu sehen waren.[96] Die Methode bewährte sich, war jedoch im Unterhalt zu teuer, weswegen in Unteritalien im Laufe der Jahrhunderte ein neues Meldesystem entstand: die Cavallari. Bei dieser Frühwarnmethode patrouillierten Meldereiter Tag und Nacht die Küste entlang. Sichteten sie einen Angriff, alarmierten sie die Bevölkerung sofort mit Hornsignalen, damit die Küstenbewohner noch rechtzeitig ins sicherere Hinterland fliehen konnten.[97]

Doch zurück ins 15. Jahrhundert. Über Jahrzehnte veränderte sich das Verhältnis zwischen den christlichen Mächten und den Piraten der muslimischen Welt nicht sonderlich. Auf christlicher Seite waren die beherrschenden Seemächte des Mittelmeers die Stadtrepubliken Genua, Venedig, die Königreiche Frankreich, Kastilien und Aragon.

Auf arabischer Seite dominierten die Raubflotten der nordafrikanischen Städte Ceuta, Algier, Oran, Bougie, Mahdia, Tunis und Tripolis. Jahr für Jahr gingen die Raubgeschwader der Korsaren auf Sklavenjagd und Beutefahrt. Selten wurden ihre Angriffe durch christliche Gegenschläge wie dem Kreuzzug gegen Mahdia (1390) oder Strafexpeditionen wie die des kastilischen Admirals Pero Niño, genannt »El Victorial«, geahndet. Meist blieben die christlichen Königreiche und Seerepubliken in der Defensive.

An diesem Jahrzehnte währenden Kleinkrieg zur See änderte sich erst etwas, als das letzte maurische Königreich auf spanischem Boden, das Emirat von Granada, im Jahr 1492 erobert wurde.

Mit diesem Sieg wurde die Jahrhunderte während Reconquista Spaniens abgeschlossen. Der Eroberung Granadas folgte die Durchsetzung des Christentums als Leitreligion, wobei der Großkanzler von Kastilien und Erzbischof von Toledo, Jiménez de Cisneros, eine entscheidende Rolle spielte.

Der bußfertige Franziskaner besaß als Beichtvater der Königin von Kastilien, Isabella I., großen Einfluss und setzte sich höchstpersönlich an die Spitze der Maurenmission. De Cisneros kannte in Glaubensfragen weder Kompromiss noch Pardon. Wer ihm Widerstand entgegensetzte, wurde brutal unterdrückt. In den Jahren seiner Glaubensagitation verbrannte er unzählige theologische, historische und philosophische Bücher des Orients. Nur die medizinischen Abhandlungen überlebten. Auf diese Weise fielen unschätzbare Werke den Flammen zum Opfer.

Aber de Cisneros beließ es nicht nur bei der Zerstörung der arabischen und jüdischen Literatur. Sein Ziel war es, die aus seiner Sicht ungläubigen Juden und Araber entweder für den christlichen Glauben zu gewinnen oder aus Spanien zu vertreiben. Als Erstes setzte er alles daran, die jüdische Bevölkerung zu bekehren oder zu vertreiben. Von etwa 200 000 Juden ließen sich 100 000 taufen. Der Rest wanderte nach Nordafrika aus. Doch damit gab sich Jiménez de Cisneros nicht zufrieden. Nachdem er 1498 bei einem Aufstand der unterdrückten Mauren gegen die Zwangschristianisierung beinahe ums Leben gekommen wäre, wirkte er so lange auf die Königin ein, bis sie die Vereinbarung brach, die sie den Mauren seinerzeit bei der Übergabe Granadas gegeben hatte.

Die Königin forderte die Unterworfenen dazu auf, sich zum Christentum zu bekennen oder das Land zu verlassen. Die meisten Araber entschieden sich für Letzteres, was einen Exodus von 200 000 Mauren nach sich zog. Die Maßnahmen de Cisneros zeitigten bald einen Bumerangeffekt.

Die Vertriebenen wandten sich in ihrer Not nach Nordafrika, wo viele Verwandte von ihnen lebten, und zogen in die schwach besiedelten Königtümer von Marokko, Algier und Tunis. Hatten sich viele begüterte Muslime vor christlicher Bedrückung in den Norden Afrikas retten können, so gab es doch auch unter den Neuankömmlingen viele Habenichtse, die bald aus Not zu Seeräubern wurden. Rachsüchtig hielten sie sich besonders an den Schiffen der verhassten Spanier schadlos, was dazu führte, dass immer mehr christliche Schiffe von muslimischen Piraten überfallen wurden.

Dieser Entwicklung versuchte Jiménez de Cisneros entgegenzusteuern. Da König Ferdinand der Katholische nach all den Feldzügen keine Lust auf einen neuen Eroberungszug verspürte, rüstete Jiménez im Jahr 1505 aus seinem eigenen Vermögen eine Privatarmee in Stärke von 6000 Mann aus. Sein Ziel war es, im Norden ein christliches Reich zu gründen und die Piraterie zu unterbinden. Der Feldzug ließ sich zunächst gut an. Unter dem Oberkommando von Don Diego de Cordova eroberte die Privatarmee des Erzbischofs die Festung Malquivir. Doch das Blatt wendete sich schnell. In den folgenden Gefechten wurde die Armee des Erzbischofs 1507 regelrecht von den Berberstämmen und der wehrhaften Bevölkerung Orans aufgerieben. Trotz dieser Hiobspost gab Erzbischof Jiménez nicht auf. Im Frühjahr 1509 rüstete er noch einmal aus eigenen Mitteln ein 16 000 Mann starkes Heer aus, an dessen Spitze er den fähigen Don Pedro de Navarra stellte. Diesmal schiffte er sich mit ein und segelte im Mai 1509 über das Meer nach Oran. Dort kam es kurz nach der Landung zur entscheidenden Schlacht gegen die Mauren, die selbst 15 000 Mann zum Kampf aufboten. Die Spanier gewannen, stürmten Oran, das sie zu ihrer Basis machten und griffen von dort aus die Hafenstadt Bougie an, die sie kurz darauf einnahmen. Im folgenden Jahr eroberten die Heerscharen Erzbischof Jiménez' Tripolis und Algier, das sie jedoch nicht besetzten. Stattdessen errichteten sie vor der Hafeneinfahrt eine Zwingburg, die Festung Peñon, mit der sie die Schifffahrt dieses wichtigen Hafens kontrollierten. Des Weiteren machten sie sich die Regenten von Tlemcen und Tunis zinsbar.

Damit schien die nordafrikanische Küste befriedet und der Mittelmeerhandel wieder gesichert. Und tatsächlich – während Ferdinand der Katholische am Leben war, unternahmen die Korsaren keine Versuche mehr, ihre einstigen Operationsbasen zurückzuerobern. Dies änderte sich erst, als der spanische König starb und der gefürchtete Pirat Arudsch Barbarossa zusammen mit seinem Bruder Chaireddin in Tunis auftauchte.

Die Gebrüder Barbarossa

Arudsch Barbarossa war ein gefährlicher und grausamer Mann. Er stammte von der Insel Lesbos und wurde 1473 geboren. Sein Vater war der Renegat Jakob Reis, ein zum Islam übergetretener Christ, der seinen Lebensunterhalt als Kauffahrer im Archipel der Ägäis verdiente, wobei ihn seine vier Söhne Elias, Ishak, Arudsch und Azor (der spätere »Chaireddin«) unterstützten. Bei seinem Tod übernahmen Azor und Ishak das Geschäft, während Arudsch und Elias sich auf die Seeräuberei verlegten.

Die ersten zwei Coups gelangen den jungen Seeräubern ohne Mühe und endeten mit der Kaperung zweier christlicher Kauffahrer. Beim dritten Raubzug griffen die Brüder in ihrer Unerfahrenheit eine Galeere des Johanniter Ritterordens an und begingen damit einen schweren Fehler.

Die Galeeren der Ordensritter waren unter muslimischen Korsaren gefürchtet. Wo immer die Ordensflagge mit dem weißen achtspitzigen Kreuz auf rotem Feld auftauchte, wichen die Korsaren in großem Bogen aus. Hier kam keine leichte Beute, sondern ein schwer verdaulicher Raubfisch, der selbst auf Jagd aus war. Die Galeeren des Ordens hatten 25 Ruderbänke und eine Rudermannschaft, die zumindest in der Anfangszeit des Ordens nicht aus Sklaven, sondern freien Männern bestand. War Not am Mann, beteiligten sie sich durchaus am Enterkampf. Doch in der Regel war dies nicht notwendig. Denn der eigentliche Trumpf der Johannitergaleeren waren an die zwanzig schwer bewaffnete Ritter, die durch zusätzliche Hilfstruppen verstärkt wurden. Eine regulär bemannte Ordensgaleere war demnach ein mächtiger Gegner. Zählt man die Kühnheit und Schlagkraft der Ordensritter hinzu, so konnte es keinen Zweifel darüber geben, wie der Kampf ausgehen würde.

Es kam, wie es kommen musste. Die Johanniter töteten Elias und nahmen Arudsch gefangen, den sie erst in Ketten warfen, um ihn später an die Ruderbank einer Galeere zu schmieden, die zu Sklaventransporten bestimmt war.

Zu Arudschs Zeiten hatten die Johanniter-Ritter – die unter dem umständlichen Namen »Ritterlicher Orden sankt Johannis vom Hospital zu Jerusalem« firmierten – noch ihr Hauptquartier auf Rhodos. 1099 in Jerusalem als Laienbruderschaft zur Armen- und Krankenpflege gegründet, hatten sie zwischen 1120 und 1153 die schrittweise Umwandlung in einen geistlichen Ritterorden vollzogen. In dieser Funktion hatten sie zuerst im 1. Königreich von Jerusalem gedient, zu Lande als Elitetruppe die Muslime bekämpft und die Wege christlicher Handelskarawanen vor Überfällen gesichert. Nach dem Fall von Akkon 1291 waren sie gezwungen gewesen, das Heilige Land zu verlassen. Ihre Flucht führte sie nach Rhodos, wo sie sich niederließen und das sie im Laufe ihres Aufenthalts stark befestigten.

Wie schon zu den Blütezeiten in der Antike wurde Rhodos zum Bollwerk gegen Seeräuber. Mit ihren Patrouillenfahrten zur Sicherung des Handelsverkehrs der christlichen Seemächte, aber auch durch ihre gezielten Gegenschläge gegen muslimische Piraten wurden sie bald zu gefürchteten Seekämpfern.

Die Johanniter waren streng durchorganisiert. Der Admiral der Johanniter war für alle Schiffe des Ordens zuständig, die man für den Krieg vorbereitete.

Das wichtigste Kriegsschiff der Zeit war die Galeere. Sie entwickelte sich aus der byzantinischen Dromone und war zu Zeiten von Kaiser Leo VI. von Byzanz ursprünglich eine Dromone mit einer Ruderreihe gewesen. Später entwickelte sich daraus im Mittelalter ein Schiffstyp, der in der Länge durchschnittlich 50 Meter maß und sechs bis sieben Meter breit sein konnte.

Die venezianischen Galeeren erreichten sogar Langen von 60 Meter. Die Galeere war ein schlankes und schnelles Schiff. Ihr durchschnittlicher Tiefgang betrug zweieinhalb Meter. Galeeren waren schnell und beweglich, jedoch ungeeignet für Transportfahrten. Obwohl sie hauptsächlich gerudert wurden, führten sie zwei bis drei Masten mit Lateinsegeln. Sie segelten gut vor dem Wind. Bei unruhiger See und Wind von der Seite hatte die Galeere aufgrund ihres geringen Tiefgangs Probleme, Kurs zu halten.

Doch dies war eher eine Hilfsbesegelung. Der Hauptantrieb lag in der menschlichen Muskelkraft, wie ein ehemaliger Galeerensklave schildert:

»Wenn der Kapitän ›Rudern‹ befiehlt, gibt der Offizier mit einer silbernen Pfeife, die er an einer Schnur um den Hals trägt, das Signal. Das Signal wird von den Unteroffizieren wiederholt, und alsbald tauchen die fünfzig Ruder ins Wasser wie eines. Man male sich sechs an die Bank gekettete Männer aus, nackt, wie sie geboren wurden, einen Fuß auf dem Stemmbrett, den anderen hochgehoben und auf die Vorderbank gestützt, mit den Händen ein ungeheuer schweres Ruder haltend, wie sie die Leiber nach rückwärts legen, die Arme ausgestreckt, damit der Ruderstiel vom Rücken der vor ihnen Sitzenden abgehalten wird … Manchmal rudern die Galeerensklaven zehn, zwölf, sogar zwanzig Stunden hintereinander, ohne die geringste Unterbrechung und Ruderpause …«[98]

Auf jeder Galeere führte ein Ordensritter als Kapitän das Kommando. Der wahre Schiffsführer war jedoch ein rhodischer Segelmeister, dessen Befehle rhodische Seeleute ausführten. Die Bemannung der Galeere konnte aus 200 Ruderern, 50 bis 200 Seesoldaten und 50 Seeleuten bestehen.

Die Qualität der Mannschaft und ihrer Bewaffnung entschieden über Sieg und Niederlage im Seegefecht und über den Erfolg eines Beutezugs. Die Taktik einer Feindfahrt hatte oft etwas von einer Treibjagd. Wurde ein Kauffahrer oder ein feindliches Schiff gemeldet, legte sich eine Galeere der Johanniter bei einer Insel oder einer Durchfahrt in den Hinterhalt, während die andere dem Opfer in den Rücken fiel und es auf die wartende Galeere zutrieb.

Die Streiter der Christenheit waren in dieser Hinsicht nicht weniger gewitzt als ihre Feinde. Wie ihre Gegner verübten sie nicht nur reguläre Kriegszüge, sondern auch Piraterie. Skrupellos plünderten sie gegnerische Küsten. Sie brachten feindliche Schiffe auf, kassierten dafür Prisengeld oder raubten Menschen, die sie später gegen Lösegeld verkauften.

Ein solcher Handel stand Arudsch bevor. Sein Bruder Chaireddin wollte ihn für 10 000 Silberdrachmen auslösen. Arudsch jedoch weigerte sich und lehnte den Freikauf ab. Das Schicksal sollte ihm Recht geben. Ein Sturm warf die Galeere, auf der er ruderte, an Land, der Schiffbruch ermöglichte die Flucht. Obwohl die Ordensritter ihm nachsetzten, gelang es dem gestrandeten Korsaren, nach Lesbos zu entkommen, wo er vorläufig sein Hauptquartier einrichtete.

In den folgenden Monaten machte er eine Prise nach der anderen. Trotz einer erneuten Niederlage gegen die Ordensritter blieb Arudsch seinem gewählten Weg treu. Doch der Kampf um die türkische Thronfolge ließ es nicht ratsam erscheinen, länger auf Lesbos zu verweilen, da Arudsch in den Diensten des unterlegenen Thronprätendenten stand und Repressalien von Seiten des neuen Sultans Selim I. zu befürchten waren. Der Korsar wandte sich erst Ägypten, dann der Pirateninsel Djerba zu, wo sich ihm sein Bruder Chaireddin anschloss, der den väterlichen Kaufmannsbetrieb an den Nagel gehängt hatte.

Gleichwohl waren auf Djerba zu viele Korsaren und die Konkurrenz zu groß. Umtriebig wie sie waren, segelten die beiden Barbarossas nach Tunis, wo Arudsch einen Vertrag mit Sultan Muley Mohammed abschloss.

In diesem Vertrag verpflichtete sich der Korsar, 20 Prozent der Beute abzugeben und die Untertanen des Sultans ungeschoren zu lassen, wofür ihm Muley Mohammed das Recht einräumte, den Hafen von Tunis zu benutzen. Es wurde für beide Seiten ein hervorragendes Geschäft. Als 1510 die Jagdsaison eröffnet wurde, kaperte er mit vier Schiffen innerhalb von nur 20 Tagen drei große christliche Kauffahrer, die kostbare Stoffe und Getreide geladen hatten.

Der Vorfall ist bemerkenswert, weil er einen Blick auf die Beuteverteilung an Bord der Korsarenschiffe gestattet und auch die soziale Komponente des Korsarentums verdeutlicht. Nachdem der Sultan von Tunis seinen obligatorischen Beuteanteil empfangen hatte, erhielt jeder Matrose aus Arudschs Mannschaft neun Golddublonen, 100 Fuß Leinwand und ein Viertel eines Stückes Tuch, während die Armen der Bevölkerung das geraubte Korn geschenkt bekamen.

Im folgenden Jahr hatten Arudsch und Chaireddin Barbarossa noch mehr Glück. Nach mehrtägigem Kreuzen kam ihnen ein spanisches

Schiff in die Fänge, das 300 Mann an Bord hatte und erst nach mehrstündigem Kanonenduell und einem harten Enterkampf die Flagge strich.

Arudsch Barbarossa, Schrecken der christlichen Seefahrt

In seiner Darstellung »Leben der Korsaren Horuk und Hairadin Barbarossa« hat Eberhard Wiens 1844 die Entertaktik der Korsaren plastisch skizziert:

> »Sobald sie in Schussweite kommen, beginnt eine Kanonade und werden gleichzeitig einige stark bemannte Schaluppen ausgesetzt. Wenn sich diese den Gegnern bis auf die Flintenschussweite genähert haben, so springen die geschicktesten Schwimmer, ihre kurzen Säbel in den Mund nehmend, in die See und versuchen von allen Seiten das feindliche Bord zu erklimmen: denn in den Künsten des Schwimmens und Kletterns haben sie eine ungewöhnliche Fertig-

IV Gegen Korsaren und Uskoken

keit. Um ihnen dieses Manöver zu erleichtern, unterhalten die in den Schaluppen Zurückgebliebenen ein beständiges Büchsenfeuer, um die Besatzung des feindlichen Schiffes zu vertreiben. Sind nur erst einige eingedrungen, so folgt eine große Anzahl bald nach, und die Besatzung muss sich ergeben, wenn nicht etwa die Nähe der Küste gestattet, sich durch Schwimmen oder in offenen Booten mit Preisgebung des Schiffes zu retten.«[99]

Dieser Vorgang wiederholte sich in den folgenden Monaten mehr als einmal und überzeugte den Sultan von Tunis davon, in größerem Maßstab in Arudschs Unternehmungen zu investieren.

Mit dem Sultan von Tunis als Rückendeckung wuchsen die Geschwader der Gebrüder Barbarossa, deren Pläne nun kühner wurden. Nachdem sie sich in La Goletta bei Tunis niedergelassen hatten, griffen sie die Spanier an, wo sie konnten, und vertrieben sie aus mehreren ihrer Stützpunkte.

Als sie sich jedoch anschickten, die spanische Festung Cherchel zu erobern, dämmerte es Sultan Muley Mohammed langsam, dass die Brüder von anderem Kaliber waren als die Seeräuber, die er bisher in seinem Reich geduldet hatte und die Gründung eines eigenen Reiches anstrebten. Muley Mohammed tat das, was jeder Machthaber an seiner Stelle getan hätte. Er brach mit den Brüdern, indem er ihnen jegliche Unterstützung entzog, was ihm wahrscheinlich den Thron rettete.

Die Brüder sahen sich gezwungen, die Belagerung Cherchels abzubrechen, gaben aber den Angriff auf die spanischen Besitzungen nicht auf. Im August 1512 griffen sie die wichtige Hafenstadt Bougie an, ohne sie einnehmen zu können. Schlimmer noch als die Niederlage wog der Umstand, dass eine Musketenkugel Arudsch die linke Hand zerschmetterte, die augenblicklich amputiert werden musste. Die Verwundung zwang den Korsaren monatelang zur Ruhe, konnte ihn aber nicht von seinem ehrgeizigen Vorhaben abbringen. Dem deutschen Raubritter Götz von Berlichingen nicht unähnlich, ersetzte er die Hand durch eine metallene Prothese, was ihm den Beinamen »Silberarm« einbrachte.

Als er wieder gesundete, verfolgte er seine ehrgeizigen Pläne, die darauf abzielten, sich ein eigenes Fürstentum zu erobern, weiter. Dass Arudsch nicht nur den Christen gegenüber feindlich gesinnt war, sondern auch ehemalige Mitstreiter grausam massakrierte, bekam als Nächstes ein ehemaliger Gefolgsmann Arudschs, der erfolgreiche Korsar Karhassan, zu spüren, der sich dank einer treuen Anhängerschaft aus spanischen Flüchtlingen in Cherchel zum Kleinkönig erhoben hatte. Aber Arudsch war nicht der Mann, unliebsame Nebenbuhler zu dulden.

Er lockte Karhassan zu sich ins Lager, nahm ihn fest und ließ ihn auf der Stelle hinrichten. Damit war die Machtfrage geklärt, wer die Nummer eins unter den nordafrikanischen Korsaren war. Mit dem Tod seines Konkurrenten Karhassan übernahm Arudsch nicht nur die Herrschaft in Cherchel, sondern auch dessen Geschwader, was ihn noch mächtiger machte.

Arudsch gelüstete es nach mehr. Im Jahr 1515 befand sich Scheich Selim-Eutémi von Algier in großer Not und bat Arudsch um Hilfe im Kampf gegen die Spanier. Arudsch sicherte Hilfe zu, erschien bald darauf mit seinem Flottenverband vor der Stadt und verjagte die spanische Flotte nach kurzem Gefecht.

Scheich Selim-Eutémi war überglücklich. Noch ahnte er nicht, dass er einen scharfäugigen Raubvogel in den goldenen Käfig seiner Residenz eingelassen hatte.

Denn einem Mann wie Arudsch stach die Schwäche des Scheichs angenehm ins Auge. Arudsch witterte die Chance seines Lebens. Wenn er es geschickt anstellte, konnte er sich zum Herrscher Algiers machen. Und Arudsch war nicht nur geschickt: Er war über alle Maßen gerissen und skrupellos.

Ohne zu zögern, fasste er einen tollkühnen Plan, den er sofort ausführte. Während der Scheich das Badehaus besuchte, verschaffte sich der Korsar mit einem Getreuen heimlich Zutritt und erdrosselte ihn, um sich nur wenig später selbst zum Herrscher auszurufen. Damit hatte er den Zenit seiner Gräueltaten erreicht. Die nahen Verwandten des Gestürzten schworen Rache und flüchteten sich nach einem gescheiterten Aufstand zu den Spaniern, in der Hoffnung sie zu einem Feldzug gegen Arudsch bewegen zu können.

Währenddessen regte sich auch in Algier der Widerstand gegen den grausamen Usurpator. Die Anhänger des Ermordeten verschworen sich und heckten einen kühnen Plan aus. Sie wollten Arudschs Flotte, die aus 22 Galioten, kleinen Galeeren, bestand, in Brand stecken und seine Männer beim Löschen ermorden. Aber es kam anders. Verräter offenbarten dem Korsarenherrscher das Komplott, sodass Arudsch noch rechtzeitig Gegenmaßnahmen ergreifen konnte. Der neue König Algiers verfuhr wie der Despot im orientalischen Märchen. Noch bevor die Rebellen ihren Anschlag ausführen konnten, verhaftete er 22 der Rädelsführer beim Gottesdienst in der Moschee und ließ sie an der Tür enthaupten. Jetzt blieb den Bewohnern Algiers nichts anderes übrig, als auf die Spanier zu hoffen. Im Jahr 1517 war es so weit. Nach sorgfältiger Planung marschierte ein 8000 Mann starkes Heer nach Algier, um Arudschs aufblühendes Piratenreich zu zerschlagen.

Noch einmal hatte der Korsar Glück. Dank seinen türkischen Hilfstruppen schlug er die Spanier zurück, die heftige Verluste erlitten. Fast schien es, als wäre Arudsch unbesiegbar. Als er 1518 das Reich des Königs von Tlemcen überrannte und dessen Hauptstadt einnahm, vereinigte sich das Heer der Spanier mit der Armee des Königs von Tlemcen und schloss den Korsaren darin ein. Jetzt blieb Arudsch nur noch die Hoffnung auf die von seinem ältesten Bruder Ishak angeführte Entsatzarmee. Sie wurde jedoch im Anmarsch vernichtet und Ishak erschlagen.

Aber noch einmal lachte Arudsch das Glück. Obwohl die belagerte Stadt ringsum eingeschlossen war, gelang es ihm und einigen seiner Getreuen, durch einen unterirdischen Geheimgang zu entkommen. Die Spanier dicht auf den Fersen, entkam die Truppe Arudschs bis zur einstigen Wüstenfestung Zara. Hier endlich gelang es den Spaniern, die Flüchtigen einzuholen und zu besiegen.

Dabei fand Arudsch ein unrühmliches Ende. Weder ein Schuss noch ein Säbelhieb oder ein Stich mit der Pike bezwang den Korsaren mit dem Silberarm, sondern eine biblische Waffe. Und zwar jene, mit der David schon einst Goliath gefallt hatte: ein Stein. Es war der junge Fähnrich Garcia de Tineo, der ihn schleuderte. Kaum lag der Korsar auf dem Boden, sprang der Spanier hinzu und schlug ihm den Kopf ab.

Der Sieg über Arudsch blieb nicht der einzige Erfolg der christlichen Mächte. 1516 brach eine Flotte aus päpstlichen, neapolitanischen und genuesischen Schiffen zu einer Vergeltungsaktion gegen die Piratenhochburg Djerba auf, in welcher der berühmt-berüchtigte Korsar Cortogoli sein Hauptquartier hatte. Offiziell wurde die alliierte Flotte vom Genuesen Federigo Fregoso angeführt, in Wirklichkeit hatte aber ein erfahrener genuesischer Seeoffizier die Leitung inne, der noch Geschichte schreiben sollte: Andrea Doria.

Die Christen eroberten die Stadt im Handstreich, plünderten sie, befreiten Hunderte Gefangene und segelten wieder ab, bevor der von einem Raubzug zurückkehrende Cortogoli sie im Hafen überraschen konnte.

Der Angriff auf Djerba wurde in der Karriere Andrea Dorias zum Wendepunkt und brachte ihm den Titel eines Admirals ein. In der Folgezeit sollte er zum besten christlichen Admiral avancieren und zum Antipoden von Chaireddin Barbarossa werden, der seinen Bruder Arudsch beerbt hatte.

Im Gegensatz zu seinem Bruder, der zwar schlau und gerissen war, besaß Chaireddin Barbarossa zwei zusätzliche Tugenden: politische Weitsicht und Geduld. Das abschreckende Beispiel Arudschs vor Augen, erkannte er, dass es den Seeräubern unmöglich war, den Kampf gegen die mächtigen Spanier allein zu bestehen. Was Chaireddin brauchte, war ein mächtiger Bundesgenosse, dessen Heer den Spaniern gewachsen war und seine Häfen auch gegen Angriffe von der Landseite wirksam beschützen konnte.

Der Zufall kam dem Piraten zu Hilfe. Im Jahr 1517 überrannten die Osmanen unter Sultan Selim I. das Mameluckenreich in Ägypten, was Chaireddins Rettung bedeutete. Durch die Eroberung Ägyptens wurde der Norden Afrikas zur osmanischen Interessensphäre, was den weltgeschichtlichen Konflikt zwischen der Hohen Pforte und Spanien im Mittelmeer einleitete.

In der Folgezeit ging Chaireddin klug vor. Er machte sich den Sultan durch Geldgeschenke gewogen und bot ihm an, die von ihm beherrschten Städte unter türkische Oberhoheit zu stellen. Im Gegenzug forderte er vom Sultan Militärhilfe im Kampf gegen die Spanier.

Selim I. ließ sich nicht zweimal bitten. Was Chaireddin Barbarossa ihm anbot, bedeutete eine strategische Westerweiterung des Osmanischen Reiches mit dem wichtigen Hafen Algier als Operationsbasis für die osmanische Flotte. Zudem gewann der türkische Sultan einen fähigen Admiral und eine hervorragende Flotte, die er noch nicht einmal bezahlen musste: das Korsarengeschwader Barbarossas.

Mit diesem klugen Schachzug erreichte Chaireddin Barbarossa alles: Er wurde Untergebener des Sultans und erhielt sofort den Rang eines Paschas und Beylerbey (Generalgouverneur) der Berberküste und eine Hilfstruppe von 2000 Janitscharen.

Chaireddin Barbarossa, Korsar und Flottenführer

Ab diesem Punkt war Chaireddin kein gewöhnlicher Pirat wie Arudsch mehr, sondern der legitime Statthalter und Flottenoberbefehlshaber eines regulären Herrschers. Mithilfe türkischer Hilfstruppen eroberte er in Kürze die von Spanien besetzten Städte in der Nähe Algiers und weitete seine Eroberungszüge auf die übrigen Berberstaaten aus.

In der Folgezeit wurde er von Sultan Süleyman dem Prächtigen 1533 zum Großadmiral der türkischen Flotte ernannt und somit zum Träger der Außenpolitik seines Herren. Bis zu seinem Tod 1546 verwüstete er systematisch die christlich beherrschten Inseln und Küsten.

Er verlor zwar im Kampf gegen Karl V. 1535 Tunis, schlug jedoch den genuesischen Admiral Andrea Doria 1538 in der Seeschlacht bei Prevesa und wies 1541 einen spanischen Angriff auf Algier ab, der für die Spanier in einem völligen Fiasko endete.

Die Kämpfe gegen Karl V. und Andrea Doria waren regelrechte Kriegshandlungen im Rahmen eines europäischen Krieges und hatten nicht mehr den Charakter der Erstürmung regionaler Piratenhochburgen, wie sie noch der Erzbischof von Toledo in einer Art Fehde Anfang des 16. Jahrhunderts vorgenommen hatte.

Europa im Zeitalter der Barbareskenzüge

Die Kriegsführung Chaireddins und seiner Nachfolger Dragut Pascha und Uludsch-Ali war der Tradition der Korsaren verhaftet. Sie umfasste blitzartige Beutezüge zur See und erbarmungslose Razzien an feindlichen Küsten und im Hinterland. Es wäre jedoch verfehlt, unter ihren Seeoperationen bloßes Korsarentum zu verstehen.

Dies bewiesen die großen Kampfhandlungen, wie die unter dem Kommando Dragut Paschas 1560 geschlagene Seeschlacht bei Djerba und die Belagerung von Malta (1565), an denen die Barbaresken als Hilfstruppen der Türken teilnahmen. Dies soll nicht heißen, dass die Korsaren nicht wie gewohnt weiterhin zu Raubzügen auszogen. Beide, Dragut Pascha und Uludsch-Ali, waren lange Zeit Korsaren gewesen, bevor sie zu Großadmirälen der Osmanischen Flotte aufstiegen. Trotzdem sind die Kämpfe gegen sie und ihre Männer schwerlich als Piraten- oder Korsarenjagd zu verstehen, obwohl ihr Wirken eng damit verbunden ist.

Denn es war Dragut Pascha, der 1560 nach dem Seesieg bei Djerba Tripolis den Spaniern entriss, und Uludsch-Ali, der zusammen mit Koca Sinan Pascha 1574 Tunis von den Spaniern endgültig zurückeroberte.

Damit hatten beide Flottenführer den Grundstein zu den drei Hochburgen der künftigen Barbareskenstaaten gelegt, die sich innerhalb weniger Jahrzehnte faktisch von dem Osmanischen Reich unabhängig machen und zusammen mit den Wogenrittern Marokkos zum Schrecken der christlichen Seefahrt werden sollten.

Die zwielichtigen Streiter des Herrn

» ›Malta aus Gold, Malta aus Silber,
Malta aus edlem Metall, wir werden dich nie erobern!
Selbst wenn du weich wie Kürbis wärst,
selbst wenn dich nur eine Zwiebelhaut schützt!‹
Und von den Wällen kam die Antwort:
›Ich bin's, die die Galeeren der Türken hinwegraffte –
und all die Krieger von Konstantinopel und Galatien!‹«[100]

Diese Zeilen stammen aus einer Ballade eines unbekannten Dichters, die im ganzen Mittelmeer berühmt wurde. Der Text handelt von der vergeblichen Belagerung Maltas durch die Türken im Jahr 1565, die Sultan Süleyman den Prächtigen 25 000 Mann kostete. Vier Monate lang hatten 40 000 Türken die Wälle der Festung beschossen, bestürmt und untergraben, um Sprengminen anzulegen. Jedes Mal waren ihre Angriffe nach Anfangserfolgen blutig abgewiesen worden. Die Generalstürme hatten nicht nur unter den Mannschaften zu Verlusten geführt, auch einige der höchsten Offiziere, darunter der Korsarenadmiral Dragut Pascha, mussten ihr Leben lassen.

Doch woran lag es, dass die besten Truppen des Sultans – auserlesene Spahis, Janitscharen und verbündete Korsaren – es nicht schafften, eine öde Felseninsel mitten im Meer einzunehmen?

Was die Türken vor Malta scheitern ließ, war, dass die Insel seit der Ankunft des Johanniter Ritterordens 1530 systematisch in ein Bollwerk umgewandelt worden war, aus dem die Galeeren einer äußerst schlagkräftigen Flotte wie Hornissen ausschwärmten, um den Barbaresken und Türken empfindliche Stiche zu versetzen.

Der Bau der Festungen hatte die Ritter enorme Summen gekostet. Malta war karg und unfruchtbar, litt unter Holzknappheit, als Brennstoff benutzten die Inselbewohner Kuhdung und Disteln. Weizen und andere Nahrungsmittel mussten importiert werden, Bauholz ebenso. Viele Häuser der Hauptstadt Mdina waren verlassen, und nur eine kleine Burg vorhanden, die halb verfallen war und St. Angelo hieß. Sie verteidigte den prächtigen Hafen eines kleinen Fischerdorfes namens Birgu (auf Italienisch Il Borgo), das später zu La Valetta wurde.

Von 1530 bis 1565 hatten die Festungsarbeiten nie geruht, waren Unsummen für den Bau von Bastionen, Verteidigungswerken und Artilleriestellungen ausgegeben worden. Zudem hatten sich die Malteser Ritter stets im Waffenhandwerk geübt und durch permanente Kriegszüge zu Lande wie zu Wasser abgehärtet. Hinzu kam ein Ehrenkodex, der von jedem Ritter den Kampf bis zur Selbstaufgabe verlangte. Wurde diesem Ideal nicht entsprochen, drohte der Ausschluss aus dem Orden.

Im Fall des Komturs Saint Clement endete dies unmittelbar vor der Schlacht von Lepanto 1571 sogar tödlich. Saint Clement war mit seinen Galeeren bei einer Geleitfahrt vom Korsarenführer Uludsch-Ali und seinen Korsaren überfallen worden und hatte beim Anblick des Feindes die Flucht ergriffen.

Daraufhin hatten die Korsaren drei der vier Transportschiffe gekapert, die Saint Clement zum Schutz anvertraut gewesen waren. Damit hatte der Orden eine Schmach erlitten, die er nicht auf sich sitzen lassen konnte. Obwohl die Ordensleitung nicht befugt war, Ritterbrüder zum Tode zu verurteilen, kam Saint Clement trotzdem nicht mit dem Leben davon.

Der Orden übergab ihn der Zivilgerichtsbarkeit, die das Todesurteil fällte. Der unglückliche Admiral wurde erdrosselt, in einen Sack gesteckt und vor Malta ins Meer geworfen.

Für einen Malteser Ritter gab es nichts Schlimmeres auf der Welt als Feigheit vor dem Feind. Der Nimbus der Unbesiegbarkeit und ihre Todesverachtung waren nicht nur ihrem Mut geschuldet, sondern auch dem Kalkül, unter ihren Feinden Angst und Schrecken zu verbreiten. Einen Lapsus wie den Saint-Clements durfte der Orden nach seinem Selbstverständnis nicht durchgehen lassen.

Ein Malteser Ritter mit seinem Knappen

Hinzu kam, dass die Ordensritter sich bei fast allen Kämpfen in Unterzahl befanden und dazu gezwungen waren, ihre numerische Unterlegenheit dadurch auszugleichen. Ein Kapitän der Osmanen zeigte sich jedenfalls schwer beeindruckt von ihrer Todesverachtung und Kampfweise:

»Ihre Schiffe sind nicht wie die der anderen. Sie haben stets eine Vielzahl von Arkebusieren und Rittern an Bord, die darauf gefasst sind, bis in den Tod zu kämpfen. Wann immer sie eines unserer Schiffe angriffen, haben sie es entweder versenkt oder gekapert.«[101]

In ihrer Ehrsucht neigten die Ritter fast zur Tollkühnheit. Es waren die Malteser Ritter, die 1541 beim Angriff auf Algier ohne Rücksicht auf Verluste den Rückzug der Truppen von Karl V. gedeckt hatten und als Letzte an Bord der Schiffe gegangen waren.

Bei Lepanto hatten sie 1571 die algerischen Korsaren unter Uludsch-Ali davon abgehalten, das christliche Zentrum in der Flanke zu fassen und so doch noch der Schlacht eine Wendung zu geben, was sie drei Galeeren gekostet hatte.

Diese Seestreitmacht war klein, jedoch schlagkräftig. Sie bestand meist nur aus sechs bis acht großen Ordensgaleeren, mehreren Fregatten und Brigantinen sowie weiteren kleinen Fahrzeugen. Der Ausbildungsstand von Mannschaften und Rittern war hervorragend.

Die Malteser zählten im Mittelmeer zu den besten Seeleuten, sie scheinen sogar die äußerst seetüchtigen Barbaresken in der Regel übertroffen zu haben. Ihre exakten Wende- und Segelmanöver im Seegefecht waren vorbildlich. Vom Stoß mit dem Rammsporn bis hin zum Abfahren der gegnerischen Ruderreihen beherrschten die Malteser jedes Manöver, vom Enterkampf ganz zu schweigen, den sie aufgrund ihrer Kampferfahrung und schweren Panzerung meist für sich entschieden.

Die Spezialität der Malteser Ritter lag indes nicht auf dem Gebiet von Seeschlachten und Belagerungen. Die größte Meisterschaft erlangten sie im Kaperkrieg – ob gegen die reguläre osmanische Marine oder die Korsaren Nordafrikas.

Es waren nicht nur Ritter, die unter dem Tatzenkreuz kämpften. In den Scharen der Malteser Ritter gab es auch Freiwillige wie den spanischen Abenteurer Alonso de Contreras, der zuerst als Söldner, dann als Freibeuter auf der Seite des Ordens kämpfte und 1611 sogar Novize wurde. Seine Autobiografie bietet einen guten Einblick in den tagtäglichen Kleinkrieg den der spanische Philosoph Ortega y Gasset in einer Beurteilung von Alonso de Contreras folgendermaßen zusammenfasste:

»Auf Malta lebte man in ewigem Kriegszustand; denn unausgesetzt drohte die Gefahr, dass ›der Türke käme‹, dass er mit seiner mächtigen Flotte gegen das Zentrum des Mittelmeers oder den Norden der Adria vorstieße. Zu den gewagtesten Unternehmungen Contreras' zählen darum seine häufigen Fahrten ins Herz des feindlichen Gebietes hinein, um dort über die verfluchte Flotte ›Kundschaft‹ einzuholen. Und war's dies nicht, so war es das tägliche Geplänkel mit den Korsaren. Alonso setzt wie der Kranich immer nur einen Fuß auf den Boden. Denn er muss stets gewärtig sein, dass man ihm befiehlt, unverzüglich an Bord seiner Galione zu gehen und irgendeinen halsbrecherischen Auftrag auszuführen: Piratenschiffe zu verfolgen, Lebensmittel in einen belagerten Hafen hineinzuschaffen, in Saloniki sich eines jüdischen Bankherren zu bemächtigen. Ohne mit der Wimper zu zucken, segelt er los, entert die Korsarenfahrzeuge, bahnt sich, von Musketenkugeln umpfiffen, mit einem Beil den Weg, gewinnt schließlich die Oberhand und schleppt die Prise in den Hafen ein, während vom Mast seines Schiffes, am einen Beine aufgehängt, ein Heide baumelt …«[102]

Die Aussage von José Ortega y Gasset bringt wie kaum eine andere Passage das Doppelwesen des Ritterordens von Malta auf den Punkt.

Die Ritter des Tatzenkreuzes beschützten einerseits den Seehandel der westlichen Mittelmeermächte vor den Angriffen der Korsaren, verhielten sich andererseits aus muslimischer Sicht wie gewöhnliche Piraten. Dabei hatten es die Malteser nicht nur auf Korsaren, Türken und arabische Schiffe abgesehen. Wenn sich die Gelegenheit dazu bot, raubten sie auch venezianische Galeeren und Kauffahrteischiffe aus.

Kaperei und Kampf gegen Korsaren und türkische Kauffahrer, aber auch Konvoifahrten, Kommandounternehmen und spektakuläre Befreiungen christlicher Sklaven waren das tägliche Brot des Malteser Ritterordens. All diese Elemente verbanden sich in einer ebenso einzigartigen wie einträglichen Symbiose zu einem äußerst erfolgreichen Geschäftsmodell.

Ritter wie Freibeuter bereicherten sich an den Prisen für die gekaperten Schiffe, lebten vom Lösegeld für die Gefangenen und profitierten davon, dass sie dem Orden zuweilen die ihm von den Beutefahrten zustehenden Abgaben unterschlugen.

Das Leben der Malteser Ritter war abenteuerlich und gefährlich. War der Beutezug gemacht und die Gefahr überstanden, ließ man es sich in den Badestuben der Hafenbordelle oder in den dunklen Kaschemmen bei Wein, Weib und Würfelspiel gut gehen. Malteser Ritter waren zwar im Kampf aus Eisen, in den irdischen Dingen jedoch durchaus von dieser Welt. Eben noch vor Zechinen strotzend, verloren die kühnen Verteidiger der Christenheit ihre Reichtümer beinahe ebenso schnell, wie sie diese errungen hatten – meist an die maltesischen Freudenmädchen, die »Quiracas« geheißen wurden und von ausgesuchter Schönheit waren.

Formell war dies ein klarer Verstoß gegen das Keuschheitsgelübde des Ordens, das Raymond du Puy, der zweite Großmeister des Johanniterordens im 12. Jahrhundert als Ritterideal formuliert hatte:

> »Wann immer sie sich in einem Hause, einer Kirche oder an einem Ort befinden, wo Frauen anwesend sein konnten, sollen sie sich gegenseitig dabei helfen, ihre Keuschheit zu bewahren. Auch dürfen sich die Brüder nicht von Frauen Hände oder Füße waschen oder die Betten machen lassen, Unser Herr … möge sie in dieser Weise behüten.«[103]

Von einem derartigen Verhaltenskodex war Malta im 16. Jahrhundert weit entfernt, als es zur zweiten Heimat von Alonso de Contreras wurde. Wo immer man auf der Insel den Blick hinwandte, herrschte Unsittlichkeit und Wollust, ja bewahrheitete sich das alte Sprichwort: »Keusche Ritter sind so selten wie schwarze Schwäne.«

Alonso de Contreras machte in dieser Hinsicht keine Ausnahme. Er unterhielt eine uneheliche Beziehung zu einer Quiraca und lebte sogar längere Zeit mit ihr zusammen. Das hatte nicht nur angenehme Seiten für ihn. Seine Quiraca nahm ihn aus wie eine Weihnachtsgans, ließ sich von ihrem Geliebten ein Haus bauen und betrog ihn mit einem Kameraden, den Alonso aus Eifersucht zum Schluss fast umbrachte.

Aber der hintergangene Söldner kam finanziell schnell wieder auf die Beine. Er tat das, was auch ein Malteser Ritter in seiner Situation getan hätte. Drohte Geldknappheit, half immer eines: eine Kaperfahrt.

Stachen die Ordensgaleeren erst einmal in See, blieben sie meist mehrere Wochen auf dem Meer. Ihr Ziel war es, die Seehandelsstraßen rund um Sizilien zu sichern, die Levante auf Erkundung zu durchkreuzen, feindliche Schiffe zu kapern und die Küstenorte Nordafrikas oder der Levante zu überfallen.

Obwohl die Aufträge meist klar definiert waren, hatten die Kommandeure stets die Freiheit, auf plötzliche Veränderungen spontan zu reagieren und von ihrem Auftrag kurzzeitig abzuweichen, sollte dem Orden ihrer Einschätzung nach ein Vorteil erwachsen. Meist bestand dieser darin, christliche Sklaven zu befreien, muslimische Gefangene zu machen oder den feindlichen Schiffsverkehr zu unterbinden. Im Klartext hieß das nichts anderes, als dass sämtliche Handels- und Kriegsschiffe von der kleinsten Tartane bis zur größten Galeere angegriffen und gekapert wurden.

So verwundert es nicht, wenn Sultan Süleyman der Prächtige die Ritterbrüder für nichts anderes als kreuzfahrende Piraten hielt, die sich selbst rühmten, das Bollwerk der Christenheit zu sein: »Täglich hört ihr selbst die Klagen unserer bemitleidenswerten Männer und Kaufleute, wie diese Malteser – ich sage nicht Soldaten, sondern Piraten – Beute machen. All ihre Verletzungen werden gerächt werden im Namen des Gesetzes und Gottes, und mit der Hilfe der Männer, die dafür benötigt werden.«[104]

Wie man weiß, scheiterte die Belagerung von 1565 genauso wie der türkische Eroberungsversuch von 1615, was nichts anderes hieß, als dass die Raubzüge munter weitergingen.

Glauben wir den Ausführungen von Alonso de Contreras, so war ihm im Kampf stets Glück beschieden: ob im Gefecht gegen eine 400 Mann starke Galeere, bei einer 1601 stattfindenden Razzia gegen Morea, als die Malteser 500 Sklaven erbeuteten, oder bei einem verfehlten Landungsunternehmen.

Nicht jeder Beutezug der Malteser und ihrer Hilfstruppen war von Erfolg gekrönt, wie folgende Episode beweist: »Schlimmer erging es meinem Lotsen. Vier Monate später fingen sie ihn, als er mit der Tartane segelnd auf Freibeuterei ausging. Man schund ihn bei lebendigem Leib und stopfte seine Haut mit Stroh aus. Sie hängt noch heute am Tor von Rhodos ...«[105] Alonso de Contreras blieb derlei gottlob erspart. Er diente dem Orden noch viele Jahre, bis er Anfang des 17. Jahrhunderts in sein Heimatland zurückkehrte.

Die Malteser Ritter waren nicht der einzige Orden, der sich im 16. Jahrhundert voll und ganz der Piratenbekämpfung verschrieb.

1562 trat ein neuer Militärorden auf den Plan, der dem Vorbild der Johanniter nacheiferte. Cosimo I. von Medici, Großherzog von Toskana, stiftete ihn, um der Schlacht von Scannagallo zu gedenken, die er am 2. August 1554, dem St.-Stephans-Tag, geschlagen hatte. An diesem Tag besiegten die von ihm angeführten Florentiner die Streitkräfte der Republik von Siena, deren Armee unter dem Oberbefehl des Condottiere Piero Strozzi stand, was den Machtkampf beider Städte in Mittelitalien endgültig zugunsten Florenz' regelte.

In Aufbau und Struktur ähnelte der neue Militärorden dem Malteser Ritterorden. Je nach Herkunft und Eignung unterschied er adelige Ritter, Militärritter der Gerechtigkeit, Kapläne und dienende Brüder oder Waffendiener. Grundsätzlich waren alle Ritter katholischer Konfession und der regierende Großherzog der Großmeister des Ordens. Weitere Würdenträger waren der Großkonnetabel, der Admiral, der Großprior, der Großkanzler, der Schatzmeister und der Prior der Kirche.

Der Auftrag des Stephansordens war es, die Küsten der Ländereien Cosimos gegen die Razzien der Korsaren zu verteidigen, Korsarenschiffe aufzubringen und gefangene Christen aus der Sklaverei zu befreien. Diese heilige Pflicht erfüllte der Orden zur besten Zufriedenheit.

Er ging allerdings auch auf Sklavenjagd und raubte, wenn es sein musste, nicht nur die Schiffe muslimischer Feinde aus, sondern auch die der christlichen Seemächte, zum Beispiel der Seerepublik Venedig, die im Laufe ihrer Geschichte schon viele Piraten bezwungen hatte.

Venedigs Sieg über die Uskoken

Bis zum Ende der Seerepublik im Jahr 1797 fand in Venedig alljährlich zu Christi Himmelfahrt ein Ritual statt, das an die alte kriegerische Tradition der Lagunenstadt erinnerte:»Il Sposalizio del Mare«, die Vermählung des Dogen mit dem Meer. Bei dieser Seeprozession fuhr der Doge in Begleitung zahlreicher Boote und Schiffe zum Lido hinaus, um Gottes Segen für Venedigs Schifffahrt und seine Vormachtstellung zur See zu erbitten. Es war ein symbolischer Akt von größter religiöser und politischer Bedeutung, ein identitätsstiftender Kult, der das Selbstverständnis der Seerepublik für jeden sichtbar machte. Unter dem Banner des Löwen von St. Markus versammelten sich der Senat Venedigs, die Signoria, die Mitglieder des Großen Rates sowie die Botschafter und Gesandten auf dem Bucintoro, einer kolossalen, goldgeschmückten Prunkgaleere mit zwei Rudergalerien. Dann legte die Riesengaleere ab. Langsam, in feierlichem Gleichmaß, rauschten ihre gewaltigen Ruderblätter durch die Luft und tauchten in die Wellen ein.

Schwerfällig löste sich der Bucintoro von seinem Ankerplatz. Riemenschlag für Riemenschlag nahm er ruckartig Fahrt auf, bis er langsam, aber gleichmäßig durch die Wellen glitt. In seinem Fahrwasser tummelten sich Dutzende wimpelgeschmückter Galeeren, Galioten, Barkassen und Gondeln. Angesichts des riesigen Prachtschiffes wirkten sie wie Schwärme von Putzerfischen im Fahrwasser eines müden Wals.

Unter dem Klang glockenklarer Messgesänge näherte sich die Seeprozession San Nicolò, einer der Durchfahrten in die Adria. Dort, auf der Höhe, nahte der Höhepunkt der Feierlichkeiten, wurden Gebete für die Sicherheit der Seefahrer gesprochen und feierliche Gesänge angestimmt.

IV Gegen Korsaren und Uskoken

Jetzt begann der feierlichste Akt der Prozedur.

Andächtig ließ der Doge seinen Goldring segnen, dann zog er ihn vom Finger. Würdevoll hielt der Doge den Ring hoch. Mit feierlicher Stimme erneuerte er den Bund, der die Lagunenstadt auf alle Ewigkeiten mit dem Meer vereinte: »Wir heiraten dich, Meer, zum Zeichen unserer wahren und beständigen Herrschaft.« Dann warf das Staatsoberhaupt Venedigs den Ring in die Wellen der Adria.

Der symbolische Akt gab das Zeichen zur Umkehr. Behäbig wendete der Bucintoro und nahm wieder Kurs auf den Dogenpalast, den Rattenschwanz seiner Begleitflotte mit sich ziehend.

Stimmt es, dass der Kult schon im Jahr 997 begann, so sanken allein bis zur Auflösung der Seerepublik 1797 durch Napoleon 800 schwere Goldringe auf den Grund des Meeres.

Noch heute wird das Fest alljährlich gefeiert, wenn auch eine gewisse Sinnentleerung stattgefunden hat. Aus dem Dogen ist ein Bürgermeister, aus dem identitätsstiftenden Ritual Folklore und aus Venedig ein Touristenzentrum für frisch Verheiratete geworden.

Die wenigsten Touristen wissen heute noch, dass dem Fest der ältesten Überlieferung nach ein epochaler Triumph über slawische Piraten zugrunde liegt. 997 war es dem Dogen Pietro II. Orseolo in einem kurzen Feldzug gelungen, das an der Neretwa siedelnde Piratenvolk der Narentaner mit 36 Galeeren zu bezwingen.

Fast kampflos waren damals weite Teile Dalmatiens zum Herrschaftsbereich der Venezianer geworden. Einzig die Pirateninsel und Fliehburg Lesenia hatte sich heftig gewehrt. Hierhin waren all jene Narentaner geflohen, die nicht an Unterwerfung dachten. Es hatte ihnen nichts genutzt. Nach kurzer Belagerung waren die Mauern ihrer Stadt erstürmt worden und die Venezianer hatten ein grausames Strafgericht über die Piraten abgehalten.

Mit diesem Sieg errang Venedig die Herrschaft über die Adria. 160 Jahre lang hatten die Narentaner die Handelsschiffe Venedigs gekapert und ausgeplündert. Nur wenige Monate hatte Pietro II. Orseolo gebraucht, sie zu unterwerfen. Als der siegreiche Doge wieder mit seiner Flotte nach Venedig zurückkehrte, wurde er im Triumph empfangen und von der Serenissima zum Herzog von Venedig und Dalmatien ausgerufen.

Seitdem war der Aufstieg der Lagunenstadt zu einer der ersten Seemächte Europas unaufhörlich weitergegangen. Zusammen mit den Kreuzfahrern hatten die Venezianer 1204 Konstantinopel erobert und damit wesentlich zur Schwächung des Byzantinerreiches beigetragen. Das alte Kaiserreich der Griechen erholte sich von diesem Schlag nicht mehr und sank bald zu einer unbedeutenden Mittelmacht herab.

Ein zweiter Meilenstein der Geschichte Venedigs war der Triumph der Venezianer über Genua im Krieg um Chioggia 1381. In diesem Konflikt sicherte sich die Lagunenstadt die Seeherrschaft über das östliche Mittelmeer.

In der Folgezeit eroberten die Truppen der Seerepublik viele Inseln und Küstenorte des griechischen Archipels. Es entstand ein venezianisches Kolonialreich, das aufgrund der Beherrschung der Levante den Gewürz-, Tuch- und Getreidehandel mit dem Orient beherrschte.

Dies änderte sich mit der Eroberung Konstantinopels 1453 durch die Osmanen. Die türkische Expansion auf dem Balkan und in Griechenland setzte Venedig hart zu, das sich zehn Jahre lang mit Tributzahlungen eine Gnadenfrist erkaufte.

Doch 1463 brach der unvermeidliche Krieg mit den Türken aus, der mit einem schrittweisen Rückzug der Venezianer aus Griechenland endete. 1470 eroberten die Osmanen Negroponte (Euböa), den wichtigsten Stützpunkt der Venezianer in der Ägäis, 1479 die venezianische Kolonie Scutari, nur 25 Kilometer von der Adria entfernt.

Als Venedig mit den Türken 1479 Frieden schloss, hatten die Osmanen auf der Peloponnes 50 befestigte Stützpunkte im Besitz, während den Venezianern nur 26 geblieben waren.

Aber Venedig nutzte den Frieden, um sich auf den Krieg vorzubereiten. Während die Türken 1480/81 in der ersten Belagerung von Rhodos ihr Blut vergossen, baute Venedig in der Ägäis neue Stützpunkte aus, wobei ihm 1489 sogar Zypern durch Übereignung in die Hände fiel. Es half den Venezianern nichts. 1499 brach ein weiterer Seekrieg aus, der 1503 mit dem fast vollständigen Verlust des griechischen Festlands endete.

Als die Türken 1516 erst Palästina, dann Syrien und schließlich 1517 das Mameluckenreich vernichteten und Ägypten eroberten, geriet Venedig vollends in die Defensive, zumal Chaireddin Barbarossa sich mit seinen nordafrikanischen Korsaren unter den Schutz von Sultan Selim I. stellte. Der imperialen Neuausrichtung des Osmanischen Reiches, die von der Eroberung Rhodos' 1522, der Festsetzung der Osmanen in Nordafrika und dem Verlust Zyperns 1571 gekennzeichnet war, konnte die Serenissima lange Zeit nichts entgegensetzen. Die Misere wurde noch verstärkt durch die erste große Seeschlacht, welche die Heilige Liga (Spanien, Venedig und der Kirchenstaat) bei Prevesa 1538 unter dem Kommando Andrea Dorias trotz Überzahl verlor, wobei die Venezianer die Hauptlast der Kämpfe trugen.

Die Folge war ein Jahrzehnte dauernder, nur von gelegentlichen Friedensphasen unterbrochener Krieg gegen die Türken, der für Venedig zwei Jahre nach der 1571 geschlagenen Seeschlacht von Lepanto endete.

Die Seeschlacht von Lepanto ist im Nachhinein hinsichtlich ihrer politischen wie kriegerischen Bedeutung im Abendland stark mystifiziert worden. Weder beendete sie die türkische Expansion, noch wurde sie zur Initialzündung einer Reconquista der Levante.

Obwohl 99 Dichter den Sieg in Versen feierten, unzählige Gedenkmünzen geprägt wurden und die Maler den wundersamen Triumph über die Türken an den Decken und Wänden des Dogenpalastes festhielten, gelang Venedig die Rückeroberung Zyperns nicht.

Doch es gab einen Nutzen, den Venedig aus der siegreichen Galeerenschlacht zog: Im Gegensatz zu ihrer expansiven Politik in Nordafrika und in der Ägäis verzichteten die Türken auf ein weiteres Vordringen in der Adria. Im Sondervertrag mit Venedig verpflichtete sich 1573 die Hohe Pforte dazu, die venezianischen Hoheitsansprüche auf die Adria zu akzeptieren und ihnen nicht durch Kriegs- und Raubzüge zuwiderzuhandeln.

Im Gegenzug forderten die Türken, dass Venedig ihnen freien Handel und den Schutz seiner Schifffahrt in der Adria garantierte. Venedig sagte zu. Es musste jedoch bald feststellen, dass es seine Verpflichtungen nicht einhalten konnte, da die Uskoken, eine Gemeinschaft christlicher Piraten, immer wieder die osmanischen Handelsschiffe überfielen. Ihre Unersättlichkeit zur See greift das Uskokenlied des deutschen Schriftstellers Kurt Held auf.

»Oh, das Meer ist so schön.
Oh, das Meer ist so blau.
Uskoken, seid immer bereit.
Wenn ein Windstoß sich regt,
wenn die Ebbe vergeht
und ein Aar hoch über uns schreit.
Dann zu Schiff, dann zu Schiff
und die Segel gerafft
und wir stoßen voll Freude von Land.
Kommt ein Türke daher,
schickt Venezia ein Schiff,
wir nehmen's, das Schwert in der Hand.«[106]

Ob Kurt Held den Liedtext aus historischer Quelle bezog oder ihn selbst schrieb, ist bis heute nicht geklärt. Jedenfalls spielt die Uskoken-Hymne eine zentrale Rolle in seinem Kinderroman »Die Rote Zora«, in dem sich eine Bande von Straßenkindern unter Führung ihrer rothaarigen Anführerin Zora »Uskoken« nennt.

Die Namensgebung ist kein Zufall. Der Roman ist in der pittoresken dalmatinischen Kleinstadt Senj (Zengg) angesiedelt, die einst Hauptsitz der Uskoken war. Das Lager der Kinder ist die alte Uskokenfestung Nehaj. Doch damit hört die Ähnlichkeit zwischen den gefürchtetsten Piraten der Adria und der gleichnamigen Kinderbande auch schon auf.

Die »echten« Uskoken dagegen waren aus anderem Holz geschnitzt. 80 Jahre lang kämpften sie – von 1537 bis 1617 – gegen ihre Vernichtung durch Osmanen und Venezianer.

Vierzig Jahre lang waren sie die ungekrönten Herrscher der nördlichen Adria, eine unersättliche Hydra, deren Piratenhäupter genauso rasch nachwuchsen, wie sie von ihren hauptsächlich venezianischen Feinden abgeschlagen wurden. Das Drama der Uskoken fing an, als die Heerscharen Süleymans I. des Prächtigen 1526 bei Mohács das Aufgebot der Ungarn überrannten und bis an die Grenzen des Erzherzogtums Österreich vorstießen.

Das Vordringen der Osmanen löste eine Flüchtlingswelle aus, die besonders serbische, bosnische und andere Volksgruppen nach Dalmatien spülte.

Eine dieser Gruppen sammelte sich auf den Besitzungen des kroatischen Befehlshabers Petar Kružić in Klis bei Split, wo sie sich ein Jahrzehnt lang gegen alle Angriffe der Türken behaupteten. Ihr Name war »Uskoken«.

Bis heute weiß man nicht genau, wer sie waren und aus wie vielen Stämmen sie sich zusammensetzten. Unter dem Druck der kriegerischen Ereignisse weichten vermutlich einst starre ethnische Zugehörigkeiten auf und bildete sich eine neue Identität. Denn das Wort »Uskoke« ist kroatisch und bedeutet »Flüchtling« oder »Entlaufener«. Die Bezeichnung ist vermutlich keine Eigenbezeichnung der Uskoken selbst. Über ihre Abstammung gibt es viele Theorien, die jedoch eher für Verwirrung als für Klarheit sorgen und wenig Rückschlüsse über ihre Abstammung zulassen.

Von den historischen Uskoken ist wenig bekannt. Nur in der Region Zumbarak, im sogenannten Uskokengebirge 20 Kilometer südwestlich von Zagreb, berufen sich noch heute einige wenige Gemeinden darauf, von den Uskoken direkt abzustammen, und liefern eine klare Version des Vergangenen. Nach Meinung der Bewohner Zumbaraks lebten ihre vermeintlichen Vorfahren einst als Viehzüchter oder Hirten in den südslawischen Gebieten, welche die Türken in mehreren Eroberungswellen überrannten, und nannten sich einst Vlachen. Als die Türken nach der Schlacht bei Mohacs ab 1526 den größten Teil Ungarns einnahmen, flüchteten viele Bosnier, Serben und Vlachen nach Kroatien oder Ungarn.

Dort wurden sie vom Erzherzog von Österreich, ihrem neuen Souverän, im Inland wie in den Küstenstädten als Wehrbauern angesiedelt. Als Gegenleistung leisteten die Flüchtlinge den Österreichern Militärdienste.

Die Kultur der neuen Heimat zeigte bald großen Einfluss. Die wahrscheinlich griechisch-orthodoxen Vlachen wurden im Lauf der Jahrhunderte zu griechisch-katholischen »Uskoken«, was wohl ein Zugeständnis der katholischen Kirche an die alten Sitten war.

Jedenfalls gehören viele der Bewohner des Uskokengebirges noch der äußerst seltenen griechisch-katholischen Konfession an, die zwar den Papst als ihr Kirchenoberhaupt akzeptiert, in Liturgie und Sprache des Gottesdienstes jedoch griechisch-orthodox geblieben ist.

So dunkel nach wie vor auch die Herkunft der Uskoken ist, so sicher ist ihr weiterer Werdegang. Als die Osmanen 1537 die mächtige Höhenburg Klis eroberten, flüchtete ein Teil der Uskoken ins Inland, der andere über Zara (das heutige Zadar) die Küstenstraße entlang nach Senj, einer der ältesten Hafenstädte der kroatischen Adriaküste. Die Stadt war schon zur Römerzeit ein bedeutendes Zentrum gewesen und zum Zeitpunkt ihrer Ankunft Sitz des 1469 gegründeten Kapitanats der kroatischen Militärgrenze. Der Ort lag gegenüber der Insel Krk und war Endpunkt alter Seefahrtshandelswege. Die Stadt war landeinwärts durch die Gebirgszüge von Kapela und Velebit abgetrennt und leicht gegen Angriffe aus dem Hinterland zu verteidigen, indem der Vratnik-Pass besetzt wurde.

Zu Wasser machte vor allem im Winter ein aus Ost-Nordost wehender, kalter Fallwind eine feindliche Landungsoperation fast unmöglich: die Bora, deren Tücken sogar Karl Marx 1857 beschrieb:

»Die Bora, der große Störenfried dieses Meeres, erhebt sich stets ohne das kleinste Warnungszeichen; mit der Gewalt eines Tornados überfällt sie die Seeleute und gestattet nur dem Kühnsten, auf Deck zu bleiben. Manchmal tobt sie wochenlang und am heftigsten zwischen der Bucht von Cattaro und dem Südende von Istrien. Der Dalmatiner aber ist von Kindheit an gewöhnt, ihr zu trotzen, er wird hart unter ihrem Atem und verachtet die armseligen Winde anderer Meere.«[107]

Zusätzlich zur Bora erschwerten zahllose Sandbänke und wilde Felseninseln die Zufahrt nach Senj. Wer Senj von der See angreifen wollte, ging ein hohes Risiko ein. Er musste genaueste Ortskenntnisse haben, stets mit Schiffbruch rechnen und nach dem Sieg über die Elemente auch noch die Uskoken im Kampf bezwingen, die wegen ihrer Tapferkeit berühmt waren.

Zuerst hielten sich die Uskoken an die mit Venedig getroffenen Vereinbarungen. Unter dem Vorwand eines Heiligen Kriegs gegen die Türken raubten sie einen osmanischen Kauffahrer nach dem anderen aus, was die Venezianer unterstützten, indem sie ihnen 1540 sogar Kaperbriefe ausstellten.

Die Zusammenarbeit mit den Uskoken von Senj ging nur gut, so-lange die offenen Feindseligkeiten Venedigs mit den Türken andauer-ten. Als die Serenissima sich 1573 jedoch mit der Hohen Pforte ver-glich, änderte sich das symbiotische Verhältnis von Venezianern und uskokischen Seeräubern. Jetzt wurde die Löwenrepublik – so benannt nach dem Symbol Venedigs, dem Löwen von St. Markus – die Geister, die sie einst rief, nicht mehr los.

Mehr und mehr richteten sich die Überfälle der Uskoken gegen ve-nezianische Handelsschiffe. Gleich im ersten Friedensjahr brachten die Uskoken einen venezianischen Frachtsegler auf, der mit zahllosen Ballen kostbarer Seide beladen war. Die Uskoken plünderten ihn rest-los aus. Erst nach zähen Verhandlungen gelang es Venedig, das Han-delsschiff wiederzubekommen. Damit wurden die Uskoken für die Serenissima zum ersten Mal zu einem ernsthaften Problem, und ihre Bekämpfung rückte in den Vordergrund venezianischer Wirtschafts-interessen.

Die Bekriegung der Uskoken erwies sich als äußerst problematisch. Anders als die Venezianer, deren maritime Allzweckwaffe die Galeere war, setzten die Uskoken hauptsächlich auf lange, aber wendige Ruder-boote – von einigen Autoren »Brazzeras« genannt –, die 30 bis 50 Mann fassten. Dank des geringen Tiefgangs ihrer Fahrzeuge konnten sie in seichten Gewässern operieren und bestens in den vielen, von Riffs gespickten Inseln Dalmatiens manövrieren. Zudem waren die Boote der Uskoken leicht. Selbst in den wenigen Fällen, in denen es den Venezianern gelang, die Uskoken in einem der unzähligen Mee-resarme oder Meereskanäle Dalmatiens zu blockieren, gelang den Pi-raten oft die Flucht. Dann schulterte die Mannschaft das Boot, trug es über eine Landzunge von einem Wasserarm zum nächsten und ruder-te davon.

Gegen einen derart mobilen Feind waren die venezianischen Galee-ren machtlos. Dennoch hielten die Venezianer an ihnen fest. Nur sel-ten berichten die Quellen davon, dass sie ihre geliebten Galeeren verließen, um mit Bootsgeschwadern die Uskoken niederzukämpfen.

Die Kämpfe gegen die Uskoken bestanden meist aus kurzen Feuer-gefechten, denen heftige Nahkämpfe folgten. Dies lag daran, dass die Uskoken kaum schwere Waffen besaßen. Als Seeräuber, die Beute machen wollten, waren sie gezwungen, ihre Ware möglichst unbeschadet in die Hände zu bekommen. Deswegen bevorzugten sie den Enterkampf und leichte Bewaffnung. Ihre Feuerwaffen waren Pistolen und Musketen, ihre Nahwaffen Streitaxt, Streitkolben, Messer und der Handschar, ein kurzes Krummschwert.

Bei den Uskoken sticht besonders hervor, dass sie fast immer in unmittelbarer Küstennähe und kaum auf hoher See agierten. Dies unterstreicht klar die Genese ihres Piratentums. Nach wie vor waren die Uskoken von Senj Briganten, die aus Not ihre Raubzüge vom Land auf die See übertragen hatten. In dieser Hinsicht erinnerten sie an die Kosakenpiraten des Don und Dnjepr, die ebenfalls im Laufe ihrer Entwicklung von berittenen Steppenräubern zu Piraten wurden, welche zur selben Zeit im Schwarzen und Kaspischen Meer die Schiffe der Osmanen und Perser hemmungslos mit ihren Tschaiken plünderten, die den Brazzeren glichen.

So wie die Kosaken wurden auch die Uskoken im Laufe der Jahrzehnte ein lockerer Bund von gesellschaftlichen Außenseitern, Verbrechern und Verstoßenen, die sich in einer autonomen Gemeinschaft zum Raub zusammenfanden. Ähnlich waren auch ihre Sitten und Gebräuche, ja sogar die Tracht. Genauso wie die Uskoken hatten die Piratenkosaken eine Vorliebe für wilde Schnauzbärte und kahlrasierte Häupter, von denen einzelne wilde Locken herabwehten.

Obwohl den Uskoken tiefere nautische Kenntnisse fehlten, umfasste das Spektrum ihrer Raubüberfälle das gesamte Gebiet der nördlichen Adria von der Neretva und Boka Kotorska im Osten bis nach Pula, Piran und Monfalcone im Westen. In diesem Jagdrevier lauerten sie tagsüber hinter Felseninseln oder Vorgebirgen, um im plötzlichen Angriff ahnungslose Kauffahrer abzufangen. Manchmal griffen sie ihre Opfer auch gezielt an, nachdem Späher ihnen einen Tipp gesteckt hatten.

Die Seeräuber verfügten über ein besonders ausgeklügeltes Netzwerk von Informanten in allen wichtigen Häfen. Die Kundschafter versorgten sie mit gezielten Informationen über alle auslaufenden und ankommenden Schiffe. Manchmal waren sogar die Kapitäne der Schiffe selbst an den Untaten beteiligt, indem sie ihre Galeeren von den Uskoken überfallen ließen und anschließend stillschweigend ihren Anteil der geraubten Ladung kassierten. Auf diese Weise war es den Uskoken möglich, gezielte Piratenüberfälle zu begehen und ihr Glück nicht dem Zufall zu überlassen.

Die Uskoken von Senj raubten selten allein. Oft operierten sie mit einer großen Anzahl von Brazzeren. Immer wieder überfielen Raubkommandos in Stärken von 400 Mann nicht nur vereinzelte Schiffe oder Geschwader, sondern Häfen und Inseln, um die Bevölkerung gefangen zu nehmen und als Sklaven weiterzuverkaufen.

Aber die Uskoken begingen nicht nur Menschenraub, sondern betrieben in besonders hohem Maße auch Viehdiebstahl. Wegen der schlechten Versorgungslage in ihrer Stadt fielen sie regelmäßig über die Dörfer der Senj gegenüberliegenden Inseln her, um ganze Ziegen- und Schafsherden zu rauben. Gelang es ihnen, das Vieh zusammenzutreiben, wurde es noch am Strand geschlachtet. In der Durchsetzung ihrer Ziele gingen die Uskoken nicht zimperlich vor. Aufgrund unablässiger Kriegshandlungen verroht, begingen sie viele Terrorakte gegen die Überfallenen, wobei deren Glaubensangehörigkeit kaum noch eine Rolle spielte.

Leisteten die Überfallenen ihnen Widerstand, kannte ihre Brutalität und Grausamkeit keine Grenzen. Auf einigen Inseln und an einigen Küstenstrichen der Adria waren sie so verschrien, dass deren Bewohner schon beim bloßen Gerücht ihrer Annäherung mit Sack und Pack in die Berge flohen.

Doch die Feinde der Piraten waren ebenfalls hart gesotten und vergalten Gleiches mit Gleichem. Fiel den Osmanen oder Venezianern ein Uskoke in die Hände, wurde er sofort enthauptet. Auf diese Weise rächte sich Venedig für viele Niederlagen und Überfälle.

Trotz des unablässigen Blutzolls fiel die Anzahl der Uskoken in Senj nie unter 700 Mann. Dies lag daran, dass die Uskoken eine offene Gesellschaft waren, die vom Krieg und durch die Piraterie lebte. Sie waren in zwei Klassen unterteilt, die »Stipendiati«, die Söldner im Dienst des Erzherzogs von Österreich, und die »Venturini«.

Die Venturini stammten meist aus Italien und waren Glücksritter, Deserteure oder entlaufene Galeerensklaven, kurzum Gestrandete, die in Senj ihre Fortune suchten.

Neulingen wie ihnen gab man keine Kommandos mit Verantwortung. Sie mussten sich erst bei Routine- wie Wachdiensten, See- und

Landpatrouillen sowie als Aufklärer bei kleineren Streifzügen bewähren, bevor sie bei den Uskoken Karriere machen konnten.

»Stipendiati« waren formell Uskoken, die auf der Musterrolle des Erzherzogs von Österreich als Soldaten eingetragen waren. Faktisch handelte es sich um Veteranen, die sich mehrfach in der Seeräuberei ausgezeichnet hatten.

Dies hörte sich zunächst besser an, als es war. Wie zu allen Zeiten des Soldatenwesens war ihr Sold erbärmlich. Stets wurde er mit Verspätung gezahlt. Oft nagten Venturini wie Stipendiati gleichermaßen am Hungertuch. War dies der Fall, so dauerte es nicht lange, bis die Uskoken wieder einen Streifzug ins Hinterland der Venezianer und Türken machten oder sie zur See überfielen.

Die Uskoken waren Krieger. Für sie zählte nicht Herkunft, sondern Leistung. War ein Mann tapfer, aber noch Venturino, konnte er schnell Karriere in Senj machen. Die Gesellschaft der Uskoken war dynamisch, nicht statisch, was sich in der Redewendung »Farsi Uscocchi« – »sich zum Uskoken machen« ausdrückte. Wenn alle Stricke rissen, das wusste jeder, konnte man immer noch Uskoke werden und sein Glück versuchen. Auf diese Weise wurde Senj zum letzten Ausweg für Gescheiterte und Glücksritter.

Die Offenheit ihrer Lebensform hatte für die Uskoken viele Vorteile. Sie verhinderte, dass die Piraten, die nie mehr als ein paar hundert Mann zählten, durch schwere Niederlagen ausbluteten. Aufgrund ihres dynamischen Systems konnten sie sicher sein, jederzeit größere Verluste alsbald wieder ausgleichen zu können.

Eine besondere Rolle spielten bei den Uskoken die Frauen, deren Gesamtzahl in Senj selten 200 überstieg. Sie genossen vermutlich als einzige Christinnen das besondere Vorrecht extrem verkürzten Witwentums. Fiel einer ihrer Männer im Gefecht, konnten sie sich schon unmittelbar darauf mit dem Segen der Kirche mit einem anderen Seeräuber vermählen, der den Gefallenen ersetzte. Sentimentalität war in Senj fehl am Platz. Eine Uskokin hatte praktisch zu denken, wollte sie in dieser harten Männerwelt überleben.

Insgesamt war Senj eine martialische Gesellschaft. Wer bei den Raubzügen zu Hause blieb, den hielt man für feige. Diejenigen, die im Bett starben, wurden wegen eines ruhmlosen Todes zutiefst bedauert. Fiel ein Uskoke jedoch im Kampf, wurde er als tapferer Mann verehrt.

Es war ein ganz besonderer und gefährlicher Feind, den die Venezianer zu bekämpfen hatten. Die Signoria zog aus der veränderten Lage an der Adria Konsequenzen. Im Jahr 1592 errichtete sie für die Bekämpfung der Uskoken eine Flottenkommandantur, deren Kommandant den Titel »Provveditore dell'armata di Uscocchi« trug. Sie bestand aus fünf Galeeren, welche zuerst die dalmatinische Küste gegen die Einfälle der Seeräuber verteidigte. Es zeigte sich aber bald, dass fünf Galeeren völlig unzureichend im Kampf gegen die Uskoken waren.

In den 20 Jahren von 1593 bis 1613 bissen sich ganze Generationen von venezianischen Provveditori die Zähne an den Piraten aus, ohne sie letztlich besiegen zu können.

Es würde dieses Kapitel sprengen, jede der uskokischen Schandtaten und venezianischen Strafaktionen gegen die Uskoken aufzuzählen. Ein Streiflicht dieser Jahre macht klar, mit was für Mitteln die Venezianer die Uskoken bekämpften.

Im Jahr 1595 plünderten die Piraten von Senj die Inseln Lesina, Brezza und Cursola sowie türkische und christliche Schiffe. Bei diesem Raubzug kaperten sie einen venezianischen Segler, der 20 000 Dukaten, die Händlern gehörten, von Cataro nach Venedig hätte befördern sollen. Der Senat reagierte aufgebracht und erließ die Order, die Uskoken fortan unbarmherzig zu verfolgen. Dem Befehl nach sollten alle Gefangenen wie Piraten behandelt und Senj sowie alle Nebenorte blockiert werden.

1596 eroberten die Uskoken während des langen Türkenkrieges von 1593–1606 Klis und nahmen die Stadt kurzzeitig für den römisch-deutschen Kaiser in Besitz. Hatten die Habsburger jedoch gehofft, Venedig auf ihre Seite zu ziehen, wurden sie enttäuscht.

Die Seerepublik blieb ihrem Grundsatz treu, keinen Bruch mit dem Osmanischen Reich zu riskieren. Venedig ging sogar weiter. Seine Schiffe riegelten die dalmatinische Küste ab, damit die Eroberer von Klis keinen Proviant bekamen, was es den Türken leicht machte, die Festung zurückzuerobern.

Dieser Rückschlag konnte die Kampfkraft der Uskoken nicht brechen. Noch im selben Jahr liefen sie im istrischen Rovinj ein, kaperten die dort vor Anker liegenden Kauffahrteifahrer und plünderten anschließend das Hinterland sowie die Küste.

So ging es Jahr für Jahr. Im Frühjahr wie Herbst liefen die Geschwader der Uskoken aus, um Viehherden oder Getreide zu rauben und so die Versorgung von Senj sicherzustellen. Im Winter konzentrierten sie sich mehr auf den herkömmlichen Seeraub und überfielen Schiffe. Da sie bei ihren Beutefahrten immer wieder osmanische Handelsschiffe plünderten und auf ihren Hin- wie Rückfahrten venezianisches Seehoheitsgebiet verletzten, führte dies zu einer Kette von diplomatischen Verwicklungen.

Der Ablauf war fast immer derselbe. Die Hohe Pforte empörte sich in Venedig und drohte mit Krieg. Die Serenissima wurde beim Erzherzog von Österreich in Graz vorstellig und drohte mit militärischen Repressalien, was meist keinen Erfolg hatte, sodass die Venezianer zur Selbsthilfe griffen und die Zufahrt nach Senj blockierten. Mit einer Seeblockade allein war aber den Uskoken und ihrem mächtigen Bundesgenossen nicht beizukommen, obwohl die Venezianer sogar Befestigungen errichteten, welche die Zufahrt auf Senj kontrollieren sollten.

Es half nichts. Den Uskoken gelang es immer wieder, Überfälle auf venezianische Schiffe zu verüben. Endlich wurde es den Venezianern zu bunt. Im Jahr 1600 straften sie die Trägheit der Österreicher, indem sie sich endlich mit einer Strafexpedition in österreichisches Gebiet für all das erlittene Ungemach schadlos hielten.

Nun nahm der Erzherzog endlich die Venezianer ernst. Um die drohende Kriegsgefahr abzuwenden, entsandte er den kaiserlichen General Josef Rabatta 1601 als Unterhändler nach Venedig. Rabatta gelang es, die Venezianer davon zu überzeugen, dass es dem Erzherzog mit der Bekämpfung der Uskoken ernst sei, und begab sich in seiner Funktion als kaiserlicher Kommissär nach Senj.

Rabatta hatte die Vollmacht, die Uskokenfrage ein für alle Mal zu regeln. Dies stieß in Senj auf wenig Gegenliebe und führte zu heftigen Protesten. Rabatta war nicht der Mann, dies ungestraft hingehen zu lassen. In der Umsetzung der Direktiven des Erzherzogs schoss er über das Ziel hinaus und ging sehr hart gegen die Bevölkerung Senjs vor. Anfangs hatte er Erfolg, da er von einer starken Schar Söldner beschützt wurde. Ohne viel Federlesen ließ er Dutzende Uskoken verhaften und hinrichten. Dieses Vorgehen entsetzte die Uskoken, die sich doch als Untertanen des Erzherzogs betrachteten.

Aber Rabatta hatte viele Feinde, denn nicht jeder in der Militärverwaltung in Graz war mit seinem brutalen Vorgehen gegen die Uskoken einverstanden. Auch der Erzherzog befürwortete Rabattas Methoden nicht. Außerdem kamen Gerüchte auf, dass Venedig den Kommissär bestochen hätte. Der Erzherzog schlug diese Gerüchte in den Wind, erlag aber den Einflüsterungen, dass Rabatta jetzt, da er die Uskoken im Griff hätte, nicht mehr so viele Soldaten brauchte. Der Erzherzog zog daraufhin einen Großteil der Söldner von Senj ab, was ein tragischer Fehler war.

Als Rabatta den beliebten Uskokenführer Jurissa über Weihnachten festnehmen ließ, kam es am 31. Dezember 1601 zum Aufstand. Die Uskoken stürmten die Burg, befreiten Jurissa und erschlugen die gesamte Besatzung.

Als der Befreite im Kampf auf Rabatta stieß, schoss er ihn persönlich nieder. Schwer verletzt sank der kaiserliche Kommissär zusammen. Den Rest besorgten Jurissas Anhänger. Wutentbrannt stürzten sie sich auf den Verletzten, den sie wie einen Hund totschlugen. Dann hieben sie ihm den Kopf ab, spießten ihn auf einen Pallasch auf und hielten ihn durch die Zinnen der Burg der grölenden Volksmasse entgegen. Einer später einsetzenden Gräuelpropaganda nach sollen die Frauen der Uskoken das Blut von Rabattas Wunden geleckt haben, was überall in Europa für Entsetzen sorgte und sogar auf einigen Kupferstichen abgebildet wurde.

Hatten die Uskoken vorher schon in Europa Schrecken verbreitet, so wurden sie jetzt zum Sinnbild des Teufels. Gerüchten zufolge war Hexerei mit im Spiel, wenn die Uskoken auf Beutefahrt gingen und ihren venezianischen Häschern entkamen. Andere Schauermärchen erzählten, dass die Frauen der Uskoken Hexen seien und mit der Bora im Bunde stünden, die kraft ihrer Magie die venezianischen Schiffe auf die Klippen des Senj-Kanals werfe, um sie leckzuschlagen.

Unsinn dieser Art wurde gern gehört. Der Aberglaube verdeckte, dass es eher die divergierenden politischen Interessen Venedigs, des Osmanischen Reiches und des Heiligen Römischen Reiches waren, die es den Uskoken in den folgenden zehn Jahren ermöglichten, sich in

Senj zu behaupten. Daran änderte sich auch nichts, als Innerösterreich sich sogar in der Konvention von Wien 1612 dazu verpflichtete, die Piraterie der Uskoken nicht mehr zu dulden und sie endlich ins Inland umzusiedeln.

Die Konvention von Wien konnte die Eskalation der Uskokenfrage nicht verhindern, obwohl der Erzherzog diesmal einige der übelsten Seeräuber ins Inland verfrachtete.

Als die Söldner des Erzherzogs 1613 Senj verließen, weil sie monatelang keinen Sold erhalten hatten, kehrten einige der im Vorjahr vertriebenen Uskoken wieder zurück und begingen erneut Überfälle.

Die Venezianer revanchierten sich, indem sie bei Carlobago über ein 60 Mann starkes Uskokengeschwader herfielen und dieses massakrierten. Die Venezianer schnitten den Toten die Köpfe ab und brachten sie im Triumphzug nach Split, wo die venezianischen Söldner pro Kopf eine Prämie erhielten. Die Uskoken rächten sich bitter für diese Schmach und überfielen im Gegenzug die Galeere des venezianischen Galeerenkapitäns Christoph Venier. Die Uskoken enterten die Galeere, köpften jeden der Mannschaft und sparten sich Venier bis zum Schluss auf.

Was sich nun abspielte, rief Abscheu und Entsetzen in ganz Europa hervor. Die Uskoken erdrosselten Venier und schlugen ihm den Kopf ab. Dann öffneten sie den Magen, rissen ihm das Herz aus dem Leib, brieten ihn und tranken von seinem Blut. Schließlich setzten sie seinen Kopf auf den Tisch und deckten ihn mit den übelsten Beleidigungen ein.

Der grausame und qualvolle Tod Veniers empörte die Venezianer. Die Löwenrepublik entschied sich dafür, die Uskoken zu bestrafen, und erteilte dem Provveditore Dalmatiens, Philipp Pasqualigo, den Befehl, 1000 albanische und 500 kroatische Söldner einzuschiffen, und die Kriegsflotte um 20 weitere Fahrzeuge zu verstärken. Strategisch blieb alles beim Alten: Pasqualigo sollte Senj blockieren und alle Uskoken töten, die ihm in die Hände fielen.

Trotz dieser kompromisslosen Haltung wollte Venedig nach wie vor den Krieg mit Österreich und damit den mit dem Deutschen Reich vermeiden. Aus diesem Grund schärfte der Senat Pasqualigo ein, sich jedes Übergriffes auf österreichisches Territorium zu enthalten.

Denn zur gleichen Zeit fanden Unterhandlungen mit dem Kaiserhof in Fiume statt, die jedoch zu keinem Ergebnis führten. Wie immer zeigten die Österreicher Verständnis für die venezianischen Klagen, es blieb jedoch vonseiten der kaiserlichen Kommissäre bei Lippenbekenntnissen.

Das folgende Jahr 1614 brachte als Erstes eine Veränderung im Oberkommando der venezianischen Truppen, die Senj blockierten. Lorenzo Venier, ein naher Verwandter des bestialisch Getöteten, löste Philipp Pasqualigo ab. Er führte die Seeblockade derartig erfolgreich durch, dass die Uskoken vorerst nur noch Raubzüge zu Lande machen konnten, um die hungernde Festungsbesatzung mit Schlachtvieh zu versorgen.

Die Ausfälle der Uskoken in das venezianische Hinterland wurden von den Venezianern mit Repressalien im kroatischen Gebiet beantwortet, das unter österreichischer Verwaltung stand.

Auf diese Weise dümpelte der Kampf gegen die Uskoken in einem Kleinkrieg vor sich hin. Vielleicht wäre er sogar fast eingeschlafen, hätte nicht Antonio Giorgi, der venezianische Gouverneur der Insel Pago, sich dazu verleiten lassen, einen Überraschungsangriff auf die kleine Uskokenfestung Scrisa zu unternehmen.

Zu seinem Unglück weihte Giorgi Lorenzo Venier nicht ein. Als er mit nur sechs Galeeren auslief, um die Festung im Handstreich zu nehmen, geriet er blindlings in einen Hinterhalt der Uskoken. Bei dem anschließenden Gemetzel hieben sie Antonio Giorgi mitsamt 80 Mann in Stücke, nahmen die sechs Galeeren im Sturm und bemächtigten sich der Fahne mit dem Löwen von St. Markus.

Es war einer der letzten Triumphe der Piraten. Als Lorenzo Venier von der tragischen Niederlage des Gouverneurs von Pago hörte, griff er die Hafenstadt Novi an.

Diesmal war das Schlachtenglück aufseiten der Venezianer. Venier eroberte Novi im Sturm. Unbarmherzig ließ er die Stadt von seinen Söldnern plündern. Dann verbrannte er mehrere Boote der Uskoken und nahm den Kommandanten von Novi gefangen.

Die Folge waren erneute Unterhandlungen und vergebliche Forderungen der Venezianer, dass die Uskoken endlich mit der Seeräuberei aufhörten. Wieder intervenierte Papst Paul V. persönlich, erneut verschleppte Erzherzog Ferdinand II. von Österreich die Verhandlungen, ohne dass ein brauchbares Ergebnis erzielt wurde.

Damit war die Saat des Krieges gelegt, der nach mehreren Scharmützeln zwischen Venezianern und Österreichern 1615 offen ausbrach. Die Geschichte des Krieges von Gradisca ist schnell erzählt. Nach einigen Anfangserfolgen am Isonzo rannte sich die Offensive der Venezianer an der Festung Gradisca fest, die zwei Jahre lang von den Kaiserlichen erbittert verteidigt wurde.

Im Jahr 1617 endete der Krieg, ohne dass es einer der beiden Seiten gelungen war, große Geländegewinne zu verbuchen. Es war ein Krieg ohne Sieger, aber mit einem großen Verlierer: den Uskoken. Sie wurden zerschlagen, ohne dass überhaupt ein größeres Seegefecht stattgefunden hatte.

Um die Zwistigkeiten zwischen Innerösterreich und Venedig endlich beizulegen, wurde nicht der Grund, aber der Stein des Anstoßes beseitigt. Im Frieden von Madrid einigten sich beide Mächte 1617 darauf, die Mehrzahl der Uskoken von Senj nach Zentralkroatien an die Militärgrenze umzusiedeln. Bei Strafe war es ihnen verboten, sich der Küste zu nähern. Ihre Schiffe wurden verbrannt.

Venedig hatte die Festung Gradisca zwar nicht bezwungen, aber endlich die Uskokenfrage geklärt.

V

GESCHEITERTE PIRATENJAGDEN IN WEST- UND OSTINDIEN

Der Kampf der Armada de Barlovento gegen die Bukanier ·
Der Prahl-Admiral von St. Jago · Die Schicksalsmission
des William Kidd

Der Kampf der Armada de Barlovento gegen die Bukanier

»Wir sind unsere sechs Schiffe aus Spanien hierher nach Westindien geschickt worden, um auf Seeräuber zu kreuzen und diese auszurotten. Es sind nämlich wegen der Einnahme von Puerto Belo große Klagen an den Hof eingelaufen, und dieser hat darob Beschwerde erhoben beim englischen Hofe; worauf der König zur Antwort gab, er habe niemals Kommission gegeben, Feindseligkeiten gegen die Untertanen Seiner Katholischen Majestät zu üben. Darauf wurden denn in Spanien diese sechs Schiffe ausgerüstet und hierher geschickt. ... Zunächst kamen wir nach Cartagena, von wo die beiden größten Schiffe nach Spanien zurückgeschickt wurden, weil sie hier zu kreuzen zu schwer waren. Wir vier übrigen wurden dann unter dem Kommando von Don Alonso del Campos y Espinosa nach Campeche gesandt, um auf Seeräuber zu kreuzen.«[108]

Der Mann, der dies sagte, gehörte dem Bericht Alexander Oliver Exquemelins zufolge zur »Armada de Barlovento«. Dieses Geschwader

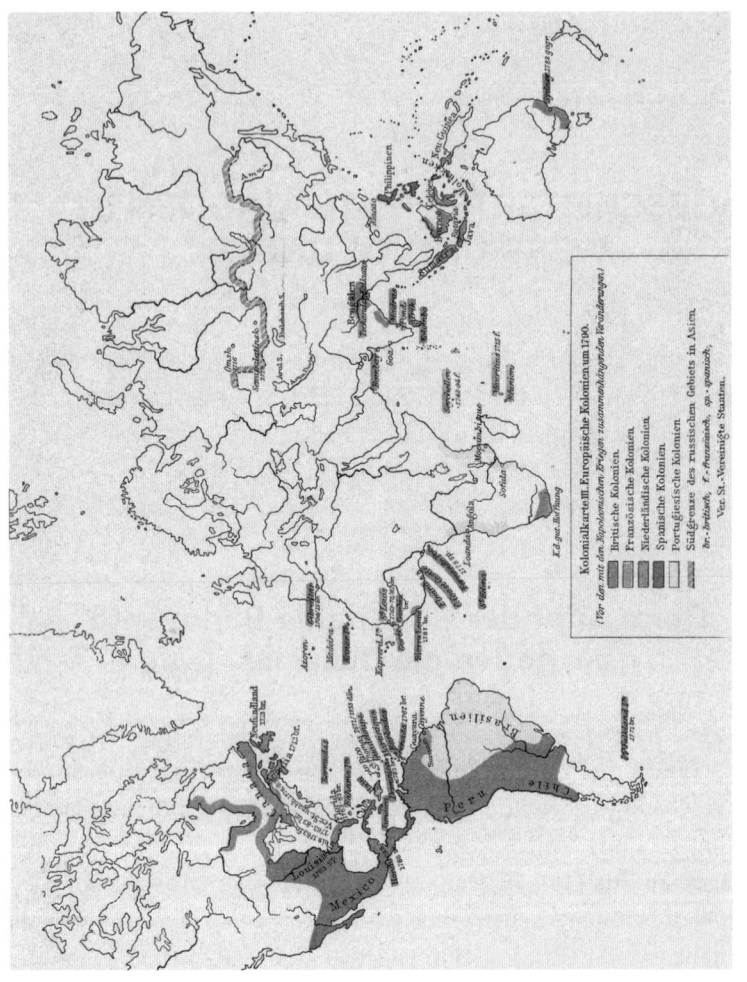

hatte den Auftrag, die spanische Silberflotte auf dem Weg von Mittelamerika nach Spanien zu eskortieren und die spanischen Besitzungen im Golf von Mexiko und in der Karibik vor den Überfällen von Seeräubern und Freibeutern zu sichern, die seit Mitte des 17. Jahrhunderts vehement Spaniens Handel angriffen.

1522 hatte der französische Korsar Jean Fleury die erste von Hernando Cortés entsandte Goldflotte überfallen und ein riesiges Vermögen gemacht und Kartenmaterial erbeutet, das den Weg in die Neue Welt wies. Obwohl es 1527 baskischen Kapitänen gelungen war, Fleury auf offener See nach einer wilden Seeschlacht zu überwältigen, und er hingerichtet worden war, hatten die Angriffe auf die spanischen Schiffe aus den Kolonien seitdem kein Ende mehr gefunden. Nacheinander waren erst französische Korsaren, dann englische Freibeuter, die »Seadogs« unter Drake, Hawkins und Frobisher nach Westindien gesegelt. Waren diese Raubexpeditionen sporadischer Natur gewesen, so verhielt es sich mit den Piraten, welche die spanischen Kolonien ab Mitte des 17. Jahrhunderts bedrohten, anders. Diese Seeräuber hatten den Namen »Boucaniers« angenommen. Mit »Boucaniers« bezeichnete man in der Karibik ursprünglich französische Jäger, die auf Hispaniola jagten und das Fleisch nach Indianerart auf einem »bokaém«, einer Art Holzgrill, räucherten, woraus sich dann »boucan« ableitete.

Die Bukanier rekrutierten sich aus geflohenen französischen Kolonisten – viele von ihnen waren Hugenotten – und freigelassenen Engagés, französischen Schuldknechten, die jahrelang im Dienst der »Compagnie des Îles de Saint-Christophe« gestanden hatten, die später in die »Companie des Îles d'Amérique« umbenannt wurde. Nach ständigen Scharmützeln mit den Spaniern setzten sich die Bukanier erst auf Hispaniola, und dann auf Tortuga fest. Erst 1630 gründeten sie auf Tortuga eine erste Kolonie, die mehrmals von den Spaniern angegriffen und zerstört wurde, aber immer wieder aus ihrer Asche auferstand.

Ab diesem Zeitpunkt stießen Gesetzlose, geflohene Sklaven, Schuldknechte, Siedler und Freibeuter aller Nationen zu ihnen, darunter einige Holländer und viele Engländer, die sogar auf Tortuga eigene Siedlungen gründeten. Obwohl es immer wieder Spannungen und Kämpfe zwischen französischen und englischen Siedlern gab, entstand um 1640 herum der Bukanierbund der »frères de la côte« (Brüder der Küste), eine Art internationale Freibeuter- und Seeräubergilde.

Im selben Jahr errichtete der erste französische Gouverneur Tortugas, Jean le Vasseur, das Fort de Rocher an strategisch günstiger Stelle über einem natürlichen Hafen. Seit diesem Jahr wurde die Insel unter den Franzosen und Engländern aufgeteilt und es den Bukaniern offiziell erlaubt, sie als Stützpunkt weiterer Piraterien zu benutzen.

Da immer mehr Volk auf die Inseln strömte, setzte sich bei den Bukaniern das Prinzip der Arbeitsteilung durch. Die »Landratten« unter ihnen jagten auf Hispaniola und Tortuga Wildschweine und Stiere und pflanzten Tabak an, die »Seebären« gingen auf Seeraub gegen die Spanier.

Ab 1657 bildete sich neben Tortuga ein weiteres Zentrum der Bukanier heraus: Port Royal auf Jamaika, das zur Heimat englischer Bukanier wurde. Von diesen Basen operierend, wurden die Bukanier zu einer ernsthaften Gefahr des Seehandels der spanischen Kolonien.

Denn allen Bukaniern eigen war ein heiliger Hass auf alles Spanische. Allein zwischen 1655 und 1661 überfielen sie 22 spanische Städte und plünderten sie.[109] Nicht immer waren sie siegreich, aber in der Regel konnten die Spanier ihre Angriffe nicht abschlagen.

Es muss zu dieser Zeit gewesen sein, dass der Begriff »Bukanier« bei den Spaniern zum Synonym für »Seeräuber« wurde.

Erst ab 1670 kam auch langsam ein anderer Name für die Bukanier auf: die Flibustier. Es gibt Autoren, welche die Bezeichnung auf eine Verballhornung des holländischen Wortes »Vrijbuiter« zurückführen. Dies klingt nicht sehr wahrscheinlich. Näher liegt, dass der etymologische Ursprung des Begriffes in den »Vliboots« zu suchen ist, kleinen wendigen, einmastigen Küstenschiffen und Seglern, die in der Karibik weit verbreitet waren und wegen ihres großen Frachtraums das ideale Piratenfahrzeug darstellten. Mithilfe ihrer kleinen wendigen Flotten wurden die »Bukanier« oder »Flibustier« oder »Brüder der Küste«, wie sie sich auch nannten, zum Albtraum der Spanier.

Bis heute ist die rechtliche Basis, auf der sich Bukanier bewegten, umstritten. Waren sie Piraten oder Korsaren? Die Antwort darauf ist nicht eindeutig und muss mit einem »sowohl als auch« bedacht werden. Der deutsche Historiker Robert Bohn ordnet sie auf einer »Schattenlinie« ein und sieht sie in einer rechtlichen Grauzone von Piraterie und Kaperwesen.

Alexander Oliver Exquemelin lebte einige Zeit als Freibeuter und Wundarzt unter den Bukaniern. Er machte einige ihrer Raubzüge mit und hat der Nachwelt in seinem Tatsachenbericht über die amerikanischen Seeräuber seine Einschätzung des Charakters der Bukanier hinterlassen.

»Ich nenne sie hier – nicht wissend, ob ihnen irgendein anderer Name oder Titel zusteht – Seeräuber, weil sie von keinem Potentaten gestützt werden. Das rührt aus Folgendem: Als der König von Spanien zu wiederholten Malen einen Gesandten an den französischen und englischen Hof geschickt hatte, über diese Leute zu klagen, da doch kein Krieg zwischen ihnen sei und sie gleichwohl nicht abließen, die Spanier wegzunehmen und ihre Städte und Dörfer auszuplündern, bekamen die Gesandten von den Königen zur Antwort, die Leute seien ihre Untertanen nicht, und Seine Katholische Majestät könne, wenn sie ihrer habhaft würde, mit ihnen tun, was ihr beliebe. Der König von Frankreich entschuldigte sich wegen der Insel Espanola auf diese Manier, er habe keine Fortifikation dort und ziehe von dort auch keinen Tribut. Der König von England sagte, er habe niemals an die von Jamaika Befehl ergehen lassen, wider die Untertanen Seiner katholischen Majestät einige Hostilität oder Feindschaft zu üben.«[110]

Dieses Urteil Exquemelins macht die Doppelbödigkeit klar, auf deren Basis einerseits die Feinde Spaniens, andererseits die Bukanier agierten.

Verkompliziert wurde die Rechtslage noch dadurch, dass die französischen und englischen Gouverneure ihnen im Kriegsfall Repressalien- oder Markebriefe ausstellten, die den Bukaniern jegliche Vollmachten gaben, spanische Schiffe zu kapern oder die Städte und Siedlungen des Königs von Spanien zu überfallen.

Da in der Karibik eine Art Dauerkriegszustand herrschte, weil die einen oder anderen Mächte immer wieder Krieg gegeneinander führten, wurde sie für die Bukanier zum Paradies. Daran änderten auch zeitweilige Friedensschlüsse nichts, die oft erst mit mehrmonatiger Verspätung in der Karibik verkündet wurden. Aufgrund der in der Karibik vorherrschenden Laxheit bedeutete die Ausrufung eines Friedens meist nur den Übergang vom Kaperkrieg in offiziellem Auftrag zum Seeraub auf eigene Rechnung.

Dieser Zustand war eine perfekte Grauzone, welche Piraten oder vermeintliche Freibeuter zu ihrem Vorteil nutzten. Im Grunde waren die großen Bukanier- und Flibustierzüge des grausamen Lolonois und Henry Morgans eine Entartung des Kaperwesens.

Daran änderte auch die Ausstellung von Kaperbriefen nichts, wie die zum Teil verbrecherischen Machenschaften zwischen dem Gouverneur von Jamaika, Thomas Modyford, und dem Bukanierführer Henry Morgan belegen. Dessen Raubzüge aus den Jahren 1668 und 1669 fanden zu einer Zeit statt, als Spanien und England keinen erklärten Krieg miteinander führten. Seit dem letzten Krieg 1660 ruhten die Waffen. Was fehlte, war nur ein Friedensvertrag. Dadurch ergab sich für die Karibik die Situation eines permanenten Kriegszustands, obwohl England in Europa keinen Krieg gegen Spanien führte. Doch Morgan und Modyford scherten sich nicht um derartig legalistische Finessen. Durch die Ausstellung von Kaperbriefen erhielten ihre Raubzüge einen pseudolegalen Anschein. Tatsächlich waren sie staatlich sanktionierter Seeraub. Kein Wunder, dass die Spanier in den Brüdern von der Küste Piraten sahen, die sie mit allen Mitteln bekämpften und töteten, sofern sie ihrer habhaft wurden.

Die Bukanier zahlten es den Spaniern mit gleicher Münze heim. Ihre Anführer waren blutgierige Psychopathen wie der grausame Lolonois, der gefangenen Spaniern bei lebendigem Leibe das Herz herausriss und der amoklaufende Holländer Rock Braziliano, der im Alkoholrausch jeden niederschoss, der nicht mit ihm trank. Nicht minder skrupellos und grausam, jedoch ein Seeräuber von Format war Henry Morgan.

Über Morgans Jugend und frühen Werdegang sind wenig gesicherte Daten vorhanden. Er selbst soll seine Geburt auf das Jahr 1635 datiert haben. Sein Vater war vermutlich Robert Morgan, ein Pächter oder Grundbesitzer aus Wales.

Einer Version nach wurde er um 1635 in Wales geboren. Ob er einer alten Offiziersfamilie entstammte und infolgedessen zu den englischen Truppen gehörte, die Jamaika einnahmen, oder ob er als Schuldknecht nach Westindien kam, ist unklar. Sicher ist nur, dass er sich ab 1665 an Raubunternehmungen englischer Bukanier gegen die Spanier beteiligte und ein Jahr später schon ein Schiff kommandierte. Mitte des Jahres 1668 überfiel er mit Wissen und Billigung des englischen Gouverneurs von Jamaika, Sir Thomas Modyford, die Stadt Portobelo. Dort erbeutete er neben großen Mengen an Edelhölzern, Indigo und Kakao immense Werte an Gold, Silber, Perlen und Edelsteinen auf dem Abtransport nach Europa. Im gleichen Jahr überfiel er auch die Stadt Santa María del Puerto Príncipe auf Kuba.

Ob mit stillschweigender Billigung der britischen Krone ist unsicher, kann aber angenommen werden. Denn Thomas Modyford genoss bei Hofe allerhöchste Protektion und hatte in George Monck, dem Duke of Albemarle, einen mächtigen Beschützer. Monck hatte 1660 Karl II. als König restauriert und besaß gewaltigen Einfluss bei Hofe. Er war mit Modyford verwandt und gab somit dessen Unternehmungen die notwendige politische Rückendeckung.

Angesichts einer derartigen Bedrohungslage kam es auf spanischer Seite zur erneuten Aufstellung eines Westindiengeschwaders, der Armada de Barlovento. 1635 hatte Erzbischof Juan de Palafox y Mendoza schon einmal den Bau einer Armada de Barlovento angeregt, die der Vizekönig von Mexiko, Lope Díez de Amendariz, in der Folgezeit auf Kiel gelegt hatte. Von 1641 bis 1648 hatte das Westindiengeschwader erfolgreich eine englische Flotille in die Schranken gewiesen und Geleitschutz für die Silberflotte gefahren, war jedoch dann aufgrund chronischen Geldmangels 1648 ausrangiert worden.

Dies rächte sich jetzt bitter, da die Kolonien diesmal nicht in der Lage waren, die Flotte selbst zu bauen und auszurüsten. In Madrid und Sevilla wussten die Verantwortlichen eine Lösung. 1663 sandten sie Admiral Juan Bautista Lezcano nach Amsterdam, um den Bau von vier großen Fregatten in Auftrag zu geben.[111] Als diese Anfang 1664 fertig waren, wurden holländische Mannschaften angeheuert, sie in die spanischen Häfen zu segeln. Viele von ihnen wurden zurückgehalten, um Spanien zu dienen. Es entstand eine lange Verzögerung, bis die Armada unter Augustín Diusteguis Kommando am 21. Juli 1667 Spanien verließ. Von drei schwächeren Kriegsschiffen begleitet, erreichte die Armada de Barlovento San Juan de Puerto Rico und später Havanna, das zu ihrer Marinebasis wurde.

Dort wurde schnell klar, dass zwei der Schiffe viel zu groß und schwer für die karibischen Häfen und Küstengewässer waren. Vielleicht waren sie dem Vizekönig von Mexiko, der für ihren Unterhalt aufkommen musste, schlichtweg zu teuer. Jedenfalls sah sich Diustegui dazu gezwungen, jene Schiffe rückzuführen. Diustegui überließ die restlichen Schiffe dem Oberbefehl von Don Alonso de Campos y Espinoza - fortan Alonso de Campos genannt. Dann reiste er wieder nach Spanien zurück, wobei er der jährlichen Silberflotte Geleitschutz gab.[112] Als

Morgan 1668 Portobelo plünderte und im nächsten Jahr weiter nach Maracaibo vorstieß, um es anzugreifen, beschloss Alonso de Campos, den Bukaniern eine Lektion zu erteilen.

Zuerst erließ er einen unsinnigen Befehl, eines seiner Kriegsschiffe inmitten der Sturmzeit nach Campeche zu entsenden, was mit dem Verlust des Schiffes endete. Dies war ein schlechter Einstand. Doch noch konnte Alonso de Campos hoffen, den Fehler wiedergutzumachen. Gelang es ihm, den gefürchteten Henry Morgan zu schlagen, war er ein gemachter Mann.

Alonso de Campos war das Gegenteil von Henry Morgan. Er war anmaßend, arrogant und ehrgeizig. Er verfügte nicht im Mindesten über die Kampferfahrung des Bukaniers. Aber Don Alonso de Campos war von sich überzeugt und tollkühn. De Campos ließ seine kleine Armada ablegen und Kurs Richtung der Nordküste Südamerikas nehmen. Als er sich der Küste näherte, erfuhr er von dem holländischen Kapitän einer Schaluppe, dass Morgan vorhatte, Maracaibo zu überfallen. Sofort nahm de Campos Kurs auf die Stadt, die der Pirat schon längst geplündert hatte.

Es gelang ihm trotzdem, dem Piratenführer sofort zwei entscheidende Vorteile abzuringen. Dies hatte mit der besonderen Geografie der Stadt zu tun. Maracaibo liegt am westlichen Ufer einer acht Kilometer breiten Meerenge, die den Maracaibosee im Süden mit dem nördlich gelegenen Golf von Venezuela verbindet. Diese entscheidende Engstelle hatten die Spanier damals mit einem Fort gesichert, dessen Besatzung beim ersten Angriff der Piraten geflohen war. Dieses Fort hatte Morgan aus sträflichem Leichtsinn nicht besetzt. Stattdessen hatten die Bukanier nur die Kanonen des Forts von den Festungswällen geworfen.

Diese Nachlässigkeit des Bukaniers nutzte Alonso de Campos zu seinem Vorteil. Er legte eine Mannschaft in die Festung und ließ die Geschütze, von denen noch sechs brauchbar waren, wieder auf die Festungswälle schaffen und gegen die Bukanier richten.

Dann segelte er, nachdem er ein paar Tage mit seiner Flotte draußen vor der Bucht gelegen hatte, in den Maracaibo-See ein und ließ seine Flotte im Schutz der Kanonen des Forts ankern. Als Morgan von einem Raubzug gegen die Stadt Gibraltar zurückkam, erwartete ihn eine böse Überraschung. Obwohl er 13 Schiffe besaß und in der Überzahl war, saß er in der Falle. De Campos' Schiffe waren an Kanonen stärker und in der taktisch besseren Position. Morgan konnte mit seinen Schiffen nur bei Hochwasser durch die seichte Meerenge manövrieren. Wie es aussah, diktierten die Spanier das Geschehen. Dies verleitete Don Alonso de Campos dazu, übermütig zu werden:

»Brief des spanischen Generals Don Alonso de Campos y Espinoza an Morgan, den Admiral der Räuber

Da ich durch unsere Freunde und Nachbarn Zeitung bekommen, dass ihr die Keckheit gehabt, mit feindlicher Absicht in Lande und Städte einzudringen, welche der Botmäßigkeit Sr. Katholischen Majestät, des Königs von Spanien, meines Herrn, unterstehen, so bin ich meiner Pflicht gehorchend hierher gekommen und habe das Kastell, das ihr einer Schar von Feiglingen abgewonnen und von dem ihr die Geschütze heruntergeworfen, wieder aufgerichtet, um euch solchermaßen die Ausfahrt aus dem Hafen zu verwehren und so viel Abbruch zu tun, als meine Pflicht erheischt. So ihr demütigen Sinnes alles erstatten wollt, was ihr geraubt, nebst allen Sklaven und sonstigen Gefangenen, will ich euch aus Gnade und Barmherzigkeit eures Weges ziehen lassen, damit ihr euch nach eurem Heimatlande retirieren möget. Solltet ihr euch aber hartnäckig erweisen ungeachtet dieser von mir ehrlich angebotenen Bedingungen, werde ich aus Caracas leichte Schiffe kommen lassen und auf denen meine Truppen nach Maracaibo befördern, um euch allesamt mit der Schärfe des Schwertes zu vernichten. Dies ist meine letzte Resolution: Sieh zu, dass du meine Güte nicht undankbar von der Hand weisest, denn ich habe gar tapfere Soldaten, die begehren, Rache an euch zu nehmen für die Unbill, die ihr der spanischen Nation in Amerika antut.

Gegeben auf dem von mir befehligten Schiff Sr. Majestät genannt ›La Magdalena‹, das vor Anker liegt an der Einfahrt des Sees von Maracaibo, am 24. April 1669.

Unterschrift: Don Alonso de Campos y Espinoza«[113]

Der Brief Alonso de Campos strotzte vor Selbstbewusstsein und Sie-geszuversicht. Morgan ließ sich nicht davon beeindrucken. Ganz nach Piratensitte rief er seine Männer zusammen. Die Piraten beratschlag-ten sich und brauchten nicht lang, um zu einer Entscheidung zu kom-men. Lieber wollten sie kämpfen und mit ihrer Beute abziehen als klein beigeben. Im folgenden Kriegsrat kam die Idee auf, einen Brander ge-gen das spanische Flaggschiff zu entsenden. Dieser Einfall war an sich nichts Ungewöhnliches und gehörte zum gängigen Repertoire euro-päischer Seekriegsführung.

Doch hier verhielt es sich anders. Der unbekannte Pirat, der Morgan die Idee schmackhaft machte, verband die Ausrüstung des Brandschif-fes mit einer genialen Kriegslist, wie Exquemelin berichtet:

»Einer aus dem Haufen kam zu Morgan und erklärte, dass er es mit dem Beistand von zwölf Mann auf sich nehme, das große Schiff zu zerstören, auf folgende Weise: man solle aus dem Schiff, das man im Lagoon gekapert, einen Brander machen, es aber schön auftakeln wie ein Kriegsschiff mit wehender Flagge; an Bord dieses Fahrzeugs solle man Hölzer stellen mit Mützen drauf, damit es so aussähe wie eine Schiffsbesatzung; anstelle des Geschützes solle man aus Bord-wandungen eine gewisse Sorte von hölzernen Dingen herausstellen lassen, so man Negertrommeln nennt – ausgehöhlte Hölzer, die etwa anderthalb Faden lang sind.«[114]

Morgan hieß die Idee gut, wollte allerdings das Risiko einer militäri-schen Konfrontation vermeiden. Selbst bei Erfolg würde der Brander mit seiner Explosion höchstwahrscheinlich nur ein Schiff vernichten. Morgan schrieb einen Brief an den spanischen Vizeadmiral und schlug ihm vor, aus Maracaibo abzuziehen, ohne die Stadt zu verbrennen und zu brandschatzen. Darüber hinaus versprach er gegen gutes Lösegeld die Freigabe der Hälfte aller Geiseln.

Alonso de Campos lehnte ab. Damit waren die Würfel gefallen. Mor-gan gab die Herstellung eines Branders in Auftrag. Die List gelang. Für jeden sichtbar wurde ein gekapertes kubanisches Schiff zum Flaggschiff Morgans ausgerüstet, in Wirklichkeit aber auf die vorgeschlagene Weise in einen Brander umgewandelt. Bananenblätter und Balken wurden geteert, Brennmaterial gesammelt und jede Menge Pulverfässer in das Schiff gestopft und mit Zündschnüren versehen.

Am Vortag der Schlacht reihte Morgan die Piratenflotte Schiff an Schiff im Maracaibo-See auf, so als ob er am nächsten Tag den Durchbruch erzwingen wollte. Am Gefechtstag gab er dann den Befehl, auf die Spanier zuzufahren. In Wirklichkeit galt Morgans Sorge nur dem Vorhaben, den getarnten Brander so nah wie möglich an die »Magdalena« zu bringen. Dazu bediente er sich eines weiteren raffinierten Tricks. Um sein Opfer in falscher Sicherheit zu wiegen, flankierte er sein vermeintliches Flaggschiff, das sein Banner trug und nur von Menschen zu wimmeln schien, mit zwei kleineren Fregatten, die so das Feuer der Spanier auf sich zogen.

Hierbei kam Morgan der Hochmut und die Siegeszuversicht des spanischen Vizeadmirals entgegen. Der Spanier ließ das vermeintliche Flaggschiff Morgans so dicht wie möglich herankommen, um es gleich mit einer ersten tödlichen Breitseite zu vernichten. Erst als aus dem trügerischen Gefährt Rauchsäulen aufstiegen, erkannte de Campos das Ausmaß der Gefahr. Zu spät. Kurz nachdem die Mannschaft des Branders sich in die Boote gerettet hatte, krachte das Feuerschiff gegen die Bordwand der »Magdalena« und explodierte.

Die »Magdalena« wurde sofort schwer beschädigt und fing Feuer. In wenigen Sekunden standen die Segel des Flaggschiffs in Flammen. Durch den Wind entfacht, erfasste die Feuersbrunst bald das ganze Schiff, das wie ein Feuerball im Wasser trieb. Hunderte spanischer Seeleute kamen elendiglich um. Wer durch die Wucht der Detonation ins Wasser geschleudert wurde oder Zeit fand, von Bord zu springen, den erschossen oder erschlugen die Bukanier, deren Boote jetzt wie Mückenschwärme die »Magdalena« umkreisten, im Wasser.

Einer der wenigen, der sich ans Ufer retten konnte, war Don Alonso de Campos. Hilflos musste er mit ansehen, wie nicht nur sein Schiff, sondern auch der Rest seiner Flotte unterging. Aus Angst, ebenfalls zu verbrennen oder von den Piraten gekapert zu werden, wandten sich die Kapitäne der beiden übrig gebliebenen Schiffe zur Flucht. Sie endete vor dem Fort damit, dass eines der Schiffe auflief und von seiner Mannschaft in Brand gesteckt wurde, das andere den Piraten kampflos in die Hände fiel.

Der Untergang der Armada de Barlovento vor Maracaibo 1669

In den folgenden Gefechten griffen Morgans Männer das Fort an, wobei sie schwere Verluste erlitten. Dies war der einzige Erfolg, den Don Alonso de Campos an jenem Tag erzielen konnte. Für die Armada de Barlovento war dies nur ein schwaches Trostpflaster. Mit dem Tag von Maracaibo hatte die Flotte, die unter so vielen Mühen gebaut worden war, aufgehört zu existieren.

Trotzdem war Henry Morgan noch nicht am Ziel. Mit der Vernichtung der Armada de Barlovento hatte er nur einen Teilerfolg erzielt. Alonso de Campos beherrschte mit dem Fort, das sich als uneinnehmbar erwiesen hatte, immer noch die Ausfahrt aus der Lagune von Maracaibo.

Morgan konnte mit seinen Schiffen nicht ausfahren. Wieder versuchte er es mit einer Erpressung. Er bot de Campos gegen Zahlung eines Lösegelds an, auf die Tötung von mehreren Hundert Geiseln zu verzichten. De Campos weigerte sich, auf den Handel einzugehen. Morgan reagierte darauf mit Fassung. Zum Erstaunen aller ließ er die Gefangenen nicht massakrieren. Stattdessen fasste er einen Plan, der selbst in den Annalen der Geschichte der Bukanier einzigartig ist. Bevor er den Ausbruch wagte, ließ er die Beute verteilen, dann ging er wie folgt vor:

>»Als die Beute ausgeteilt war, musste man auf Mittel denken, aus der Bai herauszukommen, sie (die Bukanier) resolvierten denn, folgende Kriegslist ins Werk zu stellen. Am Tage, da sie nachts auslaufen wollten, schifften sie sehr viele Mannschaft in Kanoes ein, gleich als ob sie an Land gehen wollten, gingen auch an den Strand etliche Bäume, die dort waren: hernach aber schlichen sich die Leute zurück, legten sich in den Kanoes auf den Bauch und kamen so wieder an Bord ihrer Schiffe, ohne dass man mehr als drei oder vier Mann sehen konnte. Dies taten sie auf allen Schiffen oder Fahrten, sodass die Spanier der festen Meinung waren, die Räuber würden nachts kommen, um das Kastell mit Sturmleitern zu erklimmen und einzunehmen; trafen auch alle Anstalt, es auf der Landseite zu defendieren und brachten alles Geschütz dorthin. Als es Nacht ward, schien der Mond ganz helle, alle die Räuber waren bereit. Sie lichteten ihre Anker, setzten ihre Segel auf und ließen sich also von der Strömung treiben, bis sie unter das Kastell kamen. Dann aber liefen sie mit vollen Segeln vor den Landwind, was sie laufen konnten, am Kastell vorbei. Die Spanier brachten gleich einen Teil ihres Geschützes an die Seeseite, allein die Räuber waren meistens schon vorbei passiert, sodass sie wenig Schaden hatten …«[115]

Morgan und seine Männer waren aus dem Maracaibo-See endlich ins offene Meer durchgebrochen. Erneut war es ihm gelungen, de Campos zu brüskieren. Der Vizeadmiral war nicht nur in militärischer Sicht geschlagen worden. Er hatte auf der ganzen Linie versagt und sich zudem als Unmensch erwiesen, indem er das Leben so vieler Gefangenen leichtfertig aufs Spiel setzte.

Nach der Niederlage segelte Alonso de Campos zusammen mit 55 Überlebenden seines Geschwaders nach Vera Cruz. Dort ließ ihn der Vizekönig nach seiner Ankunft verhaften und wenig später in Ketten nach Spanien bringen.

Das Desaster von Maracaibo wurde zum Grabstein der Armada de Barlovento.

Zwar gelang es ab 1672 noch einmal, eine Armada de Barlovento aufzustellen, aber bis auf einen weiteren größeren Kampfeinsatz gegen die Freibeuter des illustren Flibustiers Lorens de Graaf zeichnete sich das Geschwader nicht mehr aus. Fortan fand es fast nur noch Verwendung bei geografischen Expeditionen. 1747 wurde das Geschwader vollends aufgelöst.

Um Henry Morgan in die Schranken zu weisen, brauchte es andere Mittel. Die Spanier griffen nach jedem Strohhalm, der sich ihnen bot, und gingen dazu über, portugiesische und spanische Freibeuter mit Kaperbriefen zur Piratenjagd zu locken. Doch nur einer kam: Manuel Rivero Pardal, ein Portugiese, der bisher nur als Korsar und Pirat in Erscheinung getreten war.

Der Prahl-Admiral von St. Jago

Am 3. Januar 1670 stattete ihn der Gouverneur Cartagenas mit einer Kommission aus, gegen die Bukanier zu kreuzen. Drei Tage später schiffte sich Rivero Pardal mit 70 Mann auf der »San Pedro« – die von dem Korsaren in »Fama« umgetauft wurde – ein und setzte Segel. Das Ziel der Expedition war Point Morant auf Jamaika. Dort wollten die Spanier Gefangene machen und die Stadt verwüsten.

Daraus wurde nichts. Widrige Winde trieben Rivero Pardal zu den Kaimaninseln, wo englische Schildkrötenfischer lebten. Rivero Pardal zeigte sich nicht wählerisch. Er vernichtete die kleine Siedlung der Schildkrötenfischer und kaperte eine Ketsch. Bei dieser Aktion erfuhr er, dass ein Freibeuter im Hafen von Manzanillo lag.

Das Schiff war die nur 18 Mann starke »Mary and Jane« unter dem alten holländischen Seeräuber Bernhard Claesen Speirdyke. Speirdyke war in diplomatischer Mission unterwegs. Über seinem Schiff wehte die weiße Flagge, denn Speirdyke hatte von Thomas Modyford den Auftrag, Briefe und frei gelassene Gefangene zu überbringen.

Dies störte den spanischen Piratenjäger wenig. Als die »Mary and Jane« im Vertrauen auf ihre weiße Flagge an ihm vorbeisegelte, schnappte Rivero Pardal nach Korsarenart reflexartig zu. Es kam zum Kampf. Obwohl die Bukanier nur 18 Mann und die Spanier 70 Streiter zählten, wurde es ein hartes Gefecht. Kapitän Speirdyke war ein Veteran vieler Piraten- und Kaperkämpfe und seine Männer hartgesotten. Als der Enterkampf endete, lag ein Drittel von Rivero Pardals Männern tot oder verwundet auf den Decksplanken, während die Bukanier nur fünf Mann verloren, darunter auch Speirdyke. Rivero Pardal tat jetzt etwas Ungewöhnliches. Statt die überlebenden Bukanier grausam zu töten, schickte er sie mit der Aufgabe nach Port Royal zurück, seinen Sieg zu verkünden.

Dies war eine ungeheuerliche Provokation. Die Bukanier reagierten hitzig und wollten sich sofort rächen. Modyford hielt sie zurück und verhinderte mit Mühe den Gegenschlag. Der Gouverneur zog es vorerst vor, den Vorfall auf sich beruhen zu lassen. Vorerst war der spanische Korsar am Zug. Als Rivero Pardal am 23. März 1670 in den Hafen Cartagenas einlief, bereitete man ihm einen triumphalen Empfang und gab zu seinen Ehren eine Fiesta.

Endlich schien den Spaniern ein Seeheld geboren, der es mit den kühnsten Seeräubern aufzunehmen vermochte. War Rivero Pardal so ein Mann? Ein zweiter Piratenjäger wie Pedro Ménendez de Avilés, der einst Mitte des 16. Jahrhunderts erst den Golf von Biskaya und dann die Küsten Floridas von französischen Korsaren und Piraten gesäubert hatte?

Fast schien es so. Nach seinen ersten Erfolgen zeigte sich Rivero Pardal kampfeslustiger denn je. Seine Siege über die verhassten Engländer und Bukanier bewirkten, dass er Zulauf von anderen spanischen Freibeutern bekam und in Cartagena weitere Piratenjägerschiffe ausgerüstet werden konnten. Darüber hinaus wurde er zum »Admiral aller Korsaren« ernannt und erhielt eine königliche Flagge.

Derartig angespornt, griff Rivero Pardal erneut die Bukanier an. Am 11. Juli 1670 tauchte er vor Jamaika auf, wo er einige Schiffe überfiel. In den Wochen danach griff er mehrere Siedlungen auf Jamaika an und setzte sie in Brand. Bei einer dieser Aktionen hinterließ er auf einer Leinwand eine persönliche Nachricht an Henry Morgan, die er an einen Baum nagelte.

»Ich, Kapitän Manuel Rivero Pardal,
an den Anführer des Freibeutergeschwaders von Jamaica

Ich bin derjenige, der das getan hat, was hier folgt: Ich ging an Land der Kaiman Inseln, brannte 20 Häuser nieder und kämpfte mit Kapitän Ary und nahm ihm eine Ketsch mit Waren und Kanus ab. Und ich bin derjenige, der Kapitän Baines gefangen nahm und sein Schiff nach Cartagena führte. Und bin jetzt an dieser Küste angekommen und habe alles verbrannt. Ich komme, um General Morgan zu suchen. Ich habe zwei Schiffe mit zwanzig Kanonen und bitte ihn darum, wenn er dies gelesen hat, dass er an ihre Küste kommt, mich aufzusuchen, damit er den Heldenmut der Spanier kennenlernt ...«

Was heute fast belustigend wirkt, wurde von den Bukaniern ernst genommen. Von Rivero Pardals Erfolgen alarmiert, autorisierte Gouverneur Modyford Henry Morgan offiziell damit, Jamaika gegen die Angriffe des spanischen Korsarenadmirals zu verteidigen. In Wirklichkeit hatten Modyford und Henry Morgan andere Pläne. Geschickt instrumentalisierten sie Pardals Überfälle dazu, um einen ihrer größten Raubzüge politisch zu rechtfertigen: den Angriff auf Panama.

Wieder stellte Modyford Morgan einen Kaperbrief aus. Der Bestallungsbrief bezog sich auf die Raubzüge Rivero Pardals und berechtigte Morgan zu Offensiv- und Defensivmaßnahmen jeglicher Art, um Jamaika zu verteidigen. Um die Insel zu bewachen, schien die Flotte Morgans jedoch von Anfang an überdimensioniert. Am 11. August 1670 verließ Morgan mit 11 Freibeuterschiffen und 600 Mann Jamaika mit Kurs auf Kuba. Zuvor lief er noch die Île à Vache an, um sich mit französischen Bukaniern zu vereinigen. Am 2. Dezember 1670 waren die Vorbereitungen abgeschlossen; Morgan hatte bei Hispaniola eine gigantische Raubflotte von 2000 Mann und 38 Schiffen zusammengerafft.[116]

Dann segelte Morgan weiter nach Kuba. Dort erhielt Kapitän Morris mit seiner 10-Kanonen-Schaluppe »Dolphin« den Auftrag, die See nach Rivero Pardal abzusuchen und ihn zum Kampf zu stellen. Was wie eine wahnwitzige Aufgabe anmutet, führte tatsächlich durch einen glücklichen Zufall zum Erfolg. Als Morris durch einen Sturm dazu gezwungen war, eine kleine Bucht anzulaufen, segelte just auch der Piratenjäger mit seiner »Fama« aus Furcht vor dem Sturm in die Bucht hinein.

Rivero Pardal traute seinen Augen nicht, als er ihn plötzlich sah. Er beschloss, die Nacht abzuwarten, um dann bei Tagesanbruch das Piratenschiff anzugreifen. Morris kam ihm jedoch zuvor und griff selbst an. Bald erwies sich, dass die Spanier den Bukaniern nicht gewachsen waren. Als die Piraten nah heranrückten, sprangen viele von ihnen in Panik über Bord. Einzig Rivero Pardal bewies Heldenmut und kämpfte, bis er durch einen Schuss durch den Hals getötet wurde.

Als die Sonne sich senkte, verließ die »Dolphin« mit der »Fama« im Schlepptau die Bucht, die Schauplatz des Kampfes gewesen war. Rivero Pardal hatte sich seiner Aufgabe nicht gewachsen gezeigt. Ein einziges Freibeuterschiff hatte genügt, um den Piratenjäger zur Strecke zu bringen. Fortan redeten die Bukanier nur noch abfällig über ihn, nannten ihn den »Prahl-Admiral von St. Jago«. Doch für eine kurze Zeit war es dem Piratenjäger tatsächlich gelungen, das am Boden liegende spanische Selbstvertrauen durch seine Beutezüge wieder aufzurichten.

Morgans Zug nach Panama blieb weit hinter den Erwartungen zurück. Den Bukaniern gelang es zwar, die Stadt einzunehmen und 400 000 Pesos zu erbeuten, doch angesichts des Reichtums Panamas war dies zu wenig. Rechtzeitig gewarnt, hatten die Spanier die meisten Gold- und Silbervorräte an Bord ihrer Schiffe gerettet, bevor die Plünderer die Stadt stürmten, die bald ein Opfer der Flammen wurde.

Als die Bukanier nach Port Royal zurückkehrten, erwartete sie eine weitere böse Überraschung. In der Zwischenzeit hatten England und Spanien am 18. Juli 1670 den Vertrag von Madrid unterzeichnet. Das Abkommen bestätigte den Status quo und sprach England den Besitz Jamaikas zu. Es verpflichtete beide Parteien dazu, räuberische und freibeuterische Unternehmungen in der Karibik zu unterlassen.

Dies war keine gute Nachricht für die Bukanier, die vom Krieg lebten. Durch den Vertrag von Madrid war der Zug nach Panama – selbst bei Berücksichtigung der bei solchen Friedensvereinbarungen für Übersee geltenden Karenzzeit von einem halben Jahr – zum Piratenakt geworden. Am 18. Juli 1670 war der Vertrag abgeschlossen worden, am 28. Januar 1671 hatte Morgan Panama angegriffen und zerstört.

Auch außenpolitisch folgte dem Zug gegen Panama noch ein heftiges Nachbeben. Der spanische Botschafter verlangte die Bestrafung sowohl Modyfords als auch Morgans. Andernfalls würde Spanien sich gezwungen sehen, ebenfalls vertragsbrüchig zu werden und wieder zu den Waffen zu greifen. Dies ließ Karl II. von England nicht zu. Um die Wogen zu glätten, ernannte er Thomas Lynch zum Gouverneur Jamaikas. Lynch hatte mehrere Jahre in Spanien verbracht und in Salamanca studiert. Er beherrschte die Sprache und war dem Land gewogen. In ihm sah der englische Monarch den geeigneten Mann, die neuen Direktiven umzusetzen.

Der Bukanier Henry Morgan in Siegerpose, dahinter das lichterloh
brennende Panama

Er ließ erst Modyford, dann Morgan von dem neuen Gouverneur
Thomas Lynch verhaften und nach England überführen. Dort wartete
auf Thomas Modyford der Tower.

Henry Morgan dagegen kam noch einmal glimpflich davon: Er
konnte glaubwürdig beweisen, dass er den Zug gegen Panama ohne
Wissen des Friedensschlusses von Madrid unternommen hatte.

Die Verhaftung und Entfernung ihrer Führer war ein schwerer Schlag
für die englischen Bukanier. Noch schlimmer wog der Friedensschluss
und ihre damit verbundene Ächtung und Kriminalisierung. Auch

plagten sie Existenznöte. Wie sollten sie sich ernähren? Wovon sollten sie leben? Die Antwort auf diese Frage ließ nicht lange auf sich warten. Wie so oft in der Geschichte des Seekriegs wurden aus Korsaren Piraten, gegen die der neue Gouverneur sofort energisch vorging. Schon bald musste Thomas Lynch erkennen, dass den Bukaniern mit drakonischen Strafen allein nicht beizukommen war.

»Dies verfluchte Gewerbe besteht schon so lange und ist so umfänglich, dass sie wie Unkraut oder Hydraköpfe ebenso rasch wieder emporschießen, wie wir sie niederhauen können.«[117]

Die Not der Bukanier sollte nicht lange währen. In der Karibik zogen neue Kriegswolken auf. Der französisch-holländische Krieg stattete sie für weitere sechs Jahre mit Kaperbriefen beider Mächte aus. Krieg war damals keine nationale, sondern eine internationale Angelegenheit und maritime Streitkräfte Mangelware.

In England gab es immer noch einen Bukanier, der sich wieder zunehmender Wertschätzung erfreute – und zwar Henry Morgan. Wie immer hatte er großes Glück. Dank seines Charismas, seiner Verdienste und guten Verbindungen begnügte er sich nicht damit, nur auf freiem Fuße zu sein. Er machte sich durch seine Fachkompetenz beim König so beliebt, dass dieser ihn adelte und rehabilitierte. Als sich in der Karibik erneut Spannungen mit den Spaniern abzeichneten und ein neuer Krieg drohte, setzte Karl II. kurzerhand Thomas Lynch ab. Thomas Lynch wurde durch Lord Vaughan ersetzt, dem bald ein alter Kenner Jamaikas folgte.

Als Morgan im August 1673 ein Memorandum über Jamaikas militärische Schwachstellen vorlegte, beschloss der König, ihn wieder in die Karibik zu entsenden. Am 23. Januar 1674 wurde Morgan zum Vizegouverneur von Jamaika ernannt und mit dem Schwert zum Ritter geschlagen. Wie es schien, war Sir Henry Morgan eine Katze mit vielen Leben. Zeitweilig betätigte er sich sogar als Piratenjäger. Aber der ehemalige Fürst der Bukanier fand sich in seinem neuen Leben nicht zurecht.

1681 wurde er wegen seiner Alkoholexzesse seines Amtes enthoben, 1683 sogar wegen Zügellosigkeit und Unmoral aus dem Regierungsrat von Jamaika ausgestoßen. Der Amtsenthebung folgte fünf Jahre später der Tod. Am 25. August 1688 starb Sir Henry Morgan in Port Royal, das später, 1692, von einer gewaltigen Sturmflut überschwemmt wurde.

Fünf Jahre danach fand das Ringen in der Karibik ein Ende. Politisch gesehen wurde der Friedensschluss schon vier Jahre nach Beginn des Spanischen Erbfolgekriegs hinfällig.

Hinsichtlich der Piratenbekämpfung bedeutete er allerdings einen Meilenstein. Mit der Unterzeichnung des Vertrages von Rijswijk im September 1697 verpflichteten sich Frankreich, England, die Niederlande und Spanien, gemeinsam gegen das Bukanier-Unwesen in der Karibik und im Golf von Mexiko vorzugehen. Von nun an sollten Bukanier, die in der Karibik Schiffe überfielen und ohne Freibeuterbriefe segelten, als gewöhnliche Piraten von allen Nationen geächtet werden.

Die Schicksalsmission des William Kidd

»In den Jahren um 1670 habe ich beobachtet, dass sie Schiffe mit 60 bis 70 Tonnen ausrüsteten, die sie Freibeuterschiffe nannten. Sie schickten sie ohne Schutzbriefe nach Spanisch-Westindien, wo sie große Mengen von Silbermünzen und Barrensilber, reich bestickte Kirchengewänder, Kirchengeräte aus Edelmetall und andere Schätze raubten, dass sich der spanische Gesandte darüber beschwerte. ... Aber jetzt haben diese Piraten festgestellt, dass die Reise zum Roten Meer gewinnbringender und weniger riskant ist. Dort nehmen sie den Mauren alles fort, was sie haben, ohne auf Widerstand zu stoßen, und bringen ihre Beute auf irgendwelche Pflanzungen auf dem amerikanischen Festland oder auf den benachbarten Inseln, wo sie freundlich empfangen werden, gute Häfen finden und ihre Schiffe instand setzen können. ... Rhode Island ist viele Jahre das Hauptversteck der Piraten gewesen und ist es noch heute. Im April brachte Thomas Tew Gold und Silber im Wert von 100 000 Pfund und eine ansehnliche Ladung Elfenbein, die ihm von Kaufleuten aus Boston abgekauft wurde. ... Sehr bald kehrte er in das Rote Meer zurück, und angeregt durch seine Erfolge wurden drei weitere Schiffe ausgerüstet, um sich ihm anzuschließen.«

Edward Randolph, ehemals Oberster
Zolleinnehmer in Nordamerika[118]

Die Geschichte William Kidds ist eng mit dem Niedergang der Bukanier und Flibustier in der Karibik verbunden. Da sich die Piraterie in jenen Gefilden vorerst nicht mehr lohnte, wichen immer mehr Seeräuber in den Indischen Ozean und in den Golf von Aden vor dem Roten Meer aus. Hier legten sie sich vor Bab El Mandeb, dem Eingang zum Roten Meer, auf die Lauer, um Jagd auf die Handelssegler indischer und arabischer Fürsten zu machen. Ein solcher Raubzug ereignete sich im Juli 1695, als ein sechs Schiffe starkes Piratengeschwader unter dem Kommando von Thomas Tew und Henry Every (auch: Avery) der Mokkaflotte des Großmoguls Aurangzeb hinterhersetzte, die gerade ihre Waren in den Häfen Jeddah und Mokka gelöscht hatte und reich beladen mit Gold- und Silbermünzen auf dem Rückweg nach ihrem Heimathafen Surat war.

Die Seeräuber hatten zuerst Pech. Während der Verfolgung entwischte der Großteil der Mokkaflotte. Die Piraten erreichten nur zwei Schiffe: die »Fateh Mohammed« und die »Ganj-I-Sawai«. Die »Fateh Mohammed« war ein Eskortschiff. Sie begleitete die wesentlich größere »Ganj-I-Sawai«, die neben Stoffen, Elfenbein, Parfums, Weihrauch, Ölen und Edelsteinen 500 000 Gold- und Silberrupien beförderte. Außerdem befanden sich an Bord der »Ganj-I-Sawai« Angehörige des Herrscherhauses und viele hochgestellte Persönlichkeiten des Hofes, darunter tief verschleierte Edeldamen, die von einer Pilgerreise nach Mekka zurückkehrten.

Obwohl die Piratenflotte zahlenmäßig überlegen war, wehrte sich die »Fateh Mohammed« anfangs, was Thomas Tew das Leben kostete. Der »Fateh Mohammed« half dies nicht. Die Piraten erbeuteten das Schiff, metzelten die Besatzung nieder und versenkten den Segler, nachdem sie ungefähr 50 000 Pfund Sterling erbeutet hatten.

Angespornt von den zu erwartenden Reichtümern setzte der Piratenkapitän Henry Every der »Ganj-I-Sawai« nach. Das Schiff gehörte der Familie des Großmoguls von Indien. Es war ein besonders starker Gegner und mit 62 Kanonen bewaffnet. Zur Überraschung der Piraten waren 400 Soldaten an Bord. Every ließ sich nicht beirren und griff an.

Sein Mut machte sich bezahlt. Während die Piraten unter dem Kanonenhagel der »Ganj-I-Sawai« näherkamen, traf eine ihrer Kugeln den Hauptmast des indischen Schiffes. Unter dem Geschrei von Hunderten krachte der Mastbaum auf das Deck und riss alles nieder. In wirrem Durcheinander begruben Segel und Fockmasten Mannschaften und Passagiere. Sofort brach eine Massenpanik aus.

Jetzt hatte Every die »Ganj-I-Sawai« am Haken. Mit gezogenem Entermesser erkletterten die Seeräuber die hohen Bordwände des manövrierunfähigen Schiffes und stürmten es. Der Kampf tobte zwei Stunden lang. Es wurde ein furchtbares Gemetzel. Angreifer wie Verteidiger erlitten schwere Verluste. Obwohl die Inder in der Überzahl waren, wurden sie geschlagen, wobei Every zwanzig Mann verlor. Zum Schluss setzte sich die größere Mordgier durch. Wie im Blutrausch kämpften sich Everys Piraten durch die Scharen der Inder, bis diese tot am Boden lagen oder vor Entsetzen die Waffen streckten. Als die Seeräuber endlich Herren des Schiffes waren, fanden sie in dessen Laderäumen märchenhafte Schätze. Diesmal hatte sich das Morden gelohnt. Der geschätzte Gewinn umfasste Berge von Gold, Silber, riesige Juwelen, einen diamantbesetzten Reitsattel und kostbare Waren im Wert von mehreren Hunderttausend Pfund Sterling. Den Piraten war der Fang des Jahrhunderts geglückt.

In den Tagen nach der Eroberung der »Ganj-I-Sawai« kämmten sie das Schiff immer wieder nach weiterer Beute durch. Bei diesen Plünderungszügen folterten sie die gefangenen indischen Passagiere und Mannschaften grausam, wobei sie viele der Männer töteten. Besonders die Frauen aus dem Hofstaat des Großmoguls hatten zu leiden, wie Philipp Middleton, ein Matrose aus Everys Mannschaft, berichtete:

»Wir folterten eine Menge Juwelen aus ihnen heraus, darunter ein Sattel und Zaumzeug voll mit Rubinen besetzt, ein Geschenk des türkischen Sultans für den Großmogul. Und überall lagen unsere Leute mit den Weibern an Deck herum, von denen einige, ihrem Schmuck und ihrem Benehmen nach zu schließen, von höherem Rang waren als der Rest.«[119]

Tagelang wurden sie derart brutal misshandelt und vergewaltigt, dass viele den Folgen erlagen. Das Leid der Geplünderten und Vergewaltigten war Henry Every egal. Den gewissenlosen Seeräuber trieben ganz andere Sorgen um – und zwar die gigantische Beute in Sicherheit zu bringen.

Die Piraten hatten pro Mann 1000 Pfund zuzüglich einer bestimmten Menge Juwelen erbeutet. Selbst die jüngeren von ihnen hatten eine Beute von 500 Pfund gemacht.

Every setzte sich mit seiner Mannschaft in die Karibik ab. Das Herz des Piraten muss ihm im Leibe gelacht haben, als er sich mit seinen Männern vom Ort seiner Schandtat entfernte. Hätte Every in die Zukunft blicken können, wäre ihm nicht so wohl gewesen. Der Überfall auf die »Ganj-I-Sawai« zog weite Kreise und löste eine schwere politische Krise aus. Als die geplünderte »Ganj-I-Sawai« am Morgen des 13. September 1695 nach Indien zurückkehrte, wurde dort das Ausmaß der Katastrophe bekannt. Dies führte zu blutigen Ausschreitungen gegen die Mitarbeiter der Britischen Ostindienkompanie. Faktoreien und Niederlassungen wurden belagert, Schiffe der Kompanie beschossen und 63 ihrer Mitarbeiter inhaftiert. Zwecks Kompensation der erlittenen Schäden besetzten indische Truppen weitere Faktoreien in Bombay und Madras. Als weitere Repressalie ließ der Großmogul 100 000 Pfund Sterling beschlagnahmen. Angesichts der erlittenen materiellen und menschlichen Verluste stimmte dies jedoch Großmogul Aurangzeb noch immer nicht gnädig.

Aurangzeb drohte den Engländern, die Handelsbeziehungen abzubrechen. Die Ostindische Kompanie fürchtete um ihre Einkünfte. Da half es nichts, dass mehrere von Everys Leuten Monate später in England beim Verkauf der Wertsachen verhaftet und wegen Piraterie vor Gericht gestellt wurden. Die Inder wollten eine dauerhafte Lösung des Piratenproblems und eine hohe Entschädigungssumme.

Die Engländer stimmten sofort zu. Abgesehen von der Zahlung einer hohen Abfindung verpflichteten sie sich dazu, sämtlichen indischen Kauffahrern eine Begleiteskorte auf Kosten der britischen Ostindienkompanie zur Verfügung zu stellen. Nach diesen Zusagen glätteten sich wieder die Wogen. Der Ostindienhandel kam langsam in Schwung. Trotzdem war nichts mehr wie vorher.

Der Angriff britischer Piraten – von denen die meisten aus Neuengland stammten – hatte eine schwere diplomatische Krise ausgelöst und elementare Wirtschaftsinteressen Großbritanniens gefährdet. Fieberhaft wurde nach Every gesucht. Er wurde nicht gefasst. Direkt nach der Tat hatte er sich mit seiner Mannschaft nach Westindien abgesetzt, wo sich die Schaumritter trennten. Gerüchten zufolge lebte er als Maharadscha auf Madagaskar in Saus und Braus mit einer schönen Tochter des Großmoguls. Wahrscheinlich war er einfach nur abgetaucht.

Aber die Legende sucht nicht den beschwerlichen Weg der Wahrheit, um in die Herzen der Menschen zu finden. Mit Everys Piratenstück wurde ein Aussteiger- und Aufsteigermythos geboren. Von nun an träumte so mancher arme Europäer von der Ferne. Hier harrten märchenhafte Schätze seiner, ja es genügten nur ein paar skrupellose Verbrechen, um selbst wie ein König im Schlaraffenland zu leben.

Die Geschichte Everys fand nicht nur ihren Weg in die Herzen, sondern auch ins Theater. Der Dramatiker und Dichter Charles Johnson – ein Namensvetter des späteren Schilderers so vieler Piratengeschichten – schrieb ein Theaterstück, das »Long Ben« Every gewidmet war: »Der glückliche Seeräuber« (»The Successful Pyrate«, uraufgeführt 1712, veröffentlicht 1713). Es wurde der Bühnenerfolg der Saison, obwohl es eine Persiflage auf den Piratenkönig war.

Der Regierung in London war nicht nach Lachen zumute. England nahm die Drohungen des Großmoguls ernst. Die Aktionäre der Ostindischen Kompanie befürchteten weitere Repressalien der Inder. Sie bangten auch weiterhin um ihre Profite und forderten die Regierung auf, endlich Kriegsschiffe zu entsenden. Every war kein Einzelfall. Gerüchte waren im Umlauf, dass sich auf Madagaskar und auf den Inseln davor scharenweise Piraten ansiedelten, um im Indischen Ozean vor dem Roten Meer nach Beute zu kreuzen.

Die Regierung in London nahm sich des Problems an. Zuerst zerschlug sie die Infrastruktur der Seeräuber aus Neu-England. Deren wichtigster Bundesgenosse war der korrupte Gouverneur New Yorks, Benjamin Fletcher. Der New Yorker hatte so manche erfolgreiche Raubfahrt, darunter auch die von Thomas Tew, finanziert. Dies wurde ihm nun zum Verhängnis. Fletcher wurde am 18. Juni 1697 seines Amtes enthoben und durch Lord Bellomont ersetzt. Bellomont war schon im Juni 1695 zum Gouverneur Massachusetts und im darauffolgenden Juli zum Gouverneurs New Yorks ernannt worden, blieb aber vorerst in England.

Bellomont hatte den Auftrag, energisch gegen das Piratenwesen vorzugehen, und sicherte sich die Unterstützung von Colonel Robert Livingston, dem Staatssekretär für Indische Angelegenheiten. Livingston war ein wichtiger Verbindungsmann der Britischen Ostindienkompanie von Neuengland. Beide entwickelten die Idee, den Seeräubern durch einen Piratenjäger das Handwerk zu legen. Dabei spielte weniger der Gedanke an einen Kreuzzug gegen das Verbrechen die Hauptrolle. Vielmehr überwog der Wille, sich an der Piratenjagd zu bereichern und den Seeräubern ihre wertvolle Beute abzujagen.

Rechtlich konnte dies für Verwicklungen sorgen, da ein gewichtiger Aspekt des Prisenrechts gestreift wurde: die »Wiedernahme«. Unter Wiedernahme verstand man die Rückgewinnung eines von einer feindlichen Seemacht, Seeräubern oder Korsaren genommenen Schiffes oder die Rückeroberung geraubter Warenwerte. Die Wiedernahme verpflichtete den Wiedernehmer prinzipiell dazu, das Schiff selbst oder die geraubte Ware eines Schiffes an den Eigner zurückzugeben. Dabei erhielt der Wiedernehmer eine Vergütung. Diese konnte abhängig davon sein, wie lang das Schiff in Hand des Kaperers gewesen war und betrug mindestens ein Drittel vom Wert der Ladung. Aber dies war nur eine von unzähligen Regeln zur Wiedernahme, die von den seefahrenden Nationen völlig verschieden gehandhabt wurde.

Selten fand man so klare Regelungen wie im Hamburger Prisenrecht des Mittelalters:

»Wenn Seeräuber einiges Gut nehmen und es ihnen genommen wird, sollen die, so es wieder nehmen und die, welche die Kosten trugen, die Hälfte davon halten und behalten mögen und die Hälfte den Beschädigten wiedergeben. Waren es aber Friedensschiffe (Kriegsschiffe) in der See von den gemeinen Städte wegen, die das den Seeräubern wiedernahmen, die sollen das dem Kaufmann wiedergeben.«[120]

Von derartigen Vorstellungen waren Lord Bellomont und Colonel Livingston weit entfernt. Sie dachten nicht im Traum daran, das Raubgut den rechtmäßigen Besitzern zurückzuerstatten. Aus Sicht der beiden war es kein Seeraub, Piraten ihre Beute abzujagen. Die Rechtslage war im 17. Jahrhundert alles andere als eindeutig und es waren genug Schlupflöcher vorhanden. Und sollte sich jemand beschweren, hatte Lord Bellomont genug Möglichkeiten, diese Beschwerden mithilfe einflussreicher Freunde im Keim zu ersticken.

Denn Lord Bellomont gelang es, die mächtigsten Männer Englands gegen entsprechende Gewinnbeteiligung für die Piratenjagd zu begeistern. Diese Männer waren: der Earl of Romney, der Oberbefehlshaber der britischen Artillerie, und Edward Russell, Lord Orford, seines Zeichens Erster Lord der Admiralität. Zu diesen beiden gesellten sich Sir

John Somers, Lordkanzler und Bewahrer des Großsiegels, und der Herzog von Shrewsbury, der Staatssekretär.

Diese wichtigen Männer gaben Lord Bellomont Rückendeckung. Sie versprachen, das Projekt zu finanzieren, traten aber nicht öffentlich als Teilhaber des Unternehmens in Erscheinung. Trotzdem wusste bald ganz London vom Geheimnis der Lords. Mit dieser Interessengemeinschaft der einflussreichsten Männer Englands musste das Unternehmen gelingen. Jetzt brauchten Colonel Livingston und Lord Bellomont nur noch den geeigneten Kaperkapitän zu suchen und das nötige Jagdschiff zu bauen.

Colonel Livingston glaubte, einen erfahrenen Seemann zu kennen, der dem gewünschten Anforderungsprofil entsprach: William Kidd. Kidd war gebürtiger Schotte und 1695 fünfzig Jahre alt. Er besaß Erfahrung im Kaperkrieg und hatte sich mehrfach während des Pfälzischen Erbfolgekriegs (1688–1697) im Kampf gegen die Franzosen ausgezeichnet. Schlagartig berühmt geworden war Kidd durch die Kaperung eines französischen Dreideckers, der eine wertvolle Geldsendung von mehreren Tausend Louisdor enthielt. 1690 hatte er sich mit seinem Kaperkommando in einer mehrstündigen Seeschlacht gegen ein halbes Dutzend französischer Korsaren tapfer geschlagen. Dass ihm wenige Wochen danach sein auf Kiel liegendes Schiff »Blessed William« durch Meuterer unter dem Steuermann Culliwood gestohlen worden war, wurde als Betriebsunfall angesehen und schädigte nicht seinen Ruf.

Kidd galt als einer der angesehensten Bürger New Yorks und schien der richtige Mann für das Unternehmen. Vor allem war er sofort Feuer und Flamme, als er von der geplanten Piratenjagd erfuhr.

Jetzt fehlten nur noch die geeigneten Investoren. Lord Bellomont hatte keine Schwierigkeiten, sie zu finden.

Die notwendige finanzielle Rücklage für die Ausrüstung des Schiffes, etwa vier Fünftel der Gesamtkosten, brachten Lord Bellomonts Hintermänner auf, das restliche Fünftel Kidd und Livingston. Alles in allem betrugen die Kosten 6000 Pfund.

Der Beuteschlüssel sah wie folgt aus: Nach Abzug der üblichen 10 Prozent für den König, sollte der Restbetrag folgendermaßen verteilt werden: 60 Prozent der Schore würde das mächtige Konsortium hinter Bellomont erhalten. 15 Prozent sollten an Kidd und Livingston und nur 25 Prozent an die Mannschaft gehen. Dies bedeutete vor allem aus Sicht der Mannschaft einen schlechten Handel, die nach altem Kaperbrauch normalerweise 60 Prozent erhielt.

Nachdem die Formalitäten geklärt waren, wurde der Bau eines besonderen Piratenjagdschiffes in Auftrag gegeben. Es wurde im Dezember 1695 in Deptford fertiggestellt und lief vom Stapel. Das Schiff erhielt den Namen »Adventure Galley«. Dies war nicht etwa eine romantische Reminiszenz an die Märchenwelt des Orients, sondern trug tatsächlich dem Charakter des Schiffstyps Rechnung.

Die »Adventure Galley« zählte zu dem Typ der Galeerenfregatten, einer Hybridgattung mit Wind- und Ruderbetrieb, der Ende des 17. Jahrhunderts für kurze Zeit gebaut wurde. Das Schiff wog 287 Tonnen, hatte eine maximale Segelfläche von 2600 Quadratmeter und lief 14 Knoten. Zusätzlich war es mit insgesamt 46 Riemen ausgestattet, die seine Geschwindigkeit bei gesetzten Segeln um 3 Knoten erweiterten. Das ermöglichte der »Adventure Galley«, bei Windstille manövrierfähig zu bleiben. Bewaffnet war sie mit 34 Kanonen. Die Mannschaft zählte 150 Mann.

Auch rechtlich schien die Strafexpedition mehr als wasserdicht. Kidd hatte den zweischneidigen Auftrag, Piraten zu jagen und französische Schiffe aufzubringen. Entsprechend erhielt er in London zwei verschiedene Kaperbriefe, einen zur Piratenbekämpfung, einen anderen für Kaperfahrten gegen Frankreich.

Auf dem Papier wirkte alles gut durchdacht. William Kidd setzte durch, die Mannschaft selbst auszusuchen. Als die »Adventure Galley« auslief, befanden sich 150 handverlesene, erfahrene Seeleute an Bord des Schiffes.

Alles lief nach Plan. Dies änderte sich jedoch bald. Als Kidds Schiff auslief, ereignete sich der erste Zwischenfall. Ein britisches Kriegsschiff stoppte die »Adventure Galley« auf der Themse. Kidd hatte der königlichen Flagge nicht den gebührenden Respekt durch einen Kanonensalut erwiesen, und seine in den Rahen befindlichen Männer hatten der königlichen Marineyacht sogar den nackten Hintern gezeigt, als diese sie nochmals zum Flaggengruß aufforderte.

Diese Respektlosigkeit sollte sich bitter rächen. Ungeachtet aller scharfen Proteste Kidds ging das Kriegsschiff längsseits und presste 80 der besten Männer zum Dienst.[121] Schlechter konnte der Start nicht sein, auch wenn Kidd kurz darauf ein französisches Schiff kaperte. Als die »Adventure Galley« ihren Bestimmungshafen New York anlief, sah sich der Piratenjäger dazu gezwungen, hinzugelaufenes Volk als Besatzung anzuwerben. Die Mannschaften machten einen schlechten Eindruck. Der abgesetzte Gouverneur von New York, Benjamin Fletcher, äußerte sich skeptisch über Kidds Chancen, den Haufen zu bändigen.

Kidd hatte keine andere Wahl. Im September 1696 stach er mit der »Adventure Galley« von New York aus in See. Obwohl er eisern nach Piraten und Franzosen kreuzte, machte er monatelang keine einzige Prise, weder vor Madagaskar noch vor Bab el Mandeb. Neutrale Schiffe ließ Kidd vorerst unbehelligt, bis die Vorräte an Bord erschöpft waren und die Mannschaft zu meutern begann. Kidd sah sich gezwungen nachzugeben, wollte er nicht die Kontrolle über das Schiff verlieren.

Sein erster Piratenakt wurde ein Angriff auf eine indische Handelsflotte, die vom britischen Ostindienfahrer Barlet geleitet wurde. Kidd scheiterte. Im letzten Moment gelang es Kapitän Barlet, die »Adventure Galley« durch mehrere wohlgezielte Kanonenschüsse seines Schiffes zu verjagen. Als Barlet die Verfolgung der »Adventure Galley« aufnahm, machte sich Kidd aus dem Staub.

Dies war der erste Versuch der »Adventure Galley«, ein neutrales Handelsschiff zu kapern. Weitere folgten. Der Erfolg stellte sich ein, als die »Adventure Galley« einen kleinen arabischen Segler angriff und ihm seine Ladung abnahm. Es war ein klarer Akt von Seeraub, der durch keine Kommission gedeckt wurde.

Statt Piraten zu jagen, wurde Kidd selbst einer. Da half es auch nichts, dass er zumindest einen Teil seines Auftrags erfüllte und einige französische Prisen nahm. Die Mannschaft blieb trotzdem unruhig. Ihrer Meinung nach ließ Kidd zu viele Chancen verstreichen. Aus Sicht von Kidds Männern war die schon über ein Jahr dauernde Fahrt der »Adventure Galley« ein Desaster. Jeder der Männer an Bord hatte auf Gewinnbasis angeheuert und bisher keinen müden Penny verdient.

Die Mannschaft nagte am Hungertuch. Die Verzweiflung war so groß geworden, dass sie nicht mehr gewillt war, englische Schiffe zu verschonen. Als Kidd sich ihrem Willen widersetzte, ein englisches

Schiff zu kapern, kam es zur Meuterei. Nur durch äußerste Gewaltandrohung konnte Kidd eine Eskalation verhindern.

Am 30. Oktober 1697 entluden sich die Spannungen an Bord in einer Gewalttat. In einer Auseinandersetzung mit dem Schiffskanonier William Moore erschlug Kidd den Mann mit einem schweren mit Eisenbändern gefassten Eimer. Was man heute als Affekthandlung und Totschlag einstufen würde, galt damals als Mord. Die Tat beraubte Kidd der letzten Sympathie seiner Mannschaft.

Daran änderte sich auch nichts, als er am 30. Januar 1698 endlich mit dem 500 Tonnen großen indischen Handelssegler »Quedagh Merchant« einen prachtvollen Fang machte. Die »Quedagh Merchant« war mit wertvollen Seiden- und Musselinballen, Kattun, Zucker, Eisen, Salpeter und Opium sowie anderen wertvollen Handelsgütern beladen. Die hervorragende Prise hätte Kidds Mannschaft mit ihrem Kapitän versöhnen können, wäre da nicht ein gravierender Umstand gewesen, der die Freude trübte.

Das Schiff reiste unter dem Schutz französischer Seepässe, doch der Kapitän der »Quedagh Merchant« war ein Engländer namens Wright. Dieser machte Kidd darauf aufmerksam, dass die Wegnahme des Schiffes und seiner Ladung ernsthafte politische Konsequenzen nach sich zöge. Das Schiff gehörte armenischen Eignern und war somit neutral. Kidd war hin- und hergerissen und schwenkte plötzlich um: Er forderte die Mannschaft dazu auf, die Beute zurückzugeben.

Die dachte aber nicht daran, sich die sicher geglaubte Beute abspenstig machen zu lassen und argumentierte, dass das Schiff eine reguläre Prise sei, weil es französische Pässe habe.

Kidd akzeptierte. Die »Quedagh Merchant« wurde restlos ausgeplündert, in »Adventure Prize« umbenannt und nach Madagaskar mitgenommen, wo sie am 1. April 1698 einlief. Es war die letzte Fahrt der »Adventure Galley«. Wurmfraß hatte das Schiff so beschädigt, dass es nicht länger seetauglich war und an allen Ecken und Kanten leckte. Kidd verließ den Kahn, der einst sein ganzer Stolz gewesen war. Nahezu symbolisch für das Unternehmen sank die »Adventure Galley« weder im Sturm noch im Gefecht. Ihr Schicksal war es, auf eine Sandbank vor Madagaskar aufzulaufen und erst ausgeschlachtet und dann verbrannt zu werden.

Kidd wechselte nun auf die »Quedagh Merchant«, von deren Kaperung man mittlerweile auch in London wusste. Der Überfall löste in London große Unruhe aus. Schwer wog nicht nur, dass das Schiff unter britischem Kommando stand. Noch schlimmer war, dass die geschädigten armenischen Händler enge Geschäftskontakte zur Britischen Ostindischen Kompanie unterhielten.

Hinzu kam der Skandal, von einem königlichen Kaperer aufgebracht worden zu sein, der eigentlich den Befehl hatte, Piraten zu jagen. Von diesem Auftrag wollte Kidd schon lange nichts mehr wissen.

Als er auf Madagaskar zufällig seinem ehemaligen Obersteuermann Culliford begegnete, der ihm einst 1690 die »Blessed William« gestohlen hatte, klirrten nicht die Klingen, sondern die Gläser. Aus Jäger und Gejagtem wurden Brüder im Geiste, die es sich an den Gestaden Madagaskars gut gehen ließen. Diesmal gab es kein Schiff, das Culliford Kidd entwendete, dafür aber gestandene Seeleute, die Kidds Tyrannei, dünkelhaftes Gebaren und Unfähigkeit schon lange satt hatten. In ihren Augen hatte Kidd als Piratenjäger kläglich versagt und als Seeräuber nur eine mäßige Figur gemacht. In Scharen desertierten sie und heuerten bei Culliford an.

Dies alles ließ William Kidd kalt. In völliger Verkennung seiner Lage plante er die Heimreise nach Neu-England. Seiner Meinung nach hatte er sich nichts zuschulden kommen lassen. Hätte Kidd gewusst, was sich in England abspielte, wäre ihm weniger wohl ums Herz gewesen. Die Regierung in London reagierte außerordentlich hart auf die Vorwürfe gegen ihren einstigen Piratenjäger. Seine Partner, das mächtige Konsortium und Livingston, fühlten sich kompromittiert und entzogen Kidd die schützende Hand. Er wurde zum Seeräuber erklärt und zusammen mit Every ausdrücklich von einem Pardon, den der englische König für alle Piraten östlich des Kaps der Guten Hoffnung erließ, ausgeschlossen. Damit war Kidd bereits ein toter Mann, bevor er überhaupt einen Fuß nach Neu-England setzte.

Mit nur wenigen Matrosen, die ihm geblieben waren, begab sich Kidd auf die Heimreise. Als er mit der »Quedagh Merchant« im April 1699 die Insel Anguilla erreichte, erfuhr er, dass man ihn zum Seeräuber erklärt hatte. Immer noch erkannte er nicht die Gefahr, in der er schwebte.

Statt sich jetzt schnellstens abzusetzen oder woanders unterzutauchen, segelte er nach Neu-England, um Frau und Kind, aber auch Gouverneur Lord Bellomont zu sehen und ihm persönlich Bericht von dem Geschehenen zu erstatten. Kidd glaubte sich im Recht, schließlich besaß er die französischen Pässe der »Quedagh Merchant«, auf die sich eine Verteidigung gegen den Vorwurf der Piraterie aufbauen ließ. Außerdem war Bellomont in seinen Augen eine Vertrauensperson und noch dazu einer seiner Auftraggeber. Von ihm erhoffte sich Kidd energische Fürsprache. Um sich Bellomont gewogen zu machen, erwähnte er, er habe für ihn und die Londoner Geldgeber einen Betrag von 30 000 Pfund an Bord. Dazu bestritt er die Vorwürfe, ein Pirat zu sein.

Bellomont taktierte geschickt und sandte Kidd eine nichtssagende Antwort zurück. Wenn er, wie er behaupte, so ein reines Gewissen hätte, könne er ruhigen Gewissens zu ihm kommen; es würde ihm nichts geschehen. Kidd kam, aber vorher platzierte er seine Beutestücke in mehreren Verstecken und vergrub eine Truhe voller Gold auf Mariners Island.

Nachdem er dem Gouverneur in Boston einen vollen Rechenschaftsbericht abgeliefert hatte, ließ ihn Bellomont am 6. Juli 1699 verhaften und nach neun Monaten Haft in Ketten nach London verfrachten. Die auf Mariners Island vergrabene Kiste barg Lord Bellomont und schickte sie ebenfalls als Beweismittel von Kidds Piraterie nach England. Nach fast einjähriger Haft unter menschenunwürdigen Bedingungen im Gefängnis Newgate in London wurde Kidd Ende März 1701 ins Unterhaus zu einer Anhörung vorgeladen. Abgeordnete der Tories versuchten, Kidd für ihre politischen Ziele zu nutzen. Sie interessierte das Ausmaß der Verstrickung von Kidds Auftraggebern in seine Aktivitäten als Pirat. Bellomont und seine Hintermänner zählten zu den Whigs und damit zu den politischen Gegnern der amtierenden Tory-Regierung. Die Chance, sie durch die Kidd-Affäre zu kompromittieren, war zu verlockend, um ungenutzt zu bleiben.

Kidd versäumte die einzige Chance, die er hatte, und nuschelte unverständliches Gebrabbel, wenn er gefragt wurde. War er verwirrt? Hatte er getrunken? Wurde er betrunken gemacht? Das ist heute nicht mehr nachzuvollziehen. Jedenfalls schwieg Kidd und nannte keine Details der Geschäftsabsprache. Stattdessen betonte er nur gebetsmühlenartig, zu jeder Zeit gemäß seinen Bestallungsbriefen gehandelt zu haben. Immer wieder behauptete er, kein Pirat zu sein. Damit war er für die Tories uninteressant geworden. Sie hatten gehofft, Kidd instrumentalisieren zu können, um die Reputation ihrer Gegner durch einen Skandal zu beschädigen. Der Rechtsfall Kidd war für sich genommen uninteressant.

Kidds Verhalten verwundert bis heute. Hätte er gegen seine Auftraggeber ausgesagt, wäre er vielleicht begnadigt worden. So kam es im Mai 1701 zur Gerichtsverhandlung. Kidd wurde der Piraterie und des Mordes an Kanonier Moore angeklagt, für schuldig befunden und zum Tode verurteilt. Seine einstigen Partner hatten keinen Finger zu seiner Verteidigung gerührt.

Am 23. Mai 1701 wurde Kidd vor Tausenden von Schaulustigen im Execution Dock gehängt. Doch selbst in den letzten Minuten von Kidds Leben lief nichts nach Plan. Als Kidd zusammen mit anderen zum Tode Verurteilten auf einem Schinderkarren zum Execution Dock gefahren wurde, war er so betrunken, dass er nicht mehr stehen konnte. Mit Mühe wurde er zusammen mit zwei anderen Todgeweihten aufs Schafott geführt.

Dort passierte das Malheur. Beim ersten Versuch, ihn zu hängen, riss der Galgenstrick. Unter dem Gegröle der verrohten Menschenmasse fiel Kidd durch die Schafottluke in den Schlamm unter das Galgengerüst. Erneut wurde der Schwankende an den Galgen geführt. Unbarmherzig streifte der Henker dem unglücklichen Delinquenten einen zweiten Galgenstrick über den Kopf. Fest zog er die Genickschlaufe zusammen. Der Henker ging nach hinten, zog an einem Hebel. Wuchtig schlug die Falltür zu Kidds Füßen auf. Kidd fiel durch die Luke.

Mit einem heftigen Ruck fing sich sein Körper im Seil. Diesmal trat der Tod durch den Strang ein. Unter lautem Knacken brach Kidds Genick. Dann pendelte der Tote am Seil langsam aus, bis er wie seine beiden Leidensgenossen völlig reglos vom Galgen hing.

Als Kidd tot war, nahm ihn der Henker unter dem Jubel der Schaulustigen vom Galgen und kettete die Leiche an einen Pfahl direkt im Hochwasserbereich der Themse. Dort blieb der Tote für die Dauer von drei Tiden. So schrieb es das Gesetz der Admiralität vor.

Dann wurde Kidds Leiche vom Pfahl losgemacht, von oben bis unten geteert und anschließend in einen Galgenkäfig gekettet und in drei Meter Höhe an einem Galgen bei Tilbury Point an der Themsemündung aufgehängt.

Die Leiche William Kidds am Galgen von Tilbury Point, wo sie noch Jahre lang zur Abschreckung hing.

Dort schaukelte der pechschwarze Leichnam des unglücklichen Piratenjägers noch mehrere Jahre kettenklirrend zur Abschreckung im Wind, bis seine Knochen zerfielen.

Der Fall William Kidds symbolisiert bis heute deutlich die gefährliche Grauzone von Freibeutertum und Piraterie – und ist ein Musterbeispiel der Pseudolegalität von Kaperbriefen. Zugleich verdeutlicht das Beispiel Kidds auch die taktischen Schwierigkeiten der Piratenjagd. Ohne Gehalt nur auf Gewinnbasis agierend und darauf angewiesen, in den Meeren aufs Geratewohl nach Seeräubern zu jagen, musste Kidd scheitern.

VI

DIE VERNICHTUNG DER BRITISCHEN PIRATEN

Woodes Rogers, Piratenjäger Seiner Majestät · Das Ende von Blackbeard Teach · Der Kampf der »Schwalbe« mit dem Gentlemanseeräuber Bartholomew Roberts

Woodes Rogers, Piratenjäger Seiner Majestät

»Whitehall, 15. September 1717

Klage ist geführt worden vor Seiner Majestät, von einer Vielzahl von Kaufleuten, Schiffskapitänen und anderen, wie auch von einigen Gouverneuren Seiner Majestät Inseln und Besitzungen in Westindien; dass die Piraten so zahlreich geworden, dass sie nicht nur die Gewässer Jamaicas heimsuchen, sondern selbst die des nördlichen Kontinents von Amerika; und dass, so nicht wirksame Anstalten getroffen werden, der gesamte Handel aus Groß-Britannien in jene Theile der Welt nicht nur behindert wird, sondern sich in unmittelbarer Gefahr befindet, gänzlich zu Grunde gerichtet zu werden.«[122]

1717 war die Lage in der Karibik tatsächlich dramatisch. Auf der Bahama-Insel New Providence hatten sich über 2000 Piraten niedergelassen und einen Stützpunkt errichtet, an dessen Stränden die ausgeschlachteten Wracks von rund 40 gekaperten Schiffen vermoderten. Schon gingen Gerüchte um, dass die Seeräuber eine Piratenrepublik gegründet hätten. Bahnte sich hier ein zweites Tortuga oder Port Royal an?

Bedenklich an der neuen Entwicklung war besonders die Wahl des Standortes. Von den Bahamas aus ließen sich die Florida-Straße und die Seewege zwischen dem südlichen Karibischen Meer, den Westindischen Kolonien und den Häfen Europas, Westafrikas und Nordamerikas hervorragend kontrollieren. Zudem wies die ostkaribische Inselgruppe alle typischen Merkmale eines Piraten-Archipels auf. Die Bahamas bestehen aus 700 flachen, dem Atlantik zugekehrten Inseln, die im 18. Jahrhundert kaum besiedelt und wirtschaftlich völlig unterentwickelt waren. Das Wenige, was den englischen Siedlern geblieben war, hatten die Spanier zu Beginn des Spanischen Erbfolgekriegs zerstört. Dabei hatte vor allem Nassau, die Hauptstadt der Inselgruppe, stark gelitten. Letztendlich hatten die Engländer es aufgegeben, das Fort zu verteidigen und New Providence seinem Schicksal überlassen. Damit war die Insel faktisch zu einem rechtsfreien Raum geworden, den die Piraten sofort einnahmen.

Aus ihrer Sicht waren die Bahamas das Paradies. Zahllose Inseln und Buchten boten ihnen Schlupfwinkel, sich zu verbergen und Handelsschiffen aufzulauern. Untiefen und versteckte Riffe schützten vor dem Zugriff der großen Kriegsschiffe, die es aufgrund ihres großen Tiefgangs oft nicht wagen konnten, sich in diese gefährlichen Gewässer zu begeben. Auf diese Weise wurden die Schaluppen und Brigantinen der Piraten unangreifbar, es sei denn, die Verfolger schlugen sie mit ihren eigenen Waffen.

Seeräuber wie Thomas Barrow, Charles Vane, Benjamin Hornigold, Thomas Burgess und Edward Teach – besser bekannt unter seinem späteren Nom de Guerre »Schwarzbart Teach« – wurden zum Albtraum der Karibik.

Ab 1715 bedrohten sie die Schifffahrt von Florida bis hinauf nach Maine, was im Fall Teachs sogar in einer Seeblockade Charlestons gipfelte.

Mit ihren Aktionen bedrohten die britischen Seeräuber nicht nur den Handel in der Karibik, sondern auch die Sklavenseefahrtsroute nach Westafrika. Das erneute Aufblühen der karibischen Piraterie bewirkte, dass die Handelsschiffe Jamaika nur noch im Konvoi unter dem Geleitschutz der Marine verließen. Da die angekündigten Gegenmaßnahmen der britischen Admiralität ohne Resultate blieben, schnellten die

Überfälle noch mehr in die Höhe, und bald wurde eine Schar Piraten legendär, die bis heute zum Mythos geworden ist.

Das liegt vor allem an einem Buch, das 1724 in London unter dem Titel »A General History of the Robberies and Murders of the Most Notorious Pirates« erschien und den Verfassernamen eines gewissen Kapitäns Charles Johnson trug. Das Sensationelle an dem Werk war, dass es in journalistischer Art und Weise die Mord- und Schandtaten der Piraten mit Auszügen aus Verhörprotokollen und Gerichtsprozessen verquickte und fiktional verdichtete.

Der erste Band schilderte hauptsächlich zeitgenössische Piratenschicksale aus dem frühen 18. Jahrhundert und liest sich wie ein »Who's who« der englischen Seeräuber. Schaumritter wie Henry Avery, Blackbeard, Stede Bonnet, Edward England, Charles Vane, »Calico Jack« Rackham, Mary Read, Anne Bonny, Howell Davis und »Black Bart« Roberts – um nur die wichtigsten zu nennen – wurden durch den Autor unsterblich.

Im zweiten Band, den Johnson nur wenig später in London veröffentlichte, setzte er sein Erfolgskonzept fort. Der Autor erweiterte jedoch das Spektrum um Seeräuber aus vergangenen Jahrzehnten, unter denen Thomas Tew und der unglückliche Piratenjäger William Kidd die bekanntesten waren. Auch wurde Johnsons Darstellungsweise zunehmend fiktionaler, was vermutlich durch den größeren Zeitabstand zu den geschilderten Episoden und auch vielleicht durch den Zwang bewirkt wurde, genug Storys zu liefern, die denen im ersten Band an Spannung gleichkamen.

Trotz dieser Verwässerung von Johnsons ursprünglichem Erzählkonzept stellte sein Buch durch die dokumentarischen Einsprengsel eine deutliche Weiterentwicklung bisheriger Tatsachen- und Erlebnisberichte dar.

Aus literaturgeschichtlicher Sicht kann Johnsons Werk als Vorläufer der im 18. und 19. Jahrhundert so beliebten Pitavale gelten, jener literarischen Verbrechenskompilationen, die in einer gelungenen Mischung aus Fakten und fiktionaler Ausschmückung die Herzen der Leserschaft erfreuten.

Johnsons Buch hat jedoch eine ganz andere Dimension als nur die Faszination von Verbrechen. Hier wurde das Tor zu einer dem Leser gänzlich unbekannten, exotischen Welt aufgestoßen und der kriminelle Aspekt von Seeraub mit dem Mythos von Freiheit und plötzlichem Reichtum verwoben, ohne dass Johnson selbst diese Welt verherrlichte.

Bis heute wirkt das Buch nach. Kein Werk über Piraterie hat je so nachhaltig das Bild der Öffentlichkeit von Seeraub und Kolonialgeschichte beeinflusst wie Johnsons »History of the Pirates«.

Wer es heute liest, kommt nicht umhin, sich über den modernen und lebendigen Erzählstil zu wundern. Aus dem fruchtbaren, seit 290 Jahren unsterblichen Leib jenes Manuskripts werden Jahr für Jahr neue Piratenbücher geboren. Noch heute erzählen sie in unzähligen Varianten ein und dieselben Geschichten, die einst aus Johnsons Feder flossen. Die Macht der Legende – sie ist in den »Pirates« Zeile für Zeile spürbar.

Dies zeigt sich schon daran, dass mit Johnsons Werk die anglozentrische Wahrnehmung der Geschichte der Piraterie begründet wurde. Denn das von Johnson überlieferte Goldene Zeitalter der englischen Piraterie umfasste eine Spanne von ungefähr fünfzig Jahren: bei Licht betrachtet ein winziger Zeitabschnitt im Vergleich zur Geschichte der arabischen, europäischen und chinesischen Piraterie.

Doch hieß der Autor wirklich Johnson? Oder war es nicht vielmehr Daniel Defoe, der berühmte Vater des »Robinson Crusoe«, der hier unter einem Pseudonym einen Bestseller schrieb?

Seitdem der Defoe-Experte John Robert Moore 1931 diese These aufstellte, haben darüber Generationen von Gelehrten gestritten. Das letzte Wort diesbezüglich ist noch nicht gesprochen, und die Gelehrtenschlacht nur vorerst ins Stocken geraten.

Die letzte Theorie über die wahre Autorenschaft des Werkes stammt vom deutschen Historiker Arne Bialuschewski. Sie besagt, dass sich hinter »Captain Johnson« der englische Zeitungsverleger Nathanial Mist verbirgt, für den auch Daniel Defoe schrieb. Wirkliche Beweise dafür gibt es jedoch nicht, wenngleich die Hypothese mit einer schlüssigen Indizienkette aufwartet.

Doch Indizien sind keine Beweise. Um das Feld der Spekulationen anzureichern, könnte man genauso behaupten, dass ein anderer Insider mit hervorragenden Kenntnissen hinter dem vermeintlichen Pseudo-

THE
History of PIRATES.

The Life of Captain Avery.

H E was the Son of *John Avery*, a Victualler near *Plymouth* in *Devonshire*, who in a few Years was grown as opulent in his Purse, as in his Body, by scoreing two for one; and when he had so done, drinking

B   the

Henry Avery (Every), König der Piraten, als Aufmacher von Johnsons
»The History of Pirates«

nym steckt. Dem Autor des Buches »The Republic of Pirates« zufolge soll der mysteriöse Kapitän Johnson sogar Woodes Rogers aufgesucht haben, um an detaillierte Informationen für sein Werk zu gelangen.[123] Dies ist eine interessante Episode, die durchaus zur Spekulation verlockt, in Rogers selbst den Autor des Piratenbestsellers zu vermuten. Denn Rogers war schon einmal als erfolgreicher Buchautor in Erscheinung getreten und besaß als Entdeckungsreisender, Gouverneur von New Providence und einer der ersten Piratenjäger seiner Zeit Erkenntnisse aus erster Hand.

Woodes Rogers war durch und durch ein Seemann und Abenteurer. 1679 in Dorset geboren, war er schon als junger Bursche zur See gefahren und hatte es bis zum Kapitän gebracht. Berühmt wurde er durch eine Entdeckungsreise und Kaperfahrt, die er nach dem Vorbild Drakes zwischen 1708 und 1711 während des Spanischen Erbfolgekrieges im Pazifik unternommen hatte.

Dabei hatte er bei der Plünderung der südamerikanischen Stadt Guayaquil und beim Überfall auf die legendäre Manila-Galeone, einem alljährlich von den Philippinen kommenden spanischen Schatzschiff, 800 000 Pfund erbeutet. Aus Rogers' Sicht war der Erfolg teuer erkauft. Bei dem Feuergefecht mit der Mannschaft der Manila-Galeone hatte ihm eine Musketenkugel Wange und Oberkiefer zerschmettert sowie die Zähne zertrümmert. Die schwere Verletzung hinterließ gravierende Schäden und entstellte Rogers. Seine Erlebnisse fasste er in seinem Buch »The Cruising Voyage around the World« zusammen, das sich gut verkaufte.

Unschätzbare Bedeutung erlangte es vor allen Dingen, weil Rogers eine seltsame Begebenheit in ihm schildert, die später zur Keimzelle von Daniel Defoes »Robinson Crusoe« wurde: die Begegnung mit dem Seemann Alexander Selkirk, der wegen Meuterei für mehrere Jahre auf einer unbewohnten Insel der Juan-Fernandez-Gruppe ausgesetzt worden war, bis ihn Rogers 1709 auflas und an Bord nahm. Defoe inspirierte der Stoff dermaßen, dass er ihn in »Robinson Crusoe« weiterverarbeitete.

Ohne es zu wollen, hatte Rogers en passant Literaturgeschichte geschrieben. Aber der Seeheld war in erster Linie ein Mann der Tat und Visionär. Als er von der Piratenplage auf den Bahamas hörte, entwickelte er einen Plan zur Erschließung der Inseln, von dem er das britische Handelsministerium überzeugen konnte. Einzige Grundbedingung war, New Providence wieder piratenfrei zu machen. Hierfür brauchte Rogers Schiffe und Soldaten. Zusammen mit dem reichen Kaufmann Samuel Buck[124] gründete Rogers eine Handelsgesellschaft mit dem illustren Namen »The Copartners for Carrying on a Trade & Settling the Bahama Islands«, der sich bald fünf weitere Großinvestoren anschlossen. Nachdem Rogers und Buck die Unterstützung König Georgs für das Unternehmen gewonnen hatten, rüstete er vier Schiffe aus: das 460-Tonnen-Schiff »Delicia«, die Kriegsschaluppe »Buck«, den 135-Tonner »Samuel« und das Handelsschiff »Willing Mind«. Die Admiralität bewilligte ihm eine Eskorte von drei Kriegsschiffen.

An Mannschaften finanzierten die Copartners eine aus Privatmitteln aufgestellte Freikompanie aus 100 Soldaten. Zusätzlich rekrutierten sie 130 Kolonisten, meist englischer, deutscher oder französischer Herkunft.[125]

Im Herbst 1717 ernannte die Krone Rogers zum »Kapitän im Generalsrang und amtierenden Gouverneur auf und über Unseren Bahamas-Inseln in Amerika«. Er bekam die Vollmacht, die Piraten auszurotten, und die Erlaubnis, eine Ansiedlung zu gründen.

Bei aller Großzügigkeit der Regierung Seiner Majestät blieb jedoch eine Forderung Rogers' unerfüllt: Die Krone gestattete ihm kein Gehalt. Stattdessen verlieh ihm Großbritannien großzügig das Recht, seine Einkünfte aus den Erträgen der Kolonie zu beziehen. Rogers verkannte die Gefahr, die dieser Regelung zugrunde lag. Sollten sich die Erträge nicht einstellen, drohte ihm Verarmung. Als alles bereit war, hatten Rogers und seine Partner schon 11 000 Pfund Sterling investiert. Aber Woodes Rogers war ein unverbesserlicher Optimist.

Am 11. April 1718 segelte er inmitten seiner Privatflotte auf dem 460-Tonnen-Schiff »Delicia« die Themse hinunter. Dort traf er in der Themsemündung auf das ihm versprochene Geleitgeschwader der Royal Navy.

Seine wichtigste Waffe war jedoch ein Erlass des britischen Königs, der allen Piraten, die sich der Krone gegenüber versündigt hatten, eine Generalamnestie in Aussicht stellte, bei Nichtakzeptanz allerdings mit drakonischen Strafen drohte. Hier ein Auszug aus dem Gesetzestext:

»Durch des Königs Hand
Proklamation zur Unterdrückung der Piraten
Georg R.

... Wir versprechen und erklären hiermit, dass, sollte irgendeiner besagter Piraten an oder vor dem 5. September im Jahre unseres Herrn 1718 sich einem Unserer Ersten Staats-Sekretäre in Groß-Britannien oder Irland, oder einem Gouverneur oder Stellvertretenden Gouverneur irgendeiner Unserer Besitzungen über dem Meere ergeben; jeder solche Pirat und alle solche Piraten, die sich so ergeben, unserer allergnädigsten Vergebung sollen teilhaftig werden, von und für seinen oder ihren Piratenakt oder Piratenakte, welche er oder sie vor dem nächstfolgenden 5. Januar begangen haben.

Und Wir erteilen hiermit all unseren Gouverneuren und Befehlshabern aller Festungen, Kastelle oder anderer Orte, wie auch all unseren anderen zivilen und militärischen Dienern den strengen Auftrag und Befehl, alle solche Piraten zu ergreifen und gefangen zu nehmen, welche sich zu ergeben ablehnen oder versäumen. ...«[126]

Mit einem derartigen Erlass gewappnet, sah Rogers der Zukunft mit kampfbereiter Zuversicht entgegen. Die Reise zu den Bahamas verlief ohne Komplikationen. Drei Monate später erreichte Rogers' Flotte den Piratenhafen Nassau. Er verhielt sich zunächst vorsichtig und zog bei englischen Siedlern, die beim Anblick der Flotte herausgerudert kamen, erste Erkundigungen über die Verhältnisse auf New Providence ein.

Die Siedler gaben Rogers einen anschaulichen Lagebericht von den Zuständen auf der Insel und von der Aufnahme des Generalpardons, der den Piraten wohlweislich schon vorher zugekommen war. Die Nachrichten klangen verheißungsvoll. Nach turbulenten Streitszenen unter den Seeräubern hatte sich die Mehrheit von ihnen dazu bereit erklärt, den Generalpardon anzunehmen, worauf einige ihrer gefährlichsten Anführer wie Blackbeard die Insel verlassen hatten.

Von den auf New Providence Zurückgebliebenen dachte nur einer an ernsthaften Widerstand: Kapitän Charles Vane, der sich durch einige wagemutige Raubzüge einen Namen gemacht hatte.

Als Rogers die Fregatte »Rose« und die Schaluppe »Shark« auf den Hafen zulaufen ließ, trieb eine von Charles Vane gekaperte, mit Sprengstoff beladene, französische Prise Rogers' Schiffen als Brander entgegen. Der Brander explodierte und driftete lichterloh brennend und derart bedrohlich auf Rogers' Schiffe zu, dass sie sich wieder auf die Reede vor Nassau zurückzogen. Vane nutzte seine Chance und entschlüpfte durch die östlichen Engstellen Nassaus, noch bevor Rogers' Schiffe an Verfolgung denken konnten.

Aber danach stand Rogers auch nicht der Sinn. Vorerst galt es für ihn, sich seiner neuen Hauptstadt zu versichern. Diese erwartete ihren neuen Gouverneur zu dessen Verblüffung mit einer Ehrengarde aus mehreren Hundert schmutzigen, angetrunkenen Piraten, die laute Hurrarufe auf den König von England ausstießen und den von Rogers in Aussicht gestellten Generalpardon annahmen.

Der Annahme folgten weitere energische Maßnahmen seitens des neuen Gouverneurs. Obwohl es auf New Providence kaum Hütten noch Straßen gab, behandelte Rogers seine neue Kolonie wie ein kostbares Juwel europäischer Zivilisation.

Rogers setzte einen zivilen Rat ein, der die Verwaltungsangelegenheiten übernahm. Er bestand aus denjenigen, die mit ihm gefahren waren und den zuverlässigsten unter den Bewohnern von New Providence. Nachdem das Administrative geregelt war, stellte Rogers aus den Reihen der Bürger und Ex-Piraten drei Milizkompanien zur Verteidigung der Insel auf.

Sein kühnster Schachzug war allerdings frei nach dem Motto »Divide et impera« die Vereidigung zweier begnadigter Piratenkapitäne, Hornigold und Burgess, zu Kaperkommandanten, um die Gewässer der Bahamas gegen Seeräuber und eventuelle Angriffe der Spanier zu behaupten. Mit diesem Schachzug machte er sie zu Komplizen in seinem Kampf gegen ihre einstigen Kameraden, was sich schon bald für sie auszahlen sollte.

Vorerst kam es nicht zur Piratenjagd. Rogers musste zuallererst für die Sicherung des Hafens von Nassau sorgen, bevor er daran denken konnte, Seeräuber zu verfolgen. Das kleine Fort von Nassau war verfallen und seit dem letzten Angriff der Spanier 1703 nur noch eine Ruine. Rogers baute das an der westlichen Hafeneinfahrt gelegene Hauptfort wieder auf und legte zum Schutz der östlichen Hafeneinfahrt eine kleine, mit acht Kanonen ausgerüstete Redoute an.

Bald jedoch erlitt Johnsons kleine Kolonie einen herben Rückschlag. Eine Epidemie brach aus und kostete viele Siedler und Mannschaften der Freien Kompanie das Leben. Dies wog umso schwerer, als die aus ehemaligen Piraten bestehende Miliz aufgrund von Disziplinlosigkeit zu nichts zu gebrauchen war.

Darüber hinaus verschlechterte sich die geopolitische Situation. In Europa warf der Krieg der Quadrupelallianz seine langen Schatten in die Karibik, was einen Angriff auf Nassau durch die spanischen Streitkräfte in Kuba immer wahrscheinlicher machte.

Rogers' Lage war fatal. Als der Herbst kam, verließen immer mehr begnadigte Piraten aus Not Nassau, um ihr altes Metier wieder aufzunehmen.

Von den vier Schiffen, die Rogers zusammen mit seinen Partnern ausgerüstet hatte, stand ihm nur noch die »Delicia« zur Verfügung. Die »Buck« war von Piraten gekapert worden, die »Willing Mind« durch Havarie auf einer Sandbank verloren und das dritte Schiff, die »Samuel«, auf dem Weg nach London.[127] Keines der Kriegsschiffe, die ihn einst begleitet hatten, lag noch im Hafen.

Doch es kam noch schlimmer. Als Rogers einige seiner Männer unter dem Kommando von John Augur mit einer Schaluppe auf Proviantbeschaffung entsandte, gingen diese wieder unter die Piraten und überfielen zwei Handelsschiffe, deren Besatzung sie ermordeten.[128]

Als die Nachricht Rogers erreichte, sandte er ihnen Benjamin Hornigold nach. Rogers' Piratenjäger spürten John Augurs Seeräuber auf, die während eines Sturms Schiffbruch erlitten hatten, und brachten sie nach New Providence zurück. Woodes Rogers beschloss, über die Piraten Gericht zu halten. Am 9. und 10. Dezember 1718 berief er einen stellvertretenden Gerichtshof der Admiralität in das Wachlokal von Nassau, das sich aus acht Richtern zusammensetzte. Der Prozess dauerte nur kurz. Die Beweise, dass die Angeklagten Schiffe und Boote ausgeraubt hatten, waren überwältigend. Von zehn Angeklagten wurden acht zum Tode verurteilt und am 12. Dezember 1718 in Nassau gehenkt.

Das Urteil zeigt Rogers' Entschlossenheit, drakonisch gegen die Piraterie vorzugehen, blieb allerdings auch der einzige blutige Höhepunkt in seiner Karriere als Piratenjäger. Rogers' Verdienst lag vielmehr darin, den königlichen Pardon durchgesetzt und eine entstehende Piratenrepublik im Keim erstickt zu haben, was der Britischen Krone die Bahamas erhielt. Ihm selbst brachte die Gouverneurswürde wenig Glück. 1720 kehrte er, vorerst an Gesundheit und Finanzen ruiniert, wieder nach England zurück.

Sein Nachfolger George Phenney verwaltete die Insel jedoch so schlecht, dass Rogers 1729 nach New Providence zurückkehrte und sein Amt als Gouverneur wieder aufnahm. Rogers beschloss seinen Lebensabend auf New Providence und starb dort am 15. Juli 1732 in Nassau.

Noch heute schmückt sich die Insel mit dem Leitspruch ihres letztendlich doch erfolgreichen Gouverneurs: »Piraten vertrieben, Handel wiederhergestellt.«

Die eigentlich sensationellen Duelle mit den Piraten der Karibik waren jedoch anderen Piratenjägern vorbehalten. Einer von ihnen hieß Robert Maynard und war britischer Leutnant. Er bekam es mit dem gefährlichsten aller Karibikpiraten zu tun: Blackbeard Teach.

Das Ende von Blackbeard Teach

»Am Soundsovielten, Rum für alle. – Unsere Mannschaft halb-
wegs nüchtern. – Verdammte Verwirrung unter uns! – Komplott
irgendwelcher Schurken. – Großes Geschwätz von Trennung. –
Und so hielt ich scharf Ausschau nach einer Prise. – Am
Soundsovielten nahm ich eine mit einer großen Menge Schnaps
an Bord, hielt die Mannschaft heiß, verdammt heiß und alles
war wieder gut.«[129]

Tagebucheintrag von Edward Teach alias »Blackbeard«

Niemand entspricht noch heute mehr dem Klischee eines Piraten als
der Mann, den alle Blackbeard nannten. Dabei glänzte Edward Teach
weder durch besondere Grausamkeit wie die Bukanier Lolonois und
Morgan, noch zeichnete er sich durch besonders lukrative Raubzüge
aus wie Henry Avery oder Bartholomew Roberts.

Trotzdem wurde Blackbeard zum Inbegriff des Piraten.

Dies lag daran, dass er perfekt die Maskerade des Bösen beherrschte
und sich nur zu gern als Ausgeburt der Hölle inszenierte. Einen wesentlichen Anteil daran hatte sein dichter, rabenschwarzer Bart, der
ihm bis tief auf die Brust reichte. Er kultivierte sein Aussehen, indem
er Zöpfe in seinen Bart flocht und bunte Bändchen einband. Manche
dieser Zöpfchen kringelte er sich auch hinters Ohr, was ihm erst recht
eine teuflische Aura verlieh. Verstärkt wurde dieses martialische Aussehen durch seine Sitte, sich vor dem Gefecht brennende Lunten in
seine Hutkrempe oder seinen Bart zu flechten. Da Blackbeard ohnehin
glänzende, tiefschwarze Augen hatte, war der Aufzug perfekt, seine
Opfer zu verängstigen.

Kein Wunder, dass Schriftsteller wie Kapitän Charles Johnson seine Abenteuer mit aller Ausführlichkeit erzählten und sie ausschmückten. Wer aber war der Schrecken der Karibik und der Küsten Nordamerikas? Dies ist bis heute nicht herausgefunden worden. Wie bei den meisten Piraten ist auch Blackbeards Vergangenheit unbekannt. Mal wird er in amtlichen Dokumenten »Teach«, mal »Thatch« oder »Tatch« genannt. Sicher ist nur, dass Teach ab 1716 unter dem Seeräuberkapitän Benjamin Hornigold sein erstes Kommando bekam. Ein Jahr später übernahm er die Schaluppe »Revenge« des unfähigen Piraten Major Stede Bonnet, der in der Folgezeit zum Mitkämpfer Teachs wurde.

In den Monaten darauf gelang Blackbeard eine Seeräuberei nach der anderen. Die spektakulärste ereignete sich am 17. November 1717. An diesem Tag kaperte Teach das 250 Tonnen schwere französische Sklaventransportschiff »La Concorde« ohne Gegenwehr. Blackbeard steuerte Bequia, eine waldreiche Insel in der Nähe von St. Vincent an und übernahm dort 61 von 455 noch lebenden Sklaven. Einige wenige von ihnen nahm er in die Mannschaft auf, den Rest nutzte er als billige Arbeitskraft. Zusätzlich presste er einige der französischen Besatzungsmitglieder in seine Mannschaft. Dem französischen Kapitän namens Dosset überließ er eine Schaluppe, mit der er im Pendelverkehr die restlichen Sklaven von Bequia nach Martinique befördern konnte.[130]

Teachs erstes Anliegen war es, die hervorragende Prise umzurüsten. Er stattete das Schiff mit 40 Kanonen aus und taufte es in »Queen Anne's Revenge« um.

Von nun an ging es Schlag auf Schlag. Als Nächstes kaperte Teach ein englisches Handelsschiff. Er raubte es vollständig aus und setzte die Mannschaft an Land. Um den Beweis seiner Tat zu vernichten, verbrannte er das Schiff. Diese Tat gab Teach Selbstvertrauen. Am 28. November 1717 versuchte Teach in die Fußstapfen der Bukanier zu treten. Tolldreist segelte er mit der »Queen Anne's Revenge« in den Hafen von Guadeloupe, kaperte einen Zuckerfahrer und schoss die Stadt in Brand.

Am 1. Dezember 1717 versuchte Blackbeard denselben Trick noch einmal. Diesmal griff er den Hafen Sandy Point auf der Insel St. Kitts an und raubte trotz heftigen Beschusses der Festung die im Hafen liegenden Handelsschiffe aus, bevor er sich zurückzog.

Einige Tage später – so lautet zumindest eine seit Jahrhunderten kolportierte Tatversion – stieß Teach auf das mit 30 Kanonen bestückte Kriegsschiff»Scarborough« und schlug es nach einem mehrstündigen Kanonenduell in die Flucht.

Die Sache hat nur einen Haken. Wie der Journalist Colin Woodard anhand von Logbucheintragungen der»H.M.S. Scarborough« nachwies, findet sich bis heute kein Eintrag über ein Seegefecht zwischen dem Piratenschiff und der»Scarborough«. Fakt ist, dass diese zusammen mit der»H.M.S. Seaford« für einige Wochen die Verfolgung Teachs aufnahm, ihn jedoch nicht zum Kampf stellen konnte.[131]

Teach entkam und raubte weiter. Im Jahr 1718 segelte die kleine Piratenflotte durch die Straße von Florida und nahm ein Schiff nach dem andern, darunter zwei Schaluppen und eine Brigantine.

Ein zufälliges Zusammentreffen mit dem Expiraten Burgess brachte Blackbeard auf die Idee, sich nach Charleston zu begeben. Dort lagen mehrere englische Schiffe bereit, in die Heimat zu fahren. Blackbeard winkte fette Beute. Er ließ sie sich nicht entgehen. Teachs Geschwader bezog vor Charleston Stellung und begann, über die auslaufenden Schiffe herzufallen. Dabei brachte er mindestens fünf Schiffe mit wertvollen Ladungen auf und machte 80 Gefangene.

Unter diesen befand sich Samuel Wragg, ein Mitglied des Regierungsrates des Gouverneurs, der mit seinem vierjährigen Sohn eine Reise machen wollte. Als Teach dies erfuhr, fasste er sofort den Plan, Gouverneur Robert Johnson und den Magistrat zu erpressen. Aber er verlangte – und dies nimmt wunder – für das Leben Wraggs und anderer Gefangener kein Lösegeld, sondern dringend benötigte Medizin für sich und seine Mannschaft.

Die Ratsherren Charlestons fügten sich und ließen dem Piraten eine Kiste mit Medikamenten im Werte von 400 Pfund zukommen. Wahrscheinlich enthielten sie das Schmerzmittel Laudanum oder Quecksilberpräparate zur Behandlung von Syphilis oder einem grassierenden Fieber.

Die Forderungen Blackbeards wurden jedenfalls erfüllt, worauf der Pirat die Gefangenen und die gekaperten Schiffe freigab.

Teach war zufrieden, die Beute jedoch mager. Abgesehen von ein paar Reisfässern, erbeuteten Kleidungsstücken und 4000 Stück vom Achten (1000 Pfund Sterling) war nichts bei dem riskanten Unternehmen herausgesprungen. Die Mannschaft rebellierte. Viele der Männer fanden, ihr Kapitän habe nicht gut verhandelt. Missmut machte sich breit, der fast in offene Meuterei umschlug. Aber Teach kannte seine Piraten. Er schenkte tüchtig Rum aus und ertränkte den Unmut seiner Männer vorerst im Suff, wobei er kräftig mitzechte. Insgeheim begann er jedoch Ränke zu schmieden. Bald hatte er einen Plan gefasst, mit dem er die unruhigen Geister loswerden konnte. Kapitän Johnson hat der Nachwelt einen Bericht hinterlassen, wie dies dem listigen Blackbeard gelang:

»Vor der Bank von Charlestown segelten sie nach Nord-Carolina; Kapitän Teach in seinem Schiff, welches sie das Kriegsschiff nannten, Kapitän Richards und Kapitän Hands in den Schaluppen, die sie als Kaperfahrer bezeichneten, und einer weiteren Schaluppe, die ihnen als Leichter diente. Teach begann mittlerweile daran zu denken, den Haufen aufzulösen, das Geld und die besten Waren für sich und einige Gefährten zu sichern, für die er die größte Freundschaft gefasst, und die übrigen zu prellen: Daher setzte er unter dem Vorwand, in die Bucht von Topsail einfahren zu wollen, um sein Schiff zu reinigen, dieses auf Grund und befahl sodann, als sei es unabsichtlich und durch Zufall geschehen, dass Hands' Schaluppe ihm zu Hilfe kommen und ihn freischleppen solle, bei welchem Versuche jener die Schaluppe nahe bei ihm aufs Ufer setzte, wodurch sie beide unbrauchbar wurden. Dies vollbracht, begab sich Teach mit 40 Mann auf den Leichter und ließ die ›Revenge‹, wo sie war; er nahm siebzehn andere fest und setzte sie auf einer kleinen sandigen Insel eine Seemeile vom Festland entfernt aus, wo es weder Vogel, Tier noch Pflanze zu ihrem Unterhalt gab und wo sie unvermeidlich zugrunde gegangen wären, hätte nicht Major Bonnet sie zwei Tage später gerettet.«

Dies alles konnte Blackbeard egal sein. Teach hatte ganz andere Pläne und steuerte Nord-Carolina an. Dort unterwarf er sich dem Pardon des Königs, ließ sich seine Barkasse von Gouverneur Eden als rechtmäßige spanische Prise zusprechen und ging sofort wieder auf Beutejagd. Diesmal zog es ihn zu den Bermudas. Hier kaperte er nach einigem Kreuzen zwei französische Schiffe, von denen eines mit Zucker und Kakao beladen, das andere unbeladen war. Nachdem er die Mannschaft des beladenen Frachtschiffs dazu genötigt hatte, auf das Fahrzeug ohne Ladung zu wechseln, nahm er den Frachter mit den kostbaren Genussmitteln als Prise und segelte zurück nach Bath in Nord-Carolina. Hier beeidete er vor dem Gouverneur, das Schiff ohne Mannschaft und hilflos im Wasser treibend vorgefunden zu haben.

Gouverneur Eden schenkte Teachs Version Glauben, erklärte das Schiff juristisch zum Wrack und sprach es dem vermeintlich »ehrlichen« Finder zu. Dieser verbrannte mit Erlaubnis Edens das Schiff und vernichtete so jede Möglichkeit, das Schiff zu identifizieren.

So ging es munter weiter. Eine ganze Zeit lang funktionierte das Geschäft prächtig. Ganz offen kampierte Blackbeard an den Flüssen Cape Fear und Pamlico, wo er auch seine Schiffe kielholte. Mit stillschweigender Bewilligung des Gouverneurs von Nord-Carolina verkaufte er in der Stadt Bath seine Handelswaren ohne Zwischenhändler zu herabgesetzten Preisen direkt an die Bevölkerung.

Gleichwohl waren Blackbeards Tage gezählt. Nicht jeden erfreute die Nachbarschaft des Piraten, schon gar nicht die Schiffer, Pflanzer und Händler Nord-Carolinas, deren Waren Blackbeard von den Schiffen raubte. Auch missfiel ihnen die offensichtliche Protektion des Seeräubers durch Charles Eden.

Sie wandten sich an Alexander Spotswood, den Gouverneur der benachbarten Kolonie Virginia, deren Wirtschaft ebenfalls unter den Piratenüberfällen litt. Für Spotswood kam dieser Hilferuf genau zur rechten Zeit. Aufgrund von innenpolitischen Problemen brauchte er dringend einen Prestigeerfolg. Daher nahm er sich des Anliegens der Pflanzer und Händler aus Nord-Carolina an. Er hatte die Machtmittel dazu, Teach zur Strecke zu bringen, und beschloss, sie zu nutzen.

Es gab jedoch ein riesiges Problem: Nord-Carolina war nicht Spotswoods Regierungsbezirk, eine Militärintervention auf seinem Gebiet ein schwerer Eingriff in die Rechtshoheit von Gouverneur Charles Eden. Spotswood ging dieses Risiko trotzdem ein, bereitete indes, so weit es ging, den Zug gegen Blackbeard im Geheimen vor. Er verfügte über zwei Kriegsschiffe, die »H.M.S. Pearl« und die »H.M.S. Lyme«, die als Wachtschiffe auf dem James stationiert waren.

Im Herbst 1718 erhielt Spotswood Nachricht, dass Blackbeard mit seiner Brigantine »Adventure« in das Ocracoke-Inlet vor der Küste Nord-Carolinas eingelaufen sei und dort in der Nähe einen großen Stützpunkt errichten wollte. Dies durfte Spotswood nicht zulassen.

Der Gouverneur von Virginia bereitete seinen Piratenfeldzug akribisch vor. Er entsandte einen Geheimagenten nach Nord-Carolina, um das Terrain zu sondieren und Einzelheiten über Blackbeards persönliche Gewohnheiten und Raubtaktik zu erfahren. Außerdem hatte der Geheimagent den Auftrag, Lotsen zu werben, die sich in den Küstengewässern auskannten.

Während die Sondierung lief, beriet sich der Gouverneur mit den Kapitänen der Kriegsschiffe über die Taktik, die den Piraten auf Ocracoke gegenüber anzuwenden war. Da die schweren Kriegsschiffe für das seichte Bassin des Ocracoke-Inlets einen viel zu großen Tiefgang hatten, wurde beschlossen, zwei Schaluppen, die »Jane« und die »Ranger«, auszurüsten und sie mit Mannschaften zu versehen.

Aber gute Marinematrosen waren selten und die Mission riskant. Um Piratenjagden generell attraktiver zu machen, erließ der von Spotswood einberufene Rat eine Proklamation, die zur Ergreifung und Vernichtung von Piraten ermutigen sollte.

In ihr wurden die Piraten im Cicero'schen Sinn zu Feinden der Menschheit erklärt und die Ehrwürdigkeit des Anliegens unterstrichen, sie auszurotten. Von besonderem Interesse ist heute noch die Auslobung eines äußerst differenzierten Kopfgeldsystems, dessen wichtigste Punkte hier zusammengefasst sind:

»Personen, denen es gelingt, in der Zeit vom 14. November 1718 bis zum 14. November 1719 zwischen 33 Grad und 39 Grad nördlicher Breite und bis zu 100 Seemeilen von der Küste entfernt oder innerhalb der Provinzen Virginia oder Nord-Carolina Piraten zu ergreifen, sollen folgende Belohnung erhalten:

Für Edward Teach, gewöhnlich Kapitän Teach oder Blackbeard genannt, 100 Pfund; für jeden Piratenkapitän eines Schiffes, einer

Schaluppe oder eines sonstigen Fahrzeugs 40 Pfund; für jeden Leutnant, Schiffs- und Quartiermeister oder Zimmermann 20 Pfund; für jeden Unteroffizier 15 Pfund und für jeden Bootsknecht 10 Pfund.«[132]

Der Erlass Spotswoods zeigte unter der Zivilbevölkerung vorerst wenig Wirkung. Als die Agenten des Gouverneurs Meldung gaben, dass Blackbeard tatsächlich nahe dem Ocracoke-Inlet gesichtet worden sei und scheinbar drauf und dran sei, das Flussdelta zu verlassen, schickte der Gouverneur nach der Royal Navy.

Am 17. November 1718, um drei Uhr nachmittags, setzten sich die Schaluppen »Jane« und »Ranger« in Marsch. Das Enterkommando der »Jane« zählte 35 Mann und stand unter dem Befehl von Robert Maynard. Die 25 Mann starke Kampftruppe an Bord der »Ranger« wurde von Midshipman Hyde kommandiert. Das Ziel der Mission, das Ocracoke-Inlet, war eine Meeresenge zwischen Ocracoke und Portsmouth, zwei südlichen Inseln der Nord-Carolina vorgelagerten Inselgruppe der Outer Banks.

Hier lag Blackbeard direkt hinter der Insel Portsmouth neben einem Handelsschiff mit seiner »Adventure« vor Anker. Blackbeard hatte seine Lage gut gewählt. Die Fahrrinne des Ocracoke-Inlet war schmal, seicht und voller Sandbänke, sodass ein nächtlicher Überraschungsangriff unmöglich war. Selbst bei Tage konnte sich ein schwungvoller Angriff jederzeit im Fahrsand festlaufen.

Blackbeard fühlte sich sicher. Obwohl er vom Sekretär Charles Edens, Tobias Knight, gewarnt worden war, dass ein Strafgeschwader nahte, hatte Blackbeard mit seiner Mannschaft noch ausgiebig am Vorabend gezecht. Augenscheinlich rechnete er nicht damit, dass die Piratenjäger tatsächlich kamen, sonst hätte er mehr als 18 Mann bei sich gehabt. Diese verkaterten 18 Mann und Blackbeard sollten Leutnant Maynard trotzdem schwer zu schaffen machen.

Vorerst lief alles nach Plan. Als es neun Uhr wurde und eine Brise aufkam, gab Maynard Befehl, die Piraten anzugreifen, auf deren Schiff sich nichts regte. Gelang es, die Piraten zu überraschen, konnte Maynard hoffen, dass Teach keine Zeit mehr fände, ihn mit einer Breitseite zu empfangen.

Diese Hoffnung erwies sich als trügerisch. Trotz fleißigen Gebrauchs des Lots liefen die Schaluppen Hydes und Maynards nacheinander auf Sandbänke auf, von denen sie nur durch das Abwerfen von Ballast loskamen.

Der Lärm der ins Wasser geworfenen Fässer drang zur »Adventure« und weckte dort plötzlich alle Lebensgeister. Augenblicklich wurde es ernst. Blackbeard ließ die Totenkopf-Flagge hissen und kappte die Ankertaue. Die Segel der »Adventure« blähten sich auf und fassten Wind. Das Schiff nahm Fahrt auf und steuerte auf die rettende Öffnung des Inlet zu, um die offene See zu gewinnen.

Dies versuchte Hyde zu verhindern, indem er die Fahrrinne blockierte. Aber Blackbeard war ein zu guter Seemann, sich so fangen zu lassen. Als er sich auf gleicher Höhe mit Hydes Schaluppe befand, ließ er plötzlich die Bordkanonen der »Adventure« ausfahren und eine Breitseite auf die Marineschaluppe abgeben.

Die Salve war verheerend. Hyde und mehrere seiner Leute wurden sofort getötet, viele seiner Männer schwer verletzt. Besonders schwer wog der Umstand, dass die Takelage der »Ranger« total zerfetzt wurde. Blackbeard hatte die »Ranger« außer Gefecht gesetzt, kaum dass der Kampf begonnen hatte. Die erste Runde des Kampfes war klar an ihn gegangen.

Nur einen Wermutstropfen gab es. Eine von der »Ranger« verschossene Musketenkugel hatte ausgerechnet die Segelleine zerrissen, die das Vorsegel von Blackbeards »Adventure« gespannt hatte und es somit ausgeschaltet. Auf diese Weise einer großen Segelfläche beraubt, steuerte Blackbeards Brigantine nur noch mit schwacher Fahrt auf das rettende Inlet und somit auf die offene See zu.

Das war Maynards Chance, Blackbeard doch noch zu erwischen. Todesmutig befahl er, die Riemen auszubringen. Schlag für Schlag begann die Mannschaft, auf Blackbeards Schiff zuzurudern.

Als sie endlich in Schussweite waren, kam es wie vor einer mittelalterlichen Landschlacht zu einem legendären Wortgefecht zwischen Blackbeard und Maynard. Blackbeard mimte den Ahnungslosen: »Verdammte Schurken, wer seid ihr?«, schrie er. »Und von wo kommt ihr?« Maynard würdigte ihn zuerst keiner Antwort. Er hisste die britische Flagge und rief: »An unserer Fahne könnt ihr erkennen, dass wir keine Piraten sind.«

Jetzt wechselte Blackbeard ins Fach des Herausforderers und forderte Maynard und seine Männer dazu auf, an Bord zu kommen, damit er sehen könne, wer sie seien. Dies ließ sich Maynard nicht zweimal sagen. Er versicherte Blackbeard, die Einladung gern anzunehmen und mit seiner Schaluppe an Bord des Piraten zu gehen.

So hatte mit Blackbeard schon lange kein Mensch mehr gesprochen. Zornig nahm er einen tüchtigen Schluck Rum aus der Flasche. Vor Wut geifernd drohte er damit, dass seine Seele eher in der Hölle schmorte, als dass er Maynard Pardon geben werde. Maynard erwiderte gelassen, dass er weder Pardon von ihm erwarte, noch ihm gäbe.

Blackbeard zeigte eiserne Nerven. Kaltblütig ließ er die »Jane« herankommen, dann feuerte er eine weitere Breitseite ab. Die Kartätschenlage sorgte auf dem Deck von Maynards dicht besetzter Schaluppe für ähnlich schwere Verluste, wie zuvor auf Hydes Fahrzeug. Ein Wurfhagel von mit Schießpulver, Schrot und Eisenstücken befüllten Flaschenhandgranaten besorgte den Rest. Von 35 Besatzungsmitgliedern wurden 21 sofort getötet oder schwer verwundet.

Angesichts seiner horrenden Verluste sah Maynard nur noch eine Chance. Während die Pulverschwaden der soeben verschossenen Breitseite den Piraten noch die Sicht nahmen, befahl der Leutnant seine unverwundeten Leute in den Laderaum. Er gab seinem Midshipman Baker den Auftrag, mit einem Lotsen an Deck zurückzubleiben und ihm Bescheid zu geben, wenn die Piraten die »Jane« enterten. Angespannt beobachtete Maynard aus der Ladeluke die weiteren Vorgänge auf Blackbeards Schiff. Würde Blackbeard den Köder schlucken und angreifen?

Die List glückte. Als Blackbeard sah, dass von Maynards Männern nur noch wenige aufrecht standen, rief er seinen Männern zu, an Bord zu springen und alle Feinde in Stücke zu hacken. Jetzt gab Baker Maynard das Angriffssignal. Wie ein Berserker stürmte der Leutnant mit seinen Männern an Deck und mitten in die Piraten hinein.

Krachend entluden sich von beiden Seiten die Pistolen, blitzten Entermesser und Dolche auf. Im Kampfgetümmel stießen Maynard und Blackbeard aufeinander und kreuzten die Klingen, wobei Maynard eine schwere Handverletzung erlitt und den Säbel fallen ließ.

Geistesgegenwärtig sprang Maynard zurück. Er fand Zeit, zu seiner Pistole zu greifen. Trotz seiner Verletzung zielte er mit ruhiger Hand auf Blackbeard. Der Pirat griff ebenfalls zur Pistole und visierte Maynard an.

Blackbeard schoss und verfehlte sein Ziel. Maynards Schuss dagegen saß. Die Kugel schüttelte Blackbeard kurz durch, ohne tödliche Wirkung zu zeigen.

Blackbeard geriet in Rage. Er zog sein Entermesser und stürmte auf Maynard zu.

Maynard schien geliefert. Wütend holte Blackbeard aus, um dem Leutnant den Schädel zu spalten. Da geschah ein Wunder. Buchstäblich in letzter Sekunde versetzte einer von Maynards Matrosen dem Piraten einen heftigen Entermesserhieb über Gesicht und Hals.

Blackbeard taumelte, kämpfte jedoch blutüberströmt weiter. Obwohl ihn immer wieder Kugeln trafen und Säbelhiebe klaftertiefe Wunden in seinen Leib schlugen, hielt er sich mit übermenschlicher Kraft aufrecht. Noch einmal gelang es ihm, eine Pistole zu ziehen.

Würde es ihm noch gelingen, sie abzufeuern und Maynard mit in den Tod zu reißen?

DEATH OF BLACK BEARD.

Das grausame Ende von Blackbeard, eine der Versionen des Geschehens

Nein, Blackbeards Tage waren gezählt. Noch während er den Hahn spannte, schlug dem Bericht des Augenzeugen Humphrey Johnson zufolge ein schottischer Seemann in Maynards Kommando dem Piraten mit einem gewaltigen Schwerthieb den Kopf ab.

Sein Namensvetter Captain Johnson liefert in seiner »History of Pyrates« eine andere Version: In dieser Erzählvariante brach Blackbeard urplötzlich, geschwächt vom Blutverlust, tot an Deck zusammen.

Wie auch immer die letzten Momente des Erzpiraten ausgesehen haben mögen – er starb, wie er gelebt hatte.

Blackbeard hatte sich seines Rufes würdig erwiesen und bis zum letzten Atemzug gekämpft. Sein Tod entschied das Gefecht. Als die übrigen Piraten an Bord der »Jane« sahen, dass ihr Anführer gefallen war, warfen sie ihre Waffen weg und ergaben sich. Das Gleiche tat auch der Rest von Teachs Mannschaft, der die »Adventure« gegen die Überlebenden der »Ranger« verteidigte, die doch noch in den Kampf eingegriffen hatte.

Ihre Kapitulation verlängerte ihr Leben nur um ein paar Tage. Bis auf Kaufmann Odell, der zufällig an Bord der »Adventure« gewesen war, um Geschäfte mit Blackbeard zu machen, endeten alle Piraten am Galgen.

Die Bilanz des Kampfes war erschreckend. Von 19 Piraten waren zehn gefallen und neun verwundet. Auf Maynards Seite hatte es 10 Tote und 24 Verwundete gegeben. Die Untersuchung von Blackbeards Leiche zeugte ebenfalls von der Härte des Kampfes. Allein 25 Wunden wies der Körper des Schreckensmannes auf, fünf von Pistolenkugeln, zwanzig von Säbelhieben.

Dies alles ließ Maynard ungerührt. In kühler Berechnung gab er den Befehl, Blackbeards Kopf an einem Seil am Bugspriet der »Jane« aufzuhängen, wo jeder sich vom Tode des Piraten überzeugen konnte. Den verstümmelten Leichnam Blackbeards ließ Maynard ins Wasser werfen. Einer Sage nach trieb die kopflose Leiche mehrmals um die Schaluppe, ehe sie unterging.

Danach fielen Maynard und seine Männer wie hungrige Wölfe über die Ladung der »Adventure« her. Doch statt sagenhafter Schätze fanden sie in der Hauptsache nur 140 Kakaosäcke, zehn Zuckerhüte und jede Menge geraubter Gegenstände. Maynard und seine Männer ließen ein paar von ihnen in ihren Taschen verschwinden. Mit dieser Aktion verstießen die Piratenjäger klar gegen geltendes Prisenrecht, das Unterschlagung von Beutegut unter Strafe stellte. Leutnant Maynard scherte sich nicht darum. Stolz segelte er mit seiner grausigen, am Bugspriet baumelnden Trophäe zurück nach Virginia.

Maynard hatte keine Ahnung davon, was für gewaltige Folgen sein Sieg über Teach haben sollte.

Blackbeards Tod wurde zum Fanal und läutete das Ende der britischen Piraten in amerikanischen Küstengewässern ein. Nacheinander gingen in den folgenden Jahren die größten Piraten der Justiz ins Netz. Stede Bonnet, der sich im Laufe der Zeit zu einem gefürchteten Seeräuber entwickelt hatte, wurde im Dezember 1718 hingerichtet, Howell Davis fiel 1719 im Kampf. Jack Rackham baumelte 1720 am Galgen und Charles Vane 1721. Viele andere folgten ihrem traurigen Schicksal. Bis 1725 war die Karibik wieder weitgehend piratenfrei.

Nach Schätzungen der britischen Behörden hatte die Anzahl der Seeräuber in den Jahren 1716–1718 ungefähr 2000 betragen. Als die große Piratenjagd endete, kreuzten nach erneuten Schätzungen kaum noch 200 Schaumritter die Westindische See. Dies bedeutete einen Rückgang um 90 Prozent.[133]

Das Wechselspiel von Gnadenerlass und gnadenloser Verbrechensahndung bei Nichtannahme hatte sich als geeignetes Mittel erwiesen, dem uferlosen Seeraub in Westindien Einhalt zu gebieten.

Schwieriger als die Vernichtung der Piraten erwies sich jedoch die Zerschlagung des Netzwerks ihrer Komplizen an Land. Obwohl Leutnant Maynard an Bord von Blackbeards Schaluppe belastende Briefe fand, welche die Geschäftsbeziehung von Gouverneur Eden, seinem Sekretär Tobias Knight und Blackbeard offenlegten, wurde der Skandal unter den Teppich gekehrt. Knight verteidigte sich mit Erfolg vor dem Regierungsrat des Gouverneurs.

Gouverneur Charles Eden von Nord-Carolina gelang es ebenso, seine Haut zu retten und die vermeintlich bösartigen Vorwürfe aus der Welt zu schaffen, die ihm eine Kollaboration mit Blackbeard unterstellen wollten. Er blieb auch nach dem Tod des Piraten noch im Amt, bis er 1722 am Gelbfieber starb.

Virginias Gouverneur Spotswood musste sich hingegen dafür rechtfertigen, sich in die inneren Verhältnisse von Nord-Carolina eingemischt zu haben. Diesen misslichen Umstand nutzten seine politischen Gegner trefflich. 1722 wurde Alexander Spotswood abgesetzt. Er zog sich auf sein Anwesen zurück, um fortan als Bergbauunternehmer tätig zu sein.

Robert Maynard selbst brachte der Sieg über Blackbeard nichts ein. Er blieb noch 21 Jahre lang Leutnant, bevor er doch noch zum Captain avancierte. Dies war eine bittere Situation angesichts der Tatsache, dass jedes Kind der amerikanischen Kolonien seinen Namen kannte. Vielleicht lag es an der nicht erfolgten Rückgabe der unterschlagenen Wertgegenstände, vielleicht daran, dass er den Sieg über Blackbeard für sich allein beanspruchte, was ihm die Gegnerschaft von Gouverneur Spotswood einbrachte.

Dass es auch anders gehen konnte, beweist der Fall von Chaloner Ogle, der durch seinen Sieg über den Erzpiraten Bartholomew Roberts in den Adelsstand erhoben wurde, was ihm seinen späteren Aufstieg zum Admiral ermöglichte.

Der Kampf der »Schwalbe« mit dem Gentlemanseeräuber Bartholomew Roberts

»Bartholomew Roberts segelte von London aus in ehrlichen Diensten an Bord der Princess unter Kapitän Plumb, auf welchem er zweiter Maat war: Er verließ England im November 1719, kam um den folgenden Februar herum in Guinea an, und als er in Anamboe war und Sklaven für West-Indien einnahm, wurde er, wie in einem vorigen Kapitel erwähnt, in besagtem Schiff von Kapitän Howell Davis gefangen genommen. Anfänglich war er dieser Art von Leben sehr abhold und wäre ihnen gewiss entflohen, hätte sich nur eine günstige Gelegenheit geboten; doch später änderte er seine Grundsätze, wie außer ihm noch viele unter anderen Umständen, und vielleicht auch aus demselben Grunde, nämlich wegen einer höheren Stellung – und was ihm als gemeinem Manne nicht zusagte, das konnte er als Kommandant durchaus mit seinem Gewissen vereinbaren.«[134]

Roberts war hinsichtlich seiner Selbstinszenierung das krasse Gegenteil von Teach. Er trank weder Alkohol, noch rauchte er und hatte nur eine Schwäche: fantastisch aufgemachte Kleidung. Berichten zufolge war er selbst in seinem letzten Kampf wie der formvollendete Gentleman seiner Zeit gekleidet. Wie zu einem Ball trug er ein mit goldenen Blumen besticktem Rock aus karmesinrotem Damast, eine rote Feder am Hut und um den Hals ein Kreuz aus Brillanten an goldener Kette.

Woher diese Neigung zu prunkhafter Kleidung kam, ist ungewiss. Roberts war nicht adelig und kam auch nicht aus wohlhabenden Verhältnissen. Fest steht, dass er nach anfänglichem Zwang das Piratendasein genoss.

Als Davis in einem Gefecht fiel, hatte sich Roberts bereits durch seine Klugheit und Kaltblütigkeit ein derartiges Ansehen erkämpft, dass die Mannschaft ihn zum Kapitän wählte. Es war aus Piratensicht eine hervorragende Wahl. Roberts' Amtszeit fing mit einer harten Bewährungsprobe an. In den ersten Wochen seines Kommandos war er nicht vom Glück verfolgt. Während eines Raubzugs an die vielversprechende brasilianische Küste herrschte neun Wochen lang eine Beuteflaute: Die Piraten entdeckten kein einziges Segel am Horizont. Roberts entschloss sich daraufhin, wieder die Karibik anzusteuern. Der Kurswechsel führte zu seinem spektakulärsten Coup.

In der Bucht von Todos los Santos stieß der Pirat auf 42 portugiesische Frachtschiffe, die auf zwei Kriegsschiffe warteten, um im Konvoi über den Atlantik nach Lissabon zu segeln. Roberts verlor angesichts einer derart schwierigen Aufgabe nicht die Nerven. Nahezu tolldreist hielt er auf das ihm zunächst gelegene Schiff zu und zwang dessen Kapitän, an Bord zu kommen.

Der Portugiese gehorchte. Als er an Deck war, nötigte ihn Roberts, ihm das wertvollste Schiff der Handelsflotte zu zeigen. Der Portugiese sah keine andere Möglichkeit, als dieser Aufforderung nachzukommen. Er wies auf ein Schiff, das schwer bewaffnet war und 40 Kanonen sowie 150 Mann Besatzung hatte.

Roberts wusste augenblicklich, was er zu tun hatte. Mit dem portugiesischen Kapitän an Bord steuerte er auf besagten Segler zu. Anschließend bat er dessen Kapitän unter einem Vorwand zu sich. Doch Roberts war durchschaut. Diesmal setzten sich die Portugiesen zur Wehr. Roberts blieb nichts anderes übrig, als die Verteidiger des Schiffes mit einer Breitseite niederzumähen. Dann enterte er mit seiner Mannschaft das Fahrzeug, dessen Mannschaft sich nach kurzem, aber heftigem Gefecht ergab. Der Kampfeslärm alarmierte die auf Reede liegenden portugiesischen Schiffe. Sie holten ihre Anker ein und kamen ihren bedrängten Kameraden zu Hilfe. Aber Roberts war schneller. Noch bevor die Portugiesen heran waren, ließ er die Ankerseile seiner neuen Prise kappen und alle Segel setzen. Hart verfolgt entkam er seinen Bedrängern.

Das riskante Piratenstück hatte sich gelohnt. Roberts hatte wertvollen Schmuck und Edelsteine von unschätzbarem Wert erbeutet, dar-

Bartholomew Roberts doodgebleeven.

Bartholomew Roberts, der Gentleman-Pirat

unter ein aus Diamanten gefertigtes Kreuz, das für den König von Por
tugal bestimmt war.

»Black Bart«, wie Roberts wegen seiner schwarzen Haare und seines
dunklen Teints genannt wurde, hatte nicht viel Zeit, sich daran zu er-
freuen. Kurz nachdem er sein Hauptschiff verlassen hatte, um mit einer
Schaluppe einem portugiesischen Frachtsegler nachzusetzen, meuterte
sein Stellvertreter Kennedy mit der an Bord verbliebenen Mannschaft.
Die Meuterer nahmen den Kaperfahrer samt der portugiesischen Prise
in Besitz und ergriffen die Flucht.

Als Roberts dies erfuhr, war er am Boden zerstört. Aber »Black Bart«
war kein Pirat, der längere Zeit ohne Schiff blieb. In nur wenigen Wochen kaperte er sich schnell ein kleines Geschwader aus Schaluppen
zusammen, mit denen er erneut dem Westindischen Handel schwer zu-
setzte.

Roberts' dreiste Raubzüge erweckten den Zorn des britischen Gouverneurs von Barbados und des französischen Statthalters auf Martinique, die beide unabhängig voneinander Schiffe gegen den Piraten entsandten. Die Strafmissionen hatten keinen Erfolg. Roberts war zu
klug, um sich in Gefechte mit Einheiten verwickeln zu lassen, die ihm
überlegen waren. Nachdem ihm in der Karibik der Boden zu heiß unter
den Füßen geworden war, entschloss er sich, das Revier zu wechseln.
1721 nahm Roberts Kurs auf Westafrika, wo er im Golf von Guinea ein
Schiff nach dem anderen kaperte.

Damit musste es ein Ende haben. Aufgeschreckt durch Roberts' Piratenflotte, beschloss die Royal Navy, dem dreisten Seeräuber ein für alle
Mal das Handwerk zu legen. Kapitän Chaloner Ogle erhielt den Befehl,
gegen Roberts vorzugehen.

Ogle war in der Marine als erstklassiger Offizier bekannt. Sein Schiff,
die »Swallow«, war furchterregend und zählte mit 32 Kanonen zu den
stärksten Kriegsschiffen der Royal Navy. Außerdem hatte Ogle den
Ruf, ein hervorragender Segler und Nautiker zu sein, dazu sagte man
ihm noch Geschicklichkeit im Gefecht nach.

Würde es ihm gelingen, »Black Bart« zu bezwingen?

Das 1755 erschienene Standardwerk »Leben und Thaten der Admirale und anderer berühmter Britannischer Seeleute« von John Campbell
liefert eine lebendige, wenn auch an manchen Stellen etwas geraffte und

geschönte Darstellung der klugen Vorgehensweise, mit der Chaloner Ogle »Black Bart« Roberts bezwang:

>»Als der Hauptmann Ogle, der sich damals in der Schwalbe befand, auf der Höhe des Vorgebirges Lopez kreuzte, Nachricht bekam, dass Roberts nicht weit davon entfernt wäre; so suchte er ihn sogleich auf, und entdeckte die Seeräuber bald hernach in einem sehr wohl gelegenen Meerbusen, wo sie ihr größtes und kleinstes Schiff geleget hatten und dieselben von außen reinigten. Der Hauptmann Ogle ließ seine in der untersten Lage befindlichen Kanonen hereinziehen, und blieb in der Ferne liegen; daher hielt Roberts ihn für einen Kauffahrer und gab seinem Gefehrten Skyrm sogleich Befehl, ihn zu verfolgen. Der Hauptmann Ogle entfernte sich hierauf mit vollen Segeln, um den Seeräuber so weit in die See zu locken, dass seine Gefehrten das Schießen nicht hören mögen; sodann wandte er sich auf einmal, ließ seine untersten Kanonen wieder herausführen und gab dem Seeräuber eine Lage, wodurch ihr Hauptmann erschossen ward. Dieser Zufall nahm seinen Leuten dergestalt den Muth, dass sie sich nach einem anderthalbstündigen Gefecht ergaben. Der Hauptmann Ogle gieng darauf nach dem Meerbusen zurück und ließ die königliche Flagge, unter der schwarzen Flagge der Seeräuber mit einem Totenkopf, aufstecken, welche kluge List die verlangte Wirkung that; denn als die Seeräuber die schwarze Flagge oben sahen, so glaubeten sie, dass das königliche Schiff erobert wäre, und kamen mit großer Freude heraus …«[135]

Der Freudentaumel verwandelte sich in dumpfes Angstgefühl, als den Piraten klar wurde, wer da auf sie zuhielt. Zuerst wähnten die Piraten aus der Ferne, die »Ranger« vor sich zu haben. Aber ein einstiger Deserteur der britischen Marine erkannte sofort die »Swallow« und damit die Gefahr, die ihnen drohte. Umgehend verständigten die Wachen den Kapitän.

Roberts reagierte unwirsch und schalt sie Angsthasen. Als die Männer ihn jedoch von der Gefahr überzeugten, gab er sofort Befehl, die »Royal Fortune« zum Gefecht klarzumachen und auszulaufen. Kurz darauf lichtete die »Royal Fortune« ihre Anker. Mit mehr als 150 Kämpfern an Bord drehte sie in den Wind. Da das Linienschiff Ogles direkt auf die Bucht zuhielt, welche die »Royal Fortune« gerade verließ, blieb Roberts nichts anderes übrig, als sich für die Flucht nach vorn zu entscheiden.

An Feuerkraft war die »Swallow« seiner Fregatte klar überlegen, an Wendigkeit und Schnelligkeit nicht. Roberts blieb daher nur eine Möglichkeit: jeden Fetzen Leinwand zu setzen und an der »Swallow« vorbeizusegeln. Damit nahm er bewusst das Risiko einer Breitseite der »Swallow« in Kauf, was er seiner Mannschaft nicht verheimlichte. Für den Fall, dass die Salven der »Swallow« die »Royal Fortune« gefechtsunfähig machen sollten, wies er seine Männer an, das Schiff zum Vorgebirge zu steuern und es dort gegen die Felsen zu setzen, worauf ein jeder sich an Land retten sollte, um sich bei den »Negern« zu verbergen. Aber noch war Roberts zuversichtlich, zu entkommen, standen die Chancen auf einen Durchbruch gut.

Es kam anders. Als sich die »Royal Fortune« auf der Höhe der »Swallow« befand, gab diese eine vernichtende Breitseite ab. Binnen Sekunden verwandelten mörderische Kartätschenladungen das Deck in ein blutiges Chaos von aufschreienden Menschen, niederstürzenden Masten und zerfetzten Segeln. Schwer verheert zog die »Royal Fortune« an der »Swallow« vorbei. Die Breitseite der »Swallow« hatte das Schiff so schwer beschädigt, dass es an Fahrt verlor und dem Ruder nicht mehr gehorchte.

Obwohl Roberts versuchte, mit seiner Fregatte wieder Fahrt aufzunehmen, gelang es der »Swallow« erneut, exakt längsseits zu gehen und das Piratenschiff zu beschießen.

Dies war das Ende. Als die beißenden Pulverschwaden sich verzogen, entdeckten die Piraten ihren toten Kapitän in einer riesigen Blutlache neben einer Kanone. Allem Anschein nach hatte eine Musketenkugel Roberts' Hals durchschlagen und ihn sofort getötet.

Der Erzpirat hatte Glück im Unglück. Ihm blieb eine Verstümmelung seines Leichnams erspart. Noch während der Kampf tobte, warf ihn einer seiner Matrosen kurzerhand im vollen Ornat über Bord und gab Roberts so die Seebestattung, die sich der Piratenkapitän immer gewünscht hatte.

Für die Andacht blieb keine Zeit. Tapfer kämpften die Piraten weiter. Als der Großmast der »Royal Fortune« krachend niederging, war der Kampfgeist der Mannschaft gebrochen. Wohl wissend, dass der Galgentod auf sie wartete, strich die Mannschaft den Jolly Roger.

Ein letzter Versuch von einigen Piraten, ihr Schiff zu sprengen, scheiterte an ihren eigenen Mannschaftskameraden und einem tropischen Regenschauer, der die schon um sich greifenden Flammenherde löschte.

Kapitän Ogle hatte Bartholomew Roberts besiegt. Im Gegensatz zu Leutnant Robert Maynard wurde dieser Erfolg zur Grundlage seines gesellschaftlichen Aufstiegs. Der Kapitän der »Swallow« erhielt den Ritterschlag und wurde später sogar erst zum Admiral, dann zum »Admiral of the Red«, zum Oberbefehlshaber der Royal Navy, befördert. Sein berühmtester Sieg blieb jedoch der Kampf gegen »Black Bart« Roberts.

Das Ende Roberts' wurde zum Meilenstein der Piratenjagd. Der Erfolg markierte das Ende einer Epoche, die von der Mitte des 17. bis zum frühen 18. Jahrhundert gedauert und den Atlantik sowie den Indischen Ozean in gewaltige Jagdreviere verwandelt hatte.

Am Ende dieser Piratenära konnte der atlantische und indische Seehandel wieder aufatmen; die globale Bedrohung war beseitigt, die von den Bukaniern, Flibustiern und den britischen Piraten ausgegangen war.

Bezüglich der Seeräuberjagd und der Strafverfolgung von Piraterie bedeutete die Zeit von 1650 bis 1730 ebenfalls eine enorme Zäsur. Zum ersten Mal waren Seeräuber so massiv und erfolgreich bekämpft und durch eine Vielzahl von Strafverfahren verurteilt worden.

Die schnellen Verurteilungen der Übeltäter machten einen großen Eindruck auf die Delinquenten, auch wenn die Urteile grausam waren und fast immer mit der Sentenz »Tod durch den Strang« endeten.

Juristisch gesehen wurde durch die Auslagerung von zentralen Kompetenzen der Rechtsprechung die Exekutive in den Kolonien und Provinzen in Übersee gestärkt, wodurch die Piraterie effektiver bekämpft werden konnte.

Lange Prozesse und Kompetenzgerangel über Zuständigkeiten von Gerichten wurden, wie im Fall der Mannschaft von Roberts, dadurch vermieden.

Kapitän Chaloner Ogle überführte die gefangenen Piraten nach Cape Coast Castle und ließ ihnen dort den Prozess machen.

Das Gericht verhängte drakonische Strafen. Von 74 zum Tode verurteilten Piraten wurden über 50 hingerichtet und zur Abschreckung am Strand an Ketten aufgehängt, 37 andere Piraten bekamen schwere Freiheitsstrafen.

Bis auf einen größeren Piratenfeldzug der Britischen Ostindienkompanie gegen die Seeräuber von der Malabarküste 1755 kehrte weitgehend Ruhe auf dem Atlantik und im Indischen Ozean ein.

Was die Bedrohungslage in Europa durch Korsarentum und Piraterie allerdings anbetrifft, hatte sich seit den glorreichen Tagen von Arudsch und Chaireddin Barbarossa nur wenig geändert.

VII

DAS GOLDENE ZEITALTER DER STRAFEXPEDITIONEN

Bomben gegen Barbaresken · Zu den Küsten von Tripolis! ·
Kanonendonner vor Algier und am Persischen Golf ·
Ägäis in Flammen · Die Eroberung von Algier 1830 ·
Piratenmassaker in Fernost · Prinz Adalbert von Preußen,
der Piratenschreck

Bomben gegen Barbaresken

Im Jahr 1722, in dem Kapitän Chaloner Ogle den Erzpiraten Bartholomew Roberts ausschaltete, lief in Hamburg ein mächtiges Kriegsschiff vom Stapel. Es trug den Namen »Wappen von Hamburg III« und erinnerte an die glorreichen Zeiten der Piratenbekämpfung, als Admiräle wie Berend Karpfanger die Handelsflotten Hamburgs durch Konvoifahrten gegen die Angriffe französischer Korsaren und nordafrikanischer Piraten schützten, die wie einst die Barbarossa-Brüder die Handelsschiffe christlicher Nationen kaperten.

Im Vergleich zum 16. Jahrhundert hatte sich Anfang des 18. Jahrhunderts hinsichtlich der Praxis der Barbaresken nichts geändert. Noch immer raubten sie die Besatzungen der genommenen Schiffe, um sie entweder zu versklaven oder zum Freikauf für hohe Lösegelder anzubieten. Doch Hamburg war ein protestantischer Staat. Hier übernahmen nicht fromme Bruderschaften wie Trinitarier oder Mercedarier den Loskauf von Gefangenen, sondern eine 1624 eingerichtete Sklavenkasse.

Eine weitere Einnahmequelle der Barbaresken waren die Tributzahlungen, welche ihnen die europäischen Regierungen abzuleisten hatten. Ihre Höhe wurde in Form von offiziellen Staatsverträgen festgelegt und abgeschlossen. Tributzahlungen bestanden in der Regel aus materiellen Gütern. Neben Geldzahlungen hatten die Barbaresken besonderes Interesse an Gütern wie Schiffen, Waffen, Boots- und Schiffsausrüstungen sowie Munition und Schießpulver.

Versuchen, den Tribut- und Lösegeldpressungen sowie dem beständigen Schiffsraub der Barbaresken ein Ende zu setzen, war trotz der militärisch erfolgreichen Strafexpeditionen unter namhaften Admirälen wie dem Engländer Robert Blake, dem legendären niederländischen Seehelden Michiel de Ruyter sowie Frankreichs Marine-As Abraham Duquesne kein dauerhafter Erfolg vergönnt gewesen.

Das Bombardement von Algier aus dem Jahre 1688 mag als pars pro toto dafür dienen, wie fragwürdig die gewählten Mittel waren. Die »Chronica der merkwürdigsten Geschichten des Jahres 1688« vermerkt dazu:

»Weil die Seeräuber von Algiers dem König von Frankreich so gar geringen Respekt zutrugen, dass sie dessen Land und Leuten vielmehr allerhand Trübsal zufügeten, als ward der Marschall d'Estree mit einer großen Esquadre und 18 000 Bomben dahin gesandt, die Stadt nochmahlen zu bombardieren, welcher auch würkelich davor anlangete. Die Barbaren hatten alle ihre Schiffe nach Tetuan gesandt, hingegen war die Moulie und das Ufer mit mehr als 100 schweren Canonen bepflanzet, sie wollten von keinem Accord hören, inmassen die Stadt voll Militz und auff dem Lande auch über 20 000 Soldaten lagen, den Frantzosen eine Descende zu verwehren. Weiber und Kinder waren ins Land eine halbe Meile in den Garten geführet. Das Canonieren ging heftig an, aber der General in Algiers, Mesamorto, lud den Frantzösischen Consul und andere Frantzosen mehr in Feuer-Mörser, und schoß sie den Feinden entgegen, dass man die Stücke von solch elenden Menschen in der See treiben sah. Der Marschall d'Estree ließ darauff sechs fürnehme Türcken umbringen, und auff Brettern nach dem Hafen stoßen, aber er richtete damit wenig aus ...«[136]

Algier war nicht die einzige Barbareskenstadt, die den Christenflotten widerstand. Auch Tripolis zeigte sich unverwüstlich. Obwohl die Stadt allein zwischen 1655 und 1727 zehn Bombardements von französischen, englischen und niederländischen Kriegsflotten auszuhalten hatte, blieb sie ihrer Piratenexistenz treu. Wovon sollte Tripolis sonst auch leben?

Wie in Tunis, Algier und im marokkanischen Hafen Salé drehte sich seit Mitte des 16. Jahrhunderts in Tripolis alles um Seeraub.

Doch waren die Barbaresken wirklich Korsaren, wie zum Beispiel der arrivierte italienische Historiker Salvatore Bono behauptet? Rein äußerlich glichen die Razzien und Raubzüge der Barbaresken den Kaperfahrten christlicher Freibeuter. Hier wie dort rüsteten Armateure Seeräuberschiffe aus, die auf Kursus gingen, um Schiffe zu entern oder Menschen zu fangen. Bei ihrer Rückkehr wurden diese in ein Beuteverzeichnis eingetragen, und das lokale Staatsoberhaupt bekam seinen Anteil – meist 10 Prozent des Gewinns.

So weit die Parallele zu den christlichen Korsaren. Die rechtliche Basis der vermeintlichen Korsarenfahrten der Barbaresken unterschied sich jedoch deutlich von denen christlicher Freibeuter. Um ihre Raubzüge zu legitimieren, konnten sich die Barbaresken jederzeit auf den Dschihad berufen, der ihnen gestattete, Krieg gegen die Ungläubigen zu führen und ihnen ihre Schiffe zu nehmen.

Auf Seite der Barbaresken war die Ausstellung von Kaperbriefen nicht Brauch. Außerdem gab es weder Prisengerichte noch eine zeitliche Limitation des Kaperkrieges. Friedensverträge mit ihnen glichen eher schriftlich fixierten Schutzgeldvereinbarungen, die jederzeit von den Barbaresken aufgekündigt werden konnten, wenn ihnen der Tribut zu niedrig erschien. Die Tatsache, dass im 17. und 18. Jahrhundert fast alle großen Handelsnationen an die Barbaresken Tribut zahlten, damit ihre Schiffe nicht überfallen wurden, ist kein Beweis der Rechtsstaatlichkeit der Barbaresken, sondern ihrer militärischen Stärke und kriminellen Energie. Die Barbaresken hatten die Piraterie zur Wesensform ihrer Herrschaft erklärt. Die osmanische Zentralmacht sah großmütig über die Verfehlungen der Seeräuberstaaten hinweg, solange sie die Trägheit der Hohen Pforte durch Abgaben vergoldeten, obwohl auch türkische Schiffe nicht immer vor den nordafrikanischen Piraten sicher waren.

Es bestanden also deutliche Unterschiede zwischen dem »Corso« der Barbaresken und den Kaperfahrten französischer Korsaren oder englischer und holländischer Freibeuter. Des Weiteren brachen die Barbaresken willkürlich Friedensverträge und nahmen trotz geltender Vereinbarungen oft christliche Schiffe ohne vorherige Kriegserklärung, begingen somit eindeutig Piraterie. Es ist daher nach wie vor durchaus berechtigt, in den sogenannten Barbareskenkorsaren Piraten zu sehen, auch wenn sie wie Kaperfahrer organisiert waren.

Das erstaunlich hohe Niveau ihrer Piraterien beruhte letztendlich darauf, dass in den Barbareskenstaaten Seeraub staatlich institutionalisiert war und ganze Städte seit Jahrzehnten von Schutzgeld- und Lösegelderpressung sowie Brandschatzung lebten. Piraterie und Sklavenhandel bildeten die Hauptgeschäftszweige der Seeräuberrepubliken. Laut einer Schätzung des Historikers R. Davis betrug die Anzahl der insgesamt versklavten Christen vom 16. bis zum 18. Jahrhundert zwischen 1 und 1,25 Millionen Menschen. Die Zahl mutet hoch an, bedenkt man jedoch, dass in dieser Zeit fast ununterbrochen Krieg herrschte und sich noch 1815 angeblich 50 000 weiße Sklaven in Nordafrika aufhielten, könnte die Annahme durchaus realistisch sein.

Wie aber sah es in den Barbareskenstaaten aus? Tunis lag in einer fruchtbaren Landschaft, war ein großer Markt für Agrarprodukte und lebte nicht ausschließlich von Piraterie und Sklavenhandel. Marokko stand sowieso außen vor. Der Kabylenstaat war eine alte, vom Osmanischen Reich unabhängige Erbmonarchie und hatte außer der Piraterie so gut wie nichts gemeinsam mit den übrigen Barbareskenstaaten. Diese waren Vasallen des Osmanischen Reiches und somit der Hohen Pforte tributpflichtig. Die Herrschaftsstrukturen der Barbareskenstaaten ähnelten sich, da sich die Vasallenreiche ab dem Ende des 16. Jahrhunderts innerhalb weniger Jahrzehnte selbstständig gemacht und die türkischen Paschas entmachtet hatten. Das Oberhaupt Algiers war der Dey, der von den Janitscharen und Korsaren anfangs direkt gewählt, später nur noch von den Janitscharen ernannt wurde. Tunis wurde von einem Bey regiert.

In Tripolis herrschte seit einem 1711 durchgeführten blutigen Putsch die Sippe Karamanli.

Ahmad Karamanli hatte den Titel eines Paschas angenommen, sich seine Herrschaft durch den Sultan bestätigen lassen und eine

Dynastie gegründet, die sich sofort wie alle anderen Barbaresken dem Seeraub und der Tributeintreibung verschrieb.

Daran änderten auch zwei Bombardements in den Jahren 1728 und 1729 nichts, welche die Franzosen durchführten, um Entschädigungszahlungen für die zahllosen Schiffs- und Mannschaftsentführungen zu kassieren.

Der Dey stimmte zwar einer Zahlung von 100 000 Livres und der Herausgabe der christlichen Gefangenen zu, brach aber kurz darauf den Frieden erneut. 1731 segelte wieder eine französische Flotte nach Tripolis, um in bewährter Manier gegen die anhaltende Piraterie vorzugehen.

Folter und Elend in der Barbarei. Mit Bildern wie diesen trieben Sklavenkassen und Mönchsorden Spenden für versklavte Christen ein.

Hans Leip, der Lieddichter der »Lili Marleen« und Autor des Piratenbuchklassikers »Bordbuch des Satans«, bringt die Systematik des Konflikts salopp, aber klar auf den Punkt:

»Waren die Knallflotten weg, flitzten die Barbareskenfeluken sofort auf neuen Fang. Wie auch anders sollte sich die Berberei behaupten?

Hin und wieder gelang mit solch halben Gewaltmaßnahmen auch die Befreiung größerer Mengen von Christensklaven. Als Gegenleistung waren vorher gewöhnlich die europäischen Gesandtschaftsmitglieder abgeschlachtet worden, soweit man ihrer mit Kind und Kegel habhaft wurde. Es kam damals in Nordafrika die merkwürdige Mordmethode auf, den Abzufertigenden vor ein Geschützrohr zu binden ...«[137]

Manchmal dagegen liefen ganze Heere der bestrafungswütigen Christenheit vor die Kanonen der Seeräuber. So geschehen im Jahr 1775, als die Spanier mit 500 Schiffen und 20 000 Mann den Versuch machten, Algier nicht nur für erlittene Piraterien zu bestrafen, sondern zu erobern.

Es wurde ein Fiasko. Innerhalb weniger Tage verloren die Spanier 2000 Mann, worauf sie sich hastig an Bord ihrer Schiffe zurückretteten und absegelten.

Wie es schien, waren die Barbaresken trotz gelegentlicher Rückschläge unbesiegbar. Ihre Forderungen wurden immer unmäßiger, was sich vor allem im Umgang mit den neu gegründeten Vereinigten Staaten von Amerika zeigte.

Zu den Küsten von Tripolis!

»Ist es denn wirklich zu glauben, dass sieben Könige in Europa, zwei Republiken und ein Kontinent diesem hochgestellten Wilden tributpflichtig sind, dessen ganze Flotte nicht zwei Linienschiffen gleichkommt?«[138]

William Eaton, Konsul in Tunis

Am 14. Mai 1801 stürmten wütende, mit Beilen bewaffnete Volksmassen die Terrasse der amerikanischen Botschaft in Tripolis und schlugen den Flaggenmast um.

Mit diesem Zerstörungsakt erklärte der Pascha von Tripolis, Jussuf Karamanli, den Vereinigten Staaten nach nordafrikanischer Sitte den Krieg. Die Kriegserklärung kam nicht unerwartet. Sie war die Reaktion auf ein abgelaufenes Ultimatum, das der Pascha den Vereinigten Staaten ein halbes Jahr zuvor gestellt hatte.

In seinem Ultimatum hatte Jussuf Karamanli die amerikanische Regierung dazu aufgefordert, einer einmaligen Zahlung von 225 000 Dollar und der Entrichtung eines Jahrestributs in Höhe von 25 000 Dollar zuzustimmen. Ansonsten drohte den Amerikanern die Kaperung ihrer Schiffe. Die amerikanische Regierung war nicht weiter gewillt, sich erpressen zu lassen. Die Nachricht von den Forderungen des Paschas löste eine Welle der Empörung in der amerikanischen Öffentlichkeit aus. Im Kongress wurden zornige Reden gehalten und zur Verweigerung der Tributzahlungen aufgerufen.

Seit 1784 zahlten die USA Tribute an die Barbaresken, um ihren Seehandel zu schützen. Damals hatten marokkanische Piraten das US-Handelsschiff »Betsy« vor der spanischen Küste gekapert und die Crew als Sklaven verkauft.

Mit Machtdemonstrationen war es dem König von Marokko gelungen, die USA zu Tributzahlungen zu verpflichten. Weitere Barbareskenstaaten waren dem Beispiel Marokkos gefolgt und hatten ebenfalls Ansprüche an die USA gestellt.

1794 war der Kongress dazu genötigt gewesen, die Zahlung von einer Million Dollar an die nordafrikanischen Piraten zu bewilligen. In den folgenden Jahren hatten die USA 1795 erst mit Algier, dann 1796 mit Tripolis und 1797 schließlich mit Tunis separate Friedensverträge abgeschlossen, welche die Tributhöhe und die Zahlungsmodalitäten festlegten.

Wie die Kriegserklärung von Jussuf Karamanli nun zeigte, war diese Appeasement-Politik zum Scheitern verurteilt. Seit dem Abschluss der Tributverträge erwiesen sich die Barbaresken als unersättlich.

Der amerikanische Präsident Thomas Jefferson war bereit, diesem Treiben Einhalt zu gebieten, scheute indes vor einem offenen militärischen Konflikt zurück. Der Präsident konnte nicht ohne die Zustimmung des Kongresses einen Krieg gegen die Barbaresken aus Tripolis führen.

In Artikel 1, Abschnitt 8 stand klar vermerkt, dass nur der Kongress das Recht hatte, einen Krieg zu erklären. Der Kongress wiederum war nicht gewillt, schon jetzt zum Äußersten zu gehen. Wie aber sollte das Mandat der US Navy im Kampf gegen die Barbaresken gestaltet sein?

Nach langen Debatten mit seiner Partei und den Regierungsmitgliedern fand Präsident Jefferson die Lösung: Die Navy wurde dazu ermächtigt, jedes Schiff, das ein amerikanisches Schiff angriff, zu bekämpfen, aber nicht die Barbaresken selbst anzugreifen oder sie als Prisen zu nehmen.

Ein weiteres Problem des Konflikts mit Tripolis bestand darin, dass der US-Regierung schlicht und ergreifend die Mittel für einen langwierigen Seekrieg fehlten. Präsident Jefferson hatte für den Augenblick gerade einmal vier Schiffe zur Verfügung: die Fregatten »President« (44 Kanonen), »Philadelphia« (36 Kanonen) und »Essex« (32 Kanonen) sowie den Schoner »Enterprise« mit 12 Kanonen.

Der US-Präsident beschloss, das Geschwader dem Kommando Kapitän Richard Dales zu unterstellen. Dale war ein erfahrener Seemann, der sich während des Unabhängigkeitskrieges im Kampf gegen die Briten ausgezeichnet hatte.

Am 2. Juni 1801 setzte Dales Marineverband die Segel. Die Route führte von den Kaps von Virginia bis zur Berberküste. Schlechtes Wetter verzögerte die Reise.

Als Dale Tripolis am 24. Juli 1801 erreichte, begann er die Seeblockade. Doch um diese durchzuführen, brauchte er Trinkwasser an Bord seiner Schiffe. Dale gab Leutnant Andrew Sterrett von der »Enterprise« den Auftrag, nach Malta zu segeln, um Trinkwasser für das ganze Geschwader zu fassen.

Sterrett lief aus und segelte am 1. August 1801 geradewegs in die Fänge der »Tripoli«, einer lateinbesegelten Polacker des Paschas mit 14 Kanonen und 80 Mann Besatzung. Als die Amerikaner sich als solche zu erkennen gaben – sie hatten vorher zur Tarnung den Union Jack gehisst –, kam es sofort zum Gefecht. Es endete nach mehrmaligen Enterversuchen der Mannschaft der »Tripoli« mit einem völligen Sieg der Amerikaner.

Als die Barbaresken nach drei Stunden die Flagge strichen, war ihre Verlustbilanz vernichtend. An Bord der »Enterprise« war kein Mann gefallen, die »Tripoli« dagegen zählte 30 Tote und die gleiche Zahl an Verwundeten.

Sterretts Sieg sorgte in den USA für Furore und versetzte das ganze Land in Kriegsbegeisterung. Der Kongress bevollmächtigte Präsident Jefferson, die Kriegsmarine nach Belieben einzusetzen, um die amerikanische Schifffahrt gegen die Berber-Piraten zu schützen. Damit befand sich die USA mit den Barbaresken formal-rechtlich im Kriegszustand, ohne dass der Kongress Tripolis den Krieg erklärt hatte. Trotz dieser kämpferischen Entschlossenheit der Amerikaner dümpelten die Kämpfe zunächst vor sich hin. Dale hatte zum einen zu wenig Schiffe, um den Hafen zu blockieren, zum anderen auch die falschen Fahrzeuge für diese Aufgabe. Immer wieder gelang es den tripolitanischen Korsaren, dank ihren flachkieligeren Schiffen die Blockade zu brechen, indem sie in Küstennähe manövrierten. Oft segelten die amerikanischen Fregatten zu weit weg vom Ufer. Befanden sich die Amerikaner hart unter Land, stießen die Piraten nachts in See, um Tripolis mit Nahrungsmitteln zu versorgen.

Schon früh erkannte Dale die Nutzlosigkeit seines Unterfangens. Was er brauchte, waren mehr Schiffe, leichte Korvetten und Kanonenboote, mit denen er in Ufernähe die Piratenschiffe aufbringen konnte. Als Dale aufgrund von Streitigkeiten mit dem Marineoberkommando den Dienst quittierte, verschlechterte sich die Qualität der Blockade vor Tripolis noch mehr.

Sein Nachfolger wurde Richard Valentine Morris, der erst vor Kurzem sein Kapitänspatent bekommen hatte, aber aufgrund seines einflussreichen Familienclans über gute Beziehungen verfügte. Morris war von Anfang an eine Fehlbesetzung. Der neue Kommodore des Geschwaders ließ sich Zeit damit, nach Tripolis zu segeln. Nach langen Aufenthalten in Neapel, auf Sizilien und Malta ging er in Tunis vor Anker, um mit dem dortigen Bey über Tributzahlungen zu verhandeln. Hier geriet er in Gefangenschaft, weil William Eaton, der US-Konsul von Tunis, dem Finanzagenten des Beys, Hadj Unis Ben Unis, 34 000 Dollar schuldete. Der Gläubiger nutzte die Chance, seinen säumigen Schuldner unter Druck zu setzen und an sein Geld heranzukommen.

Morris tilgte zwei Drittel der Schuld Eatons, der Konsul mithilfe eines weiteren Kredits von Hadj Unis Ben Unis das restliche Drittel. Dann segelte Morris endlich zu seinem vor Tripolis kreuzenden Blockadegeschwader, das ihn schon seit fast einem Jahr erwartete.

Die Durchführung seines Auftrags machte Morris schnell klar, dass die Doppelaufgabe, einerseits Tripolis zu blockieren, und andererseits amerikanischen Handelsschiffen Schutz zu gewähren, seine Seestreitmacht überforderte. Morris entschied sich deswegen eigenmächtig dafür, die Blockade von Tripolis aufzuheben und mit Konvoifahrten den amerikanischen Seehandel vor den Attacken der Barbaresken zu schützen.

Dies war nicht im Sinne Jeffersons, der so viel dafür getan hatte, die Flottenexpedition gegen die Barbaresken in Gang zu setzen. Was der US-Präsident dringend brauchte, war ein spektakulärer Erfolg, der die Opposition mundtot machte. Schließlich galt es, die hohen Rüstungsausgaben des Mittelmeergeschwaders in Höhe von 500 000 Dollar zu rechtfertigen.[139]

Aber Morris gelang nichts Durchschlagendes. Als er sich die Eigenmächtigkeit zuschulden kommen ließ, völlig unautorisiert über die Höhe von Tributzahlungen zu verhandeln, entzog ihm der US-Präsident das Kommando.

Nun ersetzte Thomas Jefferson Morris durch Captain Edward Preble und ernannte ihn zum neuen Kommodore des Geschwaders vor Tripolis. Der neue Geschwaderkommandant galt als schwieriger, aber auch als äußerst erfahrener und energischer Offizier.

Mit der Ernennung Edward Prebles hatte Thomas Jefferson fünf ranghöhere Offiziere übergangen und verprellt. Doch der Instinkt des Präsidenten trog ihn nicht. Mit Kommodore Edward Preble kam der Krieg gegen Tripolis wieder in Gang und wurde der Würgegriff der Seeblockade sofort enger.

Diesmal sollte es den Barbaresken nicht so leicht fallen, sie zu durchbrechen. Preble hatte mehr Schiffe und operierte viel näher an der Küste. Dabei riskierte er, dass die amerikanischen Schiffe auf Grund liefen. Und genau dies geschah.

Als Captain William Bainbridge am 31. Oktober 1803 zwei tripolitanische Schiffe in Ufernähe sichtete und sie verfolgte, lief seine Fregatte »Philadelphia« auf ein Riff auf, das auf den amerikanischen Seekarten nicht verzeichnet war.

Bainbridge reagierte sofort. Um die »Philadelphia« wieder flottzumachen, warf er erst Teile der Ladung, dann die Geschütze über Bord. Als dies nichts fruchtete, ließ er die Masten kappen. Es half nichts. Trotz der Gewichtserleichterung hob sich die »Philadelphia« keinen Zentimeter aus dem Wasser.

Diesen Umstand nutzten die Tripolitaner sofort aus. Als der berühmte Pirat und Renegat Murad Reis sich mit seinen Kanonenbooten der aufgelaufenen Fregatte näherte und sie unter Feuer nahm, strich der US-Kommandeur die Flagge, ohne überhaupt einen Pistolenschuss abgegeben zu haben. Dies erstaunte Murad Reis, der mit seinem gnadenlosen Urteil über die Führungsqualitäten Bainbridges nicht geizte: »Entweder ist dieser Kommandeur ein Verräter oder ein Feigling.«

Bainbridges Fehlverhalten hatte fatale Auswirkungen auf die Gesamtsituation. Die Aufgabe der »Philadelphia« spielte Jussuf Karamanli einen wertvollen Trumpf für die Unterhandlungen mit der US-Regierung in die Hände. Sozusagen über Nacht waren dem Pascha 307 wertvolle Geiseln ins Netz gegangen.

Der Pascha erwies sich Bainbridge und den gefangenen Offizieren gegenüber großzügig. Sie erhielten ein eigenes Quartier, wo sie sich mit Karten und sonstigen Spielen die Zeit vertrieben. Manchmal lud Jussuf Karamanli sogar Bainbridge und die anderen Offiziere zum Plausch bei einer Tasse Schokolade ein.

Diese Bevorzugung genossen die einfachen Mannschaftsdienstgrade nicht. Auf sie wartete das Bagno und schwere körperliche Arbeit im Steinbruch, im Hafen, auf dem Land oder an den Befestigungswerken von Tripolis.

19 Monate sollten vergehen, bis sie ihre Heimat wiedersahen.

Dies war nicht im Sinn von Kommodore Edward Preble, der in einem Brief an den Marineminister Bainbridges Vorgehen scharf verurteilte:

»Wollte Gott, die Offiziere und Mannschaft der ›Philadelphia‹ hätten allesamt den Tod der Sklaverei vorgezogen.«[140] Doch für Schuldzuweisungen blieb keine Zeit. Die Bemühungen, Jussuf Karamanli in die Schranken zu weisen, hatten mit dem Verlust der »Philadelphia« einen deutlichen Rückschlag erlitten. Der Pascha von Tripolis verlangte für jedes Besatzungsmitglied der »Philadelphia« ein Lösegeld von 1000 Dollar, was in der Gesamtsumme 307 000 Dollar Lösegeld ergab. Des Weiteren setzte er jetzt den Preis für den Frieden auf 100 000 hoch und forderte 43 000 Dollar in Geschenken für die Unterschrift unter den Vertrag.[141]

Die Höhe der Lösegeldforderung war nicht die einzige Tücke in der »Philadelphia«-Affäre. Fast noch schmerzvoller als die Gefangennahme der Besatzung wog, dass es den Barbaresken gelungen war, die »Philadelphia« als Prise in Besitz zu nehmen.

Die Tatsache, dass jetzt eines der modernsten Kampfschiffe der Welt in den Händen eines der raubgierigsten Piratenstaaten war, wurde in den USA zum Politikum. Der Verlust der Fregatte schadete dem Prestige des US-Präsidenten, was seine Aussichten für das kommende Wahljahr 1804 deutlich verschlechterte. Wollte Jefferson wiedergewählt werden, musste der Schandfleck der »Philadelphia« getilgt werden.

Was Jefferson brauchte, war ein Sieg vor Tripolis, oder zumindest eine Racheaktion, die den errungenen Vorteil der Barbaresken zunichtemachte. Wie der US-Präsident, so dachte auch Kommodore Edward

Preble, der die Wegnahme der »Philadelphia« als persönliche Schande empfand.

Dabei fielen für den Kommodore nicht nur politische Überlegungen ins Gewicht. Auch in taktischer Hinsicht war der Verlust der »Philadelphia« desaströs.

Der Verlust des Schiffes bedeutete eine beträchtliche Verstärkung des Feindes. Diesem war es in der Zwischenzeit gelungen, die Fregatte wieder flottzumachen und die über Bord geworfenen Kanonen wieder zu bergen und auf das Schiff zu bringen.

Mit einer Gesamtstärke von 36 Kanonen war die »Philadelphia« eine furchtbare Waffe. Zudem war sie die einzige weitere Fregatte neben Prebles Flaggschiff, der 44-Kanonen-Fregatte »Constitution« im Geschwader.

Fregatten waren im 18. Jahrhundert meist mit bis zu 28 bis 44 Kanonen bewaffnete, rahgetakelte Dreimaster mit hohen Masten. Ihre schlanken Rumpfformen und die große Segelfläche machten sie den Linien- und Handelsschiffen an Geschwindigkeit deutlich überlegen. Sie dienten zum Erkunden feindlicher Schiffsmanöver, zum Sichern der Hauptkräfte und waren bestens geeignet zum Stören von Handelsverbindungen und Schifffahrtswegen, was sie zum perfekten Piratenschiff machte.

Aus diesem Grund war es nicht nur eine Frage der Ehre, dass die »Philadelphia« zerstört wurde.

Nur, wie sollte dies geschehen? Von der Reede aus gesehen, schien Tripolis gegen einen Seeangriff gut gewappnet und ein Bombardement der »Philadelphia« unmöglich, ohne dass die Flotte schwere Verluste erlitt.

Zum Glück für Preble erreichte ihn durch Vermittlung des dänischen Konsuls von Tripolis ein chiffriertes Schreiben von Captain William Bainbridge. In diesem Brief schlug Bainbridge Preble vor, die »Philadelphia« im Handstreich zu besetzen und sie im Hafen von Tripolis zu zerstören, wobei er genaue Angaben zur Stärke der Wachen, Geschützbatterien und zur Flotte der Piraten machte.

Preble gab dem Plan Bainbridges grünes Licht und wählte zu dessen Ausführung einen jungen Offizier aus, der voller Tatendrang war und bisher vor allem durch unzählige Duelle aufgefallen war, die er alle für sich entschieden hatte: Leutnant Stephen Decatur. Decatur war 24 Jahre alt und Leutnant zur See. Ein mit ihm dienender Offizier beschrieb ihn so: »Er besitzt ein so besonderes Benehmen und Aussehen, dass es jedermann fesselt und fesseln soll – er trägt sein Heldentum auf der Stirn geschrieben.«[142]

Genau solch einen Mann brauchte Edward Preble. Wenn einer es schaffen würde, dann Decatur. Die Aufgabe Leutnant Decaturs war gefährlich, ja fast unmöglich. Der Hafen von Tripolis war gut bewacht, starke Geschützbatterien sicherten die Hafeneinfahrt. Kanonenboote, Briggs und Polacker lagen im Hafen vor Anker und konnten jederzeit das Feuer auf Decaturs Kommando eröffnen.

Für das Unternehmen wurde eine kleine Ketsch gewählt, ein um die Mitte des 17. Jahrhunderts in England und Nordamerika entwickelter Anderthalbmaster. Mit einer Tragfähigkeit von bis zu 50 Tonnen war dieser Schiffstyp sowohl für die Fischerei als auch für die Küsten-Frachtschifffahrt geeignet. Die Ketsch hatte noch einen Vorteil für Decatur. Der Schiffstyp war im Mittelmeer weit verbreitet und würde bei der Annäherung nicht sonderlich auffallen. Sie war das perfekte Schiff für Decaturs riskantes Unternehmen.

Kommodore Preble, der den unbändigen Ehrgeiz seines jungen Leutnants kannte, gab Decatur unmissverständliche Anweisungen.

»Sir: Sie haben hiermit Befehl, die Prisenketsch ›Intrepid‹ zu kommandieren, sich nach Tripolis zu begeben, bei Nacht in den Hafen einzudringen, die ›Philadelphia‹ zu entern, sie in Brand zu setzen und unverzüglich Ihren Rückzug anzutreten. Die Zerstörung der ›Philadelphia‹ ist von größter Wichtigkeit, und ich vertraue bei der Ausführung dieser Aufgabe auf Ihren Mut und Ihren Unternehmungsgeist. Leutnant Stewart wird Sie mit den Booten der ›Siren‹ schützen und wird mit diesem Schiff Ihren Rückzug decken. Wenn Sie die Fregatte entern, werden Sie möglicherweise auf Widerstand stoßen. Es empfiehlt sich, nur Säbel zu benutzen, um den Feind nicht zu alarmieren.

Möge Gottes Schutz bei Ihnen sein.

Edward Preble.«[143]

Jetzt musste nur noch der richtige Zeitpunkt und eine möglichst mondlose Nacht abgewartet werden. Am 16. Februar 1804 war es soweit. Unbemerkt von den Barbaresken glitt die »Intrepid« mit 75 Freiwilligen an Bord durch die Dunkelheit. Damit die Hafenwache und die Bordwache auf der »Philadelphia« keinen Verdacht schöpfte, verbarg sich das Sturmkommando unter Deck, während auf der Ketsch selbst nur zwei Matrosen, Leutnant Decatur und der Kapitän zu sehen waren.

Ohne Zwischenfälle gelangte die »Intrepid« vor den Bugspriet der »Philadelphia«, bis ein leichter Windstoß sich erhob und die tripolitanische Bordwache die »Intrepid« dazu aufforderte, sich zu erkennen zu geben.

Ein Malteser an Bord der »Intrepid« reagierte geistesgegenwärtig. Er erfand für das Schiff einen Fantasienamen und flunkerte der Wache vor, dass die Ketsch ihren Anker verloren habe. Sein Missgeschick verfluchend, bat er darum, die Ketsch an der Fregatte zu vertäuen. Die Wache zeigte sich hilfsbereit und ließ einen Tampen herab, damit die Ketsch an der Fregatte vertäut werden konnte.

Die Amerikaner nutzten die Sorglosigkeit der Wache unerbittlich aus, kletterten sofort an Bord und machten die Posten nieder. Ansonsten fanden sie wenig Widerstand vor. Wer nicht im Schlaf überwältigt wurde, der sprang von Bord oder floh nach unten ins Schiffsinnere.

Als Leutnant Decatur sah, dass seine Truppen die »Philadelphia« genommen hatten, gab er Befehl, das Schiff in Brand zu setzen. Eilig machten sich seine Männer daran, überall Feuer im Schiff zu legen. Es dauerte nicht lang, und die ersten Flammen züngelten an der geteerten Takelage empor.

Jetzt war der Zeitpunkt für Decatur und seine Männer gekommen, von Bord zu gehen. Einer nach dem anderen verließen sie das brennende Schiff. Decatur blieb, bis der letzte Mann seines Kommandos an Bord der »Intrepid« gegangen war und die »Philadelphia« völlig in Flammen stand. Dann rettete er sich durch einen Sprung in die Takelage der Ketsch.

Jetzt galt es für die Amerikaner, sich in Sicherheit zu bringen, bevor die »Philadelphia« explodierte. Diese stand mittlerweile völlig in Flammen. Was sie besonders gefährlich machte, war der Umstand, dass das

Feuer die Ankertrossen durchgebrannt hatte und das Schiff wie ein lodernder Scheiterhaufen im Hafen herumtrieb. Doch das Feuer und die Explosionsgefahr waren nicht die einzigen Risiken, die von der »Philadelphia« ausgingen. In ihrem Todeskampf begann die Fregatte plötzlich, aus allen Rohren zu feuern. Dies lag an der unerträglichen Hitze der Feuersbrunst, die das Pulver in den Kanonen entzündete. Nun war es nur noch eine Frage von wenigen Augenblicken, bis die »Philadelphia« in die Luft flog.

Als die Ketsch Decaturs sich unterhalb des Palastes des Paschas befand, zerriss eine gewaltige Explosion die »Philadelphia«. Leutnant Decatur hatte seinen Auftrag ausgeführt und unter den Augen der Piraten ihre sicher geglaubte Beute vernichtet.

Die US-Navy hatte ihre Ehre wiederhergestellt und Jussuf Karamanli gezeigt, was sie vermochte. Für diesen Erfolg verlieh der US-Kongress Stephen Decatur einen Degen und beförderte ihn zum Kapitän. Die Welt war voll des Lobs für ihn. Selbst Horatio Nelson zeigte sich tief beeindruckt und lobte Decaturs Sprengung der »Philadelphia« als eine der mutigsten Heldentaten der jüngeren Kriegsgeschichte.

Aber dies war nur die eine Seite des Erfolges. Da die Zerstörung der »Philadelphia« den Beifall der Mehrheit der Amerikaner fand, hatte Jefferson einen ersten Achtungserfolg errungen.

An der strategischen Ausgangslage änderte jedoch die Zerstörung der »Philadelphia« nichts. Schließlich hatten die Amerikaner keine feindliche, sondern nur ihr eigene Fregatte zerstört. Immer noch hielt der Pascha über 307 Amerikaner gefangen.[144]

Die Summe, welche die Amerikaner auszugeben bereit waren, entsprach in keiner Weise seinen Erwartungen.

Die amerikanischen Unterhändler Richard O'Brian und Tobias Lear boten dem Pascha 40 000 Dollar Lösegeld für die Gefangenen an und ein Geldgeschenk in Höhe von 10 000 Dollar für den Premierminister. Darüber hinaus versprachen sie die Zahlung weiterer 10 000 Dollar durch den neuen amerikanischen Konsul in Tripolis und noch einmal 10 000 Dollar für den Fall, dass Tripolis den Vertrag erfüllte.[145]

Jussuf Karamanli war entrüstet und ging überhaupt nicht auf das Angebot der Amerikaner ein. Jetzt lag es erneut an Kommodore Edward Preble, eine Entscheidung herbeizuführen.

Am 3. August 1804 griff er den Hafen von Tripolis mit allem an, was er hatte. Zu seiner Verfügung standen eine Fregatte, drei Briggs, drei Schoner, zwei Bombardierschiffe und sechs Kanonenboote. Insgesamt verfügte er über 156 Kanonen. Ihnen lagen auf Seite der Barbaresken 19 Kanonenboote, zwei Galeoten und zwei Schoner gegenüber, von denen jeder 8 Kanonen trug, sowie eine Brigg mit zehn Geschützen.

Der Plan Prebles sah vor, in die Bucht von Tripolis einzulaufen, die Verteidigungswerke und die feindlichen Schiffe zu bombardieren, damit die amerikanischen Kanonenboote die gegnerischen ausschalten konnten. Es wurde ein hartes Gefecht, das mit einem taktischen Sieg der Amerikaner endete, aber keine Entscheidung brachte.

Es wäre mit Sicherheit der Vergessenheit anheimgefallen, hätte nicht Leutnant Stephen Decatur sich erneut mit einer Heldentat ausgezeichnet, die in allen amerikanischen Blättern Verbreitung fand und fortan aus den Annalen der Barbareskenkriege nicht mehr wegzudenken ist.

Als die amerikanischen Kanonenboote kurz nach Angriffsbeginn auf die Kanonenbarken der Barbaresken zustießen, fegten sie die feindlichen Bootsdecks mit Kartätschen- und Musketensalven leer. Dann fielen sie mit Tomahawks, Enterpiken, Pistolen und Entermessern über ihre Gegner her, wobei sie nach hartem Kampf drei gegnerische Kanonenboote eroberten und zu Prisen nahmen.

Bei einem dieser Kampfgetümmel kam der Bruder von Captain Stephen Decatur, Leutnant James Decatur, um. Der Legende nach wurde er von einem Barbareskenkapitän, der sich schon ergeben hatte, hinterhältig ermordet. Der Monate später verfasste Schlachtbericht Prebles vermerkt dies nicht, genauso wenig wie den zweiten Teil des Kanonenbootgefechts, das sich angeblich nach dem Tod James Decaturs ereignet haben soll.

Doch die Kolportage ist zu schön, um ins Reich der Legende verwiesen zu werden – und allein deswegen der Überlieferung wert. Als Stephen Decatur vom Tod seines jüngeren Bruders hörte, griff er mit einer Handvoll Matrosen das Kanonenboot an, auf dem James Decatur den Tod gefunden hatte. Im Kampfgetümmel geriet er an den vermeintlichen Mörder seines Bruders, einen riesenhaften Türken. Der Mann war furchterregend und blutdürstig. Mit wilder Tapferkeit griff er den Rachsüchtigen mit einer Enterpike an und verletzte ihn schwer. Aber Stephen Decatur hatte Glück. Es gelang ihm, den Schaft der Enterpike zu fassen und die Spitze aus seiner Wunde zu ziehen. Wütend rang er seinen Feind nieder.

Gerade als Stephen Decatur dem Türken den Garaus machen wollte, sprang ein Barbareske mit gezogenem Handschar herbei, um seinen bedrängten Kameraden herauszuhauen. Schon hob er die Klinge zum tödlichen Schlag. Da warf sich ein amerikanischer Matrose, Reuben James, mit großem Opfermut zwischen Decatur und den Barbaresken. James, der an beiden Armen schwer verletzt war, fing den Hieb mit seinem Kopf ab und rettete Decatur das Leben.

Der Kapitän hatte keine Zeit, sich zu bedanken. Noch während Reuben bewusstlos zusammenbrach, befreite sich der Türke aus seiner misslichen Lage und drückte Decatur zu Boden. Schon griff er in seine Schärpe, um einen Dolch zu zücken, als plötzlich der Türke tot zusammenbrach. Im letzten Moment war es Decatur gelungen, eine kleine Pistole aus dem Revers zu ziehen und seinem Gegner eine Kugel in den Leib zu jagen.

James Decatur war gerächt. Der Tod des Barbareskenkapitäns entschied den Enterkampf.

Es war ein Ende wie im Groschenroman. Bis heute ist es nicht gelungen, zu ergründen, ob sich der Kampf tatsächlich so abgespielt hat oder ob nicht die Dichtung der Wahrheit unter die Arme griff.

Nur eines ist gewiss: Während die Kanonenboote beider Flotten in wüste Enterkämpfe verstrickt waren, lieferte sich das Schlachtgeschwader Kommodore Prebles ein heftiges Feuergefecht mit den Küstenbatterien und der Flotte von Tripolis. Hierbei entging Preble nur mit knapper Not selbst dem Tod. Eine 32-pfündige Kanonenkugel flog durch eine Geschützpforte, schlug unmittelbar neben ihm auf einem Geschütz des Achterdecks ein und verletzte einen Marinesoldaten.

Preble blieb gefasst. Ungeachtet der heftigen Gegenwehr der Tripolitaner deckte sein Geschwader die Festungswerke und die Stadt mit schweren Salven ein.

Obwohl die Amerikaner davon überzeugt waren, Tripolis schwer beschädigt zu haben, zeigte Jussuf Karamanli keinerlei Verhandlungsbereitschaft. Preble antwortete, indem er seine Anstrengungen verdrei-

Captain Stephen Decatur rächt den Tod seines Bruders im Enterkampf und gerät dabei selbst in Lebensgefahr.

fachte und erst am 7., dann am 25. August und schließlich am 3.
September Tripolis erneut bombardierte, ohne dabei einen Erfolg zu
erzielen.

Ein weiterer Versuch, die Bastionen Tripolis' am 4. September 1804
mittels der zu einer Treibmine umgerüsteten »Intrepid« zu zerstören,

erwies sich ebenfalls als Fehlschlag. Obwohl der Tathergang dieses Desasters bis heute im Dunkeln liegt, ist es höchstwahrscheinlich, dass das mit Schießpulver vollgepfropfte Schiff von den Küstenbatterien des Paschas in Brand geschossen wurde und daraufhin explodierte, was alle Besatzungsmitglieder das Leben kostete.

Das Scheitern der »Intrepid« fiel zusammen mit der Ablösung Prebles durch den dienstälteren Kommodore Samuel Barron, der nur fünf Tage nach der Explosion der »Intrepid« mit einem weiteren US-Geschwader vor Tripolis eintraf.

Das Eintreffen Barrons fiel mit einem grundlegenden Wandel in der Strategie der US-Seestreitkräfte zusammen. Anstatt wie bisher zu versuchen, Karamanli an den Verhandlungstisch zu bomben, setzte die US-Regierung nunmehr alles daran, Tripolis durch eine Landoffensive verhandlungsbereit zu machen.

Die Strategieänderung war von den Konsuln James Cathcart (Konsul von Tripolis) und William Eaton (Ex-Konsul von Tunis) angeregt worden. Ihr Plan nahm spätere CIA-Methoden vorweg und sah vor, Jussuf Karamanli durch dessen jüngsten Bruder Hamet zu stürzen. Hamet hatte als einziger von Jussufs Brüdern dessen Machtantritt überlebt und war nach Ägypten geflohen.

Seitdem lebte er dort im Exil. Cathcart und Eaton hatten Hamet aufgespürt und ihn für das Unternehmen gewonnen. Vorausgesetzt, der Putsch gelang, versprach Hamet, die amerikanischen Gefangenen freizulassen und den USA keine Tributzahlungen mehr abzuknöpfen. Der Plan überzeugte Jefferson zwar nicht, aber er bewilligte trotzdem die Aktion.

Unter dem Oberbefehl von William Eaton und Hamet wurde in Ägypten anfänglich eine Truppe in Stärke von 400 Mann zusammengezogen. Diese kleine Schar bestand in der Mehrzahl aus über 300 Arabern, einer Handvoll europäischer Söldner (meist Griechen) sowie acht US-Marines und zwei Marineoffizieren.[146]

Ihr erstes Etappenziel war Derna, eine Stadt, die 500 Meilen Luftlinie östlich von Tripolis lag. Der Plan sah vor, die libysche Wüste zu durchqueren und die Stadt von der Landseite her anzugreifen. Zeitgleich sollte ein US-Geschwader die Küste entlangsegeln und zum Zeitpunkt von Eatons Angriff auf Derna die Kampfgruppe durch ein Bombardement unterstützen.

Der Zweck der Eroberung Dernas lag darin, für Hamet eine Basis zu errichten, um weiter nach Tripolis vorstoßen zu können. Was sich auf der Landkarte verhältnismäßig einfach ausnahm, erwies sich jedoch in der Durchführung fast als unmöglich. Schnell zeigte sich, dass die angeheuerten Araber alles andere als zuverlässig waren und es Hamet an Durchsetzungskraft fehlte, sie zur Raison zu bringen.

Als die kleine Armee Ende April 1805 endlich Derna erreichte und angriff, hatte sie alles erlebt, was den Marsch einer Armee durch die Wüste im 19. Jahrhundert beschwerlich machte: sengende Hitze, Wassermangel, schlechte bis gar keine Verpflegung und mehrfache Truppenmeutereien.

Dass jedoch Eatons Söldnerschar zusammen mit dem Häuflein Marineinfanteristen tatsächlich Derna eroberte, grenzt fast an ein Wunder.

Denn trotz des zeitgleichen Seebombardements und des koordinierten Vorgehens von Hamets Arabern mit den US-Marines und europäischen Söldnern verteidigte sich die Garnison Dernas anfangs tapfer. Erst als die US-Marines und europäischen Söldner das beherrschende Fort der Stadt im Sturm nahmen, floh die Garnison aus der Stadt, die zugleich von den Schiffen eines US-Geschwaders bombardiert wurde.

Obwohl die Eroberung Dernas alles andere als ein bedeutendes Gefecht war und nur acht Marineinfanteristen an ihr teilnahmen, wurde sie zu einer glänzenden Waffentat der 1775 gegründeten US-Marines.

Noch heute wird der Eroberung Dernas mit jenem Lied gedacht, das jeder US-Marine bei festlichen Anlässen aus voller Kehle singt.

»From the Halls of Montezuma
To the shores of Tripoli;
We fight our country's battles
In the air, on land, and sea;
First to fight for right and freedom
And to keep our honor clean;
We are proud to claim the title
Of United States Marine.«

Was aber waren die Folgen der Eroberung Dernas? Mehr als jedes Bombardement zeigte die Ausführung des Umsturzplans die erhoffte Wirkung. Die Befürchtung, durch einen von den USA unterstützten Putsch vom Thron gefegt werden zu können, machte Jussuf Karamanli letztendlich verhandlungsbereit.

Nach zähen Unterhandlungen mit dem amerikanischen Gesandten Tobias Lear willigte der Pascha von Tripolis endlich ein, gegen eine einmalig zu zahlende Summe von 60 000 Dollar die Besatzung der »Philadelphia« freizulassen. Von 307 Gefangenen kehrten nur 301 in die Heimat zurück. Ein weiterer Verhandlungserfolg war der völlige Verzicht Karamanlis, auf weitere Angriffe auf die US-Handelsschiffe.

Was für die USA von Vorteil war, sollte für Hamet Karamanli fatale Konsequenzen haben. Mit der Unterzeichnung des Friedens, der Hamet verheimlicht wurde, war auch sein Schicksal und das seiner Gefolgsleute besiegelt. Der Barbareskenprinz war als Spielfigur der hohen Politik geopfert worden.

Noch bevor der Mohr ahnte, dass er seine Schuldigkeit getan hatte, verließen die US-Marines und William Eaton im Schutz der Dunkelheit die Stadt. Aus Angst, von Hamet und seinen Arabern massakriert zu werden, bestiegen sie klammheimlich ein Boot, das sie zum Flaggschiff des US-Geschwaders brachte.

Dies war die letzte militärische Aktion der Amerikaner im 1. Barbareskenkrieg.

Der Sieg war nicht nur ein militärischer Erfolg der USA, sondern auch ein klarer Beweis der gewachsenen politischen Stärke der Vereinigten Staaten.

Für die US-Navy bedeutete der Triumph über den Pascha von Tripolis nicht nur einen Prestigegewinn, sondern einen unschätzbaren Zuwachs an Kampferfahrung.

Im Krieg von 1812–1814 gegen die Briten waren es Flottenkommandeure wie Stephen Decatur, die ihren Gegnern nach anfänglichen Schlappen erfolgreich Paroli boten und sie mehrfach schlugen. Als der Krieg gegen England geendet hatte, bewies die US-Navy im 2. Barbareskenkrieg, dass mit ihr stets zu rechnen war.

Im Krieg von 1812 hatte sich der Dey von Algier kurzzeitig mit den Briten verbündet, um unter dem Schutz der Royal Navy amerikanische

Schiffe zu rauben. Die Hoffnung auf leichte Beute bei den Amerikanern wurde jedoch bald getrübt. Während der Auseinandersetzung erbeutete der Dey nur eine kleine Brigg.

Jetzt, da der Krieg vorbei war und die US-Navy an Stärke gewonnen hatte, beschloss Präsident Madison, den Barbaresken eine Lektion zu erteilen, die sie nicht so leicht vergessen würden. Dabei griff er auf bewährte Offiziere zurück: William Bainbridge, der den Flottenbefehl erhielt, und Stephen Decatur, der zum Kommandeur eines Geschwaders wurde. Die Auswahl des Ersteren mag verwundern. Aber Bainbridge hatte in den vergangenen zehn Jahren seine Fehler mehr als gut gemacht und sich während des Krieges von 1812–1814 gegen die Engländer in vielen Gefechten bewährt.

Bainbridge und Decatur erhielten Befehl, ins Mittelmeer zu segeln und den Dey von Algier zu maßregeln. Da sich bei Bainbridges Ausfahrt Verzögerungen einstellten, lief Decatur mit seinem Flaggschiff, der neuen 44-Kanonen-Fregatte »Guerrière«, und neun weiteren Kriegsschiffen aus New York aus.

Mit der ihm eigenen Rastlosigkeit nahm er in schneller Folge erst die algerische 44-Kanonen-Fregatte »Mushudu«, dann die 22-Kanonen-Brigg »Estedio«. Das resolute Vorgehen Decaturs brach den Kampfgeist der Barbaresken. Ohne dass es zu weiteren Kampfhandlungen kam, diktierten die Amerikaner Algier, Tunis und Tripolis ihre Bedingungen.

Das Resultat war, dass die Barbareskenstaaten für immer darauf verzichteten, den USA Tributzahlungen abzufordern. Weiterhin stimmten sie zu, umgehend sämtliche Gefangene ohne Lösegeld freizulassen und in Zukunft Kriegsgefangene auszutauschen, anstatt sie zu versklaven.

Tunis leistete 60 000 Dollar an Kriegsentschädigung, Tripolis 30 000 Dollar, weil es den Briten erlaubt hatte, gekaperte amerikanische Schiffe in seinem Hafen ankern zu lassen.

Damit hatten die USA die Blaupause für das weitere Vorgehen der europäischen Großmächte gegen die Barbaresken geliefert. Es dauerte kein Jahr, bis die Royal Navy es den Amerikanern nachtat und den Barbaresken einen schweren Schlag versetzte.

Kanonendonner vor Algier und am Persischen Golf

»Die Seeräuberei der Barbaresken bildet kein kriegerisch-staatsrechtliches, sondern ein kriminelles Verhältnis zu Europa, obwohl alle Staaten ihnen Tribut für freie Schiffahrt zahlen.«[147]

Antipiratischer Verein Hamburg 1819

Die harten Schläge der US-Marine gegen Tripolis und Algier fanden ihr Gegenstück bald in einem der größten Bombardements der Seekriegsgeschichte.

Der Grund dafür war eine Verschiebung der Machtverhältnisse der Mittelmeerwelt nach den Napoleonischen Kriegen. Der Triumph im Seekrieg über Frankreich hatte England zur unangefochtenen Seemacht auf allen Weltmeeren gemacht. Von nun an hatte es keinen Rivalen mehr zu fürchten. Dies zeigte sich auch sofort im Mittelmeer, wo die Ionischen Inseln durch den Vertrag von Paris 1815 endgültig den Rang von britischen Kolonien bekamen und zusätzlich zu Malta zu strategischen Stützpunkten der Royal Navy ausgebaut wurden, die von nun an mit scharfen Augen über die Sicherheit britischer Seehandelsrouten im Mittelmeer wachte.

Hierdurch veränderte sich das Verhältnis des Inselreichs zu den Barbareskenstaaten. Bis 1815 hatte Großbritannien die Aktivitäten der Barbareskenkorsaren gegen Frankreich und die USA geduldet, weil sie in seinem Interesse lagen. Abkommen mit Tunis, Tripolis und Algier hatten die Unversehrtheit britischer Schiffe garantiert.

Aber etwas hatte sich seit dem Wiener Kongress geändert. Durch ihre Piratenüberfälle, Lösegeld- und Tributerpressungen waren die nordafrikanischen Seeräuberstaaten zum Anachronismus einer neuen Weltordnung geworden. In ihr stand Großbritannien an der Spitze, gefolgt vom Zarenreich, Österreich, Frankreich, Preußen, dem Osmanischen Reich und den USA. Der Führungsanspruch Großbritanniens leitete sich aus der Beherrschung der Weltmeere, seiner Führungsposition in der industriellen Produktion und der Beherrschung der weltweiten Absatzmärkte ab. Ideologisch manifestierte sich die britische Führungsposition durch den Export westlicher Wertvorstellungen wie die Freiheit der Weltmeere und die weltweite Abschaffung der Sklaverei.

Damit rückte die Barbareskenfrage und der damit verbundene Aspekt der »Weißen Sklaverei« – der Versklavung weißer Europäer und US-Amerikaner – immer stärker in den Vordergrund.

Obwohl die Anzahl aller in den Sklavenkasernen der Bagnos schmachtenden Sklaven weißer Hautfarbe zu Beginn des 19. Jahrhunderts auf dem Tiefpunkt angelangt war und in Tunis annähernd 1500 betrug, wurde ihre Befreiung zum propagandistischen Motor der geplanten Befriedung des Mittelmeers.

»Während man noch darüber beratschlagt, wie der Sklavenjagd auf die Neger an der Westküste Afrikas Einhalt zu gebieten sei …, ist es doch mehr als verwunderlich, dass niemand den nördlichen Gestaden dieses Kontinents Aufmerksamkeit schenkt, an denen türkische Piraten ihre natürlichen Nachbarn nicht nur unterdrücken, sondern Jagd auf sie machen und sie als Sklaven für Korsarenschiffe handeln. Und dies mit dem Ziel, ehrbare und friedliche Bewohner der europäischen Küste von ihrem heimischen Herd zu reißen und in Sklaverei zu führen. …«[148]

Schon 1814 hatte Sir William Sidney Smith diese Frage zum zentralen Thema europäischer Mittelmeerpolitik gemacht und immer wieder die Vernichtung der Barbareskenstaaten gefordert. Seine Agitation hatte ihn nach Frankreich getrieben, wo er die »Société anti-piratique des chevaliers libérateurs des esclaves blancs et noirs en Afrique« gegründet hatte. Mit der damit verbundenen öffentlichen Agitation hatte es der einstige britische Konteradmiral verstanden, die Öffentlichkeit für seinen Feldzug gegen die Weiße Sklaverei zu gewinnen.

Smiths Initiative war einerseits philanthropisch, andererseits auch politischen Machtinteressen geschuldet. Er sah klar die Gefahr, die von Piraten ausging: die Gefährdung und Behinderung des Welthandels durch Piraten und Menschenjäger.

Mit seiner Idee eines Kreuzzugs gegen die Weiße Sklaverei hatte Smith den perfekten ideologischen Nährboden für jegliche Art von Strafexpedition gegen die Barbaresken geschaffen. Dass diese durchaus gerechtfertigt waren, bewiesen die Piraten selbst, die immer wieder christliche Schiffe und Fischer, vor allem vor den Küsten Algeriens arbeitende Korallenfischer, beraubten und verschleppten.

Da die britische Regierung die Sicherheit der Seehandelswege gefährdet sah, entsandte sie Admiral Lord Exmouth zu Unterhandlungen mit den Barbaresken in die Zentren der Seeräuberei, Algier, Tunis und Tripolis.

Die Mission hatte nur bedingt Erfolg. Während Tunis und Tripolis sich grundsätzlich damit einverstanden zeigten, gefangene Weiße wie Kriegsgefangene zu behandeln, auf die Versklavung von Europäern zu verzichten und gegen Tributzahlungen die christliche Seefahrt nicht zu behelligen, zeigte sich Algier weniger konziliant. Der Dey von Algier, Omar Pascha, war bereit, 1792 Christensklaven freizulassen und den Ionischen Inseln die gleichen Rechte wie England einzuräumen, ja ging sogar auf die Forderung ein, gegen einen Tribut von 24 000 Piastern auch mit den Königreichen Sardinien und Neapel Frieden zu schließen.

Aber in einem wesentlichen Punkt gab er nicht nach: gefangene Europäer als Sklaven zu halten oder zu verkaufen. Die Weigerung Omar Paschas dürfte Lord Exmouth nicht besonders verwundert haben, bestand doch die Lebensgrundlage Algiers genau aus diesem rentablen Wirtschaftszweig.

An dieser Stelle kam Lord Exmouth nicht weiter; die Verhandlungen liefen sich fest. Zum endgültigen Bruch kam es, als die Barbaresken während des Aufenthalts des Admirals am 23. Mai 1816 in Bône 359 unter englischer Flagge ankernde italienische Korallenschiffe überfielen und Dutzende von Fischern massakrierten, wobei der englische Vizekonsul misshandelt und die englische Fahne geschändet wurde.

Als der Dey von Algier daraufhin die obligatorische Wiedergutmachung verweigerte, standen die Zeichen auf Krieg. Lord Exmouth segelte nach England zurück und schilderte seiner Regierung den Fall. Die britische Regierung zeigte sich entschlossen, am Dey von Algier ein Exempel zu statuieren, und gab ihrem Admiral alle Vollmachten, eine Strafexpedition gegen Algier durchzuführen.

Am 24. Juli 1816 segelte Lord Exmouth mit einem starken Geschwader von Portsmouth ab und nahm Kurs auf Gibraltar, wo ein weiteres britisches Geschwader und ein holländischer Fregattenverband unter Admiral Theodorus Frederik van Capellen zu ihm stieß. Mit diesen Zugängen zählte Lord Exmouth jetzt eine Flotte von 32 Kriegsschiffen.[149]

Mit dieser Armada stieß Lord Exmouth auf Algier vor. Der Zweck dieser Flotte war von Anfang an nicht nur, den Forderungen der britischen Regierung Nachdruck zu verleihen. Die folgenden Ereignisse legen den Verdacht nahe, dass Lord Exmouth den Auftrag hatte, einen Kriegsgrund herbeizuführen, um mit desto vernichtenderer Macht das Piratennest auszuradieren und die Barbareskenflotte zerstören zu können.

Wenn es um die Anwendung von Bombardements ging, kannte England keine Skrupel. 1801 hatte die britische Flotte Kopenhagen beschossen, obwohl sich England nicht im Kriegszustand mit Dänemark befand, und die dänische Flotte vernichtet. 1807 war die Stadt am Öresund zum zweiten Mal nahezu pulverisiert worden. Das erste Bombardement hatte zum Ziel gehabt, die für England gefährliche »Allianz der bewaffneten Neutralität« zu zerschmettern. Die zweite Beschießung Kopenhagens war durchgeführt worden, um Dänemark zur Aufhebung der Kontinentalsperre und zur Preisgabe des Bündnisses mit Napoleon zu bewegen.

Wie zu Zeiten von Ludwig XIV. galten Bombardements für europäische Mächte als probates Mittel, politische Ziele erfolgreich durchzusetzen.

Der Unterschied zum 17. Jahrhundert bestand allerdings darin, dass sich die Feuerkraft der europäischen Kriegsmächte erheblich potenziert hatte. Das Geschwader von Lord Exmouth zählte über 700 Geschütze, die Bombengranaten, Kettenkugeln, Vollkugeln, und Büchsenkartätschen – sogenannte Kanister – verschießen konnten. Exmouths Geschwader verfügte sogar über neumodische Congreve-Raketen. Beim Zieleinschlag verursachten sie durch ihre phosphorartige Substanz unlöschbare Brände. Allerdings hatten sie den Nachteil, kompliziert in der Handhabung zu sein. Sie sollten an Bord der holländischen Schiffe zum Einsatz kommen.

Im Schlepptau hatte Exmouth zusätzlich schwere Bombardierschiffe, die großkalibrige Bombengranaten in die Stadt werfen konnten.

Verstärkt wurden sie durch Fregatten, Korvetten und Briggs.

Die Mannschaften von Lord Exmouth waren wie ihr Kommandeur kampferfahren und kriegstüchtig. Ihr Ausbildungsstand war exzellent, die Offiziere handverlesen. Hinzu kam die Qualifikation des Oberkommandeurs selbst. Lord Exmouth, eigentlich Edward Pellew, war ein echter Haudegen der britischen Marine, ein Mann mit großer Kriegserfahrung.

Lord Exmouth, Bezwinger Algiers

Er entstammte einer verarmten Seemanns- und Kaufmannsfamilie. Mit 13 Jahren war er in die Royal Navy eingetreten und hatte sich im Verlauf des amerikanischen Unabhängigkeitskrieges zum Kapitän hochgedient. Danach war es für Pellew unablässig vorwärtsgegangen.

In den Revolutionskriegen gegen Frankreich hatte er 1793 die 40-Kanonen-Fregatte »Cléopâtre« geentert, 1794 die französische Fregatte »Pomona« zur Kapitulation gezwungen und es im selben Jahr zum Geschwaderkommandanten gebracht. Auf diesem Posten zeichnete er sich bei der Rettung der Mannschaft der »Dutton« aus, wofür er 1796 den Titel eines »Baronet« erhielt. In den folgenden Jahren machte Edward Pellew auch weiterhin Karriere. In den letzten Jahren des 1. Koalitionskrieges blockierte er 1799 Rochefort, dann bei Ausbruch des 2. Koalitionskriegs 1803 die vereinigte spanische und französische Flotte in Ferrol. 1804 wurde er erst Konteradmiral, dann »Admiral of the Red«, womit er den Titel des ranghöchsten Offiziers der Royal Navy bekleidete.

In dieser Funktion sicherte Edward Pellew bis 1809 die Seehandelswege britischer Handelsschiffe, bevor er 1810 erst Befehlshaber der Seestreitkräfte in der Nordsee, dann 1811 Kommandeur im Mittelmeer wurde.

In den Jahren bis zu Napoleons Sturz wurde Pellew nicht mehr in größere Schlachten und Gefechte verwickelt. Als der Krieg 1814 endete, schickte sich der inzwischen zum Peer ernannte Exmouth gerade an, Genua und Livorno zu belagern. Während der Hundert Tage operierte er erfolgreich in Unteritalien und trug maßgeblich dazu bei, die Bourbonen in Neapel wieder einzusetzen.

Doch all diese Taten standen in keinem Verhältnis zu dem, was kommen würde.

Es war die Expedition nach Algier, die Lord Exmouth zu Lebenszeiten in die große Schar britischer Seehelden einreihen sollte. Die Reise von Portsmouth nach Algier verlief ohne größere Zwischenfälle. Jeden Tag ließ Lord Exmouth Gefechtsübungen abhalten, wozu Schießübungen und amphibische Operationen gehörten.

Aber selbst eine Weltmacht wie das britische Königreich konnte nicht einfach blind das Feuer auf den nächstbesten Feind eröffnen, auch wenn es sich im Fall von Algier in den Augen Europas um einen Seeräuberstaat handelte. Formal gehörte der algerische Barbareskenstaat immer noch dem Osmanischen Reich an, auch wenn die Hohe Pforte keine politische Kontrolle über Algier ausübte. Das einstige Paschalik wurde schon längst vom Dey von Algier beherrscht, der vom Janitscharen-Diwan gewählt wurde. Die Engländer konnten sicher sein, dass der kranke Mann vom Bosporus keinen Finger für den Barbareskenfürsten rühren würde.

Trotzdem musste Lord Exmouth erst der Diplomatie Genüge tun, wollte er Algier in Schutt und Asche legen. Die Lösung dieses Dilemmas bestand in einem Ultimatum an den Dey. Es enthielt die Forderungen, alle gefangenen Christen ohne Lösegeld freizulassen und das bisher für sardische und neapolitanische Gefangene gezahlte Lösegeld in Höhe von 382 500 Piaster zurückzugeben. Darüber hinaus forderte Lord Exmouth den Dey dazu auf, alle zukünftigen Gefangenen wie Kriegsgefangene und nicht wie Sklaven zu behandeln, den von Sardinien und Neapel empfangenen Tribut zurückzuzahlen und mit dem König der Niederlande Frieden zu schließen. Für den Fall der Ablehnung drohten die Briten dem Dey damit, Algier in Schutt und Asche zu legen.

Als sich die britische Flotte am 27. August 1813 in Gefechtsposition vor die Mole Algiers legte, beauftragte der Admiral seinen ägyptischen Dolmetscher Abraham Salamé mit der heiklen Mission, Omar Pascha das Ultimatum zu übermitteln.

Der Auftrag Salamés war gefährlich. Vor den Augen der Briten säumten Tausende türkischer und arabischer Soldaten die Batterien Algiers und die befestigte Hafenmole. Nach Salamés Angaben starrten ungefähr 1500 Kanonenmündungen feindselig der britisch-holländischen Flotte entgegen.

Hinter den Parapets der Festungsbollwerke und in den Geschützstellungen Algiers wimmelte es von hasserfüllten Menschen, die dem Dolmetscher und seiner Bootsbesatzung die wildesten Beleidigungen und Verwünschungen zuriefen. Auch auf britischer Seite erfreute sich Salamés Mission keiner großen Beliebtheit.

Besonders die jungen Offiziere brannten auf den Kampf. In gewohnt britischem schwarzen Humor versprachen sie dem Dolmetscher scherzhaft den Tod, sollte er aus Algier mit einem Friedensangebot zurückkehren. Damit drückten die Heißsporne aus, was jeder in der Flotte dachte: Man hatte die Fahrt nicht gemacht, um eine jener zahllosen Machtdemonstrationen abzuhalten, die stets mit neuen Überfällen endeten. Die Royal Navy war hier, um den Piraten ein für alle Mal eine Lektion zu erteilen.

Angesichts dieser wilden Entschlossenheit der britischen Offiziere begab sich Salamé in Begleitung eines Offiziers und mehrerer Matrosen auf den Weg in den Hafen Algiers. Da mit allem zu rechnen war, sogar mit einer Geiselnahme, hatten der Dolmetscher und die Bootsbesatzung ihre Waffen griffbereit im Boot liegen. Dass die Briten den Barbaresken zutiefst misstrauten, zeigt folgende Maßnahme.

Um zu verhindern, dass Salamé und seine Begleiter als Geiseln genommen wurden, sollten sie das Schriftstück mit den Forderungen Lord Exmouths nicht an Land, sondern zu Wasser an einen Unterhändler des Deys übergeben – und zwar an einer Enterpike befestigt, damit die Algerier nicht auf den Gedanken kämen, das Boot zu entern.

Die Angst vor einer Geiselnahme war nicht unberechtigt. Erst wenige Tage zuvor hatte der Dey die Verhaftung des britischen Vizekonsuls veranlasst, um ein Druckmittel gegen die Engländer in Händen zu haben.

Vorerst gab es noch keinen Grund zur Sorge. Nachdem Abraham Salamé dem Unterhändler des Deys die Forderungen Lord Exmouths überbracht hatte, ruderte der Unterhändler in den Hafen zurück und übergab das Schriftstück seinem Dienstherrn.

Jetzt begann für Abraham Salamé das Warten. Ohne dass sich die Gegenseite rührte, verstrich die erste Stunde des Ultimatums, dann die zweite. Abraham Salamé wurde unruhig. Was war der Grund? Wieso reagierte Omar Pascha nicht? Der Dey von Algier verkannte die Gefahr und ließ das gesetzte Ultimatum nach zweistündiger Antwortfrist verstreichen, angeblich, weil er sich nicht entscheiden konnte, ob das Antwortschreiben auf Türkisch oder Arabisch verfasst werden sollte. Die Briten verlängerten die Frist um eine Stunde, mit dem Ergebnis, dass immer noch keine Antwort kam.

Jetzt wurde es Lord Exmouth zu viel. Er brach die Unterhandlungen ab, und signalisierte seinem Dolmetscher, zurück an Bord zu kommen. Abraham Salamé tat nichts lieber als das. Hastig kehrte er an Bord der »Queen Charlotte« zurück. Lord Exmouth nutzte gerade eine jähe, landeinwärts wehende Brise, um zusammen mit dem Rest der Flotte in die Bucht von Algier zu fahren und sich in Pistolenschussweite hart vor die Geschützbatterien Algiers zu legen.

Erstaunt sahen die Algerier und Türken die mächtigen kanonenstarrenden Dreidecker wie schwimmende Festungen an sich vorbeischweben. Mit äußerster Präzision nahmen die Briten ihre Feuerstellung ein. Für einen Moment war nur das Plätschern der Wellen zu hören. Es war die Ruhe vor dem Sturm. Die Stille wuchs und wurde unerträglich. Lauernd richtete Lord Exmouth das Fernrohr auf die Geschützstellungen der Barbaresken. Wie lange noch würden sie diese ungeheure Provokation ungestraft hinnehmen?

Die Reaktion der Truppen des Deys ließ nicht lang auf sich warten. In einer der Batterien verloren einige Männer des Deys die Nerven und feuerten. Erste Verpuffungen züngelten aus zwei Kanonenmündungen hervor. Sie verrieten dem erfahrenen Admiral die Abschüsse, noch bevor Sekundenbruchteile später der Knall erfolgte.

Das war es, was Lord Exmouth gewollt hatte. Zufrieden klappte er den Feldstecher zusammen und gab seinen Mannschaften den lang ersehnten Feuerbefehl: »Das sollte es tun. Feuert, meine Prachtjungs!«

Das Bombardement begann und dauerte fast neun Stunden. Es war ein blutiger Schlagabtausch, wie Dolmetscher Abraham Salamé, der seine erste Seeschlacht erlebte, schnell bemerkte. Trotz tapferster Gegenwehr waren die Verteidiger Algiers dem präzisen Feuer der verbündeten Engländer und Holländer nicht gewachsen. Allein in den ersten fünf bis sechs Minuten entlud die »Queen Charlotte« drei Breitseiten – mit verheerender Wirkung für die Verteidiger.

»Das erste Feuer war so schrecklich, dass nach Hörensagen mehr als 500 Personen dadurch getötet oder verwundet wurden. Und ich glaube das, da es überall von Menschen nur so wimmelte. Viele von ihnen sah ich nach den ersten Breitseiten weglaufen und unter den Mauern wie Hunde auf allen vieren davon gehen.«[150]

Es kam noch schlimmer für die Männer des Deys. Zwei Kanonen, die in den Mastkörben der »Queen Charlotte« montiert waren, verschossen Kanister, die blutige Schneisen in die dichten Menschenmassen auf der Mole rissen.

Die Barbaresken wehrten sich tapfer und deckten besonders die »Queen Charlotte« heftig mit ihren Salven ein. Ohne je damit gerechnet zu haben, befand sich der feingeistige Dolmetscher Abraham Salamé inmitten eines gigantischen Artillerieduells, das seine Sinne verwirrte.

Schwarzer Rauch legte sich über das Deck und machte das Atmen schwer. Granaten explodierten in der Takelage, während Vollkugeln in die Bordwände schlugen und sich gleichzeitig neue Breitseiten wuchtig entluden. Holzsplitter wurden zu Geschossen, die den Kämpfenden schwere Verwundungen zufügten.

Durch den Geschützdonner fast taub, von der Macht der Eindrücke förmlich erschlagen, taumelte Salamé, entsetzt über die vielen Toten und Schwerverwundeten, auf dem Deck umher, bis ihn Admiral Lord Exmouth unter Deck schickte, wo er dem Doktor bei Amputationen half. Doch Salamés Odyssee durch das Flaggschiff war damit noch längst nicht beendet. Als die Knochensäge des Doktors ohne Unterlass Arme und Beine zersägte, wurde ihm so schlecht, dass er fünf Stunden nach Gefechtsbeginn wieder nach oben stieg, um die Geschützbesatzungen mit Pulver und Munition zu versorgen.

Als das Bombardement endlich nach neun Stunden endete, war Algier ein Trümmerhaufen. Von einst 20 000 Häusern standen nur noch 10 000. Kaum ein Geschützlauf lag noch in der Lafette, die Mole, die Batterien, Außenforts und Lagerhäuser waren völlig zerstört. Das Hafenbecken selbst war von einer schwarzen Masse aus verkohltem Treibholz bedeckt, auf dem die lichterloh brennenden Wracks mehrerer Fregatten und Kanonenboote führerlos an zahllosen, in den Wellen auf und ab wogenden Wasserleichen vorbeitrieben. Auch die Kasbah, der Palast des Deys und der Amtssitz des englischen Vizekonsuls waren vollkommen von den Kugeln der Engländer und Holländer durchlöchert.

Besonders schwer wog für den Dey der Umstand, dass seine Flotte aus vier Fregatten, fünf Korvetten und 30 Kanonenbooten vernichtet worden war. Einzig eine Brigg, ein Schoner, eine Halbgaleere und mehrere kleine Kriegsfahrzeuge waren dem einst gefürchteten Seeräuberkönig geblieben.

Besonders verheerend war der Blutzoll der Barbaresken: Abraham Salamé schätzt sie auf 4000 bis 8000 Tote, ohne die Opfer der Zivilbevölkerung mit einzubeziehen.[151]

Aber auch die Alliierten hatten schwere Verluste erlitten. Bei den Briten gab es 160 Tote und 692 Verwundete, die Holländer hatten 13 Gefallene und 52 Verwundete zu beklagen.[152] Seinen Zweck, den Gegner an den Verhandlungstisch zu schießen, hatte das Bombardement auf grässliche Weise erfüllt. Dabei hatten die Alliierten Holländer und Engländer über 50 000 Geschosse abgefeuert und über 100 Tonnen Schießpulver aufgebraucht, die schweren Mörser hatten 960 Bomben in die Stadt hineingeworfen. Das Feuer war derart heftig gewesen, dass die Verbündeten kaum noch Pulver und Geschosse hatten.

Dies hieß für Exmouth, dass es ihm an Munition fehlte, falls der Dey den Kampf am nächsten Tag fortsetzte. Lord Exmouth reagierte kaltblütig. Er verfasste am nächsten Tag in anmaßendem Ton einen Brief an den Dey, in dem er ihm barsch nahelegte, die Forderungen Englands zu akzeptieren, wollte er die Fortsetzung des Bombardements verhindern.

Der Bluff tat seine Wirkung. Als Abraham Salamé die Forderungen seines Admirals überbrachte, stand der Dey noch sichtlich unter dem Schock der Niederlage.

Dies machte es dem Unterhändler der britischen Krone, Captain Brisbane, leicht, die Forderungen der Krone durchzusetzen. Der Dey kapitulierte auf ganzer Linie und erfüllte jede Forderung der Engländer, die ihm eine Reparationszahlung von 382 500 Piaster auferlegten.[153]

Omar Pascha stimmte des Weiteren zu, den englischen Konsul freizulassen und sich bei ihm öffentlich für seine Gefangennahme zu entschuldigen; Sardinien und Neapel den gezahlten Tribut in Höhe von 24 000 Piastern zurückzuzahlen und den englischen Diplomaten mit 3000 Piastern zu entschädigen. Das schönste Zugeständnis aber war die Freilassung der über 1211 in Algier gefangen gehaltenen europäischen Sklaven.

Lord Exmouth hatte auf der ganzen Linie gesiegt und seine Mission zu einem erfolgreichen Ende geführt. Noch nie waren die Barbaresken derartig gedemütigt worden. Abraham Salamé zeigte sich hellauf begeistert und wagte einen prophetischen Blick in die Zukunft:

»So schritt Großbritannien, das seine Vorherrschaft nicht nur der Tugend, sondern auch der Tapferkeit seines Volkes verdankt, vorwärts als moralischer Lehrer der Erde. … Aber da blieb noch ein anderes Monster, das die europäische Flagge zur Schande jedes europäischen Hofes beleidigte, ihre Schiffe in seine Höhlen zog und ihre Untertanen versklavte. Dieses Ungeheuer, welches das Mittelmeer und den Atlantik verpestete, hat der edle Exmouth mit dem Besen der Entrüstung von der Meeresoberfläche gefegt, auf der es Beute zu machen wagte, indem er seine Stützpunkte zerstörte, seine hilflosen Opfer befreite … und aus einem Leben in Sklaverei und Not erlöste.«[154]

Während Lord Exmouth und seine siegreiche Flotte bei seiner Rückkehr in Großbritannien triumphal empfangen wurden, überfiel das radikalislamische Piratenvolk der Qawasim im selben Jahr reihenweise die Schiffe der Britischen Ostindischen Kompanie.

Diese Seeräuber waren grausamer als die Barbaresken, was die Behandlung ihrer Opfer anbetraf. Als sie im Januar 1816 die »Deriah Dowlut« nach hartem Kampf einnahmen, töteten sie von 32 Besatzungsmitgliedern 17 Mann. Bestanden die Besatzungen aus Arabern oder Indern, schnitten sie ihnen die Kehle durch. Diese Bestrafung traf manchmal auch Europäer, wurde aber meist an Einheimischen vollzogen, da die Qawasim die Rache der Briten fürchteten und einen guten Gewinn für ihre europäischen Gefangenen zu erzielen hofften.

Das Hauptquartier der Qawasim war die Stadt Ras al-Khaimah, das auf einer spitzen, sandigen Landzunge lag. Die Stadt war aus einer einstigen Zeltstadt entstanden und hatte sich im Laufe der Jahrhunderte zu einer mächtigen Festung entwickelt.

Durch seine Lage direkt an der Straße von Hormuz beherrschte die Piratenstadt die Einfahrtszone und die arabisch besiedelte Südküste am Persischen Golf. Stützpunkte wie die Städte Shardscha und die Insel Kishm waren weitere Hochburgen der Seeräuber, die sich seit Jahren einen erbitterten Krieg mit dem Sultan von Oman lieferten, wobei sie immer öfter die Schiffe der Britischen Ostindienkompanie und später sogar Kriegsschiffe der Royal Navy überfielen.

Der erste Vorfall diesbezüglich ereignete sich 1778, als die Qawasim eine Brigg der britischen Ostindienkompanie angriffen und nach dreitägigem Gefecht eroberten.

Im Jahr 1797 war die englische Korvette »Viper« dran, die nach einem mörderischen Enterkampf mit einem Verlust von 32 Mann nur knapp dem Schicksal entrann, gekapert zu werden. 1808 griffen die Qawasim erneut eine britische Korvette an, die »Fury«, und enterten sie fast. Doch dies war nur die Geschichte der Schiffe, die ihnen entkommen waren. Die meisten Segler, die ihnen begegneten, sahen ihre Heimat nie wieder.

Die Taten der Piraten zwangen die Britische Ostindische Kompanie und die Krone dazu, im größeren Stil militärisch einzugreifen. Im Jahr 1809 stürmten erstmals britische Einheiten Rasal-Khaimah und verbrannten die im Hafen liegenden Schiffe.

Militärisch ein Erfolg, blieb die Strafaktion langfristig ohne Folgen. Nur zehn Jahre später blühte die Piraterie der Qawasim erneut auf. Grund war die Vernichtung des Wahhabitenreiches durch die ägyptische Armee 1818. Die Zerstörung bewirkte, dass flüchtige Wahhabiten die Reihen der Qawasim verstärkten, sodass diese wieder Seeraub betrieben und den Seehandel im Persischen Golf weitgehend zum Erliegen brachten.

Die Britische Ostindische Kompanie und die Britische Krone sahen sich gezwungen, diesen Missständen ein Ende zu bereiten und beschlossen erneut eine Militärintervention. Ende November des Jahres 1819 stachen drei Kriegsschiffe der Royal Navy, neun Kreuzer der Ostindischen Kompanie sowie mehrere Transporter zusammen mit etwas über 3000 Soldaten in See, um die Stützpunkte der Qawasim zu zerstören.[155]

Zum Leiter der Strafexpedition wurde Generalmajor Grant Keir ernannt, ein schlachterprobter Veteran, der seine ersten Meriten noch in der Zeit der Revolutionskriege gegen Frankreich erworben hatte. Unter seiner umsichtigen Führung wurde die Offensive ein voller Erfolg. Nach nur sechs Tagen intensivsten Bombardements eroberten die Briten am 9. Dezember 1819 Ras al-Khaimah und legten es in Schutt und Asche, wobei sie sämtliche im Hafen ankernden Schiffe verbrannten. Anschließend wurden die Schlüsselfestung Al-Dayah eingenommen sowie weitere Befestigungen an der Piratenküste beschossen und zerstört.

Der Sieg brachte ein Ende der Seeräuberei der Qawasim, die sich von nun an wieder dem Handel und der Perlentaucherei widmeten.

Der Kampf legte den Grundstein für eine Rechtsordnung und ein politisches System, das bis in die fünfziger Jahre des letzten Jahrhunderts nachwirkte und die Lage am Persischen Golf stabilisierte. Hier ein Auszug aus Artikel Nr. 2 aus dem Friedensvertrag mit den arabischen Stämmen des Persischen Golfes von 1820, der im Persischen Golf eine moderne Rechtsauffassung etablierte, die es in dieser Region vorher noch nicht gegeben hatte:

»Artikel 2
Sollte irgendein Angehöriger der Völker der unterzeichnenden Araber irgendeinen Angehörigen irgendeiner anderen Nation auf dem Lande oder zur See im Sinne von Plünderung und Piraterie angreifen und nicht im Sinne eines erklärten Krieges, wird er zum Feind der Menschheit erklärt und hat Leben und Besitz verwirkt ...«[156]

Von der Durchsetzung dieses Grundsatzes konnte in der Ägäis, einem weiteren Brennpunkt der Piraterie jener Epoche, nicht die Rede sein. Hier erwuchs den europäischen Ordnungsmächten ein neuer Gegner, der mindestens genauso räuberisch wie die Barbaresken oder Qawasim war: die griechischen Piraten.

Ägäis in Flammen

»Unter dem schrecklichsten Handgemenge kämpfte Xaris gleich einem Löwen. Er hatte das erhöhte Hinterdeck nicht verlassen. Zwan-
zigmal hatte seine Axt, deren Schaft seine kräftige Faust umspannte,
durch einen wuchtigen Hieb auf den Kopf eines Seeräubers Henry
d'Albaret das Leben gerettet.
Dieser aber blieb inmitten des Tumults und obgleich gegen die
Überzahl der Andringenden nichts auszurichten war, doch immer
Herr seiner selbst. Woran dachte er wohl? ... Sich zu ergeben? ...
Nein, ein französischer Officier ergibt sich Seeräubern nicht! Doch
was sollte er zuletzt tun? Sollte er das Beispiel des heldenmütigen
Bisson nachahmen, der sich unter ganz ähnlichen Verhältnissen zehn
Monate vorher in die Luft sprengte, um den Türken nicht in die
Hände zu fallen?«[157]

Diese Zeilen könnten aus der Feder eines Alexandre Dumas geflos-
sen sein, stammen jedoch aus dem Roman »Der Archipel in Flammen« von Jules Verne, der 1884 in Paris erschien. Die Handlung des
Romans spielt 1828 im Archipel der Ägäis. Sie handelt von einer Piratenjagd während des griechischen Freiheitskampfes und belegt, dass
der vermeintliche Vater der Science-Fiction keineswegs nur über Fort-
schrittsutopien schrieb. Verne verarbeitete in seiner Romanreihe
»Voyages extraordinaires« auch gern historische Themen.
  Eines davon muss ihn förmlich angesprungen haben: der Hel-
dentod des jungen Fähnrichs zur See Hyppolite Magloire Bisson im
Kampf gegen griechische Piraten, die der Autor allerdings im obigen
Romanzitat wegen des besser funktionierenden Feindbildes zu Türken
machte.

Doch es waren Griechen, die im dritten Jahrzehnt des 19. Jahrhunderts zum Schrecken des östlichen Mittelmeers wurden und den Handel ernsthaft schädigten.

Griechische Piraten ergreifen die Flucht.

Schon 1816 hatte Konstantinopel eine Flotte von 44 Schiffen in den Archipel entsandt, die griechischen Piraten zu bestrafen, ohne große Erfolge dabei erzielt zu haben. 1821 war die Lage kritisch geworden, denn es hatte eine richtiggehende Piratenplage eingesetzt. Der Grund für diese Entwicklung ist im Griechischen Freiheitskampf zu suchen, der 1821 ausgebrochen war. Die schweren Kämpfe von Türken und Griechen hatten das Land verheert und Tausende von Festlands- und Inselgriechen dazu bewogen, ihre Heimat zu verlassen. Sie suchten Schutz im Gebirge, an unzugänglichen Küstenstreifen und auf den Inseln der Ägäis. Auf diese Weise hofften sie, Massakern wie denen von Chios (1821/1822) zu entgehen, welche die Türken an den Griechen verübt hatten.

Doch dies war nur eine Facette der Problematik. Die Armut auf den griechischen Inseln und der Kampf gegen die türkischen Besatzer boten genug Anreize, das Piratengewerbe erneut auszuüben, zumal die provisorische griechische Regierung dazu überging, Kaperbriefe auszustellen.

Der Versuch, dem einsetzenden Seeraub mit Bestallungsbriefen den Hauch staatlicher Legalität zu geben, scheiterte daran, dass das revolutionäre Griechenland im völkerrechtlichen Sinne kein Staat und seine Regierung von den meisten Großmächten nicht anerkannt war. Damit blieben die griechischen Korsaren formalrechtlich das, was sie schon vor der Ausstellung der Kaperbriefe waren: Piraten. Außerdem konnten griechische Beutefahrer nur den Status von Kaperfahrern beanspruchen, wenn sie türkische Schiffe überfielen. War dies nicht der Fall und griffen sie die Kauffahrer neutraler Nationen an, begingen sie Piraterie. Selbst die Beschlagnahme von Kriegskontrabande (für den Feind bestimmte Ware an Bord eines neutralen Schiffes) geriet den griechischen Korsaren zum Piratenakt, da sie die Handelsgüter schlichtweg stahlen.

Die griechischen Seeräuber ließen sich dadurch nicht beirren. Ohne auch nur den geringsten Gedanken an die verworrene Rechtssituation zu verschwenden, griffen sie ein Schiff nach dem anderen an. Da die türkischen Schiffsverluste wuchsen, entschloss sich Konstantinopel dazu, die Dienste neutraler Handelsflotten dauerhaft zu beanspruchen. Zum bedeutendsten Dienstleister wurde die österreichische Handelsmarine, die etwa 500 Handelsschiffe in der Ägäis hatte. Doch was zuerst für die Österreicher wie ein Bombengeschäft aussah, hatte viele Nachteile. So einfach ließen sich die Griechen nicht täuschen.

In Missachtung geltenden Seerechts überfielen sie immer öfter österreichische Schiffe. Zuerst raubten sie die Kauffahrer nur aus. Später wurden die Übergriffe brutaler, gingen die Piraten dazu über, Kapitäne oder Angehörige der Mannschaft brutal zu misshandeln oder kurzerhand zu erschießen. Schon im ersten Jahr setzten sie der österreichischen Handelsflotte derart zu, dass Kaiser Franz I. am 31. März 1821 der Entsendung eines Geschwaders, des sogenannten »Levante-Eskaders«, zustimmte. Der Levante-Eskader bestand aus vier Kriegsschiffen, wurde jedoch bald, da sich seine Stärke als völlig unzureichend erwies, auf zehn Kampfschiffe aufgestockt.

Der Einsatzbereich war der Archipel und das Ionische Meer. Der Auftrag des Levante-Eskaders lautete, eigene und fremde Handelsschiffe durch Geleitfahrten zu schützen, verschleppte Kauffahrer samt ihren

Mannschaften aus griechischer Hand zu befreien und griechische See-räuberschiffe zu beschlagnahmen. Aber so einfach war das nicht. Die unzähligen Inseln der Ägäis boten genug Schlupfwinkel für jemanden, der mit Booten und Schiffen umzugehen wusste und auf Seeraub aus war. Zudem fanden die Seeräuber in den Häfen des Archipels einen Schiffstyp vor, der für ihre Zwecke wie geschaffen war: das Mistiko, einen mediterranen Küstenfrachtsegler mit meist zwei, manchmal drei Masten, die mit Lateinsegeln getakelt waren. Das Mistiko war 30 Meter lang und konnte von fünf bis neun Seeleuten bedient werden, aber weit größere Enterkommandos fassen.

Quellen berichten, dass die Piraten wenige Kanonen an Bord hatten, dagegen stets in großer Anzahl angriffen. Oft befanden sich bis zu 70 Mann an Bord ihrer Enterschiffe. Welche Gefahr von ihnen ausging, bekam der österreichische Diplomat Anton Prokesch von Osten zu spüren. Als er am 6. Juli 1826 eine Reise nach Mytilene unternahm, bemerkte er in der Ferne ein Schiff, das ohne Flagge zu zeigen mit vollen Segeln auf sein Boot zuhielt. Prokesch von Osten zögerte keine Sekunde. In der Annahme, von Piraten gejagt zu werden, gab er seiner Crew den Befehl, alle Segel zu setzen und die Flucht zu ergreifen.

Doch sein Boot machte aufgrund des hohen Wellengangs wenig Fahrt. Die Verfolger kamen näher und holten die Flüchtigen fast ein. Zum Glück für sie erwies sich der vermeintliche Pirat als Landsmann des Österreichers, der soeben von Seeräubern überfallen worden war. Der Kapitän fand noch die Zeit, Prokesch von Osten mit dem Schreckens-ruf »Mistikos! Mistikos!« zu warnen, dann rauschte sein Schiff an dem Boot vorbei. Die Verfolgten blickten sich ängstlich um. Tatsächlich entdeckten sie zwei Seeräuberschiffe in einigen Meilen Entfernung, die auf das Boot des Österreichers zuhielten.

Dieser entschied sich dafür, nach Foca (das alte Phokäa) zu entfliehen. Es wurde ein Wettlauf, den die Flüchtigen nur knapp für sich entschieden. Bevor die Piraten sie einholten, fuhren sie in die Bucht von Foca ein. Wütend darüber, die Flüchtigen nicht eingeholt zu haben, sandten die Piraten ihnen eine Kanonenkugel nach, dann nahmen sie wieder Kurs auf die offene See.

Glaubte sich Prokesch von Osten jedoch in Sicherheit, so sah er sich bitter enttäuscht. Als das Boot des Österreichers endlich in den sicheren Hafen einlaufen wollte, wurde es von den Kanonen der Festung unter Feuer genommen. Augenscheinlich hielten die Verteidiger Prokesch von Ostens Boot ebenfalls für einen Seeräuber.

Erneut sah sich Prokesch von Osten gezwungen, abzudrehen. Noch immer fand die Odyssee kein Ende. Bei der Weiterfahrt sichtete er in einiger Entfernung zwei Barken, die sich verdächtig verhielten. Noch einmal wandte sich Prokesch von Osten zur Flucht, bis er zufällig bemerkte, dass die vermeintlichen Piratenfahrzeuge den Rückzug antraten, weil sie das Boot des Österreichers ebenfalls für ein Seeräuberfahrzeug hielten.[158]

Die absurde Episode zeigt, wie es um die Sicherheitslage in der Ägäis bestellt war und in was für einer Angst die Seefahrer lebten.

Als die Österreicher im Verlauf des Jahres 1825 hundert Kauffahrer durch griechische Piraten verloren, sah sich die kaiserliche Kriegsmarine zu härteren Gegenschlägen gezwungen.[159]

Am 16. Januar 1826 erließ Kaiser Franz I. an den Oberkommandierenden der österreichischen Seestreitkräfte, Konteradmiral Amilkar Paulucci, den Befehl, im Archipel für Ordnung zu sorgen und hart durchzugreifen. Paulucci stockte den Levante-Eskader auf 22 Kriegsschiffe auf und ließ die Waffen sprechen.

Im Frühjahr 1826 schossen Einheiten des Levante-Eskaders auf Naxos die Häuser einer bekannten »Piratenreederei« zusammen und eroberten die Stadt. Anschließend brachten sie in Miccioni drei Mistikos der Seeräuber auf. Dann segelte Pauluccis Flotte im Juli selben Jahres nach Nauplion, zum Sitz der provisorischen Regierung weiter, wo die Österreicher drohend vor dem Hafen ankerten. Paulucci formulierte die Forderungen seiner Regierung: Entschädigung aller Verluste, die österreichische Handelsschiffe durch Piraten erlitten hatten und ein energischeres Vorgehen der provisorischen Regierung gegen den Seeraub.

Darauf konnten sich die Griechen nicht einlassen, selbst wenn sie es gewollt hätten. Die Regierung erklärte, zahlungsunfähig zu sein. Sie bat den österreichischen Admiral um Stundung der österreichischen Forderungen und versprach, energisch gegen die Piraten vorzugehen. Paulucci akzeptierte. Als er Anfang Januar 1827 nach Österreich zurückkehrte, hatten die Überfälle auf den österreichischen Seehandel weitgehend aufgehört.

Der Levante-Eskader hatte seine Effizienz unter Beweis gestellt. Vom 1. Mai 1826 bis zum 14. April 1827 hatte er 1200 Kauffahrer sicher zu ihren Zielhäfen eskortiert.[160] Auch wenn es in der Nachfolgezeit gelegentlich zu Rückfällen kam, ließen die Piraten weitgehend vom österreichischen Seehandel ab und fielen über die Frachtsegler anderer Nationen her.

Die Verluste wurden so gewaltig, dass ab 1825 die Flotillen Großbritanniens, Frankreichs und der USA unabhängig voneinander in der Ägäis patrouillierten, um ihre Handelsinteressen zu schützen. Denn wer die griechischen Inseln und das Festland unter Kontrolle hatte, erschloss sich neue Absatzmärkte.

Da durfte keine europäische Großmacht fehlen. Schon gar nicht durften die Handelswege so unsicher sein, dass der Seehandel zum Erliegen kam. Die entsandten Piratenjäger waren jedoch an Kräften zu schwach, um die Seewege der Ägäis seeräuberfrei zu machen.

Die entscheidende Wende, und damit die Weichenstellung für den endgültigen Sieg über die griechischen Piraten, vollzog sich indes auf dem politischen Parkett. Am 6. Juli 1827 unterzeichneten das Vereinigte Königreich, Frankreich und Russland den Vertrag von London, in dem sie sich einigten, von beiden Konfliktparteien einen Waffenstillstand zu verlangen, um die Griechische Frage endlich zu klären.

Mit der Durchführung der diplomatischen Mission wurde Sir Edward Codrington, der Oberbefehlshaber der britischen Marine im Mittelmeer, beauftragt. Der Auftrag lautete, einen Waffenstillstand durchzusetzen, alle Nachschublieferungen an die ägyptisch-türkischen Truppen auf der Peloponnes abzufangen und weitere Anweisungen des englischen Botschafters in Konstantinopel, Stratford Cannings, abzuwarten.

Der Mission Codringtons war kein Erfolg beschieden. Nach hoffnungsvollem Beginn mündete die bewaffnete Vermittlung am 20. Oktober 1827 in die blutige Seeschlacht von Navarino, bei der die Verbündeten die türkisch-ägyptische Flotte nahezu vernichteten.

Navarino war ein fauler Sieg. Die Seeschlacht hatte begonnen, als die Schiffe der Verbündeten plötzlich in die Bucht von Navarino eingelaufen waren, um die türkisch-ägyptische Flotte am Auslaufen zu hindern, worauf ein türkisches Schiff das Feuer auf die Alliierten eröffnet hatte.

Ob die alliierten Admirale aufgrund geheimer Weisungen oder höchst eigenmächtig handelten, wird wahrscheinlich für immer im Dunkeln bleiben. Eins jedoch steht fest.

Hatte Codrington geglaubt, die Hohe Pforte an den Verhandlungstisch zu zwingen, sah er sich getäuscht. Sultan Mahmud II. war ein zäher Gegner und zeigte sich in keiner Weise dazu bereit, den Alliierten irgendwelche Zugeständnisse zu machen und den Griechen die Freiheit zu schenken.

Dies war nicht der einzige Wermutstropfen für das alliierte Flottenkommando.

Noch während englische, französische und russische Seeleute sich – wie sie glaubten – für die Freiheit Griechenlands schlugen, raubten griechische Piraten und Korsaren im Rücken der Verbündeten ungeniert deren Nachschub- und Versorgungsschiffe aus.

Die alliierten Admiräle kochten vor Wut, als sie von den griechischen Piraterien erfuhren.

»Schreiben der Admirale der drei kombinierten Geschwader an den gesetzgebenden Körper von Griechenland die griechische Seeräuberei betreffend. Im Hafen von Navarin, 24. Oktober 1827

Mit lebhaftem Unwillen vernehmen wir, dass, während die Schiffe der alliierten Mächte die türkische Flotte, welche sich einem faktischen Waffenstillstand nicht unterwerfen wollte, vernichteten, die griechischen Korsaren fortfahren, die Meere unsicher zu machen, und dass der Prisengerichtshof, das einzige von den griechischen Gesetzen anerkannte Tribunal, diese Ausschweifungen unter gesetzlicher Form zu rechtfertigen sucht.

Eure provisorische Regierung scheint zu glauben, dass die Anführer der vereinigten Geschwader über die gegen dies widerrechtliche System zu ergreifenden Maßnahmen nicht einig seien. Sie irrt sich. (…)

Wir betrachten die Patente der Korsaren, welche außerhalb der vorgeschrieben Grenze angetroffen werden, als ungültig, und die Kriegsschiffe der vereinigten Mächte werden befehligt werden, sie überall anzuhalten. Es bleibt euch jetzt kein Vorwand mehr übrig.

Der Waffenstillstand zur See besteht der Tat nach von Seite der Türken, denn ihre Flotte ist nicht mehr. Sorgt für die Eurige, denn wir werden sie zerstören, wenn es notwendig wird, um dadurch der Seeräuberei ein Ziel zu setzen, welche sonst damit endigen würde, Euch außer dem Völkerrecht zu stellen. – Da Eure jetzige provisorische Regierung weder Kraft noch Moral hat, so richten wir diese unsere letzten unwiderruflichen Entschlüsse an den gesetzgebenden Körper. Das von jener Regierung eingesetzte Prisengericht erklären wir daher für unbefugt, ohne unsere Mitwirkung über eines jener Schiffe zu richten. Wir haben die Ehre.

Edward Codrington, Viceadmiral
de Rigny, Konteradmiral
Graf L. v. Heyden, Konteradmiral«[161]

Die kompromisslose Haltung der Admiräle verblüffte die provisorische Regierung und ängstigte sie zugleich. Machte die Allianz ihre Drohung wahr, so konnte kein einziges griechisches Schiff nur eine Meile segeln, ohne von französischen, englischen oder russischen Schiffen versenkt zu werden.

Die provisorische Regierung beeilte sich zu versichern, die Piraterie ihrer Landsleute zu bekämpfen, hatte jedoch nicht die Machtmittel, dies durchzusetzen. Wie sollte sie auch? Neben den von ihr mit Kaperbriefen bestellten Korsaren kreuzten unzählige Mistikos der Piraten auf eigene Faust im Ionischen Meer wie in der Ägäis.

Deutlich spürte die griechische Regierung den Revolverlauf der Admiräle im Rücken.

Die Kugel war im Lauf, der Hahn noch nicht gespannt.

Noch hatte sie wichtige Verbündete, die Philhellenen Europas, allen voran Frankreichs und Deutschlands. Doch in den mächtigen Wirtschaftskreisen Frankreichs hatte sich die Begeisterung für die griechische Sache deutlich abgekühlt. Im November 1827 sollte sie ihren Tiefpunkt erreichen. Einerseits, weil die Aktivitäten der Seeräuber den französischen Handel im Archipel zeitweise völlig zum Erliegen brachten, andererseits, weil griechische Piraten eine französische Prise angriffen, die sich unter dem Befehl des Schiffsfähnrichs Hippolyte Magloire Bisson auf dem Weg von Alexandria in die Ägäis befand.

In einem packenden Artikel schildert die *Allgemeine Zeitung* den Vorgang, der sich im Wesentlichen auf den Bericht des Konteradmirals de Rigny beruft.

»An Bord des Tridents, Bourla, den 15. Dec. 1827.
Die Korvette Sr. Majestät, die Lamprete, jagte und nahm an den Küsten Syriens eine griechische Piratenbrigg, die 66 Mann an Bord hatte. Dieser Seeräuber, anfangs nach Alexandria geführt, wurde von mehreren Handelsschiffen als derjenige erkannt, der einige zu Scarpanto, andere an der Küste von Caramanien geplündert hatte, und verschiedene ihnen gehörige Gegenstände wurden zu Alexandrien erkannt und zurückgefordert. Der Befehlshaber der Fregatte die Zauberin (›La Magicienne‹) nahm die Mannschaft der Piraten-Brigg an seinen Bord, mit Ausnahme von sechs Mann, die man auf derselben ließ; zugleich that er einen Offizier und 15 Mann auf die Brigg, und beide Schiffe gingen hernach von Alexandria nach dem Archipel unter Segel. Am 4. November in der Nacht trennten sie sich; es trat schlechtes Wetter ein und die Prise war gezwungen sich bei der Insel Stampalia vor Anker zu legen. Von den 6 Griechen an Bord gelang es zweien, sich ans Land zu retten. Dieser Umstand bewog Herrn Bisson, Schiffsfähnrich, der die Prise befehligte, auf seiner Hut zu seyn, denn da er lange auf der levantinischen Station gedient hatte, so wusste er wohl, dass alle Inseln des Archipelagos von Seeräubern wimmeln, welche die wenigen armen Dörfer auf diesen Inseln unterm Joch hatten, so dass die Bewohner nicht einmal es wagen, die Piraten anzuzeigen, wegen der Organisation, die diese Seeräuber unter sich eingeführt haben, und weil sie Alle für Einen und Einer für Alle stehen. Herr Bisson und seine 15 Mann rüsteten sich zu einer tapferen Verteidigung. Dieser Offizier, der den entschlossenen Charakter des Steuermanns kannte, wurde mit ihm eins, dass der Überlebende das Schiff in die Luft sprengen sollte, wenn es den Piraten gelänge, sich dessen zu bemeistern. Am nämlichen Abend, um 10 Uhr, griffen 2 große Mistikos, jeder mit 60 bis 70 Mann besetzt, die 15 Franzosen wütend an. Sie enterten die Brigg

nach dem heftigsten Widerstande, welchen der Schiffsfähnrich Bisson mit dem größten Muthe leitete; 9 Franzosen wurden getötet. Herrn Bisson selbst gelang es, schwer verwundet, sich durch die ihn umringenden Piraten durchzuschlagen; er sprang der Pulverkammer zu, befahl dem Steuermann, der auf dem Verdecke kämpfte, die noch lebenden Franzosen zu warnen und ins Meer zu springen, und rief: ›Leb wohl, Steuermann, der Augenblick ist da, uns zu rächen.‹ Jetzt sprengte er die Brigg in die Luft. Der Steuermann Trementin flog mit dem Schiffe auf, aber glücklicher als sein braver Kapitän, ohne Bewusstsein an das Ufer geworfen. Einer seiner Füße war zerschmettert. Die 4 französischen Matrosen, die auf sein Kommando ins Meer gesprungen waren, kamen ohne schwere Wunden ans Ufer, andern Tag morgens fand man am Ufer liegend die Leichen von 3 Franzosen und 70 Piraten, die bezeugten, dass der heroische Entschluss des braven Bisson seine volle Wirkung gehabt hatte.«[162]

Die Tat Bissons sorgte in Europa für großes Aufsehen und kam zur rechten Zeit. Wie die Seeschlacht von Navarino bewies er der französischen Öffentlichkeit, dass das Engagement Frankreichs in der Ägäis von äußerster Wichtigkeit war.

Das an inneren Schwierigkeiten so reiche Königreich von Karl X. sehnte sich nach außenpolitischen Erfolgen und soldatischen Leitbildern für die glanzlose Bourbonenarmee. Der Opfergang Bissons kam da genau richtig. Er war das Signal, endlich einen entscheidenden Schlag gegen die Zentren griechischer Piraterie zu unternehmen.

Eines davon war die Pirateninsel Gramvousa im Nordwesten Kretas. Gramvousa ist ein Felsen im Meer mit einem natürlichen Hafen. Im 16. Jahrhundert errichteten die Venezianer auf einer 137 Meter hohen Felsenkuppe eine fast dreieckige, riesige Festung. Wer Gramvousa besaß, beherrschte die Meerenge zwischen Westkreta und dem Peloponnes. 1825 hatten sich etwa 3000 Kreter auf Gramvousa festgesetzt und sofort das Enterbeil ergriffen. Seit diesem Moment hatten die Piratenüberfälle vor Kreta kein Ende mehr genommen.

Damit sollte bald Schluss sein. Am 27. Januar 1828 erschien Kommodore Staines mit einem englisch-französischen Geschwader vor

Gramvousa. Dort ankerten unter dem Fort dreizehn griechische Piratensegler und zwei Prisen, um Truppen für eine Offensive gegen das türkisch besetzte Kandia einzuschiffen.

Die Alliierten hatten den Auftrag, dies zu verhindern, die Auslieferung der geraubten Schiffe zu erzwingen, und die Herausgabe der Piratenführer sowie der Festung zu verlangen. Als alle Versuche der Griechen, diese Forderungen abzumildern, scheiterten, griff Kommodore Staines hart durch. Er segelte mit seiner Flotte auf Pistolenschussweite unter das Fort und zerstörte die im Hafen liegenden Schiffe durch Geschützfeuer.

Doch auch die Verbündeten verloren ein Schiff. Die englische Fregatte »Cambrian« lief während eines Segelmanövers an einem Felsen auf, ohne dass jedoch ein einziger Mann ihrer Besatzung zu Schaden kam. Staines brach das Gefecht ab, segelte am folgenden Tag jedoch in den Hafen Gramvousas, um den Piraten den Rest zu geben.

Dazu kam es nicht mehr. Als sein Geschwader erneut in die Bucht segelte, kapitulierte die Piratenflotte, von der drei Schiffe bereits am Vortag gesunken waren. Jetzt endlich zeigten sich die Griechen verhandlungsbereit und übergaben den Alliierten das Fort und ihre Schiffe.

Gramvousa war gefallen und von diesem Zeitpunkt an piratenfrei. Sofort stellte sich der gewünschte Abschreckungseffekt ein. Die griechische Regierung erkannte endlich die Zeichen der Zeit und ging mit ihrer Flotte ebenfalls massiv gegen die Piraten vor, bis diese bis 1830 nach und nach aus dem östlichen Mittelmeer verschwanden.

Damit war das Mittelmeer noch nicht völlig befriedet. Noch immer gefährdeten Überfälle der Barbaresken die christliche Seefahrt. Besonders Frankreich gegenüber verhielt sich der Dey von Algier äußerst feindselig. Der Grund war, dass das Königreich sich weigerte, eine seit 1796 bestehende Geldschuld in Höhe von acht Millionen Francs zu begleichen, die Frankreich bei algerischen Geldverleihern hatte.

Als Hussein III. den französischen Botschafter Pierre Deval darauf ansprach, wann er endlich eine Antwort auf seine Geldforderungen bekäme, erwiderte Deval hochnäsig, dass die französische Regierung gar nicht daran dächte, ihm zu antworten, weil sie es für unnütz hielte. Der Dey ließ sich diesen Affront nicht gefallen. Wütend schlug er dem französischen Botschafter dreimal seinen Fliegenwedel ins Gesicht.

Ganz nach Gepflogenheit der Zeit wurde die Affäre hochgespielt, bis König Karl X. von Frankreich dem Dey den Krieg erklärte. Am 16. Juni 1827 begann eine dreijährige Blockade des Hafens von Algier, die allerdings ohne Wirkung blieb.

Als sich die politische Lage durch einen Schuss auf einen französischen Parlamentär 1829 erneut zuspitzte, entschloss sich die französische Regierung, eine Landung in Algier ins Auge zu fassen. Sie fand 1830 unmittelbar vor der Julirevolution statt und zerstörte binnen weniger Wochen den mächtigsten Barbareskenstaat Nordafrikas.

Die Eroberung von Algier 1830

*»Der König beschränkt seine Pläne nicht mehr bloß auf Genugtuung
für Privatbeschwerden Frankreichs, sondern hat beschlossen, die
Expedition, der die Zurüstungen gegolten, zum Vorteile der ganzen
Christenheit ausschlagen zu lassen; er hat sich zum Zweck und Preis
seiner Bemühungen die endliche Vernichtung der Seeräuberei, die
gänzliche Abschaffung der Sklaverei von Christen, sowie die Abschaffung des Tributs gesetzt, welchen die christlichen Mächte der
Regentschaft bezahlen.«*[163]

Die Eroberung von Algier wird in der neueren Geschichtsschreibung
zwar einstimmig als der Schlusspunkt der Piraterie dargestellt, jedoch
in den meisten Büchern über Piraterie nicht in seinen Einzelheiten erzählt. Liest man gängige Werke wie Berensons »Pirate hunting«, so
wird sie meist mit einem Absatz abgehandelt, als ob die Eroberung der
Piratenhochburg ein Kinderspiel und fast selbstverständlich gewesen
wäre.

Das Gegenteil ist der Fall. Vor, während und nach dem Angriff auf
Algier blieb die Lage für die Franzosen höchst prekär, geschah sie
doch unter höchst dramatischen Umständen, die in Frankreich letztendlich zum Ausbruch der Revolution im Juli 1830 führten. Der Seezug gegen Algier war ganz klar der Versuch, innerhalb der ver-
feindeten Parteien Frankreichs einen Burgfrieden zugunsten eines
Kreuzzugs gegen die algerischen Piraten herzustellen. Die aufge-
bauschten Berichte über die Fliegenwedelaffäre konnten weder die
Opposition noch das Ausland darüber hinwegtäuschen, dass die
Rüstungen in keinem Verhältnis zu bisherigen Aktionen gegen die
Barbaresken-Korsaren standen.

Mehrere Ereignisse hätten fast zum Scheitern der Expedition geführt: der Widerstand der Liberalen, die kritische Haltung der Admiralität gegenüber dem Unternehmen und die Versuche Englands, diplomatisch zu intervenieren.

Die liberale Presse, vor allem das »Journal des Débats« setzte der kriegerischen Politik des Kabinetts massiven Widerstand entgegen. Überall meldeten sich Kritiker zu Wort, die den sicheren Untergang des französischen Heeres vorhersahen. Auch die Admirale sahen schwarz und erklärten eine Landung für unmöglich. Aber Karl X. von Frankreich, der Marineminister Baron de Haussez wie auch General Louis de Bourmont, der Kriegsminister, ließen sich nicht beirren und blieben fest in ihrem Entschluss.

Sie zitierten erfahrene Kapitäne der Seeblockade vor Algier herbei, die genau das Gegenteil von dem behaupteten, was die Admirale ihren Ministern weismachen wollten. Die Kapitäne Gay de Tarabel und Dupetit-Thouars sprachen sich für die Landung bei Algier aus und befanden sie sogar für leicht. Daraufhin berief der Marineminister eine Konferenz mit der Admiralität und den beiden Kapitänen ein, bei der das Für und Wider der Expedition erwogen wurde. Dabei setzte Baron de Haussez all seine Hoffnung auf Admiral Roussin, der sich bis jetzt einer Meinung enthalten hatte. Als Admiral Roussin jedoch den Feldzugsplan bekämpfte, reagierte Baron de Haussez mit kalter Wut auf die Renitenz des Admirals: »Wenn die Admirale sich nicht herbeilassen, so ist der König entschlossen, bis zu einem Briggkapitän und nötigenfalls bis zu einem Fähnrich herabzusteigen, um ihm das Kommando der Flotte zu übergeben.«[164] So weit musste der Marineminister nicht gehen. Auf Empfehlung General Bourmonts wurde der Seepräfekt von Brest, Duperré, zum Oberkommandeur der Flotte ernannt. Und diese Armada konnte sich sehen lassen. Nach den Ausgaben des französischen Politikers und Historikers Louis Blanc bestand sie aus 103 Kriegsschiffen, 27 000 Seesoldaten, 377 Transportschiffen und 225 Fähren oder Flößen. Damit wollten die Franzosen das Mittelmeer überqueren. An Bord dieser Schiffe befand sich eine Landarmee von 37 000 Mann. Sie zählte drei Divisionen, 15 Geschützbatterien, 500 Reiter und 1380 Pferde.

Dies war keine Strafexpedition mehr, sondern ein Eroberungszug wie der Ägyptenexpedition Napoleon Bonapartes aus dem Jahre 1798.

Noch einmal drohte dem gigantischen Angriffsplan Gefahr und zwar von England, das 1816 unter Lord Exmouth die Barbareskenkorsaren in ihre Schranken gewiesen hatte, aber einen Machtzuwachs Frankreichs an den Küsten Nordafrikas nicht tolerieren wollte.

Schenkt man dem Bericht Louis Blancs Glauben, so entwickelten London und die Hohe Pforte einen äußerst grausamen Plan, die französischen Expeditionsvorbereitungen ins Leere laufen zu lassen. Um dem neuen Barbareskenkreuzzug der Franzosen keine propagandistische Handhabe zu geben, schickte Sultan Mahmud II. einen Pascha auf den Weg nach Algier, der den Dey erst verhaften, dann erdrosseln lassen sollte, um letztendlich alle Forderungen Frankreichs zu erfüllen.

Der Plan schlug fehl. Französische Blockadeschiffe hinderten die Fregatte des türkischen Paschas an der Einfahrt nach Algier und schickten ihn nach Toulon, wo er festgehalten wurde, bis Algier erobert war. Am 18. Mai 1830 endete die Einschiffung der Truppen. Nur eine Woche später stach die Invasionsflotte von Toulon aus in See, wobei Tausende das Schauspiel von den umliegenden Hügeln betrachteten.

Das Unternehmen ließ sich gut an, bis ein stürmischer Wind am 30. Mai 1830 die Flotte zur Umkehr nach Palma de Mallorca nötigte. Noch einmal verzögerte sich die Weiterfahrt der Flotte nach Algier. Erst am 10. Juni 1830 wurde die Reise wieder fortgesetzt. Drei Tage später kam der magische Moment der Entdeckung jener fernen, verruchten Welt des Orients. Aus vor Hitze flimmernden Hügelketten wuchsen weiße Tupfer hervor; bei näherem Hinsehen entpuppten sie sich als Häuser, die wie wahllos aufeinandergestapelte Kartonschachteln die Hügel Algiers bedeckten.

Die Flotte ließ Algier links liegen und steuerte das nur fünf Meilen entfernte Vorgebirge von Sidi Ferruch an, auf dessen Seite jeweils eine kleine Bucht lag. Am 14. Juni 1830 schifften sich die französischen Truppen von den Algeriern unbehelligt auf der Westseite des Vorgebirges aus.

Alles ging gut, bis die Franzosen vom Strand aus ins Landesinnere vordrangen. Nach einer heftigen Kanonade, bei der General Bourmont fast umgekommen wäre, eroberte eine Division die umliegenden Höhen, von denen die Truppen des Deys sie mit Kanonen und Araberflinten unter Beschuss genommen hatten.

Dann ging alles Schlag auf Schlag. Nachdem ein Orkan das französische Lager auf Sidi Ferruch ziemlich durcheinander gewirbelt hatte, stieß General Bourmont mit der Armee auf Algier vor, das sie nach schweren Gefechten bei Staueli, Sidi Kalef und Sidi-Abderrahman-Bu-Nega erreichten.

Am 29. Juni 1830 schlugen die Franzosen vor Algier ihre Lager auf. Dann begannen sie, erste Batterien zu errichten, um die Außenwerke der Stadt, die von türkischen Truppen und Arabern verteidigt wurden, zu beschießen.

Die Kämpfe waren hart und grausam. Die Araber gaben grundsätzlich gefangenen wie verwundeten Franzosen keinen Pardon und schnitten ihnen mit ihren Jataganen reihenweise die Köpfe ab. Die Franzosen gaben in ihrer Erbitterung den Arabern und Türken kein Quartier.

Dank ihrer erdrückenden Überlegenheit an Feld- und Schiffsartillerie gelang es der französischen Armee, die Außenwerke Algiers in Trümmer zu schießen und das Kaiserschloss, eine Schlüsselstellung oberhalb der Stadt, zu erobern. Jetzt war es nur noch eine Frage der Zeit, bis Algier fiel. Die Bevölkerung wurde unruhig, und verlangte von Hussein Pascha die Kapitulation.

Jetzt erst gab der Dey von Algier auf. Er sandte einen Boten zu General Bourmont, mit dem Vorschlag, die Kriegskosten zu ersetzen, und entschuldigte sich für sein ungebührliches Betragen gegenüber dem französischen Gesandten. Zu spät. Bourmont forderte die unverzügliche Übergabe der Stadt. Nach zweistündigen Verhandlungen standen die Bedingungen für die Übergabe Algiers fest. Sie lauteten wie folgt:

»Die Kasbah samt allen anderen Forts und die Thore der Stadt werden den Franzosen um zehn Uhr morgens übergeben.

Der Dey behält sein ganzes persönliches Eigentum.

Es steht ihm frei, sich mit seiner Familie und seinem Vermögen an einen beliebigen Wohnort zu begeben. Solange er in Algier bleibt, steht er und seine Familie unter dem Schutze des kommandierenden Generals.

Dieselben Vorteile sollten die Glieder der türkischen Miliz genießen.

Die Ausübung der mohammedanischen Religion wird nicht behindert werden. Die Freiheit der Einwohner, ihre Religion, ihr Vermögen, Handel usw. soll respektiert werden. Dasselbe gilt auch von ihren Weibern.

Die Auswechselung dieser Konvention soll vor zehn Uhr morgens geschehen, worauf die französischen Truppen sogleich die Kasbah, die Forts und die Hafenbefestigungen besetzen werden.«

Mit der Annahme dieser Bedingungen endete die gewalttätige Ära der Barbaresken. Der Dey von Algier, einst vom Titel her der König aller arabischen Seeräuber, zog sich wie ein Pleitier aus der Affäre und reiste ins Exil nach Neapel. Vorbei waren die glorreichen Zeiten Arrudschs, Chaireddins und Uludsch Alis. Diesmal rettete kein Geniestreich den Seeräuberstaat. Vom energischen Vorgehen Frankreichs abgeschreckt, schwor Tunis der Piraterie ab. Karl X., König von Frankreich, konnte sich glücklich schätzen. Innerhalb weniger Wochen war sein Plan aufgegangen, Algier zu erobern. Nach Ansicht von Karl X. gab es für das französische Volk keinen Grund mehr, ihn vom Thron zu stoßen. Der König irrte sich. Drei Wochen nach der Eroberung Algiers brach im Juli 1830 die lang befürchtete Revolution aus, die ihn innerhalb dreier Tage vom Thron fegte. Wie der Dey von Algier wurde auch er zum politischen Flüchtling, den sein Heimatland verschmähte.

Fünf Jahre später fiel die letzte Hochburg der Barbaresken im Mittelmeer, verwandelte eine türkische Strafexpedition das Piratenreich von Tripolis wieder in einen zentral verwalteten Paschalik um, womit die Cyrenaika bis 1912 unter türkische Oberhoheit geriet.

Piratenmassaker in Fernost

»The China Mail, October 1849
Aus unserer Übersee-Ausgabe
Ein Großteil unserer gegenwärtigen Übersee-Ausgabe handelt vom Thema Piraterie, und den Maßnahmen, die gegen sie ergriffen wurden, welche sich keines großen Erfolges erfreuten.
Vor einiger Zeit verdutzten im Südwesten eine stattliche Anzahl von Piraten, die unter einem gefeierten Führer mit dem Namen Shap-ng-tsai stehen, die chinesischen Händler und Mandarine. Seine Bande ist den staatlichen Behörden zum Trotz, in großer Stärke an der Küste Hainans und im Golf von Tongking erschienen. Und kürzlich, nachdem er 40 Dschunken gekapert hatte, nahm der Piratenchef in einer groß angelegten Operation von der Stadt Tien-Pakh Besitz, einem großen Umschlagplatz für Salz. Er erhob von den Einwohnern Tributzahlungen und erhöhte das Schutzgeld für die Dschunken von 30 auf 120 Dollar. Die (chinesischen) Behörden, unfähig sich mit ihm zu messen, bedienten sich ihrer bewährten Methode, die sie immer dann ergreifen, wenn sie es mit einem übermächtigen Gegner zu tun haben. Sie boten ihm Amnestie für alle vergangenen Delikte an und und versprachen ihm für die Zukunft einen hohen Posten und die Gewährung von Gefälligkeiten ...«[165]

Doch Shap-ng-tsai akzeptierte die Bedingungen nicht. Warum auch? Nachdem er einen seiner schärfsten Rivalen ausgeschaltet hatte, beherrschte er zusammen mit seinem Partner Chui-Apoo unangefochten die Chinesische See von Hongkong bis zur Insel Hainan im Golf von Tonking.

Seeräuberflotten wie die von Shap-ng-tsai und Chui-Apoo lebten von Angst und Terror. Ihre stets von einem Schwarm kleiner Boote begleiteten Dschunken waren schwer bewaffnet und stark bemannt. Brandschatzend segelten sie mit ihnen die Küste entlang, um Schutzgelder von den Dörfern und Städten des Küstengebietes zu erpressen. Weigerten sich die Dörfler oder Städter standhaft, den Forderungen der Piraten Folge zu leisten, ja wehrten sie sich sogar, wurden sie getötet. Widerstand örtlicher Behörden gab es kaum, da die meisten es vorzogen, mit den Piraten zusammenzuarbeiten.

Was die kaiserliche Flotte anbetraf, so duldete sie verängstigt das Treiben der Piraten. Nur selten kam es zum Kampf. Ein kaiserliches Geschwader, das von den Piraten in einer Bucht überrascht wurde, wurde nach kurzem Gefecht vernichtet, und die Offiziere wurden zur Abschreckung hingerichtet. Von der kaiserlichen Marine hatte die Dschunkenarmada der beiden Piraten nichts zu befürchten, zudem das Piratenwesen in der chinesischen Tradition und Geschichte seit Jahrhunderten tief verwurzelt war.

Im 17. Jahrhundert hatte sich der Rebell Koaxinga nach schweren Niederlagen gegen die aus dem Norden eindringenden Mandschus auf die Insel Formosa (Taiwan) gerettet und dort nach Bezwingung der Holländerfestung Batavia ein Piratenreich errichtet, das allen Eroberungsversuchen kaiserlicher Armeen getrotzt hatte.

Anfang des 19. Jahrhunderts war die Piratenwitwe Ching-yih durch den hohen Organisationsgrad ihrer Seeräuberflotte weltweit berühmt geworden, die sich in mehreren siegreichen Seeschlachten gegen die kaiserlichen Admirale bewiesen hatte. Zwischen 1808 und 1810 wurden mehrere gegen sie ausgesandte kaiserliche Flotten derart schmählich geschlagen, dass einer der Admirale, Kuo-Lin, sich aus Scham über das Ausmaß der Niederlage das Leben nahm. Als weitere Strafexpeditionen gegen die listige Piratenfürstin gescheitert waren, bot die kaiserliche Administration der Herrscherin des Chinesischen Meeres Titel und Pardon für sie und ihre Gefolgschaft an.

Ching-yih akzeptierte die angebotene Amnestie – und mit ihr Tausende ihrer Gefolgsleute. Die Seeräuber der Piratengeschwader, die sich nicht unterwarfen, wurden in einem Feldzug, der eines Pompeius würdig gewesen wäre, niedergeworfen, was der chinesische Historiker

Yuen Tsze folgendermaßen kommentierte: »Von diesem Zeitpunkt gingen und kamen die Schiffe auf dem Meere in aller Sicherheit. Auf den vier Meeren ist es ruhig und das Volk lebt in Frieden und Reichtum.«[166]

Yuen Tsze irrte sich. Nur zehn Jahre nachdem sein fundamentales Werk über die chinesische Piraterie auf Englisch herauskam, war Schluss mit der Ruhe auf Chinas Meeren. In nur drei Jahren, zwischen 1839 und 1842, vernichteten die Briten die veraltete Seemacht des Reiches der Mitte und eröffneten so dem britischen Empire Chinas gewaltigen Binnenmarkt für indische Opium-, Seiden- und Teeimporte und nahmen von der Insel Hongkong Besitz.

Doch mit der Erringung der Seeherrschaft im Chinesischen Meer hatte Großbritannien auch ein Problem geerbt. Denn ausgerechnet Hongkong war eine alte Schmuggler- und Piratenenklave, in der jegliche Art von Kontrabande, Schwarzhandel und Piraterie wie Schiffsdiebstahl und Weiterverkauf von Prisen blühten.

Dies änderte sich unwesentlich in den ersten Jahren der britischen Kolonie, da nur wenige Engländer chinesisch sprachen und die kooperierenden Kräfte sich als zu korrupt erwiesen, um erfolgreiche Ermittlungen der britischen Polizei zuzulassen. Auf der hohen See sah es kaum besser aus. Obwohl die Briten im Opiumkrieg den Sieg errungen hatten, schienen sie vorerst machtlos gegen die zahlreichen Überfälle der chinesischen Seeräuber.

Dabei hatten die Briten durchaus eine Wunderwaffe, die für den kleinen Krieg gegen Piraten brauchbar war: dampfgetriebene, mit Eisenplatten gepanzerte Kanonenboote wie die »Nemesis«, die die Britische Ostindienkompanie im Jahre 1840 in Dienst gestellt hatte.

Die »Nemesis« maß 56 Meter in der Länge, 8,8 Meter in der Breite. Sie hatte zwei Dampfräder und zusätzlich zwei rahgetakelte Masten. Ihre Bewaffnung bestand aus einem Raketenwerfer am Bug, zwei 32-Pfündern und vier Sechspfündern.

Der eigentliche Vorteil war ihre Flexibilität und Windunabhängigkeit. Der Nachteil bestand in der geringeren Reichweite im Vergleich zu einem Segelkriegsschiff. Trotz des sie begleitenden Kohletenders brauchten Dampfkriegsschiffe wie die »Nemesis« ein dichtes Netz von Kohle lagernden Häfen, das in Asien gerade erst im Aufbau war.

Waren diese Voraussetzungen jedoch gegeben, war die neue Wunderwaffe aufgrund ihrer Windunabhängigkeit und Panzerung furchterregend. Ihren ersten Waffengang absolvierte die »Nemesis« im 1. Opiumkrieg in der zweiten Seeschlacht von Chuenpee, in der sie durch einen Volltreffer ins Pulvermagazin eine riesige Kriegsdschunke der kaiserlichen Marine versenkte.

Der zweite spektakuläre Einsatz der »Nemesis« erfolgte 1849 gegen den vermeintlich seeräuberischen Stamm der Seedayak – auch Iban genannt – an der Küste von Borneo unter der Führung von Kommodore Farquhar und James Brooke, des weißen Rajas von Sarawak.

James Brooke war 1821 mit 18 Jahren in die englisch-indische Armee eingetreten, hatte 1824 den Birmafeldzug mitgemacht und 1830 seinen Abschied genommen, um anschließend auf einen günstigen Augenblick zu lauern, als Kaufmann seine Fortune zu machen. Aber Brooke war zu sehr Soldat. Im Dienst des Radschas Muda-Hassim hatte er einen Aufstand unterdrückt und war von dem dankbaren Souverän 1841 mit der Statthalterschaft von Sarrawak und später, nach erfolgreichen Piratenkämpfen gegen die See-Dayaks, 1842 durch den Sultan von Brunei mit dem Fürstentum Sarrawak belehnt worden.

Doch dies alles reichte dem Weißen Raja nicht. In der Folgezeit zwang er den Sultan zur Abtretung der Insel Labuan an Großbritannien, was 1846 geschah. Dann reiste er 1847 selbst nach England, um den Vertrag zu überbringen. Am 1. Februar 1848 kehrte er als Generalkonsul und Gouverneur der Insel Labuan nach Borneo zurück. Brooke schien ein gemachter Mann. Kurze Zeit später wurde ihm jedoch eine Antipiraten-Operation zum Verhängnis.

Im Jahr 1849 fuhren See-Dayaks mit 120 Kanus und Prahus die Küste Borneos entlang, um Beute zu machen und den einheimischen Stämmen im großen Stil Salz zu entwenden. Es war ein gigantischer Raubzug. Die Krieger massakrierten die Bevölkerung, begingen Grausamkeiten und raubten alles, was ihnen in den Weg kam.

Als Brooke davon hörte, rüstete er eine Flotte aus, die Plünderer abzufangen. Sie bestand aus den Briggs »Albatros« und »Royalist«, der »Nemesis« und dem Dampftender »Ranee« und wurde von Kommodore Farquhar befohlen.

Brookes Seeschwadron fuhr zum Sarebas-Fluss, wo gesicherten Informationen nach die letzten See-Dayaks gesehen worden waren, und legte sich dort in den Hinterhalt.

Sie brauchte nicht lang auf die vermeintlichen Piraten zu warten. Am 31. Juli 1849 fuhren die Bootsgeschwader der See-Dayaks geradewegs in die Fänge von Brookes Geschwader. Es war ein kurzer und ungleicher Schlagabtausch, Prahus gegen Kanonenboote, Lanzen und Bogen gegen Raketen und mit Kartätschen und Kanistern geladene Geschütze. Schon die ersten Salven der Briten rissen blutige Lücken in die Bootsschwärme der Eingeborenen. Verzweifelt versuchten die Räuber den Durchbruch durch die britische Feuerlinie. Der Offensivstoß wurde pariert und erstarb im Geschützfeuer. Panisch wandten sich die See-Dayaks zur Flucht. Am nächsten Morgen wurden insgesamt 1000 Leichen gezählt.

Doch was von Brooke als Triumph verbucht wurde, zählte andernorts als Kriegsverbrechen. In London erregten sich die Gemüter, als bekannt wurde, unter welchen Umständen Brooke die Küstenräuber geschlagen hatte. Entgegen den seit dem Opiumkrieg von Sir Pottinger und der Hohen Admiralität veröffentlichen Richtlinien zur Piratenbekämpfung hatte Brooke das Feuer eröffnet, ohne Zeuge oder Opfer eines Übergriffs von Piraten gewesen zu sein.

Diese Bestimmungen hatten folgenden Sinn: Sie sollten verhindern, dass britische Schiffe aufgrund von Verdachtsvermutungen Übergriffe auf einheimische Fischer begingen oder einfach Gefechte vom Zaun brachen, ohne genau zu wissen, ob die gegenüberstehenden Kräfte tatsächlich Piraten waren.

Und genau dies war das Problem im Fall des Massakers vom 31. Juli 1849, bei dem die Männer Brookes reichlich Geld verdienten, da die Krone Kopfgelder für jeden getöteten oder gefangenen Piraten bezahlte. Nach dem Parlament vorgelegten Nachweisen betrugen diese in den Jahren 1849 und 1850 nicht weniger als 128 080 Pfund Sterling.

Hatte Brooke tatsächlich Seeräuber vor sich gehabt? Oder Streifscharen, die im Rahmen eines Stammeskrieges von einem Feldzug zurückkamen? War es tatsächlich ein glorreicher Sieg über Piraten gewesen oder hatte er eines der vielen Blutbäder angerichtet, mit denen westliche »Kulturnationen« im Zeitalter des Imperialismus reihenweise Völker dezimierten, um sich an ihren Bodenschätzen zu bereichern?

James Brooke, der weiße Raja von Sarawak. Sein grausames
Vorgehen gegen angeblich seeräuberische Eingeborene sorgte
für einen Skandal.

Eine erregte Öffentlichkeit aus Quäkern, der Friedenspartei befanden
Letzteres, während Brookes Fürsprecher seine Einschätzung, Piraten
bekämpft zu haben, mit Vehemenz verteidigten. Trotzdem musste
Brooke nach London kommen, und sich einer Anhörung stellen. Sie
endete damit, dass der weiße Raja die Einsetzung eines Untersu-

chungsausschusses vermeiden konnte. Was die öffentliche Meinung anbetraf, so hatte Brooke jedoch nicht überzeugen können.

Der weiße Raja kehrte zwar zurück, ohne dass ihm der Prozess gemacht worden war, verlor aber in den nächsten Jahren aufgrund des nachwirkenden Drucks der britischen Öffentlichkeit seine Stellung als Statthalter von Labuan und Generalkonsul beim Sultan von Brunei. Erst später gelang es Brooke, sich Borneo erneut zu rehabilitieren, indem er 1854 tatsächlich einen Sieg über Piraten errang.

Im selben Jahr, in dem Brooke die See-Dayaks niedermetzelte, vernichtete Kapitän John Dalrymple Hay die riesige Piratenflotte Shap-ng-Tsais und Chui-Apoos innerhalb weniger Wochen in drei aufeinanderfolgenden Gefechten im Chinesischen Meer.

Obwohl der Gegner der Briten deutlich stärker war, machten die Briten mit den veralteten Dschunken der Seeräuber kurzen Prozess, wie ein Bericht von Kapitän Dalrymple Hay vom 2. Oktober 1849 klar verdeutlicht:

»H.M.S. ›Columbine‹, Pirate's Cove, Bias Bay
2. October 1949

Sir, – Ich habe die Ehre, Eure Exzellenz darüber zu informieren, dass meine Ahnungen sich glücklicherweise bestätigt haben, und dass das Piratengeschwader von ›Chui-apoo‹ völlig von der Streitmacht zerstört wurde, die Sie mir freundlicherweise so schnell zur Verfügung gestellt haben.
Bei dem Kampf verbrannten 23 Piratendschunken von ungefähr 500 Tonnen, die mit 12 bis 18 Kanonen bewaffnet waren. Weitere drei neue Dschunken und zwei Docks mit Schiffsausrüstungsmaterial wurden vollkommen zum Opfer der Flammen. Von 1800 Mann, die diese Schiffe bemannten, wurden 400 getötet. Vom Rest fehlt jede Spur.«[167]

Der Rest, wie Hay sich ausdrückt, flüchtete zur Insel Hainan im Golf von Tongking, wo sie nur zwei Wochen später erneut von den Briten und ihren Hilfstruppen aufgespürt wurden. Erneut stellten sich die Seeräuber im Vertrauen auf ihre zahlenmäßige Überlegenheit zum

Kampf. Sie erlitten eine noch vernichtendere Niederlage als zuvor, wie die *Deutsche Zeitung* in der Ausgabe vom 27. Januar 1850 berichtet:

»Der Kampf, wenn von einem Kampfe die Rede sein kann – wo auf englischer Seite nicht ein Mann geblieben ist – fand in der Bai von Tonkin am 20. Oktober und in den folgenden Tagen statt. Auf englischer Seite war die britische Schaluppe Kolumbine (Befehlshaber Hay), das königliche Kriegsdampfschiff Fury (Befehlshaber Willcox), und der Dampfer der ostindischen Gesellschaft, Phlegeton, tätig, auch hatten die cochin-chinesischen Behörden 8 Dschunken zu dem englischen Geschwader stoßen lassen. Die Seeräuberflotte bestand aus Shap-ng-tsais Dschunke und 42 Geschützen, 16 Dschunken, jede mit 28 bis 34 Geschützen, 42 Dschunken, jede mit 12–15 Geschützen und mehreren kleinen Dschunken. Von diesen entkamen nur sechs kleinere mit dem Seeräuberobersten, alle übrigen wurden mit 1700 Mann von den Englischen Kriegsschiffen in den Grund gebohrt. 1000 Mann, die sich an die Küste retteten, wurden hier von den cochin-chinesischen Soldaten mit Speeren niedergestochen, bis auf 180, die als Gefangene eingeliefert wurden. Diese und die jüngst stattgehabte gleich erbarmungslose Züchtigung der Seeräuber von Borneo werden wohl in den ostindisch-chinesischen Gewässern den britischen Namen hochgefürchtet und dem Seeräuberwesen für lange Zeit ein Ende machen.«[168]

Trotz dieser Erfolge war der Sieg nur unvollständig. Während Chui-Apoo tatsächlich von den Briten gefasst wurde, gelang Shap-ng-Tsai mit dem Rest seiner zusammengeschossenen Flotte die Flucht ans Festland, wo er das zuerst ausgeschlagene Amnestieangebot des Kaisers annahm und seinem Piratenleben für immer entsagte.

Diese Option stellte sich nicht für seinen Partner Chui-Apoo. Er wurde in einem der ersten Piratenprozesse Fernostasiens zu mehreren Jahren Zwangsarbeit auf der Strafinsel Van Diemen's Land (Tasmanien) verurteilt. Doch dazu sollte es nicht kommen. Kurz nach dem Gerichtsurteil erhängte sich Chui-Apoo in seiner Zelle. Der Pirat, der einst Hunderte von Männern befehligt hatte, konnte wahrscheinlich den Gedanken nicht ertragen, für den Rest des Lebens ein Sträfling zu sein.

Prinz Adalbert von Preußen, der Piratenschreck

»Die schoflen Riffpiraten,
die mähten preuss'sche Saaten,
die sie doch nicht gesät,
die sie doch nicht gesät.
Dann kam der edle Ritter,
wie Meeresungewitter
vom Riff die Flagge weht,
vom Riff die Flagge weht.
Jungens, spannt die Segel auf
und lasst die Flagge wehen!
Ho, hi, ho!
Es leb' der Admiral,
es lebe unser Prinz,
unser Prinz Admiral!«

Auszug aus »Preußisches Marinelied« (2. Strophe) von
Carl Randow und Johann Karl Gottfried Loewe[169]

Der hier zitierte Liedtext ist seiner Königlichen Hoheit Prinz Adalbert von Preußen gewidmet, der die Preußische Marine gründete und ein Cousin von König Friedrich Wilhelm IV. war.. Das Lied spielt auf eine unglückliche Piratenjagd an, die 1856 stattfand, jedoch im Jahr 1852 ihren Ursprung hatte. In jenem Jahr kam es zu einem Zwischenfall beim Kap Tres Forcas an der marokkanischen Küste. Rifpiraten plünderten die preußische Handelsbrigg »Flora«, töteten ein Mitglied der Besatzung und verletzten den Schiffskommandanten schwer.

Die Tat schrie nach Vergeltung, indes die preußische Marine war zu schwach, diese durchzuführen. Ein Kooperationsvorschlag an England, gemeinsam gegen die Seeräuber vorzugehen, scheiterte. Trotzdem wollte Prinz Adalbert von Preußen die Tat nicht auf sich beruhen lassen. Im April des darauffolgenden Jahres arbeitete er eine Denkschrift aus, in der er die taktischen Erfordernisse der zukünftigen Strafexpedition gegen die berberischen Seeräuber skizzierte.

Der Plan stieß auf Widerstand. Kriegsminister Eduard von Bonin sah ihn als zu riskant an und fürchtete bei einem Fehlschlag einen Prestigeverlust Preußens. Der König dagegen fand den Plan gut. Trotzdem musste Prinz Adalbert vorerst warten. Der Ausbruch des Krimkriegs 1853 verzögerte den Gegenschlag. Während Frankreich, Großbritannien und das Osmanische Reich einen verlustreichen Krieg auf der Krim gegen das Zarenreich ausfochten, arbeitete der Prinz unermüdlich am Ausbau seiner winzigen Flotte. Energisch wie er war, gab er den Bau der dampfbetriebenen Schraubenkorvette »Danzig« in Auftrag, während er zusätzlich die Fregatte »Gefion« und die Radkorvette »Barbarossa« aus den Restbeständen der 1848 gegründeten Deutschen Reichsflotte übernahm.

Als die Schiffe fertiggestellt waren, war durch zusätzliche Schiffe aus der einst winzigen Küstenflotille Preußens ein kleines Kriegsgeschwader entstanden, das zu begrenzten Überseeoperationen fähig war. Es umfasste die dampfbetriebene Radkorvette »Danzig«, die Segelfregatten »Thetis« und »Gefion«, das Schulschiff »Mercur«, die Miniaturkorvette »Amazone«, »Hela« und die Brigg »Frauenlob«.

Dieser Vergrößerung wurde mit einer Veränderung der Kommandostruktur Rechnung getragen. Die Marineleitung, die vorher dem »Amt für Angelegenheiten der Küstenflotille« unterstellt gewesen war, wurde am 14. November 1854 zur »Admiralität« erklärt und dem Kriegsministerium angegliedert. Der Prinz selbst avancierte zum Admiral der preußischen Küsten.

Stolz auf seinen Titel und seine neue Kampfeinheit brannte der ehrgeizige Hohenzollernfürst darauf, die neue Waffe zu erproben. Der Zeitpunkt dafür schien geeignet. 1856 hatte der Krimkrieg sein Ende gefunden und Frankreich, Großbritannien, das Osmanische Reich wie auch Sardinien-Piemont waren als Sieger über Russland hervorgegangen. Jetzt musste nicht mehr mit allzu großen Restriktionen seitens jener Großmächte gerechnet werden.

Im Sommer 1856 stach das preußische Geschwader unter Führung Prinz Adalberts in See. Die Flotille nahm Kurs auf Madeira, um dort Seeübungen durchzuführen. Als Madeira erreicht wurde, teilte sich der Verband. Ein Teil der Schiffe kehrte in die Heimat zurück, der andere segelte nach La Plata.

Der Prinz selbst hatte jedoch anderes vor und setzte die Übungsfahrt fort. Er nahm Kurs auf Marokko, wo die »Danzig« nacheinander Mogador, Rabat, Saleh und weitere Häfen anlief, bis sie Gibraltar erreichte, wo sie ihren Proviant und ihre Kohlevorräte auffrischte.

Nach kurzem Aufenthalt ließ der Prinz am 7. August 1856 Kurs auf Tres Forcas nehmen, wo 1852 die preußische Brigg überfallen worden war. Adalbert von Preußen befahl, mehrere Boote zu Wasser zu lassen und die Küste entlangzufahren, um eine Besichtigung des Schlupfwinkels der Rifpiraten vorzunehmen, die zum Stamm der Beni-Julafa gehörten.

Die Preußen brauchten nicht lange zu warten, bis etwas passierte. Als das Erkundungskommando den Strand entlang patrouillierte, wurde es beschossen und mit Steinen beworfen, sodass sich die Mannschaft gezwungen sah, abzudrehen. Dies war der Moment, auf den der Prinz seit Jahren gewartet hatte, auch wenn er seine Mannschaft vom Gegenteil zu überzeugen versuchte:

»Leute, ich wollte heute Morgen in friedlicher Absicht an Land fahren … Kaum jedoch in Schussweite angekommen, empfingen mich die Bewohner des Landes mit Kugeln und Steinwürfen. Es kann diese Handlung durch nichts gerechtfertigt werden; wir aber sind dadurch beschimpft und wir sind es der Ehre Preußens, der Ehre unseres Vaterlands schuldig, Genugtuung zu fordern. Außerdem haben wir noch eine alte Schurkerei zu rächen, und ich will deshalb noch heute mit allen entbehrlichen Leuten dieses Schiffes eine Landung erzwingen.«[170]

Mit diesen stolzen Worten begann das verlustreiche Gefecht von Tres Forcas. Anfangs lief alles gut. Der Prinz stellte eilig ein Landungskorps von 68 Mann zusammen und landete unter dem Schutz des von der »Danzig« eröffneten Geschützfeuers ohne Probleme am Strand.

Das Gefecht von Tres Forcas vom 7. August 1856. Unter Führung Prinz Adalberts von Preußen greifen preußische Marinesoldaten Rifpiraten an. Nach Anfangserfolgen müssen sie sich jedoch zurückziehen.

In einem Scharmützel erklommen die Matrosen ein 40 Meter hohes Plateau, wo sie die Rifpiraten anfänglich in die Flucht schlugen. Schon wähnten sich die Preußen siegreich, als die Piraten von allen Seiten Verstärkung bekamen. Jetzt wendete sich das Blatt. Durch Felsen und Gebüsche gedeckt, schossen die Berber in die Schützenlinien der Preußen hinein. Binnen weniger Minuten erlitten die Männer Prinz Adalberts schwere Verluste. Dem Prinzen wurde der linke Oberschenkel durchschossen, sein Adjutant erhielt einen Schuss in die Brust. Von der Aussichtslosigkeit überzeugt, die Piraten zu besiegen, gab der Prinz den Befehl zum Rückzug.

Mit Pathos vermerkt der Armeebericht, dass der Prinz sich nur zurückzog, weil die Masse der Feinde zur Flut anschwoll. Wahrscheinlicher ist, dass die Beni-Julafa im Plänklergefecht geübter waren als die kriegsunerfahrenen preußischen Matrosen und langsam die Oberhand gewannen. Jedenfalls muss es dem Prinzen zugutegehalten werden, dass sich das Landungskorps wieder vom Feind absetzen konnte, während noch die feindlichen Kugeln in die Boote schlugen. Als das gebeutelte Landungskorps wieder längsseits der »Danzig« ging, wurde so mancher leichenblass, der vorher noch mit stolzer Brust in den Kampf gezogen war. Von 68 Mann waren sieben gefallen, 12 schwer und 10 leicht verwundet.[171]

Statt dass den Seeräubern eine Lektion erteilt worden wäre, hatten diese die Preußen gezüchtigt und fast einen Prinzen der Hohenzollern im Kampf getötet.

Das kam in Berlin gar nicht gut an. In den Augen des preußischen Kronprinzen Wilhelm hatte sich sein Vetter zwar tapfer, aber nicht besonnen verhalten und den Schlagabtausch mit den Rifpiraten forciert. Außerdem sorgte sein Einsatz für diplomatische Verwicklungen mit England und Frankreich. Ministerpräsident Manteuffel gelang es, die Misshelligkeiten zu glätten und das Scharmützel als launige Grille des Prinzen abzutun.

Politiker wie der damalige preußische Gesandte Otto von Bismarck sahen dies anders und nahmen den kühnen Flottenkommandeur in Schutz.

»Stolpmünde 25. August 1856

Ich kann in die vielseitige humane Verurteilung des Prinzenadmirals nicht einstimmen. Einige Tropfen königliches Blut befruchten die Ehre der Armee, und es ist besser, dass unsere jungfräuliche Flagge mit Anstand, wenn auch mit Unglück Pulver gerochen hat. Unsere Marine muss von sich hören lassen, damit man ihr den kleinen und langsamen Anfang verzeiht. Die Gelegenheit scheint sehr günstig, einen kleinen Coup zu machen, die Menschen, die er kostet, sterben doch, ehe 40 Jahre vergehen ...«[172]

Die zynische Ansicht Bismarcks setzte sich nicht durch.

Obwohl die Postillen und Gazetten Preußens das Gefecht von Tres Forcas als Heldentat zelebrierten, gärte es hinter den Kulissen des deutschen Oberkommandos. Adalberts Ehrsucht hatte der preußischen Flotte eher geschadet als genützt. Die Premiere war gründlich danebengegangen und hatte sieben Seeleute das Leben gekostet. Für diese

Heldentat erhielt der Prinz noch im selben Jahr die Schwerter zum Roten Adler-Orden Vierter Klasse. Die Gefallenen mussten länger warten, bis sie geehrt wurden. Erst sieben Jahre nach ihrem Tod setzte die preußische Marine den Toten von Tres Forcas dank einer Spendenaktion auf Gibraltar ein Denkmal.

Dem militärischen Rückschlag des Prinzen folgte bald seine Kaltstellung. Obwohl Prinz Adalbert die preußische Marine gegründet und wesentlich zu ihrem Aufbau beigetragen hatte, blieb ihm in den folgenden Jahren ein großes, aktives Flottenkommando versagt.

Daran änderte auch die Tatsache nichts, dass er 1859 zum Admiral der Flotte ernannt wurde und im Deutsch-Dänischen Krieg 1864 zum Oberbefehlshaber der funktionsfähigen Flotte ernannt wurde.

Der Langeweile überdrüssig und voller Sehnsucht nach Kriegsabenteuern wechselte Adalbert ins Heer, wo er an vielen wichtigen Gefechten und Schlachten des Deutsch-Deutschen Krieges 1866 und des Deutsch-Französischen Krieges 1871 teilnahm. Nach dessen Beendigung wurde er zum Generalinspekteur der Marine ernannt. Diese Funktion bekleidete er auch noch, als er 1873 plötzlich einem Leberleiden erlag. Noch Jahre bis zur Thronbesteigung durch Kaiser Wilhelm II. sollte die Marine das Stiefkind des preußischen Heerwesens bleiben und nicht in der Lage sein, sich ohne englisches Zutun wirksam gegen Seeräuber zu wehren.

RIESENTANKER IN GEISELHAFT

Die Wiederauferstehung der Piraterie – Die Gründung
des International Maritime Bureau · Schreckenstage
vor Somalia · Der Hamburger Piratenprozess

Die Wiederauferstehung der Piraterie

Das Jahr 1856 zeitigte nicht nur den missglückten Versuch einer preußischen Antipiratenmission, sondern auch das Ende des Krimkriegs. In diesem Krieg hatten England und Frankreich auf der Seite des Osmanischen Reiches gekämpft, um das russische Vordringen auf dem Balkan und im Schwarzen Meer zu stoppen und einer etwaigen Beschränkung der freien Schifffahrt durch das Zarenreich entgegenzuwirken. Nach der Vernichtung der türkischen Flotte durch die russische Marine und nach schweren Kämpfen zuerst auf dem Balkan, dann auf der Krim, hatte der Krieg 1856 mit dem Sieg der Alliierten (Frankreich, Großbritannien, das Osmanische Reich und Sardinien-Piemont) geendet. Im Frieden von Paris sicherten die Unterzeichner den status quo ante bellum zu und bestätigten im Großen und Ganzen den Dardanellenvertrag von 1841. Sie gaben dem Osmanischen Reich eine Fortbestandsgarantie und bestätigten erneut den Rechtsgrundsatz der freien Schifffahrt auf dem Schwarzen Meer und auf der Donau.

Die eigentliche Revolution jedoch fand am Rande der Pariser Friedenskonferenz statt. Sie wurde in einer gesonderten Deklaration zusammengefasst, die folgende Punkte enthielt:

»1. Die Kaperei ist und bleibt abgeschafft.

2. Die neutrale Flagge schützt die feindliche Ladung, mit Ausnahme der Kriegskontrebande.

3. Die neutrale Ladung, mit Ausnahme der Kriegskontrebande, kann unter feindlicher Flagge nicht als Prise erklärt werden.

4. Blockaden müssen, um verbindlich zu sein, wirklich bestehen, d. h. durch genügende Kräfte ausgeführt werden, um das Betreten der feindlichen Küsten wirksam zu verhindern.«

Die Bestimmungen der Pariser Seerechtsdeklaration bedeuteten, dass sich das Gewaltmonopol zur See endgültig auf die staatliche Marine der jeweiligen Nationen verlagerte. Somit konnten Korsarenflotten nicht mehr zum Nährboden von Piraterie werden. Neben Frankreich und Großbritannien unterzeichneten Russland, Österreich, Preußen, das Osmanische Reich, Sardinien-Piemont und die Schweiz die Deklaration, 1908/1909 folgten Spanien und Mexiko. Zu dieser Zeit war sie bereits internationales Gewohnheitsrecht geworden. Der Versuch, die Pariser Seerechtsdeklaration zu erweitern, auszuweiten und zu verbessern, führte 1909 zur Londoner Seerechtsdeklaration, die allerdings nie durch das britische Parlament ratifiziert wurde.

Obwohl längst nicht alle führenden Seehandelsnationen die Pariser Seerechtsdeklaration unterzeichneten (die USA vermieden die Unterschrift), herrschten ab 1856 klarere Verhältnisse zur See und größere Rechtssicherheit auf den Weltmeeren. Vom Moment der Pariser Seerechtsdeklaration an konnte es, so schien es zumindest den Unterzeichnern, keinen Zweifel mehr daran geben, wer Seeräuber war. Schon lange hatte sich in der öffentlichen Meinung die Überzeugung herausgebildet, in der Kaperei die Wurzel des Übels für Piraterie zu sehen, der durch die Institution der Prisengerichte nur notdürftig der Deckmantel der Zivilisation übergestülpt wurde.

»Seit dem Aufstande der Niederlande wurde das Caperwesen von verschiedenen Regierungen durch Begünstigungen, Vorschüsse, selbst Prämien gefördert, aber auch immer durch allgemeine Gesetze und Instructionen geregelt und in Verträgen erwähnt. Die Anhaltung und Durchsuchung neutraler Schiffe, die wechselnden Grundsätze

über Feindesgut und Feindesschiffe gaben reichlich Stoff dazu. …
Es ist eine Schmach für unsere Civilisation, dass sie ein in seinem
Ursprunge so unsauberes Institut als ein notwendiges, durch Nationalzwecke Gerechtfertigtes festhält; es ist Heuchelei oder bedauerliche Schwäche, wenn sie das Uebel, das sie mit der einen Hand
provocirt, mit der anderen durch Gesetze und Gerichtsformen einzudämmen verheißt. Und wenn es noch Jahrhunderte dauern sollte, bis die Wahrheit anerkannt, bis ihr Folge gegeben wird, um so
weniger darf man sich irre machen lassen oder ermüden, sie auszusprechen. Handelsneid, Eifersucht auf die Ausdehnung der fremden
Schiffahrt, das sind die Motive, welche gegen das Privateigentum im
Seekriege der gemeinen Raubgier sich als eines willkommenen Werkzeuges bedienen, während man längst dahin gekommen ist, dass
man sich schämen würde, dieselbe Leidenschaft im Landkriege zu
entfesseln.«[173]

Damit war jetzt Schluss. Die Pariser Bestimmungen zogen weite Kreise.
Die Abschaffung des Kaperkriegs führte dazu, dass die Piraterie stark
zurückging. In den nachfolgenden Seekriegen Europas – vom Deutsch-
Dänischen Krieg von 1864 bis zum Ende des Zweiten Weltkrieges
1945 – spielten Freibeuter keine Rolle mehr. Der oft als »Pirat« oder
»Korsar« bezeichnete Graf Felix von Luckner führte zwar einen Kreuzerkrieg, war aber kein Freibeuter. Luckner war Berufsoffizier der kaiserlichen Marine, der ein zum Handelsfahrer umgerüstetes Kriegsschiff
befehligte. Er fuhr nicht auf eigene Kosten, mit einem Kaperbrief bestellt, gegen den Feind. Dasselbe gilt auch für die deutschen U-Bootfahrer und die Nachfolger Graf Luckners, die ähnliche Operationen im
Zweiten Weltkrieg durchführten.
Anders verhielt es sich in den USA, wo das Freibeuterwesen fünf
Jahre nach Verkündung der Pariser Seerechtsdeklaration im US-amerikanischen Sezessionskrieg 1861–1865 eine kurzfristige Blütephase
erlebte. Da die Marine des Südens hoffnungslos der des Nordens unterlegen war, stellte Jefferson Davis kriegs- und beutewilligen Privateers Kaperbriefe aus, was zu Kriegsbeginn Früchte trug. Dank der
kühnen Fahrten der Blockadebrecher und Kaperer gelang es dem Süden, die allgegenwärtige Seeblockade des Nordens zeitweilig zu durch-

brechen und Nahrungsmittel sowie Munition durch die feindlichen Linien zu befördern.

Auch heute wäre es der US-Regierung jederzeit möglich, einen Kaperkrieg zu entfesseln. Der US-amerikanische Kongress bewahrte sich das Recht, in Notzeiten Kaperbriefe auszustellen. Infolge der Terrorangriffe des 11. September 2001 fand der Kaperbrief mit dem »September 11 Marque and Reprisal Act of 2001« im übertragenen Sinne Anwendung, nur dass er sich in diesem Fall nicht gegen Seeräuber, sondern gegen Luftpiraten und Terroristen richtete. Die Bush-Administration griff somit eine alte Tradition wieder auf – schon der Krieg gegen die Barbaresken war zu Beginn des 19. Jahrhunderts als Kampf gegen den »Barbareskenterror« geführt worden.

Abgesehen von solchen Ausnahmen zeigte die Abschaffung des Kaperwesens Wirkung. Sie ging einher mit einem starken Rückgang von Piraterie in Atlantik, Pazifik, Mittelmeer und Schwarzem Meer. Einzig in der unübersichtlichen Insel- und Küstenwelt Asiens kam es noch zu massiven Seeräubereien durch chinesische, malaiische und vietnamesische Piraten.

Hier taten sich besonders die »Schwarzflaggen« hervor, eine ehemalige Rebellentruppe der zerschlagenen Taiping-Revolte in China. Sie hatten sich ab 1865 im Norden Vietnams festgesetzt und kontrollierten unter ihrem Anführer Lo Fu den oberen Teil des Roten Flusses. Händlern nahmen sie hohe Wegzölle ab. Sie raubten Fischer aus und brandschatzten Dörfer. Nebenbei verdienten sie sich ein Zubrot durch Flusspiraterie. Doch im Grunde genommen glichen sie eher den »Grandes Companies« des europäischen Mittelalters oder den Marodeurbanden des 17. Jahrhunderts. Sie waren in der Hauptsache eine riesige Räuber- und Söldnerbande, die nebenbei Piraterie beging. Seeraub war nicht ihr Hauptzweck. Die meisten ihrer Stützpunkte lagen im Inland, nicht am Meer.

Das wussten auch die Franzosen, als sie 1883/1884 Tonkin angriffen. Geschickt brandmarkten sie die Schwarzflaggen als Piraten. Merkwürdig nur, dass die Piratenbekämpfung stets auf dem Land stattfand und die Kampfberichte, bis auf eine Offensive Admiral Courbets auf vietnamesische Piraten im Golf von Tonkin, keine Seegefechte aufweisen.

Das Chinesische Meer Ende des 19. Jahrhunderts: Seeräuber überfallen einen Dampfer.

Das störte die französische Propaganda nicht, ganz im Gegenteil. Als der Kommandant der französischen Militärexpedition, Henri Laurent Rivière, von den Schwarzflaggen getötet wurde, dichtete die französische Propaganda ihm an, im Kampf gegen Piraten gefallen zu sein. Dies war eine groteske Verdrehung der Tatsachen. Kommandant Rivière war vor Hanoi in der Schlacht an der Papierbrücke gefallen, als er mit seinen Truppen einen Ausfall aus der von Schwarzflaggen belagerten Festung machte.

Die Schwarzflaggen zu Piraten zu erklären, brachte viele Vorteile mit sich. Als Pirat war der Gegner rechtlos und vogelfrei, er konnte ohne großes Federlesen liquidiert werden. Außerdem vereinfachte die Reduzierung des Gegners zum Piraten vieles. Sie kaschierte Stammesunterschiede, sprach dem Feind jegliche politische Rechtfertigung seines Kampfes ab und kriminalisierte ihn. Auf diese Weise ließen sich perfekte Ethnozide begehen. Frankreich setzte sich trotz der Intervention Chinas letztendlich bis 1885 in Vietnam fest und schlug wenige Jahre später eine Aufstandsbewegung nieder, indem es die Rebellen zu Piraten erklärte.

Als kurz nach der Jahrhundertwende in Vietnam der letzte »Piratenführer« – auf gut deutsch Freiheitskämpfer – durch feigen Mord beseitigt worden war, wurde dies in Kolonialfrankreich gefeiert. Kurz vor dem Ersten Weltkrieg war die Lage in Indochina aus französischer Sicht unter Kontrolle; für das wirtschaftliche Leben der Kolonie bestand keine Gefahr.

Ähnlich friedlich sah die Lage im Südchinesischen Meer aus. Nach anfänglichen Schwierigkeiten hatten die Briten die Lage in Hongkong durch ordnungsamtliche und polizeiliche Maßnahmen so gut im Griff, dass die chinesische Piraterie zwar nicht als abgeschafft, aber als gebändigt angesehen werden konnte. Die britische Kronkolonie gedieh, die Seepatrouillen der Royal Navy sicherten das Meer. Vereinzelte internationale Kooperationen der Kolonialmächte taten ihr Übriges, wobei sie eher auf dem Blatt als in der Praxis funktionierten. Natürlich ließ sich die Piraterie auf einem Gebiet von Tausenden von Seemeilen nicht völlig unterbinden, doch ab der Zerschlagung der Taiping-Revolte hatte der Handel keine gravierenden Probleme. Grundsätzlich waren die Kolonialflotten Herren der Lage.

Aber überall, wo Küstenstaaten durch Kriege allmählich zerfallen und an ihren Küsten Armut und Elend entsteht, bildet sich Piraterie aus. Dies war vor allem Anfang des 20. Jahrhunderts in China der Fall. Ende der zwanziger und Anfang der dreißiger Jahre herrschte im Reich der Mitte ein gnadenloser Bürgerkrieg. Die Anhänger der bürgerlichen Revolution bekriegten unter dem jungen General Tschiang Kai-schek die Kommunisten unter Führung Mao Tse-tungs.

Vor diesem Hintergrund bildeten sich angesichts der zerfallenden Staatsmacht erneut Piratenbanden. Eine davon ist der Nachwelt durch den russischen Journalisten Aleko Lilius bekannt geworden. In seinem 1930 erschienenen Reisebericht »I sailed with Chinese pirates« beschrieb Lilius die Abenteuer der kühnen Seeräuberprinzessin »Lai Cho San«, die 1923 mit zwölf Dschunken das Südchinesische Meer um Macao unsicher machte und die Küstenstädte brandschatzte. Das Buch erhielt gute Kritiken. Es machte der westlichen Welt klar, dass es überhaupt noch Piraten gab. Die unechten unter ihnen wie Douglas Fairbanks oder Errol Flynn waren meist edle Ritter. In Filmen wie »Der Schwarze Pirat« oder »Captain Blood« fochten sie wie die Löwen um das Herz einer schönen Lady, wobei sie sich zwar nicht immer im Rahmen des Gesetzes bewegten, aber stets die Guten waren.

Lilius' Bericht dagegen veranschaulichte die Realität. Seine Piratin trug über der Brust Patronengurte und in der Hand ein Gewehr. Kritiker trugen ihm nach, keinen einzigen echten Nachweis für die Existenz der schönen Piratin geliefert zu haben. Zwar gab es Fotos, doch die konnten auch gestellt sein. Die Szenerie wirkte aus westlicher Sicht unecht. Sie weckte romantische Fantasien, die durch den Comic-Erfolgsstrip »Terry and the Pirates« sogar noch verstärkt wurden, dessen Handlung im zeitgenössischen China spielte, und so herrliche Schurkinnen wie die »Dragon Lady« gebar, die Lai Cho San nachempfunden war, welche nach Angaben des französischen Publizisten Robert de la Croix vermutlich 1939 während eines Kampfes gegen die Japaner getötet wurde. Doch trotz des modernen Bezugs blieben Piraten für die Masse der Amerikaner Schreckfiguren der Vergangenheit und Seeraub eine Episode ihrer Geschichte.

Dasselbe galt für Europa. Hier spielte Seeraub schon längst keine Rolle mehr, und es kamen nur noch vereinzelte Fälle von Strandraub und Bergungspiraterie vor. Was für kümmerliche Ausmaße die europäische Piraterie erreicht hatte, zeigte sich lange nach dem Zweiten Weltkrieg, im Jahr 1968, als ein gewisser Kapitän Gummerlich aus Beidenfleth an der Unterelbe mit der Mannschaft seines Küstenmotorschiffs »Seefalke« in Schweden auf Beutezug ging, wie der Spiegel berichtet:

> »Mit gelöschten Lichtern drehte der Frachter (211 BRT) in Götaälv, lief ein paar Kilometer stromauf bis zu einem Lagerplatz, wo Schiffer Gummerlich die 350-PS-Maschine stoppte. Kapitän und Mannschaft – der holländische Bestmann Thomas de Koning, 26, und der Matrose Herbert Wenzel, 29 – jumpten an Land und hievten zwei eiserne Laternenmasten auf die ›Seefalke‹. Dann glitt das Schiff mit der gestohlenen Fracht zurück zum Stammliegeplatz am Gullbergskajen.«[174]

Dieses Delikt, das nach modernster Definition nicht mehr unter Seeraub fällt, zeigte die Sehnsucht der Medien Deutschlands nach dem großen maritimen Verbrechen. Aus dem »Seefalken« Käpten Gummerlichs wurde in der Schlagzeile ein »Piratenschiff«, aus dem auf Abwege geratenen Skipper ein »Pirat«. Für Piratenbuchautoren wie Erich Lüth (»Seeräuber und Geraubte«) bewies der Fall Gummerlich nur, wie tief die Meeresabschäumer damals gesunken waren: »Weiß Gott, die Piraterie ist auf den Hund gekommen. Sie stiehlt nun schon Laternenpfähle und Kunststoffrohre.«

Das wurde bald anders. Nur zwölf Jahre nach dem harmlosen Verbrechen von Kapitän Gummelrich ereignete sich 1980 der gigantische Versicherungsbetrug der »Salem«, dem 1985 die Entführung der »Achille Lauro« durch ein Terrorkommando der Palästinenser folgte. Das machte jedem klar, dass die Sicherheit auf den Weltmeeren seit dem Ende der 1980er Jahre durch verbrecherische Machenschaften stark gefährdet war. Immer öfter kamen Meldungen von Schiffen, die herrenlos und ohne Mannschaften im Meer aufgefunden wurden oder spurlos verschwunden waren. So konnte es nicht weitergehen.

Im Jahr 1981 gründete der Ex-Chief Constable des Hafens von London, Eric Ellen, in Zusammenarbeit mit der Internationalen Industrie-

und Handelskammer und mit Unterstützung der Privatwirtschaft das International Maritime Bureau, das sofort eng mit den Reedereien, den Versicherungsgesellschaften, der Weltzollorganisation und Interpol zusammenarbeitete.

Ellens Aufgabe war die Ermittlung der näheren Umstände und Sachverhalte vermeintlicher Schiffsunfälle und das Aufspüren und die Rückführung verlorener oder gestohlener Schiffe.

Hierbei wurde das Südchinesische Meer bald eines der Haupttätigkeitsgebiete des IMB. Dies lag daran, dass sich die Piraterie nach den Überfällen auf vietnamesische und indonesische »Boatpeople« zu Beginn der 1990er Jahre stark veränderte.

1990 registrierte das IMB weltweit 120 Überfälle auf große Handelsschiffe, 1991 waren es allein in Südostasien 200. Es war eine gefährliche Entwicklung und kein Ende absehbar. Vor allen Dingen nahm die Gewalt bei den Überfällen zu.

Besonders grausam verlief der Überfall auf die »Baltimore Zephir«. Der Fall ist nicht nur einzigartig, weil die maskierten Gangster mit äußerster Brutalität gegen die Besatzung vorgingen und, obwohl sie ihr Geld bekamen, den Kapitän sowie Ersten Offizier töteten. An dem Piratenangriff war vor allem das Ausmaß der Verflechtung von Behörden, indonesischer Marine und Justiz erschreckend. Statt die wahren Täter zu verfolgen, wurden die Morde von den indonesischen Behörden als Folge einer Meuterei an Bord dargestellt. Zwar konnten die Ermittler von Scotland Yard diese Version widerlegen, doch die korrupte Justiz Indonesiens stellte die Ermittlungen ein. Zu offensichtlich war, dass die Täter aus den Reihen der Marine kamen.

Dies war jedoch nur die Spitze des Eisbergs. Im Laufe seiner zahlreichen Untersuchungen entdeckte Ellen verzweigte Gangstersyndikate, deren Zentralen in Hongkong, Thailand oder Singapur den Markt beherrschten. Dank schwer bewaffneter Gangs raubten sie nach Herzenslust die See leer. Sie entführten Schiffe, die sie samt der Ladung verkauften, schmuggelten Menschen und Drogen und entführten riesige Tanker, die sie in Absprache mit deren Eigentümern versenkten, um die Versicherungssummen zu kassieren.

Vor Eric Ellen tat sich eine neue Dimension der Piraterie auf. Bisher waren die Seeräuber meist nur mit Stich- und Handfeuerwaffen über

die Besatzungen von durchreisenden oder ankernden Schiffen herge-
fallen. Ihr Ziel war das Bargeld, das die Frachterkapitäne meist im Safe
mit sich führten. Dieses Geld war für die Bezahlung der Hafengebüh-
ren bestimmt und leicht zu erbeuten. Überfälle waren bis jetzt meist so
abgelaufen, dass die Piraten blitzschnell am Heck aufenterten, die Wachen, diensthabenden Offiziere oder den Kapitän mit der Waffe bedrohten und die Barschaft der Crew sowie das Geld für die Frachtgebühr
raubten und alles, was leicht und tragbar war, binnen weniger Minuten
wegschleppten.

Hauptschauplatz dieser Attacken wurde die viel befahrene Malakkastraße. Dieser Wasserweg erstreckt sich über eine Länge von 800 Kilometern zwischen der Malaiischen Halbinsel und Sumatra und ist an
seiner engsten Stelle nur 2,8 Kilometer breit. Er verbindet den Indischen Ozean mit dem Pazifik über das Andamanische und das Südchinesische Meer und ist einer der unumgänglichen Engpässe der
Welthandelsrouten zwischen dem Westen und dem Fernen Osten.

Allein 80 Prozent des von Japan benötigten Rohöls fädeln sich
durch dieses Nadelöhr. Noch wichtiger ist die globale Bedeutung der
Malakkastraße: 40 Prozent des weltweiten Seehandels passieren den
Engpass.

Seit dem Beginn des Chinabooms Anfang der neunziger Jahre ist
die Malakkastraße zur meistbefahrenen Meerenge der Erde geworden.
Denn der wirtschaftliche Aufschwung Chinas führte zu einem drastischen Anstieg der Charterraten.

Dass dies ohne Weiteres möglich war, lag an der Erfindung des Con-
tainers. Mit seinen 6 Metern Länge, 2,44 Metern Breite und 2,60 Metern Höhe wurde das mobile Frachtbehältnis zum Joker der Globa-
lisierung. Seit seiner Einführung in den 1960er-Jahren verdrängte der
Container als Frachtbehälter die schwerfälligere Stückgutfracht. Dies
lag daran, dass der Container flexibel war und in jedes Glied der Logis-
tikkette passte. Egal ob Reederei, Lkw-Spedition, Bahn oder Hafenlo-
gistik: Der Container erforderte kein großes Umladen mehr. Vorbei
waren die Zeiten, in denen einzelne Ballen, Kisten, Säcke oder Fässer
beim Wechsel des Transportmediums neu verladen werden mussten.

Da der Container von Anfang an als Ganzes befördert wurde, ver-
ringerten sich die Umschlagzeiten erheblich, was die Zahl der trans-

portierten Güter vervielfachte. Übersee-Containerschiffe tragen heute 4500 bis 18 000 Container.[175] Vollcontainerschiffe wie die CMACGM Alaska (vormals CPO Toulon) der Reederei Claus Peter Offen in Hamburg messen 366 Meter in der Länge. Sie befördern 12 562 Containereinheiten von Ostasien nach Hamburg und wieder retour. Allein die Treibstofftanks dieser Monsterschiffe sind Millionen wert. Bei einem Schiff mit 12 000 Containern, das am Tag 300 Tonnen Schweröl verbraucht, bringt es allein ein vollgepumpter Öltank auf einen Wert von fünf bis sechs Millionen Euro.[176]

Es war demnach nur eine Frage der Zeit, bis Piraten der Versuchung erlagen, über diese schwimmenden Warenhäuser herzufallen. Bald machten sie einen entscheidenden Schwachpunkt der Malakkastraße aus: Gefährliche Riffs erschweren bis heute die Navigation und zwingen die Schiffe dazu, mit stark gedrosseltem Tempo zu fahren. Die Verlangsamung der Fahrt ist wiederum ideal für die Piraten. Schon früh begannen sie, mit kleinen und wendigen Patrouillenbooten die riesigen Stahlkolosse anzugreifen, die kaum Chancen hatten, sich mit Fahrmanövern zur Wehr zu setzen. Zu groß war die Gefahr, auf eines der zahllosen Riffs aufzulaufen oder mit einem der entgegenkommenden Riesentanker zu kollidieren, welche die stark befahrene Seestraße passierten. Auf diese Weise wurde die Malakkastraße zum Seeräuberparadies.

Natürlich wurde Seeraub nicht nur in Fernost betrieben. Vor den Küsten und in den Häfen Mittel- und Südamerikas griffen Seeräuber ebenfalls Schiffe an, um sie auszurauben. Die Inseln der Karibik sowie die Küsten West- und Ostafrikas wurden ebenfalls zum Schauplatz von Piratenüberfällen. Doch in den neunziger Jahren und um die Jahrhundertwende war die Malakkastraße das Eldorado der Piraten. Hier fand sich jede Art von Piraterie, vom Gelegenheitsraub bis zur Entführung eines Schiffes im Auftrag eines fernöstlichen Gangstersyndikats, was das IMB in drei Hauptkategorien unterteilte:

1. Low-Level Armed Robbery: der typische Gelegenheitsraubüberfall von mit Messern bewaffneten Räuberbanden, die nach der Hit-Rob-Run-Taktik vorgehen.

2. Medium-Level Armed Assault and Robbery: Unter diesen Verbrechen versteht das IMB Schiffsüberfälle von organisierten und
schwer bewaffneten Banden. Sie operieren meist von versteckten
Schiffen oder Landbasen aus und begehen Totschlag, Mord und
Vergewaltigung.

3. Major Criminal Hijack: die »Königsklasse« der modernen Piraterie. In dieser Kategorie fasst das IMB Überfälle von gut ausgebil-
deten, paramilitärisch organisierten Piratenbanden zusammen,
die eine mafiöse Struktur aufweisen und im Auftrag von Gangster-
syndikaten Schiffe entführen. Diese Männer kennen keine Skrupel. Ihre Waffen sind weder Macheten und Messer, sondern
Panzerfäuste und schultergestützte Raketen. Sie rauben meist
große Frachter, die sie in »Phantomschiffe« umwandeln.

Besonders im Südchinesischen Meer blühte das Geschäft mit »Phan-
tomschiffen« auf. Phantomschiffe sind Schiffe, die in Häfen oder auf
hoher See gekapert und mit neuer Identität versehen werden, bevor
man ihre Ware in einem kleineren Hafen löscht. Nach Verkauf der
Ware beginnt der eigentliche Coup. Die Piraten registrieren das erbeutete Schiff unter neuem Namen, mit leicht abgewandelten technischen
Daten beim Konsulat eines Flaggenstaates und erhalten dadurch »saubere Papiere«. Gelingt es ihnen im Anschluss, unbedarfte Kunden mit
Dumpingpreisen dazu zu verleiten, ihnen ihre Ware anzuvertrauen,
verschwindet die Fracht spurlos in irgendeinem Hafen. Dieses Spiel
wird wiederholt, bis es nicht mehr geht.

Anfang der neunziger Jahre weitete sich die Piraterie in der Ma-
lakkastraße derart aus, dass das IMB sich dazu entschloss, in Kuala
Lumpur ein Piratenwarnzentrum einzurichten – das Piracy Reporting
Center:

»Regionales Piratenwarnzentrum in Malaysia eröffnet

Am 1. Oktober 1992 wurde das regionale Piratenwarnzentrum für
Südostasien des Internationalen Schifffahrtsbüros (IMB) eröffnet.
Das Zentrum befindet sich im Regionalbüro des IMB und ist rund

um die Uhr besetzt. Seine Aufgabe besteht darin, Warnungen an Schiffe auszusenden, Berichte über verdächtige Fahrzeugbewegungen zu sammeln und diese Informationen an die Schifffahrt weiterzugeben. Alle Dienste des Zentrums sind kostenlos – es wird durch freiwillige Beiträge der Wirtschaft finanziert. Das Zentrum wird außerdem mit den Ordnungskräften der Region Verbindung halten und überfallenen Schiffen Unterstützung gewähren ...«[177]

Ein solcher Überfall ereignete sich im Jahr 1995, als die Piraten den Bulk Carrier »Anna Sierra« entführten. Er wurde einer der schwierigsten Fälle des IMB und des Piracy Reporting Centers. Das 137 Meter lange Schiff gehörte der zypriotischen Reederei Skate Shipping Company. Es hatte 12 000 Tonnen Zucker des indischen Staatsbetriebs MMTC (Metals and Minerals Trading Company New Delhi) geladen und war am 12. September 1995 von Thailand aus mit Kurs auf Manila unterwegs. Am 13. September 1995 steuerten kurz nach Mitternacht 30 Piraten an Bord von zwei Speedbooten in die Wellenkämme des Kielwassers. Dann teilten sie sich auf. Das eine Boot fuhr backbord auf gleiche Höhe des Bulk Carriers, das andere legte sich steuerbord bei gehaltener Fahrt längsseits. Dann enterten die Schiffsjäger auf.

Eric Ellen beschreibt, dass dies nicht so schwierig ist, und gibt sogar eine detaillierte Beschreibung einer Entertechnik, die noch viel raffinierter ist:

»Es ist erstaunlich einfach, ein Handelsschiff zu entern. Einige, etwa die großen Kreuzfahrtschiffe, fahren schnell und liegen hoch im Wasser, ihre Seitenwand ist zu hoch und steil, sie zu erklimmen. Andere, kleinere Schiffe oder schwer beladene Tanker liegen viel tiefer, ihr Deck liegt nur zwei Meter über Wasseroberfläche. Für erfahrene und trainierte junge Männer sind solche Schiffe praktisch eine Einladung. Die Syndikate bezahlen sie gut dafür, dass sie an Bord klettern. Schiffe mit einer Geschwindigkeit von zwölf bis 18 Knoten sind kein Problem. Häufig, wenn auch nicht in diesem Fall, wenden die Angreifer einen Trick an: Sie legen sich in zwei kleinen Booten auf die Lauer. Die Boote liegen links und rechts der

Schiffsroute und sind über ein Stahlseil verbunden. Das ahnungslose Opfer erfasst das Stahlseil und zieht die Angreifer auf beide Seiten des Schiffes, noch dazu in der eigenen Geschwindigkeit. Die Piraten können entern.«[178]

Die Kaperung der »Anna Sierra« verlief aus Piratensicht wie am Schnürchen. Während ein Kommando die Mannschaft auf der Brücke überwältigte, trieb das andere Kommando mit Kalaschnikows wild um sich ballernd die schlaftrunkene Mannschaft aus ihren Kabinen. Anschließend fesselten die Piraten die Crew mit Handschellen aneinander und pferchten sie in zwei viel zu kleine Kabinen ein, ohne sie mit Wasser und Essen zu versorgen. Die Besatzung litt Tantalusqualen. Hunger, Durst und die tropische Hitze zermürbten sie. Der Gestank von Schweiß und Fäkalien verschärfte die Situation der Gefangenen. Ungewissheit über ihr weiteres Schicksal ließ sie verzweifeln, bis die Seeräuber sie nach zwei Tagen wieder an Deck brachten.

Nach all dem, was die Besatzung ausgestanden hatte, befürchtete sie das Schlimmste. Doch anstatt erschossen zu werden, wurde ein Teil der Crew dazu gezwungen, ein notdürftig gezimmertes Floß aus Ölfässern und Holzplanken zu besteigen. Den Rest der Männer trieben die Piraten mit vorgehaltener Waffe in eine Rettungsinsel. Anschließend setzten die Piraten sie ohne Nahrung und Kompass aus, was gleichbedeutend mit dem Tod durch Ertrinken oder Verhungern war.

Denn die See war schwer. Inmitten der auf und ab wogenden Wellenberge konnte es nicht lange dauern, bis das Floß oder die ansonsten sichere Rettungsinsel kenterten. Und selbst wenn die rollende See sie nicht verschlang, konnten sich die Ausgesetzten ausrechnen, dass sie bald verhungert sein würden.

Zum Glück endete die Aussetzung der Mannschaft der »Anna Sierra« weniger tragisch, als von der Mannschaft befürchtet. Vietnamesische Fischer retteten die Besatzung des Floßes noch am selben Tag und brachten sie zur Insel Conado. Die Ausgesetzten der Rettungsinsel wurden ebenfalls gerettet und in die vietnamesische Hafenstadt Vung Tau gebracht.

Von dort aus alarmierte der Kapitän den Eigner in Zypern, der die Interpol, den Seenotdienst, den Schiffsmeldedienst AMVER und das

IMB Piracy Reporting Center einschaltete, um die »Anna Sierra« zu finden. Trotz der zeitig erfolgten Meldung stand das IMB erst einmal vor einem Rätsel. Die »Anna Sierra« schien sich in Luft aufgelöst zu haben. Das IMB in Kuala Lumpur begann seine Ermittlungen, deren Radius gewaltig war. In Betracht kamen alle Häfen von Indien bis Japan. Es war die sprichwörtliche Suche nach der Nadel im Heuhaufen. Zwar war die »Anna Sierra« ein großes Schiff, aber mit gefälschtem Frachtbrief, neuem Namen und Anstrich sowie einer lupenreinen Legende konnte ein Schiff 1995 mithilfe einer korrupten Hafenbehörde in einem der unzähligen Häfen Fernostasiens ohne Weiteres abtauchen.

Die Ermittler des IMB mussten sich also beeilen, wollten sie genau das verhindern. Da endlich, zwölf Tage nach dem Überfall, kam Bewegung in die Sache, meldete sich nach Informationen der New York Times eine chinesische Schifffahrtsagentur, nach Douglas Stewarts Auffassung ein ominöser Informant des IMB. In der Version der New York Times bot die Schiffsagentur an, gegen eine saftige Belohnung den Standort der »Anna Sierra« preiszugeben. Schenkt man dem gut recherchierten Bericht der New York Times Glauben, so einigten sich das IBM und die chinesischen Informanten auf die Summe von damals 70 000 Deutsche Mark.[179] Die Chinesen gaben den entscheidenden Tipp, wo die »Anna Sierra« vor Anker lag. Der neue Aufenthaltsort war Kai 4 im Hafen der südchinesischen Stadt Beihai. Dort war das Schiff »Artic Sun«, das in jeder Hinsicht der »Anna Sierra« glich, unangekündigt eingelaufen.

Der damalige Chef des Piraterie-Warnzentrums, John Martin, begab sich sofort in die chinesische Hafenstadt, wo sich der Frachter befand. Über dem noch deutlich sichtbaren einstigen Namenszug »Anna Sierra« prangte jetzt der Schriftzug »Artic Sea«, und wehte die Flagge von Honduras. Schon der erste Blick verriet die offenkundige Stümperhaftigkeit der Piraten. Die Seeräuber hatten den Namen »Arctic Sea« falsch geschrieben und »*Artic Sea*« daraus gemacht. John Martin lachte das Herz im Leibe, als er dies las und vor allem hörte, dass die chinesischen Behörden schon gegen das Schiff ermittelten. Alles deutete darauf hin, dass es nur noch eine Formsache war, die Piraten zu verhaften und die »Anna Sierra« dem rechtmäßigen Besitzer zuzuführen. Der Optimismus Martins wurde noch dadurch verstärkt, als bei der Inspektion des gestohlenen Schiffes klar wurde, dass sich sogar noch die ursprüngliche Ladung an Bord befand.

Der Fall schien geklärt, die Beweislage erdrückend. Aber das IMB hatte die Rechnung ohne die Chinesen gemacht. Trotz diplomatischer Bemühungen und obwohl Gerichte die Herausgabe von Schiff und Ladung verfügten, scheiterten nicht nur alle Versuche, die »Anna Sierra« aus Beihai freizubekommen, sondern auch die Verurteilung der 14 Piraten, die sich an Bord des Schiffes befanden. Dies war aus Sicht der Ermittler besonders frustrierend, da das IMB lückenlos nachwies, dass die Schiffspapiere und die Ausweise der Mannschaft eindeutig gefälscht waren.

Aber die Piraten genossen Protektion von oberster Stelle. Die chinesische Polizei ließ die Beweise des IMB nicht gelten. Sie erklärte den Frachtbrief der »Artic Sun« für rechtsgültig und glaubte der Version der Seeräuber, erst in Manila an Bord des Schiffes angeheuert zu haben, um in Beihai brasilianischen Zucker abzuliefern.

Noch gab sich das IMB nicht geschlagen. John Martin ermittelte weiter und fand heraus, dass die »Artic Sun« nicht im Schiffsregister von Honduras gemeldet war und somit eigentlich nicht existierte. Trotzdem kam das IMB nicht weiter. Ohne die Kooperation der chinesischen Polizeibehörde konnte es keine weiteren rechtlichen Schritte einleiten.

Die Chinesen blieben stur. Erst im Dezember 1995 erkannte das Ministerium für Öffentliche Sicherheit an, dass die »Artic Sun« tatsächlich mit der »Anna Sierra« identisch war. Trotzdem erließ China keinen Haftbefehl gegen die Piraten. Die Seeräuber blieben ungeschoren. Wenig später verschwanden sie aus China und wurden nicht mehr gesehen.

Die millionenschwere Ladung sahen die Reeder der »Anna Sierra« nie wieder. Das Schiff selbst boten die Chinesen den Besitzern zum Rückkauf für 400 000 Dollar an – sozusagen zur Deckung der entstandenen Kosten. Die griechischen Eigner lehnten ab.

Als die Chinesen merkten, dass mit der »Anna Sierra« alias »Artic Sun« kein Geschäft mehr zu machen war, schleppten sie das mittlerweile leckgeschlagene Schiff auf eine Sandbank, wo es im Laufe der Jahre verrottete.

Die Piraten gingen straffrei aus. Die Machenschaften, die überhaupt zum Überfall auf die »Anna Sierra« führten, sind bis heute nicht aufgeklärt.

Der damalige Leiter des IMB Eric Ellen sah im Ablauf der Entführung der »Anna Sierra« eine Analogie zum Fall des 1998 entführten Frachters »MV Tenyu« (MV = Motor Vessel). Das Schiff wurde in der Straße von Malakka von Piraten entführt und in einer chinesischen Werft versteckt. Dort wurde die »MV Tenyu« entdeckt, als man gerade dabei war, ein Phantomschiff aus ihr zu machen.

Im Gegensatz zur »Anna Sierra« hatte die Crew der MT Tenyu weniger Glück. Sie verschwand spurlos und gilt für tot. Wahrscheinlich wurden die Seeleute ermordet. Der Fall der »Anna Sierra« ging vergleichsweise glimpflich aus. Auch wenn es dem IMB nicht gelungen war, eine Verurteilung der Piraten zu erwirken oder einen Zusammenhang zwischen beiden Taten zu ermitteln, hatten ihre Bemühungen die Wirtschaft vor einem Millionenschaden bewahrt. Ihr Verdienst war es, die »Anna Sierra« als Phantomschiff lahmgelegt zu haben.

Trotzdem zeigte der Fall klar, wo die Grenzen des IMB lagen. Die Stärke der Organisation war das Sammeln und Auswerten von Informationen, die Nachverfolgung von Schiffsbewegungen, Ortung von entführten Schiffen und die Ermittlung von Tathintergründen.

Aber das IMB ist keine Polizeibehörde. Es verfügt nicht über rechtliche Befugnisse. Es kann nur entscheidende Impulse geben, die zur Verhaftung und Überführung der Täter führen – und Polizei- sowie Militäreinsätze anstoßen, wie der Entführungsfall der »Alondra Rainbow« zeigt, der sich im Jahr 1999 ereignete.

Die »Alondra Rainbow« war ein in Panama registriertes 9000-Tonnen-Schiff. Sie war von dem japanischen Unternehmen Tokyo Senpaku Ltd. gechartert worden, um eine Ladung Aluminiumbarren im Wert von 20 Millionen US-Dollar von Kuala Tanjong in Indonesien nach Miike in Japan zu verfrachten. Dies war aufmerksamen Augen nicht entgangen. Wie sich später herausstellte, hatte ein bis heute unbekannt gebliebener Auftraggeber die Ladung des Schiffes ausgespäht und den Überfall angeordnet.

Als das Frachtschiff am 22. Oktober 1999 in See stach, wurde es von mehreren Speedbooten sofort umschwärmt und nach kurzer Verfolgung geentert. Die Mannschaft der »Alondra Rainbow« verzichtete auf jede Gegenwehr. Gegen die mit Malaiendolchen und Schnellfeuergewehren bewaffneten Piraten wäre jeder Kampf in ein sinnloses Gemetzel ausgeartet. Anschließend setzten die Piraten 15 Mann der Mannschaft und zwei japanische Offiziere gefangen. Dann machten sie sich daran, die »Alondra Rainbow« in ein Phantomschiff zu verwandeln, indem sie den Rumpf in einer anderen Farbe strichen und den Namen überpinselten. Sieben Tage später, am 29. Oktober 1999, setzten die Seeräuber die Mannschaft der »Alondra Rainbow« mit Proviant auf einem Floß aus. Ihre Odyssee währte nicht lang. Am 8. November 1999 retteten Thaifischer ihnen das Leben.

Während die Besatzungsmitglieder sich von den Strapazen des Überfalls erholten, lief die Fahndung nach dem entführten Schiff auf Hochtouren. Dabei profilierte sich das IMB besonders. Noch heute gilt die Jagd auf die »Alondra Rainbow« als Musterbeispiel einer gelungenen Zusammenarbeit zwischen dem Seehandel, dem IMB Reporting Center in Kuala Lumpur und einer nationalen Seestreitkraft. In der Anfangsphase der Piratenjagd koordinierte das IMB die entscheidenden Schritte. Als erste Maßnahme schickte es eine Piraten-Warnmeldung an alle Schiffe heraus und informierte sie über das vermisste Schiff. Auf diese Weise erregten die Piratenjäger Aufmerksamkeit. Gleichzeitig erging der Aufruf an alle Schiffe, die Sichtung des gestohlenen Schiffes umgehend zu melden. Die Methode hatte Erfolg. Sobald ein Schiff einem Frachter begegnete, auf den die Beschreibung der »Alondra Rainbow« passte, gab es die Koordinaten des Standortes der Begegnung durch. Durch den Rückruf der Schiffe gelang es, das Bewegungsprofil des gestohlenen Schiffes nachzuzeichnen. Da sich die Berichte in einer Seezone häuften, wurde klar ersichtlich, dass die »Alondra Rainbow« sich auf die indische Küste zubewegte.

Jetzt verständigte das IMB die indische Marine, die sofort zwei Boote der Küstenwache in Marsch setzte. Am 14. November 1999 stellten die Inder die »Alondra Rainbow« 430 Kilometer vor der Südküste Indiens auf dem Weg ins Arabische Meer. Als die Schnellboote der indischen Küstenwache die Piraten zum Beidrehen aufforderten, setzten diese ihren Kurs trotz Abgabe von Warnschüssen fort. Dies änderte sich erst, als eine Korvette der indischen Marine das Achterschiff zerstörte und ein Spezialkommando die »Alondra Rainbow« enterte. Das indische Einsatzkommando kam gerade rechtzeitig. Es nahm das Schiff in dem Moment, als die Piraten die »Alondra Rainbow« in Brand setzen wollten. Rechtliche Basis der Enteraktion war Artikel 105 der UN-Resolution des Internationalen Seerechts, das jedem Staat das Recht einräumt, auf hoher See gegen Piraten vorzugehen. Die Wiedernahme der »Alondra Rainbow« war ein bahnbrechender Erfolg in der Pirateriebekämpfung. Das IMB Reporting Center hatte bewiesen, dass es mehr als nur eine Datenbank war, die Schiffsmeldungen und Notrufe einpflegte. Es hatte sich im Laufe der Operation zur Koordinationsstelle der Jagd gemausert und überhaupt erst den Einsatz der indischen Marine ermöglicht, die vorbildlich ihre Aufgabe gelöst hatte.

Der Haken war, dass Indien zum Zeitpunkt der Erstürmung der »Alondra Rainbow« das am 10. März 1988 in Rom abgeschlossene Übereinkommen zur Bekämpfung widerrechtlicher Handlungen gegen die Sicherheit der Seeschifffahrt (SUA-Konvention) zwar am 15. Oktober 1999 unterzeichnet, aber nicht ratifiziert hatte. Rechtsgültig wurde das Abkommen erst am 15. Januar 2000. Die Piraten waren jedoch am 21. November 1999 verhaftet worden.[180]

Dieser Umstand stellte das Recht der Inder in Frage, die Seeräuber zu verurteilen. Zwar war deren Piraterie eindeutig erwiesen und das von ihnen gekaperte Schiff zum Zeitpunkt des Boardings durch indische Truppen staatenlos gewesen (es war nicht in dem Flaggenstaat registriert, dessen Flagge es führte). Trotzdem war es mehr als unsicher, ob die Piraten auch wirklich in Indien verurteilt werden konnten. Denn zum Zeitpunkt des Zugriffs der indischen Marine war die SUA-Konvention noch nicht wirksam geworden. Dies nutzte die Verteidigung der Piraten aus, indem sie die Zuständigkeit des indischen Gerichts im Fall des Verfahrens der »Alondra Rainbow« infrage stellte. Obwohl ein indisches Gericht die Piraten 2003 zu sieben Jahren schwerer Haft verurteilte, hob das oberste indische Verwaltungsgericht in Mumbai 2005 die Verurteilung wieder auf.

Schweren Herzens mussten die Inder die Piraten ziehen lassen, obwohl das IMB sogar zwei der auf der »Alondra Rainbow« verhafteten Seeräuber aufgrund eines Datenabgleichs mit seiner Datenbank als einstige Entführer der »Anna Sierra« entlarvte. Dies ließ darauf schlie ßen, dass die Gangster Mitglieder derselben Bande waren, die höchst-wahrscheinlich im Auftrag eines chinesischen Syndikats die »Anna Sierra«, die »MV Tenyu« und die »Alondra Rainbow« überfallen hat-ten. Doch das ließ sich nicht beweisen und blieb daher Spekulation.

Was die Arbeit des IMB und seines Reporting Centers in Kuala Lumpur anbetrifft, so hat sich seine Arbeitsweise dank des Internets seit 1999 deutlich perfektioniert und seinen Wirkungsgrad erweitert. Was damals noch eine Neuigkeit war, gehört heute zum Alltag: die Registrierung von Schiffsbewegungen und die sofortige Meldung von Seeräubersichtungen, Schiffsüberfällen und Schiffsentführungen im weltweiten Netz.

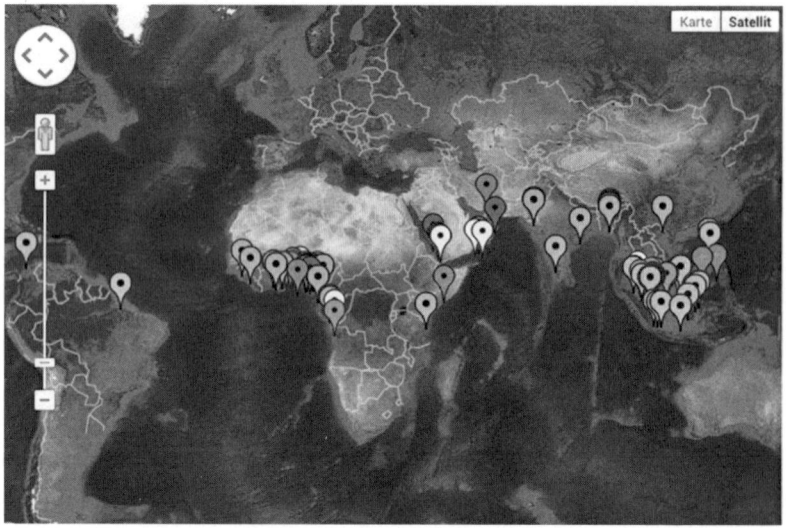

Typische Karte des IMB Piracy Reporting Centre mit allen bisherigen Überfällen zur See 1. Halbjahr 2014

Des Weiteren führt das IMB eine Datenbank über Schiffe, Reedereien, Versicherungen, Charterer, ja sogar Kapitäne und Mannschaften. Es bietet Reedereien an, sich über ihre Handelspartner genauestens zu in-formieren. Geradezu perfektioniert hat das IMB die Zusammenarbeit mit internationalen Polizeibehörden und Seestreitmächten, die immer wieder auf das Know-how und das Netzwerk des IMB zurückgreifen. Heute wird die Organisation von Kapitän Pottengal Mukundan geleitet, der Eric Ellen 1999 ablöste.

Das große Verdienst des IMB besteht darin, das öffentliche Bewusstsein des Westens für die Piratengefahr geschärft zu haben und durch Undercover-Ermittlungen wertvolle Einsichten in die Arbeitsweisen der Piraten, seien es einfache Gelegenheitsseeräuber oder Syndikate und Triaden, vermittelt zu haben.

Die erwähnten Fälle können nicht darüber hinwegtäuschen, dass das IMB bei der Piratenjagd auch herbe Rückschläge einstecken musste. Oft konnte es nur Impulse für die Bekämpfung von Piraterie und Bekämpfungsmaßnahmen anregen oder unterstützen. Mehr als einmal musste es hilflos mit ansehen, wie anfänglich vielversprechende Fahndungsansätze im Dickicht von Korruption, Machtinteressen und organisiertem Verbrechen versandeten oder die Verurteilung von Piraten an rechtlichen Unzulänglichkeiten scheiterte.

Trotzdem hatte das IBM immer wieder Erfolge zu verzeichnen. 2001 gelang es zum Beispiel, den entführten Schweröltanker »Selayang« mithilfe des neu eingeführten Ortungssystems »Shiploc« aufzuspüren und wiederzunehmen.

Shiploc funktioniert im Prinzip wie die Blackbox eines Flugzeugs. Das System sendet stündlich ein Signal zu einem Satelliten und kann dadurch jederzeit geortet werden. Der Unterschied in der Anwendung besteht darin, dass Shiploc an Bord des Schiffes unzugänglich für die Piraten versteckt wird. Das Gerät ist klein und schwer aufzuspüren.

Technische Innovationen wie Shiploc halfen im Kampf gegen die Piraten, konnten jedoch das Grundübel des Seeraubs nicht beheben, genauso wenig wie der Tsunami, der im Dezember 2004 weite Teile Indonesiens, Malaysias und Singapurs verheerte und so manches Piratennest samt Flotille verschlang.

Die Lösung des Problems fiel auf politischer Ebene. Die wuchernde Korruption und ein besorgniserregender Anstieg politisch motivierter Piraterie durch islamistische Terrorgruppen führten seit dem 11. September 2001 dazu, dass sich 2004 16 asiatische Staaten zum »Regional Cooperation Agreement on Combating Piracy and Armed Robbery against Ships in Asia« (RECAAP) zusammenschlossen.

Schwerpunkte der Zusammenarbeit waren von Anbeginn die Bereiche Informationsaustausch und die Entwicklung von Anti-Piraterie-Kapazitäten. In Singapur wurde dazu ein nach Vorbild des IMB rund um die Uhr bereites Informationszentrum des RECAAP eingerichtet, das mit den Küstenwachen, Polizeiorganisationen, Marinen, Zoll und Schifffahrtsunternehmen vernetzt wurde.

Seitdem verringerte sich die Anzahl der Überfälle in der Malakkastraße. 2009 wurden im Südchinesischen Meer nur noch 69 Piratenangriffe und im Indischen Ozean und der Malakkastraße 27 Überfälle registriert. Bei den meisten von ihnen handelte es sich um »Armed Robbery against Ships«.

Die Erfolge in der Malakkastraße waren beachtlich. Die großen Kapitalverbrechen fanden jetzt woanders statt: am Goldenen Horn von Afrika, vor der Küste Somalias.

Schreckenstage vor Somalia

»Afweyne begann 2003. Er fragte mich, ob ich 2000 US-Dollar inves-
tieren wollte, als er Geld für seine neue Geschäftsidee sammelte. Er
bettelte mich an und sagte, ich habe eine sehr gute Geschäftsidee.
Ich investierte kein Geld, was ich bis heute zutiefst bereue.«

Ein anonymer somalischer »Geschäftsmann« zu einem Reporter

Das Jahr 2009 wurde zum erfolgreichsten »Geschäftsjahr« der somalischen Piraten. Es begann mit den Glück verheißenden Motorengeräu-
schen eines zweimotorigen Propellerflugzeugs. Im Tiefflug zog es über
den 330 Meter langen und 60 Meter breiten Riesentanker »MV Sirius
Star«, der 2,2 Millionen Barrel saudi-arabisches Öl an Bord hatte.
Sorgfältig zählte die Crew des Flugzeugs die an Deck aufgereihte
25-köpfige Besatzung durch, welche die Piraten am 15. November
2008 gefangen genommen hatten.[181]

Die Mannschaft der Sirius Star machte einen guten Eindruck und
war vollzählig. Die Piraten hatten die Bedingungen erfüllt. Jetzt war
die Besatzung der Propellermaschine an der Reihe. Eine Kapsel wurde von Bord geworfen, eine Kapsel mit viel Geld: 1,5 Millionen Dollar. Langsam schaukelte sie an einem Fallschirm hinunter. Dann
klatschte sie ins Wasser, wo sie freudig erregte somalische Piraten
herausfischten.

Kurz nach 14.00 Uhr wiederholte sich dieselbe Prozedur mit weiteren 1,5 Millionen Dollar. Nur zwei Stunden später verließen die ersten
Piraten die »MV Sirius Star«. Einen Tag später war alles gelaufen und
das Schiff und dessen Besatzung wieder frei, dessen Entführung die
Welt 56 Tage in Atem gehalten hatte.

Nicht jedem der somalischen Seeräuber brachte sie Glück. Am nächsten Tag trieb ein ertrunkener Pirat in der Brandung, bei dem man 150 000 Dollar in bar fand. Der Seeräuber war mit weiteren Komplizen mit seinem Boot in der Brandung gekentert und ertrunken, andere Piraten wurden vermisst. Doch angesichts des schweren Verlusts war die zurückgewonnene Barschaft aus Totenhand nur »Peanuts«. Zwei Monate lang hatte eine Handvoll Piraten die größten Handelsnationen der Welt genarrt und nicht nur das bis dahin größte Schiff geentert, sondern auch die höchste Lösegeldsumme erzielt.

Das Bizarre an der Situation war, dass die Geldübergabe sich ausgerechnet zu einem Zeitpunkt ereignete, als endlich die Flotteneinheiten der internationalen Staatengemeinschaft am Horn von Afrika kreuzten, um den verstärkten Angriffen somalischer Piraten zu begegnen.

Das Horn von Afrika gehört seit Jahren zu den am stärksten von Piraterie gefährdeten Gebieten der Welt. Es befindet sich am Schnittpunkt mehrerer historischer und internationaler Wasserstraßen und verzeichnete 2011 jährlich ungefähr 30 000 bis 40 000 Schiffsbewegungen.[182]

Dies liegt nicht nur an den Transportflotten, die im Pendelverkehr durch den Suezkanal fahren, um Europa sowie den Orient und Asien mit wichtigen Handelsgütern zu versorgen. Es ist noch ein zweiter Faktor im Spiel, der für den Anstieg der somalischen Piraterie verantwortlich ist. 90 Prozent der Erdölproduktion der Golfanrainerstaaten werden durch das Rote Meer und den Persischen Golf abgewickelt, müssen also das Horn von Afrika passieren. So groß Bulk Carrier, Containerfrachter und Riesentanker mit ihren hochhausartigen Aufbauten auch aus weiter Ferne erscheinen mögen – aus Piratensicht waren sie lange Zeit leichte Beute.

Seit dem Sturz von Präsident Siad Barre im Jahr 1991 und dem rapiden Zerfall jeglicher staatlichen Ordnungsmacht bildeten sich in einigen Teilregionen Somalias kriminelle Banden, die mit Flüchtlingsschmuggel und Drogenhandel reich wurden. Gefördert wurde diese Entwicklung durch herrschende Clans. Korruption und Vetternwirtschaft taten ihr Übriges.

Das einträglichste Geschäft machten jedoch somalische Piraten. Gedeckt von örtlichen Machthabern machten sie ab den 1990er-Jahren mit Lösegelderpressungen für Schiffe und Besatzungsmitglieder erst

einige Zehntausende – anfänglich lag der Preis einer entführten Traw-
lermannschaft bei ungefähr 50 000 Dollar – und letztendlich Hundert-
tausende oder sogar Millionen. Nach Informationen von Weltbank,
UN und Interpol haben die somalischen Piratenclans zwischen 2005
und 2012 bis zu 413 Millionen Dollar an Lösegeld von den Seehandelsnationen erpresst. Aus den giftmüllverseuchten Stränden der Region
wurde eine florierende Piratenküste, in der ungefähr 20 Seeräubersyn-
dikate ein hoch entwickeltes Gewerbe trieben.

Ziele dieser dieser Gruppen waren in den 1990er-Jahren nicht nur
die Fangflotten der Industrienationen, welche die somalischen Fischer
zuvor in den Ruin getrieben hatten. Das Begehr der somalischen Seeräuber waren die Hilfstransporte des World Food Programms (WFP)
für die Not leidende Bevölkerung Somalias. Mit diesen mit Hilfsgü-
tern gemästeten »Weihnachtsgänsen«, die in regelmäßigen Zeitab-
ständen in die Häfen Somalias einflatterten, machten die Piraten ein
gutes Geschäft. Entdeckten sie einen Hilfstransport vor der Küste,
rauschten die Piraten auf Schnellbooten an die Schiffsrümpfe, enterten
sie und verlangten Lösegeld für die Besatzung.

Die Hauptgewinner bei diesen Enteraktionen waren Piratentycoons
wie Mohammed Abdi Hassan vom Suleiman-Stamm, der auch
»Afweyne«, das Großmaul, genannt wird. Sie kassierten den Löwenan-
teil und teilten nach folgendem Beuteschlüssel auf:

10 Prozent für die bewaffneten Kräfte an Land
10 Prozent für die Stammesältesten
30 Prozent für die Piraten
50 Prozent für die Investoren

Das Geschäftsmodell funktionierte. Reedereien und Welthilfsorgani-
sationen zahlten die geforderten Preise. Die Piraten wurden reich. Als
die Seehandelsnationen wegen der ansteigenden Piratenüberfälle jedoch ihre Schifffahrtsrouten tiefer in den Indischen Ozean und von
der somalischen Küste weg verlegten, kam es zu ersten Geschäftsein-
bußen. Jetzt reichte es nicht mehr, sich mit Skiffs auf die Lauer zu legen
und nur wenige Seemeilen von der Küste entfernt, von Wellentälern und
Wogenkämmen gedeckt, auf Beute zu kreuzen.

Die Piraten lernten indes schnell dazu und änderten ihre Taktik. Um überhaupt tief in den Ozean vorstoßen zu können, enterten sie meist einen Fischtrawler, den sie dann als Mutterschiff nutzten, sozusagen als mobile Basis.

Dabei mussten die Piraten stets eines beachten. Obwohl ihre Skiffs schneller und wendiger als die meisten ihrer Beuteschiffe waren, hatten sie den Nachteil, schon bei mittlerem Seegang oder bei Monsun nicht mehr brauchbar zu sein. Erkannte ein Supertanker rechtzeitig die Gefahr, und steuerte er durch mehrmaliges Ruderumlegen im Zickzackkurs, konnten in seinem Kielwasser gewaltige Wellenkämme erzeugt werden, in welche die Piratenskiffs wie in eine Wand hineinkrachten.

Auf diese Weise verloren die Verfolger dann an Fahrt, spritzte Wasser ins Boot und wurde die Besatzung schwer durchgerüttelt. Manchmal knallten die Skiffs so hart auf die Wellen, dass die Piraten die Verfolgung aufgeben mussten. Es war das Duell Davids gegen Goliath, nur mit dem Unterschied, dass Goliath nicht gleich beim ersten Steinwurf tödlich zusammensackte, sondern zu seiner Verteidigung noch viele Pfeile im Köcher hatte und manchmal den Kampf gewann.

Schallkanonen und Feuerwehrschläuche konnten durchaus Piraten vertreiben oder somalische Seeräuber beim Aufentern von der Stahlwand des Schiffes in die See spülen. Stacheldrähte oder elektrische Drähte verhinderten das Aufentern. In der Hand eines energischen Kapitäns und einer wachsamen Mannschaft hatte ein Riesenschiff viele Möglichkeiten, sich erfolgreich zur Wehr zu setzen und eine Aufenterung zu vermeiden.

Gelang es allerdings den Seeräubern, die rutschige Stahlwand mittels improvisierter Enterleitern zu erklimmen, blieb der Mannschaft nichts anders übrig, als sich zu ergeben oder im Innern des Schiffes Zuflucht zu suchen.

2009 hatten viele Schiffe für solche Zwecke schon einen Schutzraum, der mit dem Nötigsten ausgestattet war. Das Containerschiff »Maersk Alabama« hatte jedoch keinen Panic Room. Es gehörte der US-Tochterfirma des dänischen Unternehmens Maersk an, war 145 Meter lang und im Auftrag des World Life Programms mit 17 500 Tonnen Fracht nach Somalia unterwegs. Vor allem gab es ein wichtiges

Detail: Es fuhr unter der Flagge der USA, was noch entscheidend werden sollte.

Der erste Akt des Geiseldramas begann am 7. April 2009. An diesem Tag erspähte Kapitän Richard Phillips mit dem Fernglas während einer Feuerübung am Horizont drei Boote, die wie Piratenskiffs aussahen. Phillips war alarmiert und stürmte zur Brücke, um den Radarschirm zu konsultieren. Dieser zeigte nicht nur, wie die Skiffs in nahezu parallelem Kurs auf die »Maersk Alabama« zuhielten. Phillips sah auf dem Radarschirm auch, wie den Skiffs in einiger Distanz ein weitaus größerer Punkt folgte, der einige Meilen Abstand zu den beiden Schnellbooten hielt. Diese Beobachtung ließ dem Kapitän das Blut in den Adern gefrieren. Der große Punkt hinter den kleinen war das Mutterschiff der Piraten.

Phillips reagierte der Situation angemessen und befahl sofort, die Geschwindigkeit der »Maersk Alabama« bis zum Anschlag zu erhöhen. Der leitende Ingenieur legte den Hebel um. Die »Maersk Alabama« legte an Fahrt zu und tankte sich durch die Wellen der schweren See. Die Erhöhung der Geschwindigkeit vergrößerte den Abstand zu den Piratenskiffs, denen der hohe Wellengang nicht bekam.

Immer wieder konnte Phillips mit dem Fernglas verfolgen, wie die Skiffs in die Wellenkämme krachten und seitlich abdrifteten. Nur mühsam brachten die Piraten ihre Boote wieder auf Kurs und in Fahrt. Aber so leicht ließen sie sich nicht abschütteln. Zäh wie hungrige Wölfe nahmen die Piraten die Verfolgung ihres Opfers wieder auf. Doch Neptun war, wie es schien, an jenem Tag auf der Seite des Frachters, der den Abstand zu seinen Verfolgern beständig vergrößerte. Die schwere See erwies sich als zu stark für die Piratenskiffs, die nacheinander die Jagd abbrachen.

Am Abend hatten die Piraten die Verfolgung aufgegeben. Der Jubel an Bord der »Maersk Alabama« war unbeschreiblich. Die Mannschaft hatte ihre erste Schlacht gegen die Piraten geschlagen und sie besiegt. So glaubte sie zumindest. Ein furchtbarer Irrtum. Als der nächste Morgen graute, griff ein Skiff der Piraten die »Maersk Alabama« erneut an. Nun gelang es ihnen, unter beständigem Feuer aus ihren Kalaschnikows das Schiff trotz der Gegenwehr Kapitän Phillips', der mit Leuchtkugeln auf sie schoss, zu entern. Doch es war nur ein halber Sieg.

Die Seeräuber mussten bald erkennen, dass sie zwar auf der Kommandobrücke das Sagen hatten, aber nicht die Herren des Schiffes waren. Dank der hinhaltenden Verteidigung Phillips' hatte die Mannschaft genug Zeit gehabt, sich unter Deck zu flüchten, die Steueranlage auf der Brücke zu deaktivieren, die Schiffsführung von der Ruderanlage aus zu übernehmen und sämtliche Maschinen zu stoppen.

Des Weiteren streute Phillips den Schiffsentführern geschickt Sand in die Augen, indem er unbemerkt von den Piraten den Radarschirm blind machte und auf eine tote Funkfrequenz wechselte. Auf diese Weise verhinderte er, dass die Piraten mitbekamen, was sich rund um die »Maersk Alabama« tat. Bevor Phillips aus der Kommandobrücke nach draußen geeilt war, um die Piraten mit Leuchtkugeln aufzuhalten, hatte noch ein anderes Mitglied der Mannschaft einen Notruf absetzen können und den Überfall gemeldet.

Auch danach verlief die geplante Schiffsentführung aus somalischer Sicht nicht wie geplant. Als die Mannschaft sich nach mehrfacher Aufforderung nicht auf der Kommandobrücke zeigte, beschloss einer der Piraten, die Mannschaft unter Deck zu suchen. Bei dieser Aktion geriet er in einen Hinterhalt. Die Mannschaft überwältigte ihn und verletzte ihn dabei mit einem Eispickel und an der Hand. Aus dem somalischen Schiffsentführer war jetzt eine Geisel geworden. Die günstige Entwicklung nutzte Phillips aus, um einen Gefangenenaustausch einzufädeln.

Doch der Plan ging schief. Nachdem die Gefangenen ausgetauscht worden waren und die Piraten noch zusätzlich 30 000 Dollar sowie ein Rettungsboot erhielten, gelang es den Somalis erneut, Kapitän Phillips gefangen zu nehmen. Jetzt waren die Piraten wieder am Drücker. Sie ahnten nicht, was für eine ungeheure Provokation sie mit dem Überfall auf die »Maersk Alabama« und der Geiselnahme von Richard Phillips begangen hatten.

Seit 200 Jahren hatten weder Piraten noch Korsaren ein US-amerikanisches Schiff angegriffen und in ihre Gewalt gebracht.

Die Befreiung der »Maersk Alabama« wurde zur Staatssache.

Am Mittwochmorgen schickte die Marine den Zerstörer »USS Bainbridge« zur »Maersk Alabama«, die sofort die Verfolgung des Rettungsbootes aufgenommen hatte, das wenig Fahrt machte und auf die Küste Somalias zuhielt.

Später stieß die Fregatte »USS Halyburton« zu ihr.

Kommandeure vor Ort waren Commander Frank Castellano und Commander Michael P. Huck, wobei Castellano die operative Leitung innehatte.

Die beiden Kommandeure einigten sich darauf, die somalischen Geiselnehmer zu zermürben, indem sie »Guter Bulle, böser Bulle« spielten. Während die »USS Halyburton« alles tat, die Piraten in ihrer Manövrierfähigkeit zu beeinträchtigen, spielte der Kommandeur der »USS Bainbridge« den guten Mann, der seine kriegswütigen »Kollegen« im Zaum hielt und den Piraten verständnisvoll alle Wünsche erfüllte.

In den Verhandlungen mit den Entführern blieb Commander Castellano jedoch nicht allein. Das FBI schickte Fachleute, welche die Unterhandlungen mit den Entführern aufnahmen. Die Piraten waren auf der Hut und drohten, Phillips zu töten, sollten die Amerikaner Gewalt anwenden. Doch dazu waren die Kräfte vor Ort weder gewillt, noch in der Lage, wie ein vergeblicher Fluchtversuch Phillips' klar vor Augen führte. Er endete damit, dass die Piraten ihre Geisel wieder aus dem Wasser zogen. Obwohl die »Bainbridge« über ein Boarding Team verfügte, war dieses nicht für eine Geiselbefreiung ausgebildet. Auch fehlten die nötigen Gewehre für die Scharfschützen.

Erst Samstagnacht traf die dazu ausgebildete Spezialeinheit, Team Nr. 6 von den gefürchteten Navy Seals, mithilfe von Transportflugzeugen auf dem Krisenschauplatz ein. Die Seals sprangen nachts mit Fallschirmen ab und landeten unbemerkt von den Piraten im Meer. Kurz danach wurden sie von der »USS Bainbridge« aufgenommen.

Damit waren die Einsatzkräfte der US-Amerikaner vor Ort vollzählig. Mit den Scharfschützen der Navy Seals an Bord musste nur der geeignete Moment abgewartet werden, um Phillips zu befreien.

Die passende Gelegenheit ließ nicht lang auf sich warten. Die Lage an Bord des Rettungsbootes spielte ihnen in die Hände, weil der Anführer der Piraten sich freiwillig an Bord der »USS Bainbridge« begab, um seine Handverletzung verarzten zu lassen. Sein Abgang schwächte die Einigkeit der Geiselnehmer, die sich immer aggressiver und bedrohlicher gegenüber Phillips verhielten.

Als dem Rettungsboot der Sprit ausging und die See immer unruhiger wurde, stimmten die Piraten dem Vorschlag Commander Castellanos zu, sich von der »Bainbridge« im Schlepptau nehmen zu lassen. Somit überließen sie ihren Gegnern die Führung.

Der Kommandant der »USS Bainbridge« nutzte die günstige Entwicklung der Dinge sofort aus. Inmitten der Dunkelheit zog sein Schiff das Rettungsboot unbemerkt vom rettenden Ufer weg auf die »USS Bainbridge« zu – und genau vor die Läufe der Scharfschützengewehre der Navy Seals. Die Elitekämpfer hatten sich mittlerweile auf dem vorstehenden Heck der »Bainbridge« eingerichtet und erspähten durch Nachtsichtgeräte jede Bewegung auf dem Rettungsboot.

Die Schussdistanz betrug jetzt statt zweihundert nur noch hundert Meter, dann dreißig Meter. Eine sichere Entfernung für Profis wie die Seals. Über das, was dann geschah, gibt es verschiedene Versionen. Mal wollen die Navy Seals erst geschossen haben, als Richard Phillips zum Urinieren nach draußen ging, nach anderen Presseberichten liquidierten die Seals die Geiselnehmer, nachdem einer von ihnen die Waffe auf Phillips gerichtet und auch geschossen hatte, was auch Phillips berichtet. Sicher ist, dass die Navy Seals die Geiselnehmer in dem Moment mit Kopfschüssen niederstreckten, als sich zum ersten Mal ein freies Schussfeld bot. Dem Logbuch der »USS Halyburton« selbst ist nur folgender Eintrag zu entnehmen.

»HALYBURTON DECK LOG
1919 2009 04 12 AMERICAN HOSTAGE ON
BAINBRIDGE RHIB
1934 BAINBRIDGE RECOVERED RHIB WITH
CATTAIN RICHARD PHILLIPS ON BOARD
1937 THREATS ARE NEUTRALIZED«[183]

Unmittelbar nach den tödlichen Schüssen stürmten die Seals das Boot. Phillips, der völlig dehydriert war, wurde sofort behandelt und an Bord der »USS Bainbridge« stabilisiert. Der Kapitän war gerettet, der einzige überlebende Pirat gefangen. Die USA hatten einen neuen Helden. Daran änderte auch ein später geführter Prozess nichts, den einige Mitglieder der Mannschaft gegen ihn und die Reederei führten. Die Anklage basierte auf dem Vorwurf, Phillips hätte Warnmeldungen

ignoriert, in die piratenverseuchte Seezone einzufahren, und so fahr-
lässig das Risiko eines Piratenangriffs provoziert.

Der Kapitän wurde freigesprochen. Die Kläger gingen leer aus.
Wahrscheinlich wollten sie nur am Reibach teilhaben, den Phillips mit
seiner Story machte.

Was den Fall der »Maersk Alabama« angeht, so ist sein Erfolg gar
nicht hoch genug zu veranschlagen. Das professionelle Krisenmana-
gement der US-Amerikaner übertünchte das Debakel, das sich zeitgleich in unmittelbarer Nähe abspielte: das Geiseldrama auf der »Hansa
Stavanger«.

Am 4. April 2009 machten die somalischen Piraten einen perfekten
Fang: den 170 Meter langen Containerfrachter »Hansa Stavanger«, der
unter deutscher Flagge fuhr. An Bord befanden sich 19 Seeleute aus
Russland, der Ukraine und von den Philippinen sowie fünf Deutsche,
darunter der Kapitän. Die »Hansa Stavanger« war eine Leihgabe für
eine Reederei in Dubai, deren Schiffe im regionalen Linienverkehr zwischen den Vereinigten Arabischen Emiraten, Kenia und Indien eingesetzt wurden.

Im Gegensatz zur »Maersk Alabama« hatten die Piraten die »Hansa
Stavanger« ohne große Schwierigkeiten eingenommen, was an ihrer
resoluteren Vorgehensweise lag.

Im Fall der »Hansa Stavanger« hatten sie die Ausweichmanöver des
Deutschen Kapitäns nicht lange geduldet und den Frachter erst aus
ihren Kalaschnikows und dann mit einer Panzerfaust beschossen.

Zum Glück für die Besatzung war die panzerbrechende Granate unterhalb der Kapitänskajüte explodiert, ohne dass Besatzungsmitglieder
verletzt worden waren. Es war eine jener Granaten, deren Sprengkopf
aus einer brandbeschleunigenden Substanz bestand, welche die Kajüte
sofort in Flammen setzte. Angesichts einer derartigen Bedrohungslage
drehte Kapitän Kotiuk bei. Die Piraten stiegen an Bord, nahmen das
Schiff in Besitz und steuerten es zur Reede von Haradhere.

Auf dem Weg dorthin kam es jedoch fast zu einem ernsten Zwischenfall. Alarmiert von einem abgesetzten Notruf der »Hansa Stavanger« heftete sich die Fregatte »Rheinland-Pfalz« ans Heck des entführten Containerfrachters. Die »Rheinland-Pfalz« war im Rahmen
von »Operation Atalanta« am Horn von Afrika unterwegs. Sie hatte

ein Enterkommando an Bord, das jedoch für Geiselbefreiungen nicht ausgebildet war.

Als die Piraten dem deutschen Kriegsschiff drohten, bei fortdauernder Verfolgung ihre Geiseln zu ermorden, ließ die deutsche Fregatte von der Verfolgung ab. Die »Hansa Stavanger« setzte ihren Kurs nach Haradhere fort, blieb dort allerdings nur kurz vor Anker. Ein Funkspruch des Gangstersyndikates hatte sie angewiesen, den im Rettungsboot befindlichen Entführern von Kapitän Phillips entgegenzufahren, um sie aufzunehmen (die Entführungen fanden gleichzeitig statt). Die Aktion scheiterte, weil die »Hansa Stavanger« ihre Piratenkomplizen nicht fand. Unverrichteter Dinge kehrten die Piraten nach Haradhere zurück. Bei dieser Rückfahrt wurde sie von einer zweiten deutschen Fregatte beschattet, der »Mecklenburg-Vorpommern«, auf der sich 18 Kampfschwimmer befanden.

Plante die Bundesmarine etwa auf eigene Faust eine Geiselbefreiung? Dazu war sie nicht befugt und musste erst weitere Befehle aus Berlin abwarten. Dort ging es heiß her, stritten sich Innen- und Außenministerium heftig darüber, wer den Einsatz führen sollte. Lange konnte man sich im Krisenstab über die weitere Vorgehensweise nicht einigen, schließlich fasste man einen gemeinsamen Beschluss: Nach Klärung der Zuständigkeiten erhielt statt des KSK (Kommando für Spezialkräfte) die GSG 9 den Auftrag, die Geiseln zu befreien. Piraterie mit Geiselnahme fällt in den Kompetenzbereich der Polizei, somit war die GSG 9 als Eliteeinheit der Polizei zuständig.

Mit der Klärung dieses Sachverhalts fingen neue Probleme an. Der Einsatz überstieg die Transportkapazitäten der Bundeswehr bei Weitem. Die Bundeswehr war nicht in der Lage, innerhalb von 96 Stunden sechs Spezialhubschrauber nach Kenia zu transportieren. Der Krisenstab sah sich gezwungen, die notwendigen Großraumflugzeuge für den Transport der Hubschrauber zu mieten und von den Amerikanern vor Ort einen Hubschrauberträger zu chartern.

Endlich ging es los. Am Ostersonntag, den 12. April 2009, landete eine Kampfgruppe von 200 Scharfschützen, Fallschirmspringern und Kampftauchern in Mombasa, wo sie in ein TUI-Hotel eincheckten. Gleichzeitig wurde das Gerät der GSG 9 nach Mombasa verlegt.

Am Donnerstag nach Ostern legten drei deutsche Fregatten, ein Versorgungsschiff und der US-amerikanische Hubschrauberträger ab, auf dem die Helikopter der GSG 9 heimlich landeten. Der deutschen Geheimniskrämerei waren keine Erfolge beschieden. Während dieser Teil der Operation noch gut gelang, flogen die 200 deutschen Elitekämpfer in ihrem Hotel auf. Die durchtrainierten, muskelgestählten Männer hatten Argwohn geweckt, weil sie sich so ruhig verhielten, keinen Alkohol tranken und eisern ihre Bahnen im Pool zogen.

Die Einsatztruppe wurde verlagert und wartete von nun an auf dem Hubschrauberträger »USS Boxer« auf ihren Kampfeinsatz.

Bei dessen Umsetzung tauchten bald große Probleme auf. Obwohl der Konvoi nach drei Tagen Haradhere erreichte, gab es immer noch keinen Plan zur Befreiung der Geiseln. Diese wurden mittlerweile schwer bewacht und waren aus Angst vor einem Befreiungsversuch in kleine Gruppen im Unter- und Oberdeck der »Hansa Stavanger« aufgeteilt worden. Wussten die somalischen Piraten von dem bevorstehenden Angriff? Davon musste man ausgehen. Der Krisenstab schwankte. War der Zugriff schon vorher gefährlich gewesen, so hatten die Defensivmaßnahmen der Piraten das Risiko gewaltig erhöht. Sollte die GSG 9 den Angriff wagen oder nicht? Die GSG 9 und die Kampfschwimmer trainierten an Bord des US-Hubschrauberträgers »USS Boxer« eifrig den Ernstfall. Aber es kam anders.

Wieder brachen Konflikte über die weitere Vorgehensweise aus. Als Berlin sich immer noch nicht zu einem Angriff entschließen konnte, entzogen die USA dem Angriffsplan ihre Unterstützung. Unverrichteter Dinge flog die GSG 9 wieder nach Hause. Die dreiwöchige Operation hatte sich zu einem der größten Fehlschläge in der Piratenbekämpfung entwickelt. Ihr klägliches Scheitern hatte die Verhandlungsposition der Reederei entscheidend geschwächt.

Die Leidtragenden waren jedoch die Gefangenen, deren Martyrium durch Folter, Misshandlung und Scheinhinrichtungen verschärft wurde.

Es sollte noch 121 Tage dauern, bis die Geiseln und das Schiff Anfang August 2009 gegen ein Lösegeld von 2,75 Millionen Dollar ausgelöst wurden. Die Piraten hatten ihre Kollegen von der »Maersk Alabama« mehr als gewinnbringend gerächt.

Der Hamburger Piratenprozess

»Die EU-Mission Atalanta war bislang viel zu passiv. Die Mutterschiffe der Piraten sind identifiziert, wir brauchen dringend eine Lösung, die diese Schiffe am Auslaufen aus somalischen Hoheitsgewässern hindert.«

Roland Höger, Reederei Komrowski 2010

Die »MV Taipan«, ein Mehrzweckschiff, das Container geladen hatte, war am 5. April 2010 auf dem Weg von Haifa nach Mombasa mit einer Besatzung von 15 Seeleuten unterwegs, als sie ungefähr 530 Seemeilen östlich des Horns von Afrika überfallen wurde.

Die Täter: somalische Seeräuber. Die Überfalltaktik: die altbewährte Weise. Zwei mit jeweils fünf Mann besetzte offene Motorboote rasten auf die »Taipan« zu. Als sie auf 200 Meter heran waren, eröffneten sie das Feuer auf die Kommandobrücke.

Der Kapitän des deutschen Containerfrachters reagierte sofort. Er schickte den größten Teil seiner 15-Mann-Crew unter Deck. Die Männer der »MV Taipan« hatten noch nicht den sicheren »Panikraum« erreicht, als schon die ersten Salven der Piraten gegen das dicke Sicherheitsglas der Brücke schlugen.

Doch der Kapitän war ein erfahrener Seemann, den so schnell nichts schreckte. Ungeachtet des Feuerhagels stoppte er die Motoren, sodass das Schiff manövrierunfähig wurde.

Dann setzte er Hilferufe an seine Reederei und die EU-Anti-Piraten-Mission »Atalanta« ab, bevor er sich mit dem Rest der Mannschaft ebenfalls in den Schutzraum zurückzog und die Stromzufuhr für das gesamte Schiff unterbrach.

Jetzt saßen nicht nur die Überfallenen, sondern auch die Piraten in der Falle, konnte eines der Kriegsschiffe der EU-Anti-Piraten-Mission vielleicht doch noch zu Hilfe eilen, um eine Geiselnahme zu verhindern.

Die EU-Mission »Atalanta« war seit Ende 2008 in den Gewässern um Somalia im Einsatz. Sie hatte den Auftrag, die Lebensmittellieferungen des Welternährungsprogramms nach Somalia vor Piratenüberfällen zu schützen und Handelsschiffen im Falle eines Piratenangriffs Hilfe zu leisten. Doch war sie wirklich in der Lage dazu?

Zum Zeitpunkt des Überfalls auf die »MV Taipan« hatten die Schiffe der Anti-Piraten-Mission wenig geglänzt und sich nicht besonders tatendurstig gezeigt. Außer Patrouillenfahrten, Kontrollen von Fischerbooten, der Zerstörung von einigen Piratenskiffs hatte »Operation Atalanta« damals wenig Erfolge in der Piratenbekämpfung vorzuweisen. Einzig die Aufbringung der Piraten, welche die »MV Courier« 2009 angegriffen hatten, stach hervor. Damals hatte eine deutsche Fregatte eine Piratencrew aufgebracht und die gefangenen Piraten zur Aburteilung nach Kenia geschickt.

Die rechtliche Lage war für die Seestreitkräfte von »Operation Atalanta« vertrackt. Normalerweise galt der Rechtsgrundsatz, dass die Kriegsschiffe der Mission die Piraten nur außerhalb der nationalen Hoheitsgewässer Somalias bekämpfen durften. Da Somalia aber ein gescheiterter Staat war, dehnte der UN-Sicherheitsrat das Mandat der internationalen Seeoperationen auf die Küstengewässer innerhalb der 12-Meilen-Zone aus und erlaubte ihnen sogar, die Piraten an Land zu verfolgen und ihre Infrastruktur zu zerstören.

Es gab noch weitere Hürden: Piratenskiffs durften nur während eines erwiesenen und offensichtlichen Angriffs auf ein Schiff bekämpft werden. War ein Schiff schon von Seeräubern gekapert, gestaltete sich die Lage noch schwieriger, war es tabu, das Schiff aufzubringen oder dessen gefangene Mannschaft zu befreien. Ein derartiger Einsatz barg nach Ansicht aller Verantwortlichen zu viele Risiken: für die Geiseln, das Boarding Team (Enterkommando beziehungsweise Sicherheitsteam, das ein verdächtiges Schiff kontrolliert) und die teilweise hochexplosive Ladung.

War es den Marineeinheiten tatsächlich gelungen, ein Seeräuberskiff samt Besatzung aufzubringen, konnten die Soldaten die Piraten nur vorübergehend in Gewahrsam nehmen. Das Seerechtsübereinkommen von 1982 gestattet Staaten zwar, gegen Piratenschiffe und Schiffe, die der Piraterie verdächtigt werden, mit Zwangsgewalt vorzugehen und sie zu betreten (boarding), es gestattet jedoch nicht die Verhaftung von Personen, die sich der Piraterie schuldig gemacht haben. Diese dürfen grundsätzlich nur vorübergehend für die Dauer von 48 Stunden in Gewahrsam genommen werden, dann muss ein Untersuchungsrichter über ihr weiteres Schicksal entscheiden. Die Artikel 100–107 des Seerechtsübereinkommens berechtigten die Staatengemeinschaft lediglich zu seepolizeilichen Maßnahmen, nicht zur Strafverfolgung. Diese unterliegt auf hoher See den einzelnen Staaten und erfolgt auf der Grundlage nationalen Rechts.

Dies war der komplizierte rechtliche Hintergrund, als die niederländische Fregatte HNLMS »Tromp« mit Höchstgeschwindigkeit Jagd auf die mittlerweile geenterte »MV Taipan« machte. Noch war sie 50 Seemeilen entfernt und rechtliche Befugnisse zu klären. Kommandant Hans Lodder wollte ein Zeichen setzen, und die »Taipan« zurückkapern, konnte jedoch nicht selbstständig entscheiden. Nach Konsultation der Regierung in Den Haag und der Bundesregierung erhielt er die Vollmacht, den Einsatz durchzuführen. Ausschlaggebend war, dass die Besatzung des entführten Schiffes in Sicherheit war.

Lodder verlor keine Zeit und ließ die »Tromp« volle Kraft voraus nehmen. In Nullkommanichts liefen die 25 000 PS Rolls-Royce-Gasturbinen auf Hochtouren und zog die Tromp mit 30 Knoten (55 km/h) Richtung des gekaperten Schiffes. Doch Lodder konnte nicht warten, bis sein Schiff die »MV Taipan« erreichte. Der Kommandant schickte einen Helikopter mit einem Boarding-Team der Marine Intervention Unit voraus.

Als der Helikopter die »Taipan« erreichte, ging alles sehr schnell. Unter beständigem Feuerschutz des niederländischen Bord-Helikopters, seilte sich das Boarding-Team über dem Bug der »Taipan« aus 15 Metern Höhe ab und sprang auf die dort befindlichen Containerdecks. Geduckt wie Katzen und das Schnellfeuergewehr immer im Anschlag, arbeitete sich das Boarding-Team an der Reling entlang bis zur Kommandobrücke vor. Nach 15 Minuten waren die Niederländer im Besitz des Schiffes und die Piraten überwältigt.

Fünf Kalaschnikows, zwei Panzerfäuste und zwei Pistolen stellten die Niederländer sicher. Dann begaben sie sich auf die Suche nach dem Panikraum, der so gut verborgen war, dass sie ihn erst nach einer Stunde entdeckten.

Der spektakuläre Einsatz des Boarding-Teams der Tromp resultierte in der Festnahme der somalischen Piraten

Nach vier Stunden war die »Taipan« befreit. Die Piraten wurden an Bord des deutschen Schiffes in Gewahrsam genommen, in die Niederlande gebracht und von dort am 10. Juni 2010 nach Deutschland ausgeliefert.

Der Einsatz der »Tromp« an Bord der »MV Taipan« war von Erfolg gekrönt und hatte insbesondere schwerwiegende rechtliche Folgen. Zum ersten Mal seit 400 Jahren fand 2012 wieder ein Piratenprozess in Deutschland statt. Der folgende Auszug aus dem Gerichtsurteil verdeutlicht die rechtliche Grundlage, auf der die Piraten letztendlich verurteilt werden konnten.

»Urteil im sog. ›Piratenprozess‹ vor dem Landgericht Hamburg – Angeklagte nach deutschem Recht zu mehrjährigen Freiheits- und Jugendstrafen verurteilt.

19.10.2012

»Das Landgericht Hamburg hat heute zehn Somalier für den Überfall auf das Hamburger Containerschiff ›Taipan‹ vor der afrikanischen Küste im Jahr 2010 zu Freiheitsstrafen zwischen 6 und 7 Jahren
beziehungsweise zu Jugendstrafen von jeweils 2 Jahren verurteilt …

Bereits zwei Monate nach Anklageerhebung begann am 22.11.2010
die Hauptverhandlung vor der Großen Strafkammer 3 des Landge-
richts Hamburg. Die Kammer verhandelte als Jugendkammer, da für
drei Angeklagte nicht ausgeschlossen werden konnte, dass sie zur
Tatzeit noch nicht erwachsen waren. Die örtliche Zuständigkeit des
Gerichts beruhte auch auf dem Hamburger Heimathafen der Taipan. Das deutsche Strafrecht fand auf die auf hoher See verübte Tat
Anwendung, weil diese auf einem deutschen Schiff verübt wurde, es
sich bei den Tatopfern z.T. um deutsche Staatsangehörige handelte
und der Angriff auf den Seeverkehr nach dem sog. Weltrechtsprin-
zip vor dem Gericht eines jeden Staates verhandelt werden kann.

Das Gericht hat die Angeklagten als Mittäter eines Angriffs auf den
Seeverkehr (§ 316c Abs. 1 Nr. 1 StGB) sowie eines erpresserischen
Menschenraubes (§ 239 a Abs. 1 StGB) verurteilt. Die schwierigen
Lebensumstände in Somalia hat das Gericht als erheblich strafmil-
dernd berücksichtigt, hierin aber keine die Tat rechtfertigende oder
entschuldigende Notstandslage gesehen …

Die Hauptverhandlung hat mit 105 Verhandlungstagen unvorher-
gesehen lang gedauert. Hierzu trugen die Vielzahl der Prozessbetei-
ligten, der erhebliche Übersetzungsaufwand, die Komplexität des
Verfahrensgegenstandes und der Auslandsbezug mit der Notwendigkeit zeitintensiver internationaler Rechtshilfe bei. Wesentliche
Ursache der Verfahrensdauer war allerdings die von der Verteidigung gewählte Strategie. Das Hanseatische Oberlandesgericht hat
hierzu anlässlich der Haftbeschwerde eines Angeklagten in einem
Beschluss vom 27. August 2012 (1 Ws 108/12) ausgeführt, es liege
nicht an der Justiz, sondern am Verhalten der Angeklagten bezie-

hungsweise ihrer Verteidiger, dass das Verfahren nicht früher habe abgeschlossen werden können. Mehrere Angeklagte hätten es vorgezogen, zunächst zum Tatvorwurf zu schweigen, und sich erst zu dem ihnen zur Last gelegten Delikt geäußert, als die Beweisaufnahme nach fast einjähriger Dauer eigentlich geschlossen werden sollte. Es bleibe einem Angeklagten zwar unbenommen, erst nach weitgehend durchgeführter Beweisaufnahme zum Tatvorwurf Stellung zu nehmen. Die dadurch eintretende Verzögerung des Verfahrens habe er sich allerdings selbst zuzuschreiben.

Das gerichtliche Aktenzeichen lautet 603 KLs 17/10. Das Urteil ist noch nicht rechtskräftig. Gegen die Entscheidung kann binnen einer Woche Revision eingelegt werden. Hierüber entscheidet dann der Bundesgerichtshof.«

Die Länge des Urteilsauszugs verdeutlicht schon die komplizierte Rechtslage.

Der Hamburger Piratenprozess zeigt deutlich, wo der Haken bei der Piratenjagd immer noch liegt. Die internationalen Seestreitkräfte sind geradezu gefangen in einem Dickicht aus Paragrafen und Gesetzbüchern.

Das Problem der Piratenbekämpfung ist nicht die Aufspürung von Seeräuberskiffs und Bekämpfung von Piraten, sondern Gewahrsame und Gefängnisse für die Angeklagten zu finden und sie rechtskräftig für ihre begangenen Delikte zu verurteilen.

Obwohl es seit 2009 gelang, Kenia, die Seychellen und auch die Gerichtshöfe der autonomen Region Puntland als Gerichtsort zu gewinnen, bleibt die Rechtsprechung das schwächste Glied in der Kette der Piratenbekämpfung. Vor allem Kenia erwies sich als unzuverlässig und forderte für die Verurteilung hohe Geldsummen von den Europäern und der NATO nach. Die Seychellen zeigten sich als zuverlässiger. Trotzdem fehlt es immer noch an Gefängnissen und mangelt es an Gerichten, die Seeräuber zu verurteilen.

Doch es gibt auch Ausnahmen, die Hoffnung machen. Am 12. Oktober 2013 wurde der Erzpirat Mohammed Abdi Hassan alias »Afweyne« alias »Big Mouth«, zusammen mit seinem Komplizen Mohammed Aden Tiicey am Brüsseler Flughafen verhaftet.

Scheinbar ehrwürdige Dokumentarfilmer hatten ihn als Experten für ein Filmvorhaben angefragt, das im Grunde genommen die Verfilmung seines Lebens bedeutete: einen Film über die Geschichte der modernen Piraterie am Horn von Somalia. Was »Big Mouth« nicht ahnte: Die vermeintlichen Dokumentarfilmer waren in Wirklichkeit verdeckte Ermittler der belgischen Polizei und seit Jahren hinter ihm her.

Der Erzpirat Mohammed Abdi Hassan alias »Afweyne« alias »Big Mouth«

2009 hatte Big Mouth den Bulk Carrier »Pompei« gekidnappt und eine stattliche Summe von zwei Millionen US-Dollar für Mannschaft und Schiff erpresst. Jetzt war die Zeit gekommen, für die Tat zu bezahlen. Kaum in der Ankunftshalle begrüßt, stürmte ein Sondereinsatzkommando auf »Big Mouth« und seinen Begleiter zu und nahm beide Männer sofort fest, bevor sie noch an Gegenwehr denken konnten.

Dies war das Ende des gefürchteten Piraten, der eigentlich mit bürgerlichem Namen Mohammed Abdi Hassan heißt und dem noch weitere Delikte zur Last gelegt werden: die Entführung der »MV Sirius Star«

und der »MV Faina«, für die das bisher höchste Lösegeld von 3,2 Millionen US Dollar erzielt wurde.

Die belgische Polizei brachte »Big Mouth« in ein Hochsicherheitsgefängnis nach Brügge, wo er noch immer einsitzt und auf seine Verurteilung wartet. Informationen somalischer Online-Zeitungen zufolge (z. B. „Somaliland Sun") drohen ihm 20 Jahre Haft.

2014 wurde »Operation Atalanta« erneut um zwei Jahre verlängert. Im Laufe der Jahre haben sich ihre Vollmachten und Kompetenzen erweitert, ist ihr Mandat solider geworden. Rechtliche Spielräume und Einsatzzonen wurden erheblich vergrößert.

Was den Schutz der Schiffe des World Food Programme anbetrifft, so konnte der Hauptauftrag der Operation hundertprozentig erfüllt werden.

Außerdem verfolgt die EU seit einigen Jahren neue Wege. Mithilfe der eigens für die zivile Mission gegründeten EUCAP Nestor wird am Horn von Afrika erstmals seit zwei Jahrzehnten wieder der Aufbau von regionalen Küstenwachen und -polizeien betrieben.

Längst schon werden viele Containerschiffe von privaten Sicherheitsdiensten beschützt, was vor 2010 in Deutschland rechtlich nicht möglich war. Viele technische Systeme sichern die Frachter von heute: Stacheldrahtumwallungen, Wasserwerfer, Schallkanonen, akustische und optische Warnsysteme, eine verbesserte Luftüberwachung sowie Elektrozäune.

Die Mannschaften selbst sind heute besser ausgebildet in der Piratenbekämpfung. Verstärkt werden Übungen für den Fall eines Piratenangriffs abgehalten und Wachen gelaufen Sicherheitsinstallationen wie Schutzräume verstärken das Gefühl der Mannschaft, im Fall eines Piratenangriffs sicher zu sein. Shiploc und andere Satellitenortungssysteme geben fortlaufend in Zeitintervallen die aktuellen Positionen der Schiffe durch.

Als eine der wichtigsten Sicherheitsmaßnahmen hat sich das Anheuern privater Sicherheitsdienste erwiesen, sei es, weil sie Piraten abschrecken oder tatsächlich in der Vergangenheit effektiv bekämpften. Die Bilanz jener Sicherheitsdienste ist jedenfalls vielversprechend: Bis heute wurde ein Schiff, das bewaffnete Securities an Bord hatte, noch nicht entführt.

Trotzdem gibt es keinen Grund zur Entwarnung. So wurde die »Maersk Alabama«, das Symbol einer erfolgreichen Anti-Piraten-Mission seit 2009 achtmal angegriffen. Im Frühjahr 2014 kam es sogar zum mysteriösen Tod zweier angeheuerter Sicherheitskräfte.

Erst im Juli 2014 entführten Seeräuber der Malakkastraße einen Riesentanker, den sie leer pumpten. Im ersten Halbjahr desselben Jahres gab es vor der Küste Nigerias so viele Angriffe wie nie zuvor. 2012 ereigneten sich allein 27 erfolgreiche Angriffe, bei denen 61 Geiseln genommen wurden.

2013 waren es insgesamt mit fehlgeschlagenen Angriffen 31.

Die Piratenjagd auf den Weltmeeren ist noch längst nicht zu Ende.

ANMERKUNGEN

1 Dietrich/Loretz, »Der Untergang von Ugarit am 21. Januar 1192 v. Chr«. in: *Ugarit-Forschungen. Internationales Jahrbuch für die Altertumskunde Syrien-Palästinas*, Bd. 34/2002, S. 53. Ugarit-Verlag, Münster 2003. – Das Gebiet des ehemaligen kanaanäischen Stadtstaates Ugarit liegt im heutigen Nordsyrien. Die Existenz Ugarits ist seit etwa 2400 v. Chr. keilschriftlich überliefert. Ugarit war während der Bronzezeit ein wichtiges Handels- und bedeutendes Kulturzentrum im Nordwesten Syriens.

2 Strobel, »Der spätbronzezeitliche Seevölkersturm«, S. 58. Quelle: Brief Nr. 24 (RS 20.238).

3 Sternberg-el Hotabi, *Der Kampf der Seevölker gegen Pharao Ramses III.*, S. 17.

4 Das Jahr von Ramses' III. Regierungsantritt wird von manchen Historikern zwischen 1192 und 1177 v. Chr. datiert und ist in der Forschung umstritten, daher wird hier auf eine Angabe der genauen Jahreszahl verzichtet.

5 Sternberg-el Hotabi, a.a.O., S. 23.

6 Strobel, a.a.O., S. 191. August Strobel weist in seinem ausführlichen Standardwerk *Der spätbronzezeitliche Seevölkersturm* darauf hin, dass in der Seevölkerflotte durchaus Šerden waren. Aus Rücksicht auf seine Elitesöldner hatte der Pharao darauf verzichtet, diese auf dem Relief an der Ostwand im Totentempel abbilden zu lassen. In den Texten des Papyrus Harris § 403 werden sie dagegen eindeutig erwähnt.

7 Nach gängiger Lehrmeinung leitet sich der Name »Palästina« von den Peleset ab.

8 Sternberg-el Hotabi, *Der Kampf der Seevölker gegen Ramses III.*, S. 24.

9 Thukydides 1.5.1.

10 Augustinus, *De civitate Dei* IV, 4.

11 Diodor, XI, 25.

12 Strabo, VII, 308 u. XI., 495–496.

13 Mit Seleukos starb der letzte »Diadoche« (Nachfolger), wie man die Feldherren Alexanders nannte. Die ihnen nachfolgenden Herrscher werden in der Geschichtsforschung als »Epigonen« bezeichnet.

14 Cicero, *De Imperio Gnaei Pompei*, XVIII, 55.

15 Strabo, XIV, 4.2.

16 Bengtson, *Römische Geschichte*, S. 146. Siehe auch: de Souza, *Piracy in the Graeco-Roman World*, S. 111.

17 Adramyttion war eine antike Stadt im Nordwesten Kleinasiens, die Vorgängersiedlung des heutigen Edremit (Türkei).

18 Kaunos: antike Stadt im Südosten der Landschaft Karien in Kleinasien in der Nähe von Dalyan (Türkei).

19 Talent: römische Gewichtseinheit, wurde oft für das Aufwiegen für Gold und Silber benutzt. Das römische Talent war in 100 Libra (Pfund) aufgeteilt.

20 Appian, *Römische Geschichte*, 64.

21 Appian, *Römische Geschichte*, Mithridates, 92.

22 Plutarch, *Caesar* 2, 3–4.

23 Cicero, *Reden gegen Verres*, I.4, § 1/13.

24 nach Plutarch, in *Große Griechen und Römer*, Agesilaos und Pompeius, 26.

25 Southworth, *The ancient fleets*, S. 221.

26 Gemeint sind die damaligen Iberer des Kaukasus.

27 Dies bezieht sich auf die Albaner, die im Altertum östlich der kaukasischen Iberer siedelten.

28 Plutarch, S. 208.

29 von Lingg: *Ausgewählte Gedichte*, S. 198ff.

30 Seston, »Verfall des Römischen Reiches im Westen«. In: Mann/Heuß, *Weltgeschichte*, Bd. 4, Rom. *Die Römische Welt*, S. 575.

31 Gautier, S. 289.

32 Prokop, *Vandalenkrieg*, S. 16f.

33 Diakonos, *Nikephoros Phokas und Johann Tzimiskes*, S. 18.

34 Eickhoff, *Seekrieg und Seepolitik*, S. 67.

35 Gibbon, *Der Sieg des Islam*, S. 488f.

36 Eickhoff, a.a.O., S. 153 f.

37 Thurn, in: »Byzantinische Geschichtsschreiber 15«, S. 148–149), *Synopsis Historion*, S. 112.

38 Die Datierung des Strafgerichts ist in der Forschung umstritten. Sie variiert von 868 bis 881, wobei die moderne Byzantinistik dazu neigt, den Zeitraum auf 872/879 einzuschränken.

39 I. Bekker, »Theophanus Continuatus«, *Chronographia*, 60,

40 Eickhoff, a.a.O., S. 342.

41 Norwich, Byzanz, Band II., S. 231.

42 Diaconus, *Nikephoros Phokas und Johannes Tzimiskes*, in der Übersetzung von Franz Loretto, S. 34.

43 Diakonos, a.a.O., S. 5.

44 von Weiß, *Geschichte Alfreds des Großen*, S. 217.

45 von Weiß, a.a.O., S. 162.

46 Nordenstreng, *Die Züge der Wikinger*, S. 16.

47 Asser, *Life of King Alfred*, Kap. 47.

48 von Weiß, a.a.O., S. 229.

49 Eine andere Legendenversion nennt den Heiligen Neot, den Beichtvater Alfreds, als prophezeiendes Traumgesicht.

50 *The Anglosaxon Chronicle*, Anno 882.

51 Nordenstreng, a.a.O., S. 86.

52 *The Anglo-Saxon Chronicle*, Anno 897.

53 Helmold, *Chronik der Slawen*, nach der Übersetzung von Dr. J. C.M. Laurent, S. 228.

54 Saxo Grammaticus und Helmold von Bosau nennen die Ranen Rugier.

55 Dahlmann, *Geschichte von Dännemark*, S. 262.

56 Giesebrecht, *Wendische Geschichten*, S. 76.

57 Dahlmann, a.a.O., S. 263.

58 Müller-Wille, »Michael, Opferkulte der Germanen und Slawen« (*AiD Sonderheft 1999*), Stuttgart 1999, S. 82.

59 Bei diesem Namen ist es nicht ganz klar, ob es sich um einen Eigennamen oder einen Beinamen handelt.

60 Dahlmann, *Geschichte von Dännemark*, S. 262 f.

61 Ebd.

62 Dudszus/Köpcke: *Das große Buch der Schiffstypen*, S. 243.

63 Dahlmann, a.a.O., S. 171. Andere Varianten geben 1600 Getaufte an.

64 Detlev von Liliencron, Auszug aus dem Gedicht »Trutz, Blanke Hans«, aus: *Vom Goldenen Überfluss*, S. 216–218.

65 *Die Recesse und andere Akten der Hansetage von 1256–1430*, Band IV, S. VII.

66 Dahlmann, *Geschichte von Dännemark*, Band 2, S. 56f.

67 Puhle, *Die Vitalienbrüder*, S. 27.

68 Die Titelbezeichnungen Margarethes sind uneinheitlich. Nach Dahlmann bezeichnete sie sich selbst bis 1397 mit »Wir, Margareta, Königin der Reiche Schweden und Norwegen, wahre Erbin und Fürstin des Reiches Dänemark«. Ab der Kalmarer Union nannte sie sich nur noch »Wir, Margareta mit Gottes Gnaden Waldemars des Dänenkönigs Tochter«.

69 Rufus-Chronik, 855, in: *Chroniken der deutschen Städte*.

70 Kruse, *Geschichte Stralsunds*, S. 30.

71 Tratziger, a.a.O., S. 105.

72 *Chroniken der deutschen Städte vom 14. Jh. bis ins 16. Jh.* Bd. 26, Lübeck,

2. Bd., Leipzig 1899, S. 50 f.

73 Puhle, a.a.O., S. 44.

74 Rufus-Chronik, in: *Die Chroniken der deutschen Städte vom 14. bis 16 Jh.*, 28 Bd. Lübeck, Bd. 3, S. 1.

75 Siehe »Der Piratenkreuzzug des Bischof Absalon« in diesem Buch.

76 Puhle, a.a.O., S. 81, Anmerkung 107, *Hanserecesse* I 4, Nr. 238, S. 232f.

77 Dem Hochmeister unterstellte »Statthalter«.

78 Puhle, a.a.O., S. 98, Anm. 152, *Hanserezesse* I 4, Nr. 438, §§ 9, 10, S. 416 f.

79 Puhle, a.a.O., S. 101.

80 Rochus von Liliencron: *Die historischen Volkslieder der Deutschen vom 13. bis 16. Jahrhundert*, Bd. 1, S. 211.

81 Hakluyt, *The principal navigation of the english nation*, London 1598, S. 164–169, zit. in: Blasel, *Klaus Störtebeker und Gödeke Michael in der Volkssage*, 1933, S. 53.

82 Blasel, *Klaus Störtebeker und Gödeke Michael in der Volkssage*, S. 55.

83 Wanke, *Die Vitalienbrüder in Oldenburg*, S. 20.

84 Cordsen, a.a.O., S. 25.

85 Puhle, a.a.O., S. 131.

86 Neukirchen, *Seefahrt im Wandel der Jahrtausende*, S. 237.

87 Koppmann, *Der Seeräuber Klaus Störtebeker in Geschichte und Sage*, S. 41.

88 Rohmann, *Der Kaperfahrer Johann Störtebeker aus Danzig*, S. 77 f.

89 Koppmann, a.a.O., S. 46.

90 Wanke, a.a.O., S. 90, *Lüb. Chronik*, Detmar ed. Grautoff II, S. 64, Anhang des Berichts über die Erstürmung der Sibetsburg und Emdens im Jahr 1433.

91 Nach einer von Otto Benneke überlieferten Version sogar Sibet selbst. In: Benneke, *Hamburger Sagen*, S. 125.

92 Wanke, a.a.O., S. 94, H.R. I., Nr. 185.

93 Spanisches Sprichwort, wörtliche Übersetzung: »Es sind keine Mauren an der Küste«, sinngemäß: »Die Luft ist rein. «

94 Mérimée, *Notes d'un voyage en Corse*, S. 195.

95 Wiens, *Leben der Korsaren Horuk und Hairadin Barbarossa*, S. 58.

96 Bono, *Piraten und Korsaren im Mittelmeer*, S. 216.

97 Bono, a.a.O., S. 217.

98 Bradford, *Kreuz und Schwert*, S. 81.

99 Wiens, a.a.O., S. 10.

100 Bradford, a.a.O., S. 177

101 Bradford, a.a.O., S. 181

102 Staiger, *Das Leben des Capitán Alonso de Contreras*, S. 23.

103 Bradford, a.a.O., S. 187.

104 Nicolle, *Die Ritter des Johanniterordens*, S. 118.

105 Staiger, a.a.O., S. 153.

106 Held, *Die rote Zora*, S. 544.

107 Marx, »Der Seehandel Österreichs«, in: *New-York Daily Tribune*, Nr. 5082 vom 4. August 1857.

108 Exquemelin, *Piraten der Karibik*, S. 150.

109 Reinhard, *Geschichte der europäischen Expansion*, Band 2, Die Neue Welt, S. 139.

110 Exquemelin, a.a.O., S. 57.

111 Ramirez, *La Armada de Barlovento*, S. 72.

112 Ramirez, a.a.O., S. 88.

113 Exquemelin, a.a.O., S. 146.

114 Exquemelin, a.a.O., S. 147.

115 Exquemelin, a.a.O., S. 153 f.

116 Marley, *The Wars of the Americas*, S. 174.

117 Defoe, *Umfassende Geschichte der Räubereiein und Mordtaten der berüchtigten Piraten*, S. 371.

118 Zumbach, *William Kidd*, S. 53 f.

119 Zumbach, a.a.O., S. 110.

120 Rotteck/Welcker, *Das Staats-Lexikon*, 11. Band, 1848, S. 150.

121 Zumbach, a.a.O., S. 146.

122 Defoe, a.a.O., S. 45.

123 Woodard, *The republic of pirates*, S. 325.

124 Woodard, a.a.O., S. 166.

125 Woodard, a.a.O., S. 167.

126 Defoe, a.a.O., S. 47.

127 Woodard, a.a.O., S. 301.

128 Manwaring, *Woodes Rogers*, S. 32.

129 Defoe, a.a.O., S. 102.

130 Woodard, a.a.O., S. 213.

131 Woodard, a.a.O., S. 222.

132 Neukirchen, a.a.O., S. 195.

133 Woodard, a.a.O., S. 320.

134 Defoe, a.a.O., S. 195.

135 Campbell, *Leben und Thaten der Admirale und anderer berühmter Britannischer Seeleute*, S. 561.

136 Neukirchen, *Piraten*, S. 240.

137 Leip, *Bordbuch des Satans*, S. 489.

138 Neukirchen, a.a.O., S. 241.

139 Lambert, *The Wars in Barbary*, S. 128.

140 Gruppe, *Die Fregatten*, S. 55.

141 Lambert, a.a.O., S. 140.

142 Gruppe, a.a.O., S. 50.

143 Gruppe, a.a.O., S. 55.

144 Chidsey, *The Wars in Barbary*, S. 111.

145 Ebd.

146 Chidsey, *The Wars in Barbary*, S. 124.

147 Leip, a.a.O., S. 12.

148 Bono, *Piraten und Korsaren im Mittelmeer*, S. 58.

149 Die Stärke der Schiffe schwankt erheblich. Es findet sich auch die Zahl von 22 Schiffen (*Conversations-Lexicon* oder *Enzyclopädisches Handwörterbuch für gebildete Stände*, 1818, S. 308).

150 Salamé, *A Narrative to the Expedition of Algiers*, S. 40, Übersetzung Alain Felkel.

151 Salamé, a.a.O., S. 169.

152 ebd.

153 Salamé, a.a.O., S. 167.

154 Salamé, a.a.O., S. 224.

155 Al-Otabi, *The Qawasim and British Control of the Arabian Gulf*, S. 141.

156 Al-Otabi, a.a.O, S. 178.

157 Verne, *Der Archipel in Flammen*, S. 315.

158 Prokesch von Osten, *Denkwürdigkeiten und Erinnerungen aus dem Orient*, S. 341–347.

159 Fischer, *Österreich im Nahen Osten*, S. 67.

160 Fischer, a.a.O., S.69.

161 *Neueste Staats-Akten und Urkunden*, 10. Band, S. 61 f.

162 *Allgemeine Zeitung*, Nr. 31, Ausgabe vom 31. Januar 1828.

163 Louis Blanc, *Zehn Jahre*, S. 94.

164 Louis Blanc, a.a.O., S. 95.

165 *The China Mail*, October 1849.

166 Yuen Tsze, *History of the Pirates*, S. 152.

167 Scott, *An Account of the Destruction of the Fleets of the celebrated Chieftains Chui-apoo and Shap-ng-Tsai*, S. 64.

168 *Deutsche Zeitung*, 27. Januar 1850.

169 Runze (Hrsg.), Carl Loewes Werke, Band V, *Hohenzollern. Balladen und Lieder*, S. 76.

170 o.V., *Notizen aus dem Tagebuch, Reisen der Königl. Preußischen Kriegsflotte in den Jahren 1854–1862*, Merseburg o. J.

171 Duppler, *Prinz Adalbert von Preußen*, S. 68.

172 Bismarck, *Gesammelte Werke*, 14/I, S. 447.

173 Rotteck/Welcker, *Das Staats-Lexikon*, 11. Band, S. 140.

174 *Spiegel*, Nr. 12/1968.

175 Domizlaff, *Der Hamburger Hafenlotse*, S. 2 f.

176 ebd.

177 *ITF-Nachrichten*, Oktober 1992, S. 15.

178 Stewart, *Das organisierte Verbrechen auf See*, S. 392 f.

179 Douglas Stewart geht in seinem Buch *Das organisierte Verbrechen auf See* in keiner Weise auf diesen Deal ein. War er eine Erfindung der *New York Times*? Oder wollte Stewart nicht preisgeben, dass zur Ermittlungstaktik des IMB vielleicht doch auch die Entlohnung wertvoller Hinweise gehört?

180 Prof. K.R. Singh, JNU; Regional Cooperation in the Bay of Bengal: Non-Conventional Threats-Maritime Dimension (Thesenpapier unter: www.idsa-india.org/an-mar-5.01.html).

181 2,2 Mio Barrel = 350 Mio Liter Rohöl.

182 Rottenberger, »Piraterie – Kriminalität auf hoher See«, in: *SIAK-Journal*, Bd. 8 (2011), 3, S. 61.

183 McKnight, *Pirate Alley*, S. 159.

GLOSSAR

abtakeln: das Schiff vom Tauwerk entblößen, im übertragenen Sinne auch stilllegen.

achtern: hinten.

achteraus: hinter dem Heck eines Schiffes.

Ankerspill: auch Gangspill, Winde zum Lichten des Ankers.

antun: einen Hafen anlaufen.

ausösen: ein Boot ausschöpfen.

aussegeln: auch totsegeln, schneller als ein anderes Schiff segeln.

backbord: linke Seite des Schiffes vom Steuer aus gesehen.

backliegend: b. sind die Segel, wenn sie gegen den Mast drücken.

beidrehen: das Schiff dem Wind zuwenden, die Fahrt verlangsamen.

Besan: hinter dem Grobmast stehend, daher Besanmast, Besansegel etc.

Besanmast: erster hinterer Mast, der nicht mit einem Rahsegel bestückt ist.

Besansegel: Lateinersegel am ersten Mast hinter dem letzten mit Rahen bestückten Mast.

beschlagen: Segel an die Rahe schnüren.

Breitseitaufstellung: Aufstellen der Geschütze nebeneinander über die ganze Schiffslänge.

Breitseite: Salve aller Kanonen auf einer Schiffsseite, zumeist nacheinander.

Bordwand: seitliche Begrenzung des Schiffskörpers, des Rumpfes.

Brander: mit Brennstoff beladenes Schiff, mit dem man feindliche Schiffe in Brand zu stecken sucht.

Brassen: Taue, mit denen die Segel horizontal bewegt werden.

Bug: vorderster Teil eines Schiffes.

Bugspriet: der Mast, der in schrägem Winkel über den Bug hinausragt.

Brazzera: adriatischer Schiffstyp mit einer Besatzung von vier bis acht Mann, besonders in den dalmatinischen Küstengebieten als Frachtsegler und Fischereiboot beliebt, mit Mast und rechteckigem Halbrahsegel; als Schiffstyp bis ins 19. Jahrhundert verwendet. Die Brazzera hatte große Vorteile, weil sie zusätzlich zum Segelbetrieb gerudert werden konnte.

Chelandion: byzantinisches Kriegsschiff, urspr. ähnlich der Dromone, dann anscheinend für Pferdetransporte verwendet, später großes Kriegsschiff mit mehr als 100 Bewaffneten.

Deck: die verschiedenen Etagen eines Schiffes. Üblicherweise werden nur die Decks gezählt, die über die gesamte Schiffslänge reichen.

dwarsab: quer.

entern: ein feindliches Schiff im Sturm nehmen.

Flaute: Windstille.

Florin: Goldmünze im Mittelalter, zuerst in Florenz geprägt.

Fock: vor dem Großmast stehend, daher Fockmast, Focksegel etc.

Freibord: der über dem Wasser liegende Teil des Schiffskörpers bis zum ersten nach oben hin offenen Deck.

Fusta: kleine, wendige Galeere mit 15 bis 22 Ruderbänken, wurde von den Barbaresken für Raubzüge auf dem Mittelmeer genutzt.

Gaffel: eine an einem Mast verschiebbare, schräg nach oben ragende Stange.

Gang: der Weg, den ein Schiff beim Lavieren macht.

Großmast: mittlerer Mast eines Dreimasters.

halsen: das Schiff wenden.

Heck: hinterster Teil eines Schiffes.

Hulk: ausgedientes Schiff, meistens ohne Masten und Takelage.

Kabel: Ankertau oder Trosse.

Kaper: bewaffnete Privatschiffe, die aufgrund staatlicher Ermächtigung (Kaperbrief) feindliche Handelsschiffe aufbrachten.

Kauffahrtei: dieser Begriff entspricht dem heutigen „Handel"; „Kauffahrteischiff" = „Handelsschiff".

kielholen: das Schiff auf die Seite legen, um die sonst unterhalb des Wassers befindlichen Teile auszubessern.

Klarierung: Abfertigung des Schiffes, ein- oder auslaufen.

Kondemnation: vor dem Prisengericht erfolgte Zusprechung des aufgebrachten Schiffes an den Nehmer.

Knoten: Geschwindigkeitsmaß, 1 kn = 1,852 km/h (1 Seemeile pro Stunde).

Kuhl: unbedeckter Teil in der Mine des oberen Decks.

lavieren: abwechselnd auf der einen und auf der anderen Seite so nahe wie möglich am Wind segeln.

Lee: die Seite, die dem Wind nicht ausgesetzt ist.

Leichter: Wasserfahrzeug zur Übernahme der Ladung aus größeren Schiffen.

leichtern: entladen.

lenzen: ein Schiff leer pumpen.

Lykien: Landschaft im Südwesten Kleinasiens.

Luv: die Seite, von der der Wind kommt.

Pallasch: Hieb- und Stichwaffe mit gerader Klinge.

Pamphylien: antike Landschaft an der mittleren Südküste von Kleinasien.

Prise: aufgebrachtes Schiff.

Rah (auch Raa): quer zur Schiffslängsachse befindliche (zumeist) waagerechte Stange, unter der sich ein Segel befindet.

Rahholz: oberstes durchgehendes Barkholz in Höhe des Hauptdecks.

Rahsegel: rechteckiges Segel, dessen längste Seiten quer zur Schiffslängsachse stehen.

Razzia: Entlehnung des arabischen Wortes »ghazwa«, das so viel wie Kriegszug, Raubzug, Angriffsschlacht bedeutet. Als Razzien wurden ursprünglich die Raubzüge der nordafrikanischen Korsaren in Südeuropa bezeichnet, bei denen die Seeräuber Güter, Vieh und christliche Sklaven erbeuteten.

Reede: geschützter Ankerplatz an einer Küste.

reffen: mit Schnüren, die durch quer über die Segel angenähte Streifen laufen, die Segel kleiner machen.

Reling: Geländer um die freiliegenden Decks von Schiffen.

Rezesse: Die Vereinbarungen zwischen Rat und der Bürgerschaft sind in den sogenannten Rezessen enthalten, die bis 1410 zurückreichen. Auch die auf den Hansetagen gefassten Beschlüsse werden Rezesse genannt. Hamburgs Beiträge zu der eben jetzt herauszugebenden Sammlung der Hanserezesse beginnen 1369. Außerdem gab es Verhandlungen auf den Tagfahrten der enger verbundenen Wendischen Städte und insbesondere zwischen Hamburg und der Schwesterstadt Lübeck.

Sarazenen: ursprünglich im Nordwesten der arabischen Halbinsel siedelnder Volksstamm, wurde im christlichen Europa durch die islamische Expansion zum Sammelbegriff für die islamischen Völker und Piraten, die ab etwa 700 n. Chr. in den Mittelmeerraum eindrangen.

Schaluppe: siehe Beiboot; Ruderboot, auch ein einmastiges, kleineres Segelschiff

Schanzdeck: auch Schandeck oder Dahlbord, der obere Abschluss der Bordwand.

Schanzkleid: durchgehende feste und geschlossene seitliche Reling (Brüstung) aus Holzplanken, befindet sich als Abschluss nach oben oberhalb der Bordwände.

Schnikke, Schnigge: offener, flachgehender und meist schneller Segelschiffstyp, entwickelte sich seit der Wikingerzeit in Nordeuropa.

Schute: kleinere (offene oder gedeckte Kastenschute) Wasserfahrzeuge zum Warentransport mit oder ohne Verdeck; besorgen in Seehäfen die Verbringung der Güter von und zu den Schiffen.

Spiegel: das ganze Hinterschiff.

Spriet: Stange, die ein Segel diagonal spreizt.

Stag: dickes Tau, durch das jeder Mast und jede Stange ihre Befestigung nach vorn erhält.

Steven: Vorder- und Hinter-Steven, starkes Krummholz, an das die Seitenplanken beider Borde anstoßen.

Stücke von Achten: in den spanischen Kolonien verbreitetes silbernes spanisches 8-Reales-Stück (Peso de á ocho, »Stück von Achten«).

Stückpforte: seit etwa 1500 eingeführte Öffnung im Schiffskörper zum Herausrennen eines Geschützes; mit oder ohne Klappe/Deckel; ohne Klappe nur im oberen Schiffsbereich; üblicherweise schlossen die Stückpforten bündig mit der äußeren Bordwand ab.

Takelung: Takelage, Takel-Werk, alles Tauwerk mit Ausnahme der Ankertaue.

Toppsegel: obere Segel am Mast des Schiffes.

Trimm: Schwimmlage des Schiffes in der Längsrichtung.

Trosse: starkes Tau zum Festmachen, Schleppen und Verholen eines Schiffes.

Vorkastell: auch Back, das Stockwerk vorn auf dem obersten Deck des Schiffes.

Wasser ziehen: bezeichnet den Tiefgang des Schiffes.

LITERATURVERZEICHNIS

1) Primärliteratur

Appianus: *Appians von Alexandrien Römische Geschichten.* Übers. v. Ferdinand J. Dillenius. Sechstes Bändchen. Stuttgart: Verlag der Metzlerschen Buchhandlung 1830.

Asser, Bishop of Sherborne: *Life of King Alfred*; translated from the text of Stevensons ed. by Albert S. Cook. Boston: Ginn 1906.

Augustinus: *De civitate dei.* Hrsg. von Christoph Horn. Berlin: Akademischer Verlag 1997.

Bekker, Immanuel: *Theophanes continuatus, Ioannes Cameniata, Symeon Magister, Georgius Monachus.* Bonn: Weber 1838.

Campbell, John: *Leben und Thaten der Admirale und anderer berühmter Britannischer Seeleute worin, nebst ihren persönlichen Lebensumständen, und einer Beschreibung ihrer dem gemeinen Wesen geleisteten Dienste, eine neue und wahrhafte Geschichte der Seemacht der Engländer seit den ältesten Zeiten, und ein klarer Beweis von ihrem beständigen Rechte und Besitze der Herrschaft über das Britannische Meer, imgleichen viele merkwürdige Nachrichten von ihrer Handlung, ihren Entdeckungen und Pflanzörtern, enthalten sind, alles aus bewährten Geschichtsschreibern und Urkunden verfasset von Johann Campbell.* Leipzig: Weidmann 1755.

Cicero, Marcus Tullius: *M. Tulli Ciceronis De imperio Gnaei Pompei oratio ad Quirites* (Pro lege Manilia). M. Tulli Ciceronis with an introd. and notes edited after Karl Halm by A. S. Wilkins. London: Macmillan 1960 [1879].

Contreras, Alonso de: *Das Leben des Capitán Alonso de Contreras. Von ihm selbst erzählt.* Übers. von Arnald Staiger. Vorw. von José Ortega y Gasset. Zürich: Manesse 1961.

Defoe, Daniel: *Umfassende Geschichte der Räubereien und Mordtaten der berüchtigten Piraten.* Ins Dt. übertr. u. mit e. Nachw. vers. von Nikolaus Stingl. Frankfurt a.M. [u.a.]: Büchergilde Gutenberg 1983.

Diakonos, Leon: *Nikephoros Phokas 'Der Bleiche Tod der Sarazenen' und Johannes Tzimiskes. Die Zeit von 959 bis 976 in der Darstellung des Leon Diakonos.* Übers. von Franz Loretto. Graz: Styria 1961.

Duppler, Jörg: *Prinz Adalbert von Preußen. Gründer der deutschen Marine.* Herford und Bonn: Mittler 1986.

Garmonsway, George Norman: *The Anglo-Saxon Chronicle.* London: Dent 1955.

Hakluyt, Richard: *The Principal Navigations, Voyages, Traffiques, and Discoveries of the English Nation.* London 1598.

Helmold: *Chronik der Slawen.* Übers. von J. M. Laurent u. W. Wattenbach. Hrsg. von Alexander Heine. (Historiker des deutschen Altertums). Essen/

Stuttgart: Phaidon 1986.

Historische Kommission bei der Königlichen Akademie der Wissenschaften Bayern: *Die Recesse und andere Akten der Hansetage von 1256–1430*, Band IV. Leipzig: Duncker & Humblot 1877.

Plutarch: *Alexander, Caesar*. Übers. und hrsg. von Marion Giebel. Stuttgart: Reclam 2004.

Plutarch: *Große Griechen und Römer. Band 3*. Eingel. und übers. von Konrat Ziegler. 2. Auflage Zürich: Artemis 1979.

Prokesch von Osten, Ritter: *Denkwürdigkeiten und Erinnerungen aus dem Orient*. Aus Jul. Schnellers Nachlaß hrsg. von Ernst Münch. Band 3. Stuttgart: Hallberger 1837.

Prokop von Cäsarea: *Der Vandalenkrieg. Die Geschichtsschreiber der deutschen Vorzeit: 2. Gesamtausgabe; Bd. 6*. Übers. von David Coste. Leipzig: Dyk 1913.

Rufus-Chronik, in: *Die Chroniken der deutschen Städte vom 14. bis ins 16. Jahrhundert, Bd. 28, Lübeck*. Bearb. von Karl Koppmann. Leipzig: Hirzel 1902.

Salamé, Abraham: *A narrative of the expedition to Algiers in the year 1816*. London: John Murray 1819.

Scott, Beresford: *An account of the destruction of the fleets of the celebrated pirate chieftains Chui-apoo and Shap-ng-tsai*. London: Savill & Edwards 1851.

[Strabon:] *Strabons Geographika*. Hrsg. von Stefan Lorenz Radt. Göttingen: Vandenhoeck & Ruprecht 2003–2005.

Thukydides: *Der Peloponnesische Krieg*. Ungekürzte Ausg. Übertr. u. bearb. Von Josef Feix. München: Goldmann 1959.

Tratziger's Chronica der Stadt Hamburg. Hrsg. v. Johann Martin Lappenberg. Hamburg: Perthes-Besser & Mauke 1865.

Weiß, Johann Baptist von: *Heinrich von Huntingdon. Rerum Anglicarum scriptores post Bedam ed. Henry Savile*.

2. Sekundärliteratur

Abbott, John S. C.: *Captain William Kidd. And others of the pirates or buccaneers who ravaged the seas, the islands, and the continents of America two hundred years ago*. Whitefish, MT: Kessinger Publishing 2004.

Al-Otabi, Mubarak: *The Qawasim and British Control of the Arabian Gulf*. Thesis. University of Salford: International Studies Unit 1989.

Beike, Manfred: *Kriegsflotten und Seekriege der Antike. (Kleine Militärgeschichte: Kriege)*. 2. Aufl. Berlin: Brandenburgisches Verlagshaus 1990.

Benerson, Little: *Pirate Hunting. The fight against pirates, privateers, and sea raiders from antiquity to the present*. Washington D.C.: Potomac Books 2010.

Bengtson, Hermann: *Römische Geschichte – Republik und Kaiserzeit bis 284 n.

Chr. München: C.H. Beck 1995.

Bents, Harm: *Störtebeker. Dichtung und Wahrheit.* (Bibliothek Ostfriesland, 4). Norden: Soltau-Kurier-Norden 1990.

Bialuschewski, Arne: *Piratenleben. Die abenteuerlichen Fahrten des Seeräubers Richard Sievers.* Frankfurt a.M. [u.a.]: Campus 1997.

Biddulph, J.: *The pirates of Malabar, and an Englishwoman in India two hundred years ago.* New Delhi: Asian Educational Services 1995.

Bischop, Dieter: *Siedler, Söldner und Piraten.* Begleitpublikation zur gleichnamigen Ausstellung im Focke-Museum/Bremer Landesmuseum vom 8.3. bis 14.5.2000. (Bremer archäologische Blätter: Beiheft, 2). Bremen: Landesarchäologe 2000.

Bismarck, Otto von: *Gesammelte Werke.* Berlin 1924–1935.

Blanc, Louis: *Zehn Jahre. Erster Theil: Julirevolution.* Zürich und Winterthur: Verlag des literarischen Comptoirs 1848.

Blasel, Annelise: *Klaus Störtebeker und Gödeke Michael in der Volkssage.* Inaugural-Dissertation. Greifswald: Adler 1933.

Bohn, Robert: *Geschichte der Seefahrt.* Originalausg. München: C.H. Beck 2011 (C.H. Beck Wissen, 2722).

Bono, Salvatore: *Piraten und Korsaren im Mittelmeer. Seekrieg, Handel und Sklaverei vom 16. bis 19. Jahrhundert.* Stuttgart: Klett-Cotta 2009.

Bracewell, Wendy: *The Uskoks of Senj. Piracy, banditry, and holy war in the sixteenth-century Adriatic.* Ithaca: Cornell University Press 1992.

Bradford, Ernle: *Der Schild Europas. Der Kampf der Malteserritter gegen die Türken 1565.* Berlin: Universitas 1976.

Bradford, Ernle: *Kreuz und Schwert. Der Johanniter/Malteser-Ritterorden.* Ungekürzte Ausg. Frankfurt a.M./Berlin: Ullstein 1987 (Ullstein-Buch, 34429).

Bradford, Ernle: *The Sultans admiral. Barbarossa, pirate and empire-builder.* London/New York: Tauris Parke Paperbacks 2009.

Brandt, Ahasver von/Friedland, Klaus/Sprandel, Rolf: *Lübeck, Hanse, Nordeuropa. Gedächtnisschrift für Ahasver von Brandt.* Köln/Wien: Böhlau 1979.

Breen, Dorothy: *An edition of La dragontea by Lope Félix de Vega Carpio.* Urbana, Ill. 1936.

Burkhardt, Lars: *Die Bundeswehr als Armee im Einsatz. Entwicklungen im nationalen und internationalen Recht.* 1. Aufl. Hrsg. v. Dieter Weingärtner. (Forum innere Führung, 33). Baden-Baden: Nomos 2010.

Chidsey, Donald Barr: *The Wars in Barbary. Arab piracy and the birth of the United States Navy.* New York: Crown 1971.

Constantinus: *Die Byzantiner und ihre Nachbarn. Die De administrando imperio genannte Lehrschrift des Kaisers Konstantinos Porphyrogennetos für seinen Sohn Romanos. Unter Mitarbeit von Klaus Belke.* (Byzantinische Geschichtsschreiber, 19). Wien: Fassbaender 1995.

Cordsen, Hans Chr.: *Beiträge zur Geschichte der Vitalienbrüder.* Dissertation Halle 1907.

Czibulka, Alfons: *Andrea Doria. Der Freibeuter und Held*. (Stern und Unstern. 3. Buch). München: C.H. Beck 1925.

Dahlmann, F. C.: *Geschichte von Dännemark, Band 1 und 2*. Hamburg: Perthes 1840.

de Souza, Philip: *Piracy in the Graeco-Roman World*. Cambridge: Cambridge University Press 1999.

Domizlaff, Svante: *Der Hamburger Hafenlotse*. (Koehler kompakt). Hamburg: Koehler 2013.

Dudszus, Alfred/Köpcke, Alfred: *Das große Buch der Schiffstypen*. Bozen: Pietsch 1999.

Eddison, Jill: *Medieval pirates. Pirates, raiders and privateers, 1204-1453*. Stroud: The History Press 2013.

Eickhoff, Ekkehard: *Seekrieg und Seepolitik zwischen Islam und Abendland. Das Mittelmeer unter byzantinischer und arabischer Hegemonie, 650-1040*. Berlin: De Gruyter 1966.

Exquemelin, Alexandre Olivier: *Piraten der Karibik*. [Reprint eines Augenzeugenberichts aus dem 17. Jahrhundert]. Königswinter: Heel 2007.

Fischer, Robert-Tarek: *Österreich im Nahen Osten. Die Großmachtpolitik der Habsburgermonarchie im Arabischen Orient 1633–1918*. Wien: Böhlau 2006.

Fox, Grace Estelle: *British Admirals and Chinese Pirates 1832-1869*, London: Paul, Trench, Trubner & Co. 1940.

French, Paul: *Oil on water. Pirates, kites and the global movement of oil*. London: Zed Books 2010.

Gamez, Gutierre Diaz de: *Le Victorial. Chronique de Don Pero Nino, comte de Buelna (1378-1453)*. Unter Mitarbeit von Jean Gautier Dalché. (Miroir du Moyen Age). Turnhout: Brepols 2001.

Gautier, Emile Félix: *Geiserich, König der Wandalen. Die Zerstörung einer Legende*. Hrsg. und eingel. von Jörg Lechler. Frankfurt a.M.: Societäts-Verlag 1935.

Giesebrecht, Ludwig: *Wendische Geschichten aus den Jahren 780 bis 1182*. Berlin: Gaertner 1843.

Gibbon, Eduard: *Der Sieg des Islam*. Wiesbaden: Vollmer 1985.

Graziani, Antoine-Marie: *Andrea Doria. Un prince de la Renaissance*. Paris: Tallandier 2008.

Greene, Molly: *Catholic pirates and Greek merchants. A maritime history of the Mediterranean*. (Princeton modern Greek studies). Princeton, N.J.: Princeton University Press 2010.

Grieb, Volker: *Piraterie von der Antike bis zur Gegenwart*. (Historische Mitteilungen, Beihefte, 81). Stuttgart: Franz Steiner Verlag 2012.

Gruppe, Henry E.: *Die Fregatten*. Amsterdam: Time-Life Books (Nederland) 1980.

Häpke, Rudolf: *Die Regierung Karls V. und der europäische Norden*. Lübeck: Schmidt 1914.

Hecht, Alexander: *Sextus Pompeius. Der Bürgerkrieg nach Caesars Tod.* Diss. Berlin: Humboldt-Universität 2009.

Heebøll-Holm, Thomas K.: *Ports, piracy, and maritime war. Piracy in the English Channel and the Atlantic, c. 1280–c. 1330* (Medieval law and its practice, 15). Leiden: Brill 2013.

Hill, Paul: *The Viking wars of Alfred the Great.* Yardley, Pa.: Westholme 2009.

Hudson, Benjamin T.: *Viking pirates and Christian princes. Dynasty, religion, and empire in the North Atlantic.* New York: Oxford University Press 2005.

Kattinger, Detlef/Fritze, Konrad: *Akteure und Gegner der Hanse. Zur Prosopographie der Hansezeit [Konrad-Fritze-Gedächtnisschrift].* (Abhandlungen zur Handels- und Sozialgeschichte, 30). Weimar: Böhlau 1998.

Kneissler, Michael: *Piraten-Terror. Organisierte Kriminalität auf den Weltmeeren.* 1. Aufl. Bielefeld: Delius Klasing 2010.

Koppmann, Karl: *Der Seeräuber Klaus Störtebeker in Geschichte und Sage.* Leipzig: Duncker & Humblot 1881.

Kruse, A.T.: *Einige Bruchstücke aus der Geschichte der Stadt Stralsund.* Stralsund: Löfflersche Buchhandlung 1848.

Kubisch, Sabine: *Das alte Ägypten.* (Theiss Wissen Kompakt). Stuttgart: Theiss 2008.

Kurowski, Franz: *Venedig.* Aachen: Shaker Media 2008.

Lambert, Frank: *The Barbary wars. American independence in the Atlantic world.* 1. Aufl. New York: Hill and Wang 2005.

Lane, Frederic Chapin: *Seerepublik Venedig.* München: Prestel 1980.

Lappenberg, Johann Martin (Hrsg.): *Hamburgische Chroniken in niedersächsischer Sprache.* Unveränd. Neudr. d. Ausg. 1861. Niederwalluf bei Wiesbaden: Sändig 1971.

Leip, Hans: *Bordbuch des Satans.* München: Paul List 1959.

Lüth, Erich: *Seeräuber und Geraubte. Piraten, Korsaren, Barbaresken. Eine atemberaubende Geschichte der Piraterie mit deutscher Beteiligung.* Flensburg: Christian Wolff 1970.

Mann, Golo/Heuß, Alfred: *Weltgeschichte, Bd. 4. Rom. Die Römische Welt.* Gütersloh: Prisma 1979.

Marley, David: *The Wars of the Americas. A chronology of armed conflict in the Western Hemisphere, 1492 to the present.* Santa Barbara, Cal.: ABC-Clio 2008.

McKnight, Terry/Hirsh, Michael: *Pirate Alley. Commanding Task Force 151 off Somalia.* Annapolis, MD: Naval Institute Press 2012.

Müller-Wille, Michael: *Opferkulte der Germanen und Slawen.* (AiD Sonderheft 1999). Stuttgart 1999.

Neukirchen, Heinz: *Piraten. Seeraub auf allen Meeren.* Berlin: Bertelsmann 1976.

Ders.: *Seefahrt im Wandel der Jahrtausende.* Berlin: Gondrom 1985.

Nicolle, David: *Die Ritter des Johanniterordens.* Teil 1: 1100–1306. Teil 2:

1306–1556. Dt. Ausg. St. Augustin: Siegler 2004.

Nordenstreng, Rolf: *Die Züge der Wikinger.* Leipzig: Quelle & Meyer 1925.

Norwich, John Julius: *Byzanz.* Düsseldorf/München: Econ 1994.

Owen, Mark/Maurer, Kevin: *Mission erfüllt. Navy Seals im Einsatz: Wie wir Osama bin Laden aufspürten und zur Strecke brachten.* München: Heyne HC 2012 (Heyne, 20038).

Pörtner, Rudolf: *Die Wikinger-Saga.* Neuaufl. Düsseldorf, Wien: Econ 1987.

Pryer, John/Jeffreys, Elisabeth M.: *The age of the dromon. The Byzantine navy ca 500-1204.* Leiden: Brill 2011.

Puhle, Matthias: *Die Vitalienbrüder. Klaus Störtebeker und die Seeräuber der Hansezeit.* Frankfurt a.M./New York: Campus 1992.

Reinhard, Wolfgang: *Geschichte der europäischen Expansion.* Stuttgart: Kohlhammer 1985.

Rohmann, Gregor: *Der Kaperfahrer Johann Störtebeker aus Danzig.* Trier: Porta Alba 2007.

Runze, Max (Hrsg.): *Carl Loewes Werke, Band V, Hohenzollern. Balladen und Lieder.* Leipzig: Breitkopf & Härtel 1899–1904.

Sawyer, P. H.: *Die Wikinger. Geschichte und Kultur eines Seefahrervolkes.* Stuttgart: Theiss 2000.

Schmeyers, Jens: *Die letzten freien Friesen zwischen Weser und Ems. Die Geschichte Butjadingens und Stadlands bis zur Schlacht an der Hartwarder Schanze.* 1. Aufl. Lemwerder: Stedinger 2006.

Seager, Robin: *Pompey the Great.* 2. Aufl. Oxford: Blackwell 2002.

Southworth, John van Duyn: *War at sea. Book I: The ancient fleets. The story of naval warfare under oars, 2600 B. C.–1597 A. D.* New York: Twayne 1968.

Sternberg-el Hotabi, Heike: *Der Kampf der Seevölker gegen Pharao Ramses III. (Archäologie, Inschriften und Denkmäler Altägyptens, 2).* Rahden: Leidorf 2012.

Stewart, Douglas: *Piraten. Das organisierte Verbrechen auf See.* Hamburg: Mare 2002.

Tegeler, L.: *Die Kriegsfahrten der Hamburger zu Wasser und zu Lande von der Entstehung Hamburgs bis auf die Gegenwart. Mit Rücksicht auf die Geschichte der Wehrkraft und Befestigung unter Benutzung der besten Quellen.* Hamburg: Nielsen 1894.

Torres Ramírez, Bibiano: *La Armada de Barlovento. (Publicaciones de la Escuela de Estudios Hispano-Americanos de Sevilla, 0210-5802, 268).* Sevilla: Escuela de Estudios Hispano-Americanos 1981.

Vogt, Matthias: *Das Alte Ägypten. (Wissen auf einen Blick).* Köln: Naumann & Göbel 2008.

Voigt, Johannes: *Geschichte Preussens von den ältesten Zeiten bis zum Untergange der Herrschaft des deutschen Ordens. (VI).* Reprograf. Nachdr. d. Ausg. Königsberg, Borntraeger. Hildesheim: Olms 1968.

Wanke, Josef: *Die Vitalienbrüder in Oldenburg (1395–1433)*. Diss. Oldenburg 1910.

Weeber, Karl-Wilhelm: *Segel und Ruder. Die Welt des Meeres bei den Griechen*. Ungekürzte Ausg. München: DTV 1991. (dtv, 79514).

Weiss, Gillian Lee: *Captives and corsairs. France and slavery in the early modern Mediterranean*. Stanford, Cal.: Stanford Univ. Press 2011.

Weiß, Johann Baptist von: *Geschichte Alfreds des Großen*. Schaffhausen: Hurter 1852.

Wiens, Eberhard: *Leben der Korsaren Arudsch und Hairadin Barbarossa*. Münster: Verlag der Coppenrathschen Buch- und Kunsthandlung 1844.

Wood, Peter/Buys, Jeanne/Faber, Jaap: *De boekaniers*. 1. Aufl. Amsterdam: Time-Life Boeken 1980.

Woodard, Colin: *The republic of pirates. Being the true and surprising story of the Caribbean pirates and the man who brought them down*. 1. Aufl. Orlando, Fla.: Harcourt 2007.

Yuen Tsze: *History of the Pirates*. 1832.

Zimmerling, Dieter: *Störtebeker & Co. Die Blütezeit der Seeräuber in Nord- und Ostsee*. Ungekürzte Ausg. (Ullstein-Buch, 23539). Frankfurt a.M./Berlin: Ullstein 1994.

Zumbach, Frank T.: *William Kidd. Über einen Erzpiraten, amerikanische Freibeuter und korrupte Herren mit hohen Perücken*. Hamburg: Koehler 1999.

Belletristik/Poesie

Held, Kurt: *Die rote Zora. Ungekürzte Lizenzausg.* (Ravensburger Taschenbuch, 58427). Ravensburg: Ravensburger 2013.

Liliencron, Detlev von: *Vom goldenen Überfluss*. Leipzig: Voigtländers Verlag 1906.

Liliencron, Rochus von (Hrsg.): *Die historischen Volkslieder der Deutschen vom 13. bis 16. Jahrhundert, Bd. 1*. Leipzig: Vogel 1865.

Lingg, Herrmann von: *Ausgewählte Gedichte*. Berliner Ausgabe. Berlin: Holzinger 2013.

Mérimée, Prosper: *Notes d'un voyage en Corse*. Paris: Fournier 1840.

Verne, Jules: *Der Archipel in Flammen*. (franz. Paris: Gallimard 1887). Berlin: Neues Leben 1989.

Zeitungen

Allgemeine Zeitung, Nr. 31, Ausgabe vom 31. Januar 1828.
Deutsche Zeitung, 27. Januar 1850.
ITF-Nachrichten, Oktober 1992.
New-York Daily Tribune, Nr. 5082 vom 4. August 1857.
Der Spiegel, Nr. 12/1968.

Lexika

C. v. Rotteck/C. Welcker (Hrsg.): Das Staats-Lexikon. 11. Band. Altona 1848.

Werke ohne namentlich genannten Verfasser

o.V.: Notizen aus dem Tagebuch. Reisen der Königl. Preußischen Kriegsflotte
in den Jahren 1854-1862. Merseburg o. J.

BILDNACHWEIS

PERSONENVERZEICHNIS

A

Abdena, Imel, ostfries. Häuptling 137, 154

Absalon, Bischof v. Roskilde, Erzbischof v. Lund 103, 105–109, 135

Adalbert, Prinz v. Preußen, Flottenkommandeur u. Admiral 331–336

Aëtius, Flavius, weström. Feldherr u. Staatsmann 61

Afweyne, siehe Hassan, Mohammed Abdi

Agrippa, Marcus Vipsanius, röm. Konsul u. Flottenadmiral 58

Albrecht II., Herzog v. Mecklenburg 113f., 118

Albrecht III., König v. Schweden 113f.,122f.,130, 133f.

Albrecht IV. v. Mecklenburg, dän. Thronprätendent 113f.

Aldenburg, Gerald v., Bischof 99

Alexander III. der Große, König v. Makedonien 31f.

Alfred der Große, König v. Wessex 87–97

Allena, Folkmar, ostfries. Häuptling 143

Amphoteros, makedon. Admiral 32

Anthemius, Procopius, röm. Kaiser 66

Antigonos II. Gonatas, makedon. König 34

Antonius, Marcus (»Creticus«), röm. Admiral 47f., 51, 57

Appian, röm. Historiograph 41f.

Armendáriz, Lope Díez de, Vizekönig v. Mexiko 207

Arnulf v. Kärnten, röm.-dt. Kaiser 94

Asser, walis. Mönch u. Bischof v. Sherborne 88

Augustus (Octavian), Triumvir, Prinzeps u. röm. Kaiser 51, 57f.

Aurangzeb, Großmogul v. Indien 223, 225

Avitus, Flavius Maecilius od. Eparchius, weström. Kaiser 64

B

Bainbridge, William, Captain d. US-Marine, später Geschwaderkommandant 279–281, 291

Barbarossa, Arudsch, Pirat, Korsar u. Barbareskenherrscher 146, 163–165, 167f–173, 268f.

Barbarossa, Chaireddin, Pirat, Korsar u. Barbareskenherrscher, Beylerbey d. osman. Flotte 146, 163f., 167f., 172–174, 186, 268f.

Bardas, byzantin. Cäsar, Bruder Kaiserin Theodoras 74f.

Barrow, Thomas, engl. Pirat 238

Basileos I., Kaiser v. Byzanz 74f.

Basiliskos, oström. Flottenadmiral u. Kaiser 66–68

Belisar, oström. Heerführer 69

Bellomont, Earl, eigentl. Richard Coote, Gouverneur v. Massachusetts, später auch New York 226–228, 233

PIRATEF